工业和信息化普通高等教育
"十三五"规划教材立项项目

市场营销名校名师
新形态精品教材

U0647236

市场营销
理论、工具与方法

微课版

李东进　秦勇 ◉ 主编
张黎　陈爽 ◉ 副主编

Marketing

人民邮电出版社
北京

图书在版编目（CIP）数据

市场营销：理论、工具与方法：微课版 / 李东进，
秦勇主编. -- 北京：人民邮电出版社，2021.10（2023.12重印）
市场营销名校名师新形态精品教材
ISBN 978-7-115-56776-5

Ⅰ. ①市… Ⅱ. ①李… ②秦… Ⅲ. ①市场营销学－
高等学校－教材 Ⅳ. ①F713.50

中国版本图书馆CIP数据核字(2021)第125283号

内 容 提 要

  本书内容全面、实用性强，既包含市场营销学的基础知识，又系统介绍了市场营销理论的新发展和新应用。本书分为14章，包括导论、市场营销环境、市场调研与预测、消费者购买行为、组织市场购买行为、市场营销战略、市场机会识别与目标市场营销、产品与服务策略、价格策略、营销渠道策略、促销策略、网络营销、国际市场营销以及数据营销等内容。

  本书适合作为高等学校市场营销学课程的教材，也适合作为企业在职人员的培训书。

◆ 主　　编　李东进　秦　勇

  副 主 编　张　黎　陈　爽

  责任编辑　刘向荣

  责任印制　李　东　胡　南

◆ 人民邮电出版社出版发行　　北京市丰台区成寿寺路 11 号

  邮编　100164　电子邮件　315@ptpress.com.cn

  网址　https://www.ptpress.com.cn

  三河市君旺印务有限公司印刷

◆ 开本：787×1092　1/16

  印张：14.25　　　　　　　2021 年 10 月第 1 版

  字数：426 千字　　　　　2023 年 12 月河北第 4 次印刷

定价：49.80 元

读者服务热线：(010)81055256　印装质量热线：(010)81055316
反盗版热线：(010)81055315
广告经营许可证：京东市监广登字 20170147 号

前 言

FOREWORD

市场营销学是一门系统研究市场营销活动规律的学科。在早期，这门学科致力于了解和研究经济学家忽略或过分简化的某些市场问题。随着市场竞争环境的变化，营销的理念也在不断变化，历经了生产观念、产品观念、推销观念、市场营销观念和社会营销观念占主导的阶段。在当下贸易全球化、信息网络化、消费个性化的新时代，营销实践日新月异，营销理论体系、研究视角和知识重点也在不断演变。为了系统梳理和提炼市场营销学新的理论体系架构，及时反映和展现市场营销理论和实践的发展动态，我们开启了本书的改版工作。

本书第 1 版自 2017 年 1 月出版以来，已重印了 8 次，被数十所高校选为教学书，一些企业和培训机构也将本书作为培训教材。不少热心读者和高校同行在使用本书后，向我们反馈了他们的学习收获及使用体验，并提出了极具价值的修改意见。在此，我们向每一位支持本书的读者表示最衷心的感谢。大家的支持和厚爱，使我们深受鼓舞，激励我们尽已所能完成此次的再版工作。

本书以营销活动流程为编写主线，以 4P's 理论为编写基础，在传统营销模式的基础上补充了市场营销领域新的发展与应用。同时，本书以立德树人为根本任务，突出思政教学，强调培养学生的爱国情怀和开拓创新的企业家精神。与本书第 1 版相比，本版的篇章结构和内容均做了较大的调整，具体如下。

（1）在"导论"一章的第 3 节补充了市场营销学的产生与发展这一内容，使读者对这门学科有一个更为全面的了解和认识。

（2）增加"市场营销环境"一章作为本书的第 2 章。营销活动始于对环境的分析，环境是企业生存的土壤。开展营销活动必须对企业的内外部营销环境进行分析，以趋利避害，确保营销目标的实现。

（3）在"市场调研与预测"一章中对当前应用广泛的网络调研法进行了重点介绍。

（4）重新编写了"消费者购买行为"一章，使之更能反映消费者当前的行为特征，也更加贴近我国消费者的实际购买行为。

（5）重新编写了"市场营销战略"一章的第 1 节，对市场营销战略的含义、意义和特征等进行了更加全面的阐述。

（6）增加"市场机会识别与目标市场营销"一章作为本书的第 7 章。目标市场营销的主要内容包括市场细分、目标市场选择和市场定位，这是进一步开展 4P's 营销的基础。

（7）删去第 1 版第 5 章"市场营销管理过程"，原内容主要是目标市场营销，与该章营销管理这一主题不太相符。

（8）将第 1 版"产品策略"一章改为"产品与服务策略"，使读者能够全面了解有形产品和服务这种无形产品在市场营销策略上的不同之处。

（9）重新编写了第1版"网络营销"一章。本版着重介绍网络营销的方法，内容更具实用性。

（10）第1版"国际市场营销"一章的内容过于陈旧，重新进行了编写。

（11）根据用书老师的建议，新增"数据营销"一章。随着信息技术和互联网的发展，海量数据时代已经到来，"数据就是业务本身"的论断得到了营销界的广泛认同。数据营销通过数据获取、数据挖掘和数据应用来实现对海量数据的有效利用，帮助企业预测消费者的需求，精确定位目标市场，有针对性地进行产品设计、信息营销，以创造最大收益，这使得数据营销成为海量数据时代企业进行市场营销变革的一种重要方式。

（12）鉴于本书第1版介绍的营销形式过多，考虑到本课程教学时间有限，本版将 "体验营销"及"关系营销"这两章内容删除，并将"服务营销"的内容合并到"产品与服务策略"一章中。

此外，本版更新和替换了第1版中60%以上的案例讨论与阅读资料，使之更加贴近当前的营销实践。

本书由李东进和秦勇担任主编，张黎、陈爽担任副主编，梁丽军、刘爽、崔丽霞、张淼、王力、王化强、于洁、梁馨月、夏清智、闫健、刘翠果、万晓文、马婧和陈秀芳也参加了本书的编写工作。

本书提供电子课件、教学大纲、电子教案、教学案例、各章习题答案、题库、试卷等教辅资料，欢迎用书老师登录人邮教育社区（www.ryjiaoyu.com）免费下载。

感谢因多种原因未能继续参编的本书第1版的作者们，是他们的辛苦工作奠定了本书再版的基础。

在编写过程中，我们参考和借鉴了众多学者的研究成果，在此表示诚挚的谢意。鉴于编者学识有限，书中难免存在缺憾和不足之处，敬请各位读者批评指正。

李东进　秦勇

目 录

CONTENTS

第1章　导论

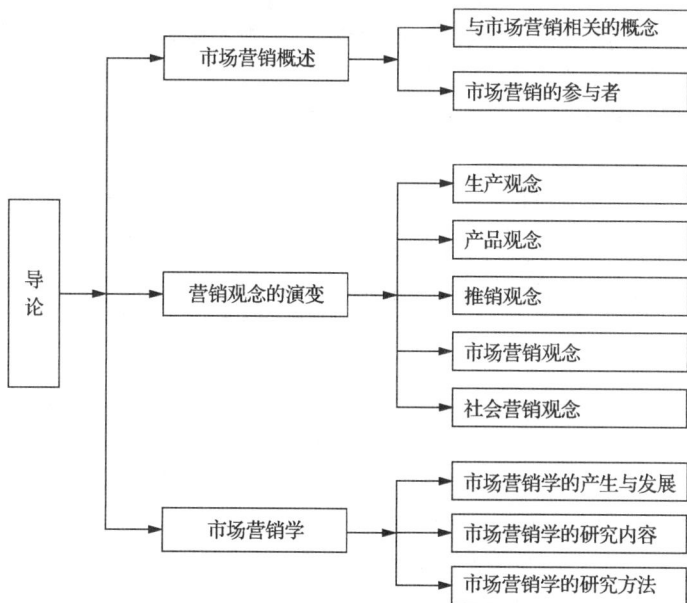

本章导读

市场营销是现代企业经营管理的核心，是实现产品交换的必要手段。市场营销的最终目的是满足消费者的需求，为实现这一目标，企业要制订一系列的营销策略并开展多种形式的营销活动。本章为全书的开篇，主要介绍与市场营销相关的概念、市场营销的参与者、营销观念的演变以及市场营销学的产生与发展、研究内容及研究方法等内容。通过对本章的学习，读者可以初步了解市场营销的全貌，以便为后续章节的学习奠定良好的基础。

知识结构图

导论
- 市场营销概述
  - 与市场营销相关的概念
  - 市场营销的参与者
- 营销观念的演变
  - 生产观念
  - 产品观念
  - 推销观念
  - 市场营销观念
  - 社会营销观念
- 市场营销学
  - 市场营销学的产生与发展
  - 市场营销学的研究内容
  - 市场营销学的研究方法

开篇引例

新型捕鼠器为何没有市场

美国一家制造捕鼠器的公司，为了试制一种符合老鼠生活习性的捕鼠器，组织力量花了若干年时间研究了老鼠的吃、活动和休息等各方面的特点，终于制造出一种受老鼠"欢迎"的新型捕鼠器。新产品完成后，屡经试验，捕鼠效果确实不错，捕鼠率可达100%。同时，与老式捕鼠器相比，新型捕鼠器还有以下优点：外观大方，造型优美；捕鼠器顶端有按钮，捕到老鼠后只要一按按钮，死鼠就会掉落；可终日置于室内，不必夜间投器、白天收拾，十分安全，也不会伤害儿童；可重复使用，一个新型捕鼠器抵得上好几个老式捕鼠器。新型捕鼠器上市伊始深受消费者的青睐，但好景不长，市场迅速萎缩了。是何原因致使这么好的东西达不到预计的销售业绩呢？后来查明，其原因如下。

第一，该新型捕鼠器的买主一般是家庭中的男性。他们每天在就寝前安装好捕鼠器，次日起床后因急于上班，便把清理捕鼠器的任务留给了家庭主妇。主妇们见到死鼠会感到害怕、恶心，同时又担心捕鼠器不安全，所以一些家庭主妇就会将死鼠连同捕鼠器一起丢弃。因此她们认为新型捕鼠器的性价比不高，不希望自己的丈夫再买这种捕鼠器。

第二，由于新型捕鼠器价格较高，不少家庭购买后会重复多次使用，因此与老式捕鼠器相比，新型捕鼠器的销量自然不高。

除此之外，如何处置这种可以反复使用的新型捕鼠器也是个大问题。在用老式捕鼠器捉到老鼠后，消费者会将捕鼠器连同老鼠一起扔进垃圾箱，因为价格低，消费者觉得这样做无所谓。而扔掉价格较高的新型捕鼠器，消费者肯定有些舍不得，但处置这些夹过老鼠的捕鼠器又确实是一件让人头疼的事。

这家捕鼠器公司以技术革新观念为指导的想法以及做法很好，但是设计者没有考虑消费者的真正需求，一厢情愿的产品观念是其失败的根本原因。

1.1 市场营销概述

市场营销是现代企业经营管理的核心，尤其在当今产品极大丰富，消费者个性化需求不断增长的新时代，营销更是为企业所高度重视。但令人遗憾的是，大多数人甚至一些营销实践者，往往把营销理解为推销和广告等活动，事实上这些活动只不过是市场营销的一部分功能。为了帮助读者正确认识市场营销活动，有必要对市场营销的核心概念和市场营销这门学科做一下系统的阐述。

1.1.1 与市场营销相关的概念

市场营销（Marketing）是指企业为适应和满足客户的需求，通过交换活动，把产品和服务从生产者转移到消费者手中并获取利润的过程。与市场营销相关的概念较多，如需要、欲望和需求，产品，价值、满意和成本等，了解这些基本概念有助于我们更好地认识市场营销的本质。

1. 需要、欲望和需求

需要和欲望是市场营销活动的基础。需要（Needs）是指人因感到某种缺失而力求获得满足的心理倾向，它是人们对自身和外部生活条件的要求在头脑中的反映，可以说是一种与生俱来的基本要求。

欲望（Wants）是指人在获取基本需要时的愿望，即表现出来的对基本需要的特定追求。例如，当人感到饥饿时，就会产生基本的生理需要，这时有的人会希望吃肯德基、麦当劳等西式快餐充饥，而有的人希望吃米饭、炒菜等中餐充饥。而购买欲望是指消费者购买产品或服务的动机、愿望和要求，它由消费者的心理需求和生理需求共同引发。产生购买欲望是消费者将潜在购买力转化为现实购买力的必要条件。

需求（Demands）在市场营销中具有特定的含义，是指消费者对某一产品既有购买能力又有购买欲望，可用公式简单表述为：需求=购买能力+购买欲望。因此，企业在开展营销活动时必须同时考虑这两个基本要素。

2. 产品

产品是指任何能够满足人们某种需要和欲望的物品。根据是否占有物理实体空间，产品可以分为有形产品和无形产品这两大类。有形产品和无形产品在营销方式上有很大的不同，本书将在后续章节中进一步阐述。

3. 价值、满意和成本

市场营销学中的价值是指产品对消费者的有用性或效用。产品价值取决于消费者的主观判断，对于同样的产品，不同的消费者会给予不同的价值评判，从而产生不同的购买意愿。

消费者满意取决于消费者对产品的期望与实际效用之间的比较结果。如果产品的效用低于期望，消费者就会不满意。如果效用符合期望，消费者就会感到满意。如果效用超过期望，消费者就会感到惊喜。

成本是指消费者为获得某种特定产品所做的付出。注意，这里的成本不仅指消费者所付出的货币成本，还包括为获得产品而付出的时间成本和精力成本等。为什么网络购物备受当前消费者的青睐？如果从成本的角度来分析，就很好解释。因为与线下购物相比，网络购物更为轻松便捷，大大节省了消费者的时间成本和精力成本。

4. 交换和交易

交换是向他人提供所需之物或价值，并获取相应价值的实物或服务的行为。而交易是指买卖双方价值的交换，通常包括货币交易和非货币交易两种。交易得以实现的前提是，除了双方都拥有对方所需的价值之外，还应拥有双方同意的交易条件、时间和地点，以及维护交易的法律和承诺。

5. 市场

市场原指买卖双方聚集在一起交换产品的场所，后来经济学家用市场一词来泛指交易某类产品的卖方和买方的集合，一般认为卖方组成行业，买方组成市场。但在市场营销学领域，市场的概念发生了很大的变化，根据菲利普·科特勒的观点，市场是指某种产品的所有实际的和潜在的购买者的集合。这些购买者共同拥有某一特定的、能通过交换得到满足的需要或欲望。因此，市场规模的大小取决于人口、购买力和购买欲望这 3 个因素，用公式表示即为：市场=人口+购买能力+购买欲望。

1.1.2 市场营销的参与者

市场营销的参与者是指参与营销活动的机构或个人。一个完整的现代市场营销组织系统由供应商、企业、竞争者、营销中介和顾客共同组成，如图 1-1 所示。

企业要开展营销活动，首先必须要有可供出售的产品。因此，企业需要从供应商那里获取原材料、设备，要根据目标顾客的需求设计和生产产品，再通过营销中介销售给最终顾客。在这个过程中，企业还要同竞争者展开全方位的竞争，以赢得市场。当然，如果企业采取贴牌生产或采取完全直销的模式，则上述组织系统可以进一步简化。

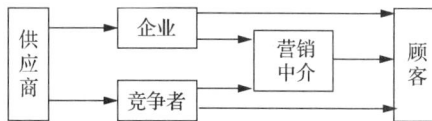

图 1-1　现代市场营销组织系统

根据价值链相关理论，在营销组织系统中，每一个参与者都为下一级的参与者增加价值。同时，营销组织系统中的每个参与者都会受到环境因素的影响，这些因素主要包括人口、经济、政治、文化、技术、法律等。企业能否成功不仅取决于自身的行为，还取决于整个组织系统对最终顾客需求的满足程度。在这个组织系统中，各个参与者都在进行动态的博弈。

营销部门的工作目标是通过创造价值和消费者满意来吸引消费者并建立良好的客户关系。但是，仅凭营销部门是很难实现这个目标的。营销部门的成功离不开现代市场营销组织系统中的供应商、营销中介、顾客等诸多参与者的配合与支持。

1.2　营销观念的演变

伴随着时代的变迁和市场营销学理论的发展，营销观念经历了 5 个阶段的演变，即从传统的生产观念、产品观念、推销观念逐步演变为现代的市场营销观念和社会营销观念。

营销观念的演变

1.2.1 生产观念

生产观念盛行于 19 世纪末 20 世纪初，是最早出现的一种营销观念。当时的大背景是，社会生产力较为落后，产品相对匮乏，市场处于供不应求的状态。因此，企业只要能生产出价格合理的产品，就不愁没有销路。生产观念认为，消费者喜欢那些可以随处买得到而且价格低廉的产品。因此，企业应该通过规模经济效益，提高产量，降低成本，以赢得更大的市场。

生产观念不是从消费者的需求出发，而是从企业的生产出发，主要表现为"我生产什么，就卖什么；我卖什么，消费者就买什么"。企业经营者最关心的就是扩大生产规模、提高生产效率、降低生产成本、提高销量。福特汽车公司的创始人亨利·福特的名言"我不管消费者喜欢还是不喜欢，我的汽车就是黑色的"，就是对这一观念的最好诠释。

1.2.2 产品观念

随着越来越多的企业奉行生产观念，一味追求规模经济效益，加之社会生产效率的不断提高，市场开始出现供过于求的不利局面。在这种市场环境下，企业如果仍然坚持奉行生产观念，必将造成大量的产品滞销，从而使企业的经营陷入困境。此时的企业经营者认为，消费者喜欢高质量、多功能和具有某些特色的产品，企业应致力于生产优质产品，并不断加以改进，使之日趋完美。这样，企业的产品才能拥有足够强的竞争力，并得到消费者的青睐。我们把这一营销观念称为产品观念。

产品观念产生于 20 世纪 30 年代之前，时至今日依然有一些企业推崇这种营销观念。产品观念期望以质取胜，比生产观念更先进。但与生产观念一样，产品观念同样没有充分考虑消费者的需求和欲望。所谓的优质产品，往往并非消费者需要的产品。奉行产品观念的企业，往往过度沉醉于自己的产品品质，而不是专心研究市场，这导致其容易在营销管理中缺乏远见，患上所谓的"营销近视症"。

阅读资料 1-1　营销近视症

营销近视症（Marketing Myopia）是著名的市场营销专家、美国哈佛大学管理学院的西奥多·莱维特（Theodore Levitt）教授在 1960 年提出的一个理论。营销近视症就是不适当地把主要精力放在产品或技术上，而不是放在市场需求（消费者的需求）上，其往往导致企业失去市场和竞争力。这是因为，产品只不过是满足市场需求的一种媒介，一旦有更能充分满足市场需求的新产品出现，现有的产品就会被淘汰。同时，消费者的需求是多种多样并且不断变化的，并不是所有的消费者都偏好某一种产品或价高质优的产品。莱维特断言：市场的饱和并不会导致企业的萎缩；企业萎缩的真正原因是经营者目光短浅，不能根据消费者的需求变化而改变营销策略。

资料来源：百度百科。

1.2.3 推销观念

推销观念产生于 20 世纪 30 年代，当时的大背景是，一方面，西方发达国家在工业革命后，生产力得到空前发展，产品生产规模扩大，品种日益增多；另一方面，世界性经济危机的爆发使得整个社会的购买力水平大幅下降，市场开始向"买方市场"转变，竞争激烈。企业开始认识到，要想在激烈的竞争中求得生存与发展，不能只抓生产，必须重视推销工作。

持有推销观念的企业认为，消费者通常会表现出一种购买惰性或抗衡心理，如果不采取某种措施，消费者一般不会足量购买某一企业的产品。因此，企业必须进行大量的推销活动，以刺激消费者采取行动。持有这种观念的企业还认为，企业的销售成果与推销的努力程度是密切相关的，企业应高度重视对推销人员的培训，提升其销售技巧，以提高成交率。推销观念可简单概括为"我卖什么，消费者就买什么"。这种观念同生产观念和产品观念一样，没有将满足消费者的需求和欲望作为开展营销活动的基础，因此仍属于传统的营销观念。

1.2.4　市场营销观念

市场营销观念产生于 20 世纪 50 年代中期，它的出现可谓企业经营思想的一次革命。当时的大背景是，欧美地区各国的军工工业很快转向了民用工业，工业品和消费品生产的总量随之剧增，导致生产相对过剩和市场竞争日趋激烈。此时，越来越多的企业开始认识到传统的营销观念已不再适用，它们开始注意消费者的需求和欲望，并研究其购买行为。这一观念上的转变是市场营销理论的一次重大变革。

市场营销观念认为，实现企业营销目标的关键在于满足消费者的需求和欲望，可通俗地理解为"消费者需要什么，企业就生产什么"。市场营销观念摒弃了以企业为中心的指导思想，取而代之的是以消费者为中心的营销观念。持有市场营销观念的企业将管理重心放在善于发现和了解目标消费者的需要并千方百计地去满足，从而实现企业的目标上。因此，企业在决定其生产经营方式前，必须进行市场调研，根据市场需求及企业本身的条件选择目标市场，组织生产经营，最大限度地提高消费者满意度。该观念以消费者为中心，以满足消费者的需求和欲望为营销活动的基本出发点，较此前的生产观念、产品观念和推销观念无疑更具积极意义。

1.2.5　社会营销观念

社会营销观念形成于 20 世纪 70 年代，这一时期，全球经济在快速发展中出现了诸多问题，如生态失衡、环境恶化、资源短缺、人口爆炸等。此时，若企业仅奉行市场营销观念，以满足个体消费者的需要为宗旨，或许会引发资源浪费、环境污染、损害广大消费者利益等问题。为了解决市场营销与社会利益之间可能发生的矛盾，西方学者提出社会营销观念，以修正市场营销观念。因此，社会营销观念是对市场营销观念的扩充和修改，是市场营销观念的新发展。社会营销观念认为企业的生产经营活动不仅要满足消费者的需求和欲望，而且要符合消费者和社会的长远利益，以达到企业利润获取、消费者需求满足、社会利益实现这 3 个方面的统一与平衡，如图 1-2 所示。其核心理念是企业通过使消费者满意及增进社会公众的长期福利而获利。

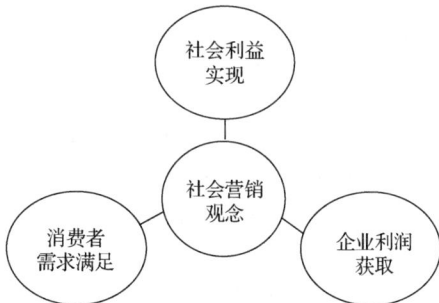

图 1-2　社会营销观念中的利益均衡

除了以上 5 种营销观念之外，菲利普·科特勒还提出了全面营销的观念。他认为，企业的营销"应该贯穿事情的各个方面"，包括关系营销、整合营销、内部营销和绩效营销，企业需要采用更富有整体性、更富有关联性的方法来开展营销活动。

1.3　市场营销学

市场营销学诞生于 20 世纪初的美国，是一门系统研究市场营销活动规律的学科。在早期，这门学科致力于了解和研究经济学家忽略或过分简化的某些问题。随着社会经济的不断发展，市场营销学的内涵发生了根本性的变化，其应用领域也从营利性组织扩展到非营利性组织，并与企业管理学、经济学、行为科学、心理学、社会学、数学等众多学科交织，形成了一门独特的应用型边缘学科。

1.3.1　市场营销学的产生与发展

20 世纪初，商品经济高度发展，市场营销学首先在美国从经济学中分离出来，逐渐成为一门独立的学科，随之流传到欧洲各国、日本等地。

市场营销学的发展大体经历了 4 个阶段，从中可以看出市场营销学对市场营销活动规律的认识是逐步深化的。

第一个阶段为创立阶段（20 世纪初至 20 世纪 20 年代末）。在 19 世纪末，美国少数有远见的企业家提出了一些营销学思想，如提出"明码标价""提供服务""分期付款"等口号，实行"货物售出，包退包换"等办法。20 世纪初，美国一家出版公司首先提出了"顾客为王"的口号，搜集并分析资料，作为公司经营决策的依据。1910 年，美国伊利诺伊大学、密歇根大学、宾夕法尼亚大学、匹兹堡大学、威斯康星大学等相继开设了营销学课程。1912 年，第一本营销学教科书问世，该书由哈佛大学的赫杰特齐编写，被视为市场营销学从经济学科中分离出来成为独立的专门学科的里程碑。

第二个阶段为应用阶段（20 世纪 20 年代末至 20 世纪 40 年代末）。市场营销学在这一阶段逐步被企业应用。1929—1933 年，资本主义世界爆发了严重的"生产过剩"的经济危机。许多工厂、商店倒闭，产品销售困难，大量劳动者失业。幸存的企业也面临着严重的销售问题，于是纷纷求助市场营销学家。在市场营销学运用于企业销售活动之后，各种不同流派的观点和研究方法也相继出现，逐渐形成了市场营销学的概念和理论体系。1937 年，美国市场营销协会成立，这个协会的成员主要为市场营销学家和工商企业家。这一时期，美国几十所大学组织了市场营销学研究俱乐部，用于交流研究成果，并为工商企业提供广告、推销人员培训、开拓流通渠道、加强促销等咨询服务。该阶段市场营销学的研究重点是流通领域的市场营销职能，即产品的推销问题，尚未涉及生产领域。

第三个阶段为变革阶段（20 世纪 50 年代初至 20 世纪 70 年代末）。一方面，随着科学技术的深入发展，劳动生产率大大提高，产品供应数量空前增加，新产品、新品种不断涌现，买方市场已经形成；另一方面，资本主义国家政府推行高工资、高福利、高消费和缩短劳动时间的"三高一缩"政策，刺激消费者增加购买。这使企业之间的竞争愈演愈烈，原来以产品为中心的营销观念无法适应新形势，于是出现了"以消费者为中心"的现代市场营销观念。1960 年，尤金·麦卡锡在《基础市场学》一书中首次明确提出包含产品（Product）、价格（Price）、地点（Place）和促销（Promotion）的 4P's 组合概念。市场营销学的研究突破了流通领域，深入生产领域和消费领域，现代市场营销学的完整体系形成了。20 世纪 70 年代，市场营销学又与消费经济学、心理学、行为科学、社会学、统计学等应用科学相结合，发展成为一门新兴的综合性的应用学科，先后传入日本、西欧及东欧、苏联等国家和地区，并被世界各国和地区所接受。

第四个阶段为发展阶段（20 世纪 70 年代末至今）。近几十年来，市场营销学在它的基本理论、学科体系、传播领域等方面都有重大的发展。首先，市场营销学的概念有了新的突破。1986 年，菲利普·科特勒在《哈佛商业评论》上发表了《论大市场营销》一文，提出了"大市场营销"概念，即在原来的 4P's 组合的基础上，增加两个 P：政治力量（Political Power）和公共关系（Public Relations）。这一概念的提出是 20 世纪 80 年代市场营销战略思想的新发展。20 世纪 80 年代以后，市场营销的范围扩大了，从产品营销扩展到服务、观念、资本、信息、价值等多方面的营销；市场营销的主体范围扩大了，从工商企业扩展到一切面向市场的营利性组织、非营利性组织和个人。例如，20 世纪 90 年代，美国的许多医院都配有营销主任；一些制药企业的营销开支也经常远超研发费用。20 世纪 90 年代以后，欧洲关系营销学派的兴起逐步打破了美国市场营销学派一统天下的格局。随着社会的发展进步，市场营销领域出现了绿色营销、关系营销、网络营销等新理论。相信未来市场营销学研究必然会朝着更深、更广的方向发展，不断为市场营销实践提供适宜的理论支撑。

我国对于西方市场营销理论的引进，始于 20 世纪 70 年代末 80 年代初的经济转型期。其发展经历了引进期（1978—1982 年）、传播期（1983—1985 年）、应用期（1986—1988 年）、扩展期（1988—1994 年）和国际化时期（1995 年至今）。由于改革开放以后我国经济发展迅猛，市场营销学理论在较短的时间内得到了广泛的传播、研究和应用。

1.3.2　市场营销学的研究内容

市场营销学以经济学、行为科学和现代管理学为基础，以现代经营理念为指导，研究企业如何从满足消费者的需求和欲望的角度出发，有计划地组织营销活动，通过交换，将产品和价值从企业传递到消费者手中，最终实现企业的营销目标。

市场营销学的研究内容如下。

（1）企业与市场的关系

市场营销学研究影响和制约营销活动的各种环境因素及各类购买者的行为模式；通过市场调研与需求预测，发现市场需求，根据不同因素进行市场细分，选择目标市场，最终确定市场定位。

（2）营销策略

营销策略是市场营销学研究的核心，主要研究企业如何运用各种市场营销手段、组合营销策略，来实现预期目标。市场营销活动包含产品、价格、分销渠道、促销等多种因素。随着市场经济的不断发展，营销策略的内容日趋复杂。

（3）营销管理

营销管理研究的是企业为保证营销活动的成功，在组织、调研、计划、控制等方面采用的措施和方法。也就是说，企业需要制订正确的营销计划，建立合理的营销组织与控制体系，采取有效的组织、计划、控制措施，保证实现企业的经营目标。营销管理是市场营销学的重要研究内容之一。

1.3.3　市场营销学的研究方法

随着市场营销实践的不断发展，市场营销学的研究方法也不断涌现。在 20 世纪 50 年代以前，传统营销学主要从具体产品、经营机构和销售职能等角度进行研究，研究方法主要包括产品研究法、组织研究法和职能研究法等。

产品研究法是一种以产品为中心的研究方法，主张对产品分门别类地进行市场营销分析研究。例如，可以对医药产品中的非处方药和处方药分别进行研究，以便采取适合其特点的营销策略。这种研究方法的优点是能较详细地分析各种产品在营销过程中出现的问题，有针对性地采取对策；缺点是过于关注产品，容易忽略市场需求。

组织研究法的关注点在营销渠道方面，重点分析渠道系统中各种类型的组织（如厂商、代理商、经销商等）的营销问题，提出应根据各种类型的组织的性质、特点与职能，实施有效管理，提高营销渠道效率，避免窜货、乱价等问题的发生。这种研究方法仍未摆脱"以产品为中心"的观念，对市场需求重视不够。

职能研究法主要研究分析采购、仓储、运输、销售、融资、促销等不同市场营销职能面临的问题，这种方法有助于较深入地研究各个营销环节的活动。

20 世纪 50 年代以后，有以下 3 种新的研究方法较受关注。

第一种是管理研究法，它从管理决策角度对市场营销进行研究，又称决策研究法。它以企业为主体，基于产品研究法、组织研究法和职能研究法的基本要求，分析市场环境，寻找市场机会，针对目标市场需要，结合企业自身的资源和目标，制订相应的营销策略以满足目标市场需要并实现企业的目标。目前，管理研究法在市场营销领域的应用日益广泛，著名的营销学家菲利普·科特勒的营销学专著均采用这种研究方法。

第二种是系统研究法，该方法运用系统管理理论，将企业所处宏观环境、微观环境与市场营销活动紧密协调、整合为一个完整系统，统筹兼顾系统中各个相互影响、相互作用的部分，使各个部门协同活动，从而起到增效作用，提升企业经营效益。

第三种是社会研究法，这种方法主要研究企业的市场营销活动和各种营销机构为社会做出的贡献和付出的成本。

以上方法各有其研究的侧重点，相互间并不是矛盾的，而是相互联系、相互补充的。例如，市场营销研究人员在采用管理研究法的同时，可配合使用产品研究法、系统研究法和职能研究法等，从而使市场营销理论更具实践价值。

本章习题

一、单选题

1."我生产什么，就卖什么；我卖什么，消费者就买什么"的营销观念是（　　　）。
    A．生产观念　　　　B．产品观念　　　　C．推销观念　　　　D．社会营销观念
2.（　　　）是指人们有能力购买并愿意购买某一具体产品的欲望。
    A．需要　　　　　　B．需求　　　　　　C．期望　　　　　　D．价值
3.（　　　）是从工业革命至20世纪20年代占主导的西方企业的营销观念。
    A．生产观念　　　　B．产品观念　　　　C．推销观念　　　　D．市场营销观念
4.现代营销观念以消费者为中心，它要求企业营销活动的出发点是满足（　　　）。
    A．供应商的需求　　B．消费者的需求　　C．社会文化的需求　D．企业文化的需求
5."消费者需要什么，企业就生产什么"的营销观念是（　　　）。
    A．生产导向型　　　B．市场营销导向型　C．推销导向型　　　D．社会营销导向型

二、多选题

1.常见的营销观念有（　　　）。
    A．生产观念　　　　B．产品观念　　　　C．推销观念　　　　D．市场营销观念
    E．社会营销观念
2.现代营销组织系统的主要参与者包括（　　　）。
    A．企业　　　　　　B．供应商　　　　　C．营销中介　　　　D．顾客
    E．管制机构
3.科特勒认为，企业的营销"应该贯穿事情的各个方面"，包括（　　　），企业需要采用更富有整体性、更富有关联性的方法来开展营销活动。
    A．关系营销　　　　B．整合营销　　　　C．内部营销　　　　D．服务营销
    E．绩效营销
4.伴随着时代的变迁和市场营销学理论的发展，营销观念经历了5个阶段的演变，其中属于传统营销观念的是（　　　）。
    A．市场营销观念　　B．生产观念　　　　C．推销观念　　　　D．社会营销观念
    E．产品观念
5.市场营销学的研究内容主要有（　　　）。
    A．企业与市场的关系B．销售人员激励　　C．资源稀缺问题　　D．营销策略
    E．营销管理

三、名词解释

1.市场营销　2.市场营销学　3.生产观念　4.产品观念　5.市场营销观念

四、简答及论述题

1．市场营销观念和推销观念有何不同？
2．何谓生产观念？其适用于什么样的经营环境？
3．市场营销的参与者有哪些？他们在市场营销活动中各自扮演着什么角色？
4．试论述市场营销观念的变迁。
5．试论述市场营销学的研究方法。

案例讨论

"燕舞"今非昔比

江苏燕舞电器集团有限公司位于江苏省沿海城市盐城市，成立于1968年，是江苏省级企业集团和国家大型一类企业。20世纪80年代，企业抓住改革开放的机遇，从一个名不见经传的小厂迅速发展成为全国最大的收录机生产基地。20世纪80年代中后期，"燕舞"音响曾凭借较好的质量畅销全国。"燕舞，燕舞，一曲歌来一片情"的广告词响彻大江南北。江苏燕舞电器集团跨入全国大型工业企业500强的行列，销量连续8年在全国收录机行业领先。

20世纪90年代中期，江苏燕舞电器集团下辖18个企业，其核心企业江苏燕舞电器集团有限公司（以下简称"燕舞"）拥有职工4500人，其中包含各类技术人员800人，固定资产达2亿元，厂房面积达12万平方米，拥有进口、国产仪器与设备3000多台套，具有年产150万台收录机、组合音响，10万台空调器，20万台汽车收放机，300万张激光唱片、影碟的生产能力，建立了从新品开发到维修服务等的一条龙生产经营体系。企业被吸收为中国驰名商标保护组织成员单位，"燕舞"商标在中国首届驰名商标评选活动中获得提名奖，并被评为江苏省著名商标。

1982年，燕舞员工成功研制出第一代燕舞收录机。自己的产品是有了，而且质量还好于上海同类产品，但不代表卖得动，哪怕在盐城，也同样没人买账。因为消费者都认为上海的东西好。"这种名牌心理问题我们一时没法解决，在家门口转也没有大出息，走！往外走！"燕舞第一代领导这样对销售人员说。

最初的公关，就从这儿开始了。当初他们没敢向南，而是从盐城北门出发，向西北、东北、华北进军。

那真是一段好远、好难的行程！小伙子们的身子骨好像要散了，心里也一阵阵发酸。终于，燕舞收录机在古都洛阳这个牡丹花神居住的地方，亮开了"歌喉"，找到了目标消费群体。一次成交50台，这一数字在今天看来，实在微不足道，可那毕竟是燕舞在外地做成的第一笔大生意啊！3个小伙子在一家小酒馆，把一瓶烧酒全部灌下了肚。

1983年，燕舞产品第一次进京展销，那时的燕舞还只是初出茅庐的无名小卒。展销前，燕舞在首都的一些新闻单位做了几则文字广告，只是想让消费者知道燕舞收录机进京展销的消息。没想到，消费者竟在当时的北京东风市场排起长队，将展销的700多台燕舞收录机一抢而空，这在北京引起了轰动。

此后，每年元旦前后，燕舞都在北京举办新品大联展，一是感谢首都人民对燕舞产品的厚爱；二是借此机会向消费者展示燕舞的新产品，进一步提高企业的知名度。每次展销活动都搞得十分火热，这项活动一直持续了12年。

多年来，燕舞利用商标宣传，在全国开辟了广阔而又牢固的市场。即使在市场疲软的情况下，燕舞的企业形象宣传也一天都没有落下，并形成了自己的艺术风格。从表明燕舞实力的"燕舞收录机全国销量第一"，到充满现代气息的"燕舞888，质量顶呱呱"；从赋予深情的"一曲歌来一片情，燕舞音响动人心"，到充满诗意的"到处莺歌燕舞，带来知音无数"；从朗朗上口的"燕舞589，功能样样有"，到"龙年燕舞展新姿，洒向人间都是情"。

为了全方位地塑造企业形象，燕舞自1986年起创办《燕舞》月刊，该刊物除了简单介绍新品以外，更多的是宣传企业精神风貌、外界评价、友好往来等，刊物每期3000份，免费赠送给全国各地的经销单位及有关部门，让公众全面了解燕舞，从而产生对企业、对产品的信赖感。

燕舞还和全国省级广播电台开办了"燕舞之声"栏目，每天定时播出，沟通了企业与消费者之间的感情，架起了企业与消费者之间的"空中桥梁"。

与此同时，燕舞积极参与组织社会活动，提高企业的美誉度。早在1986年，燕舞就和国家体委联合举办了"燕舞杯"北京国际田径邀请赛，并将燕舞收录机作为奖品发给优胜者，使得燕舞收录机第一次漂洋过海，走向世界。之后，燕舞又相继和有关单位共同举办了以"燕舞杯"命名的"全国男子篮球甲级联赛""国际女排四强邀请赛"等大型体育比赛活动，并连续3年赞助江苏省男子篮球队、江苏省曲棍球队、江苏省和盐城市毽球队。

1988年春节前夕，燕舞在首都体育馆组织了两场"燕舞迎春晚会"，受到了首都人民的欢迎，演出收入全部捐给中国残疾人福利基金会。1991年年底，燕舞又支持盐城教育学院教师徐昌茂在北京音乐厅举办了"徐昌茂独奏音乐会"。

1993年，燕舞在全国音响市场普遍萧条的情况下，实施了"创名牌、进名城、到名店"的战略，努力开拓国内外市场，从而再铸辉煌。燕舞全年共生产整机114万台，比上年增长23%；实现销售收入4.4亿元，比上年同期增长54%；利税2300万元，比上年增长52%；外贸供货额2500万元，比上年翻了一番。燕舞音响在全国获得了4个第一：中外组合音响知名度第一，国内组合音响满意度第一，全国市场收录机产品竞争力调查评价项目第一，主要经济技术指标第一。

但是，当时燕舞的负责人没有把力量放在新产品开发和技术革新上，没有把力量放在市场开拓上，而是把几千万元存在银行吃利息，以为这样就可以高枕无忧。不久，企业产品出现积压、销路不畅等情况，很快就被后起的音响制造厂家挤出了市场。几千万元的存款不到几年就花光了，企业垮台了，工人下岗了，"燕舞"音响从此销声匿迹了。

收录机盛行时，燕舞是响当当的名牌，影碟机刚露头，燕舞却觉得它"没有前途"，依然陶醉于收录机市场。当影碟机迅速淘汰收录机时，燕舞这才明白产品创新是如此重要，但此时再开发影碟机为时已晚。有关专家评价说，20世纪80年代中后期，在我国电子产品市场上多次荣获"消费者实际购买品牌""消费者心目中理想品牌""消费者实际购买品牌"3项第一的燕舞，曾获得中国首届驰名商标评选活动提名奖的燕舞，恰恰是由于品牌管理和新产品开发不力，使品牌失去了作用点，如此品牌价值无法提升，这个品牌所具有的巨大潜在价值也随之流失。

资料来源：百度文库。

思考讨论题

1. 燕舞奉行的是什么营销观念？该观念的核心是什么？
2. 燕舞"兴"与"衰"的原因是什么？其他企业能从中汲取哪些经验教训？

第 2 章　市场营销环境

📖 本章导读

　　环境是企业赖以生存和发展的土壤，所有企业的经营行为都要受到环境的影响和制约。因此，在市场营销活动中，环境分析是不可或缺的重要组成部分。本章在介绍市场营销环境的相关概念和类别的基础上，重点阐述市场营销环境分析的程序与方法。通过对本章的学习，读者可以对市场营销环境有一个较为全面的了解和认识。

📚 知识结构图

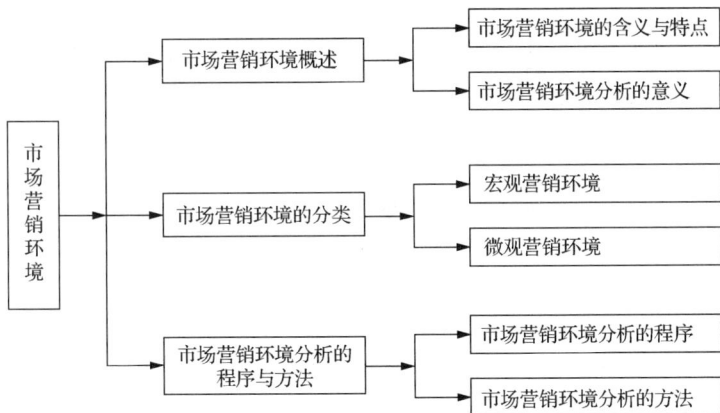

🎞 开篇引例

王安电脑公司的兴衰

　　王安电脑公司创建于 1951 年，凭借其文字处理器取代传统打字机的能力成为 20 世纪 70 年代的高科技"传奇"公司之一，年营业收入超过 30 亿美元，并在当时的《财富》500 强工业企业中名列 143 位。然而到了 1992 年，该公司却在进行"破产保卫战"，年营业收入降到了 19 亿美元。

　　"在灌木丛林中，能生存下来的动物往往不是最强大的，而是那些对周围环境保持警惕的。"王安电脑公司失败的原因除了用人不当和内部管理出现问题之外，主要是公司没有注意到市场上正在发生的变化。正如王安电脑公司于 20 世纪 70 年代曾战胜过 IBM 一样，仅仅过了 10 年，王安电脑公司的市场就被一些个人计算机（PC）公司及软件公司所抢占。当 PC 受到欢迎以及文字处理软件变得容易获得、用户对计算机的兼容性和开放性提出更高要求时，王安电脑公司的文字处理系统却没有适应这一环境变化。虽然王安计算机算得上当时较为有名的办公用计算机，它有自己的硬件技术、操作系统，甚至可以进行简单的局域网连接，可它是不开放的。比尔·盖茨说过："如果王安电脑公司注意到了开放性和通用性的意义，PC 发展的历史将会被改写，微软也不会是今天的微软。"此外，王安电脑公司对于用户使用环境的改变缺乏应对措施，长期坚持收取高额的维修服务费用。一位王安电脑公司的长期用户说，他如果淘汰 40 万美元的王安计算机，每年可以节省 10 万美元的维修费用，而换成其他公司的个人计算机，其总费用不过 10 万美元。变化是这个时代不变的主旋律，原地踏步必将为时代所淘汰，偏离主流方向而动也将被市场抛弃。王安电脑公司的市场在 20 世纪 80 年代后期就崩溃了。由此可见，关注并战略性地预测企业的经营环境对于企业的可持续发展十分重要。

2.1 市场营销环境概述

2.1.1 市场营销环境的含义与特点

1. 市场营销环境的含义

市场营销环境是指存在于企业内部和外部且影响企业营销业绩的一切因素和力量的总和，包括宏观营销环境和微观营销环境。

营销环境是企业实现营销目标的重要条件，因此，企业必须高度重视对市场营销环境的分析，并根据环境的变化制订相应的市场营销策略。

2. 市场营销环境的特点

市场营销环境的特点主要体现在以下几个方面。

（1）整体性和综合性

市场营销环境所包含的各因素和力量之间具有一定的独立性，但它们是作为一个整体对企业的营销活动产生影响的。例如，产品或服务的价格不仅受市场供求关系的影响，还受政府政策、当地经济发展水平等因素的影响。企业很难准确地区分各种环境因素对营销活动的具体影响，所以必须要把营销环境作为一个整体，考虑其综合影响。

（2）复杂性

市场营销环境的复杂性包含两个方面的内容。一方面，营销环境对企业的影响是复杂的、多方面的。同样的营销环境对某些企业来说是机会，而对其他企业来说可能就是威胁。另一方面，各种环境因素之间相互依存、相互作用和相互制约，这进一步提高了市场营销环境的复杂性。

（3）不确定性

市场营销环境的不确定性包括 3 层含义。第一，营销环境的变化速度的不确定性。由于社会生产力的发展和生产关系的变革，营销环境总是处于不断发展变化之中。而且各种环境因素的变化速度不同，如技术环境变化迅速，而自然环境则变化缓慢。第二，营销环境的信息和情报的不确定性。除了企业内部的营销环境信息可以直接获取且确保准确之外，企业外部的营销环境信息和情报大多是通过间接渠道获得的，因此存在着外部信息和情报不准确的可能，使市场营销人员无法准确把握外部营销环境。第三，环境预测的时间期限的不确定性。时间期限越长，市场营销人员对环境的预测就越不准确。

2.1.2 市场营销环境分析的意义

1. 市场营销环境分析是企业开展经营活动的基础

影响企业生产经营活动的环境因素很多，不仅包括人口环境、政治法律环境、经济环境、社会文化环境等宏观营销环境因素，还包括竞争者、供应商等微观营销环境因素以及企业内部环境因素。这些因素能够直接或间接影响企业的经营发展。因此，进行市场营销环境分析，准确把握各种因素对企业经营活动的影响，对于认清形势、扬长避短，最大限度地发挥自身优势具有重要的意义。

2. 市场营销环境分析是企业寻找市场机会的前提

通过对市场营销环境的分析，企业可以准确把握市场供求关系和竞争状态的变化，从而更好地发现市场机会，选择正确的目标市场，生产经营适销对路的产品。

3. 市场营销环境分析能够为企业营销决策提供科学依据

通过市场营销环境分析，企业可以识别外部环境带来的机会和威胁，把握行业的竞争态势，认清自身的优势和劣势。这些都为企业营销决策的制定提供了科学依据。

2.2 市场营销环境的分类

2.2.1 宏观营销环境

宏观环境（Macro-environment）是指在一定的国家或地区范围内对一切产业部门和企业都将产生影响的各种因素或力量。宏观环境是企业无法控制而只能去适应的，但在某些情况下，企业可以对其施加一定的影响。宏观环境在给企业提供发展机遇的同时，也会给企业的发展带来威胁，企业管理者必须对宏观环境进行深入调研，以便发现未来的机会和威胁，进而采取相应的对策。

宏观营销环境是指影响企业市场营销活动的人口环境、政治法律环境、经济环境、社会文化环境、自然地理环境、科学技术环境等，下面分别进行介绍。

1. 人口环境

人口环境包括人口的规模、人口的结构和人口的地理分布及区间流动。

（1）人口的规模

人口是宏观营销环境中最重要的因素之一。人口的多少影响着市场的需求和需求量，也决定着企业生存和发展的空间。在其他条件（如收入水平、消费偏好等）相近的情况下，人口越多，意味着市场的规模和潜力越大。但需注意的是，人口的规模不等同于市场规模，因为决定市场规模的除了人口之外，还有消费者的购买能力和购买欲望。

（2）人口的结构

人口结构主要包括人口的年龄结构、性别结构、家庭结构、社会结构以及民族结构。不同年龄结构的消费者对产品的需求差异较大。以医药产品为例，年轻人身体强壮，生病的概率相对较低，对医药产品的需求较少；而老年人则与之相反，由于年老体衰，老年人往往疾病缠身，所以对医药产品的需求较多。因此，在人口规模既定的情况下，年龄结构不同，市场的需求也不同。同样，性别结构、家庭结构、社会结构及民族结构也会对市场需求产生一定的影响。

（3）人口的地理分布及区间流动

人口的地理分布是指人口在一国或一个地区内的地理分布。人口地理分布与企业的经营决策，尤其是渠道决策有着密切的关系。在人口密度较大、居住比较集中和城市化程度比较高的国家和地区，开展营销活动有着更高的效率和更低的成本。而有些国家和地区，虽然人口的平均密度不高，但居住比较集中，这样的人口分布也有利于开展营销活动。

随着时代的发展，我国人口的区域性流动水平在不断提高。现阶段，我国人口的流动主要表现为农村人口向城市或工矿地区流动；内地人口向沿海经济开放地区流动。另外，外出经商、观光旅游、学习等导致的人口流动也在不断加速。对于人口流入较多的地区而言，人口的增加会使当地的市场需求增加，为当地企业带来更多的营销机遇。

2. 政治法律环境

政治法律环境指的是环境因素中的政治制度和法律法规。其中政治环境包括一个国家的社会制度、执政党性质、政府方针政策等。不同的国家有着不同的社会制度，不同的社会制度对企业活动有着不同的限制和要求。即使是社会制度不变的国家，在不同时期，政府的方针政策也是在不断变化的。

法律环境主要包括各种法律法规等。法律法规是评判企业市场营销活动的准则，只有依法进行的各种营销活动，才能受到相关法律的有效保护。

3. 经济环境

经济环境是指影响企业营销活动的各种经济因素，又可分为宏观经济环境和微观经济环境两大类。其中宏观经济环境主要是指社会经济所处的发展阶段，包括国民收入、市场的供求状况、产业结构状况、财政金融政策、外贸管理制度等。微观经济环境是指一个具体的组织所面临的与组织运营有关的特殊的经济环境，包括企业所在地区或所需服务地区消费者的收入水平、消费偏好、储蓄情况、就业程度等。

经济环境对企业的经营活动影响巨大。国民经济运行良好、财政金融政策及外贸管理制度宽松、消费者收入水平较高，显然对企业的发展有利。例如，改革开放以来，我国经济持续高速发展，人民生活得到极大改善，消费者越来越追求生活品质，对家用汽车的需求越来越多，这有力地促进了我国汽车企业的发展。

4. 社会文化环境

社会文化环境包括一个国家或地区的居民受教育程度、文化水平、宗教信仰、风俗习惯、审美观念、价值观念等。受教育程度和文化水平会影响消费者的需求层次；宗教信仰和风俗习惯会影响某些活动的进行；价值观念会影响消费者对企业目标、企业活动以及企业存在的态度；审美观念则会影响消费者对企业活动内容、活动方式以及活动成果的态度。

因此，企业在制订营销策略时，一定要综合考虑各种社会文化环境因素，以适应不同消费者的需求差异。

5. 自然地理环境

一个国家、一个地区的自然地理环境包括该地的自然资源、地形地貌和气候条件，这些因素都会不同程度地影响企业的营销活动，有时这种影响对企业的生存和发展起着决定性的作用。例如，近些年来我国东南沿海地区经济发展迅速，其中一个重要的原因是这些地区有着得天独厚的自然地理环境。

虽然同其他宏观营销环境相比，自然地理环境的动态性最差，可以长期保持稳定的状态。但稳定并不意味着没有变化，如突发自然灾害、天气骤变等。企业应深入分析自然地理环境所带来的优势和劣势，积极预测环境的变化趋势，以扬长避短，充分把握市场的机遇。

阅读资料 2-1 新冠肺炎疫情环境下的企业营销对策

疫情给企业的营销活动带来了巨大的影响，但在产生不利影响的同时，也带来了非常多的机会。企业营销人员应趋利避害，规避不利的市场环境，充分把握机会，采取积极的营销对策。

1. 消费者去哪里，企业营销就要去哪里

因为不能线下交流，疫情让所有的社交、娱乐、游戏、线上办公软件产品的流量暴涨。那么对于企业来说，营销方式就要随着流量、消费者注意力的迁移进行转变。

2. 采用消费者喜闻乐见的视频形式

相比图文的表达方式，视频更加简单直接，也更加立体有趣，可以给消费者带来更强的代入感。

3. 积极搭建线上平台

疫情期间大家都无法正常出门，消费都通过线上实现。这就需要企业去思考自身和线上消费的结合点，寻找突破的机会，如云开学、云购物、云卖货、云办公，甚至云聚会、云看病等都是有效的结合方式。

4. 重点打磨产品或服务

疫情使得消费者拥有大量的空闲时间，于是在消费上，消费者就会更加注重产品或服务之间的差别。

这就倒逼企业重点打磨自己的产品或服务。

　　资料来源：百度百家号，有改编。

6. 科学技术环境

进入 20 世纪以来，科学技术日新月异，新科技革命蓬勃兴起，形成了科学-技术-生产体系，科学技术在现代生产中起着领头和主导作用。现代科学技术是社会生产力中活跃的和具有决定性的因素，它作为重要的宏观营销环境因素，不仅直接影响企业内部的生产和经营，还与其他环境因素相互依赖、相互作用，影响企业的营销活动。

2.2.2 微观营销环境

微观营销环境（Micro-environment）又称具体环境，是指那些对企业的营销活动影响更频繁、更直接的因素。微观营销环境主要包括企业自身、顾客、供应商、营销中介、竞争者、公众等，下面分别进行介绍。

1. 企业自身

企业开展营销活动，首先考虑的应该是企业自身的环境因素，如企业自身的人力资源、财力资源、物质基础、市场地位、竞争优势，以及产品所处的生命周期阶段、市场份额、销量、市场增长潜力等。这些因素相互联系、相互影响、相互作用，形成一个有机整体，构成了企业开展营销活动的基础。

2. 顾客

企业的一切营销活动都是以满足顾客需求为中心的，因此，顾客是企业最重要的环境因素之一。这里所说的顾客，是指企业为之服务的目标市场。根据购买主体和购买动机的不同，市场可以分为消费者市场、生产者市场、中间商市场、政府市场、国际市场 5 种。这些不同的市场的需求不同、特点各异，企业必须对不同的顾客群体进行深入的调查和研究，以便制订有针对性的营销策略，满足目标市场的需求。

3. 供应商

供应商是指向企业及其竞争者提供生产产品和服务所需资源的企业或个人。供应商所提供的资源主要包括原材料、生产设备、劳务等。如果没有这些资源作为保障，企业根本无法正常运转，也就无法向市场提供其所需的产品和服务。因此，企业必须和供应商保持密切的合作关系，及时了解供应商的动态。

4. 营销中介

营销中介是指帮助企业实现将产品销售给目标市场的中间机构，主要包括经销商、储运商、营销服务机构（如广告公司、传媒机构、营销咨询公司、市场调研公司等）和金融机构。利用营销中介，企业可以使产品更加广泛而有效地进入目标市场，因此营销中介也是非常重要的微观营销环境因素。

5. 竞争者

竞争者是指与企业生产相同或类似产品的企业。企业在市场上会面临众多竞争者的挑战，竞争直接影响着企业的发展和盈利水平。为此，企业要做好对竞争者的研究工作，注意搜集竞争者的动态和商业情报，以做到知己知彼，并采取有效的营销策略。

6. 公众

公众是指那些与企业有着某种直接或间接联系的个人、群体和组织。企业的公众可以分为外部公众和内部公众两大类。外部公众主要包括金融机构、媒介机构、政府机关、行业组织和协会、社区居民和团体、消费者、与企业相关的一般公民等。内部公众是指企业内部全体员工，包括最高决策层、一般管理人员、普通职工。处理好内部公众关系是搞好外部公众关系的前提。

公众会对企业的生存和发展产生巨大的影响，既可能帮助企业成长，也可能阻碍企业的发展。因此，企业必须积极采取措施，主动处理好同公众的关系，树立企业的良好形象，促进企业营销活动的顺利开展。

阅读资料 2-2　用半瓶水"拯救"53万名儿童

如果在商场里看到只装了半瓶的水，你会买吗？这可不是普通的水，它是由 Life Water（生命水）品牌设计的一款"公益水"。截至2016年2月，Life Water 的"半瓶水行动"已经帮助超过53万名儿童解决了饮水问题。

仅在中国上海，每年就至少有800吨瓶装水因喝不完被丢弃。饭桌上、会议桌上，到处是喝了不到一半就被丢掉的瓶装水。这些被丢弃的饮用水，加起来就是缺水地区80万名儿童一年的饮水量。

生活中的水资源浪费随处可见，但真正关心这件事的人却不多。Life Water 察觉到了这一点，并着手改变了旗下15家工厂的45组装配生产线，每天生产5000万瓶半瓶装饮用水，销往7万家超市、便利店。

Life Water 特意只在瓶子里面装半瓶水，既能满足消费者的正常饮水需求，又能将空出来的半瓶水捐助给缺水地区的儿童。

这些水瓶上还印有一些缺水地区儿童的照片。Life Water 甚至还细心地印上了二维码，消费者用手机一扫就能看到关于缺水地区的详细信息。

这个特别的公益举动，为 Life Water 带来了巨大的效益。世界各地300多家媒体的争相报道，使 Life Water 品牌获得了超过30万人的持续关注。也正因为这一公益事件，Life Water 品牌的知名度大幅提高，在收获了消费者的无限赞美与好感的同时，还为公司增加了652%的销量额。

资料来源：中红在线。

2.3　市场营销环境分析的程序与方法

企业开展的所有经营活动都是在特定的环境中进行的。由于环境本身所具有的复杂性和不确定性，企业在做出营销决策时面临着极大的挑战。因此，遵循科学的市场营销环境分析程序与方法至关重要。

2.3.1　市场营销环境分析的程序

市场营销环境分析一般要经过确定课题并提出假设、收集整理资料、环境预测和评估3个阶段。

1. 确定课题并提出假设

确定课题是市场营销环境分析的前提，只有明确了解课题，环境分析的各项工作才有明确的方向和中心。市场营销环境分析的课题要围绕着企业存在的营销问题来确定。课题的确定可能涉及企业活动的整体，也可能只涉及企业活动的某个方面。

在确定课题的基础上，分析人员还要利用企业现有的资料，根据自己所拥有的经验、知识和判断力，进行初步分析，提出关于企业活动遇到的问题的初步假设，即判断企业问题可能是由哪些环境因素造成的；在众多可能的环境因素中，哪些是最主要的。

2. 收集整理资料

提出了关于问题的初步假设后，还要对这些假设进行验证。如果假设成立，那么企业就需采取相应的措施去解决问题。验证假设需要依赖能够反映企业内外部环境的资料。这些资料有两个来源：一是企业内外现存的各种资料，如企业活动的各种记录、外部的公开出版物等，这类资料由于不是为了特定的研究而存在，因此在实用性上可能有一定的局限；二是环境调查资料，为了进行正确的验证，企业还需开展专门的环境调查，以收集所需资料。

3. 环境预测和评估

环境预测和评估的内容主要包括两个方面：一是利用对现有资料的分析，找出环境变化的趋势，然后根据这个趋势预测环境在未来可能呈现的状态；二是根据对假设的验证，根据对企业活动可能产生影响的环境因素之间关系的分析，研究采取相应的措施后企业存在的问题能否解决，预测企业未来的活动条件能否得到改善。

一般来说，环境因素对企业的影响是双面的，既有有利的一面，也有不利的一面。顾客需求的增加可能使企业的市场空间迅速扩大，但也吸引更多的企业加入竞争者的行列，从而使企业面临更大的经营挑战。当前我国化学原料药生产就面临着这样的问题。由于前些年利润可观，众多企业加入化学原料药的生产领域，使低水平重复建设十分普遍，产能过剩问题突出，造成低价竞争、资源浪费，进而形成恶性循环。因此，从某种意义上讲，机遇和威胁是同一事物的两个方面，当认识到事物的全部影响时，威胁就可能被转化为发展机遇。如果只是片面地看到事物变化的有利一面，那么机遇也不过是一个诱人的陷阱。

2.3.2　市场营销环境分析的方法

市场营销环境的分析方法有多种，本书主要介绍 3 种最具代表性的，分别针对市场营销的宏观环境、行业环境和内外部综合环境的分析方法。这 3 种分析方法分别为 PEST 分析法、五力模型分析法和 SWOT 分析法，下面分别进行介绍。

1. PEST 分析法

PEST 分析法是一种常见的宏观营销环境分析法，即从政治（Politics）、经济（Economy）、社会（Society）和技术（Technology）4 个方面对企业的经营环境进行分析。PEST 分析法的主要内容如表 2-1 所示。

表 2-1　PEST 分析法的主要内容

主要方面	主要内容
政治	政治制度、政府政策、国家的产业政策、相关法律、相关法规等
经济	经济发展水平、规模、增长率，政府收支，外贸收支及汇率，利率，通货膨胀率等
社会	人口、价值观念、社会习俗、消费文化、宗教信仰、道德水平等
技术	高新技术、工艺技术和基础研究的突破性进展

资料来源：Hitt, Michael A., Irland, R. Duane and Hoskinsson, Robert E., Strategic Management, 2nd Ed., West Publishing Company, 1996.

采用 PEST 分析法需要掌握大量的、充分的研究资料，并且对所分析的企业有深刻的认识，否则，此种分析很难进行下去。该方法实际是将众多的宏观环境因素概括为政治环境、经济环境、社会环境、技术环境 4 个方面，也有人把人口问题从社会环境中提出单列，在人口环境方面主要分析人口的地理分布、就业水平、收入水平、年龄、文化水平等。值得注意的是，对于一个特定的企业而言，在特定的时期内进行宏观环境分析，还需要具体地识别各个方面的特定内容。

2. 五力模型分析法

美国哈佛大学教授迈克尔·波特所提出的五力模型是分析行业环境的一种有效工具。波特认为，一个产业内部竞争的激烈程度以及效益水平受到 5 种竞争力量的共同影响，这 5 种力量分别为现有企业间的竞争、潜在竞争者的威胁、替代品的威胁、供应商的议价能力以及顾客的议价能力。波特五力模型如图 2-1 所示。

（1）现有企业间的竞争。生产同质产品的企业为了争夺有限的顾客，必然要展开激烈的竞争。对行业内现有竞争者的分析主要包括：谁是真正的竞争者？这些需要重点关注的竞争者的基本情况及未来发展的动向如何？其对本企业构成威胁的主要原因是什么？上述分析的结果是企业制订营销策略的关键。

（2）潜在竞争者的威胁。一个有利可图的行业，必然会成为其他企业选择进入的对象。潜在竞争者的进入行为会改变产业内的竞争格局，现有企业的竞争优势也可能随着新进入者的到来而荡然无存。

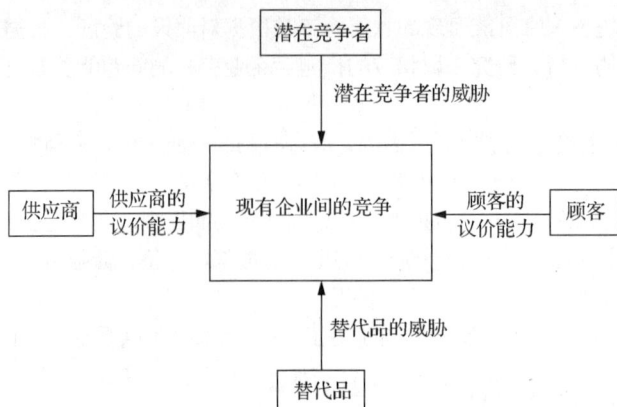

图 2-1　波特五力模型

企业在进入新的行业时会遇到一定的障碍，这些障碍主要由规模经济、差别化程度、转换成本、技术障碍、对渠道的控制及国家的政策限制等因素构成，它们共同决定了进入一个行业的难易程度。

（3）替代品的威胁。随着科学技术的不断发展，产品的更新换代越来越快。新的、性能更佳的替代品出现之后，原有的产品就会失去市场。因此，企业应密切关注替代品的竞争威胁，同时加大研发投入，不断推出新的产品以应对这种威胁。

（4）供应商和顾客的议价能力。供应商和顾客的议价能力即卖方和买方掌控交易价格的能力。在具体的交易活动中，影响议价能力的因素很多，如产业集中度、产品的差别化程度、顾客的转换成本等。

3. SWOT 分析法

企业的内外部营销环境不能割裂开来，单纯分析企业内部或外部营销环境都只会得到片面的结果。因此，企业必须对外部环境带来的机会及威胁与企业内部的优势和劣势进行综合分析，才能充分发挥优势，把握外部机会，规避内部的劣势和外部的威胁。

SWOT 分析法就是一种对企业内外部环境进行综合分析的方法。所谓 SWOT 分析，就是将与研究对象密切相关的各种主要内部环境优势因素（Strengths）和劣势因素（Weaknesses）、外部环境机会因素（Opportunities）和威胁因素（Threats），依据

SWOT 分析法

一定的次序，按矩阵形式排列起来，形成环境分析矩阵，在完成环境分析和 SWOT 矩阵的构造后，企业便可以制订相应的行动计划。制订计划时需运用综合分析的方法，将各种环境因素匹配起来并加以组合，从而得出一系列企业未来可选择的发展策略。

（1）外部环境分析（机会/威胁分析）

外部环境是指企业外部对企业的生存和发展可能产生重要影响的各种环境的总和，具有较高的不确定性。企业外部环境的不确定性由环境因素的变化率和企业环境因素的数量决定，如图 2-2 所示。

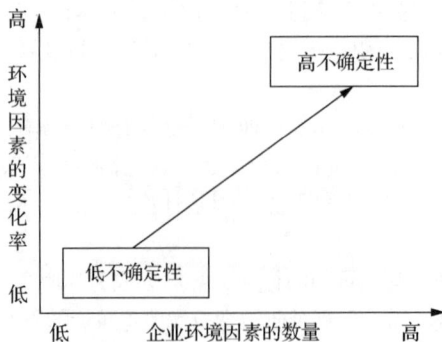

图 2-2　企业外部环境的不确定性

外部环境由于存在着不确定性，因此既可能为企业带来机会，也有可能带来威胁，下面进行具体的分析。

① 环境机会。所谓环境机会，是指对企业开展生产经营等管理活动有利的环境，我们可以根据机会的吸引力和成功的概率这两个变量来构造机会矩阵，如图 2-3 所示。机会矩阵中的环境机会可以分为 3 类：A 为最佳机会；B、C 为需要密切关注的机会；D 为不必考虑的机会。

企业在面对这 3 类环境机会时可以采取以下对策，即利用机会（A）、等待观望（B、C）、放弃机会（D）。

② 环境威胁。所谓环境威胁，是指对企业开展生产经营等管理活动不利的环境。我们可以根据威胁的严重性和发生的概率这两个变量来构造威胁矩阵，如图 2-4 所示。威胁矩阵中的威胁可以分为 3 类：A 为严重的或关键性的威胁，企业必须为此类威胁制订一个应变计划，一旦威胁出现，企业必须有相应的措施来抵御或化解威胁；B、C 为需要密切关注的威胁；D 为不必顾虑的威胁。

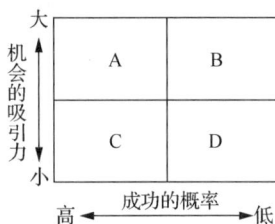

图 2-3　机会矩阵

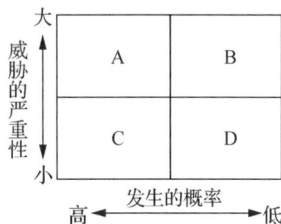

图 2-4　威胁矩阵

③ 机会和威胁组合。任何一个企业都会面临不同的外部机会与威胁，结合机会与威胁的程度，可以构成 4 种不同的营销环境，即理想的环境、冒险的环境、老化的环境和恶化的环境，如图 2-5 所示。

图 2-5　营销环境的机会与威胁组合

（2）内部环境分析（优势/劣势分析）

内部环境是指企业内部所有能够影响市场营销活动及其绩效的要素、力量和资源，是企业生存和发展的基础。企业内部环境分析的重点是企业能力的分析。企业能力是多方面的，主要包括市场营销能力、财务能力、制造能力和组织能力等，如表 2-2 所示。这种分析的主要思想是将企业现有能力与利用机会所要求具备的能力进行比较，找出差距，并制订提升相应能力的措施。企业能力分析可分以下 3 个步骤进行。

① 明确利用机会所需能力的结构，找出反映这种能力的具体环境，并判断每一环境的相对重要性。所需能力的重要性分为高、中、低 3 个等级，现有能力的评价分为强、较强、中、较弱、弱 5 个等级，由此构造出优势/劣势评价表，如表 2-2 所示。

② 分析现有能力的实际情况，找出企业的优势和劣势。

③ 进行评价并制订相应的措施。

表 2-2　优势/劣势评价表

能力要素		所需能力的重要性			现有能力的评价				
		高	中	低	强	较强	中	较弱	弱
营销能力	1. 公司信誉 2. 市场份额 3. 产品质量 ……								
财务能力	1. 筹资能力 2. 资金成本 3. 资金稳定 ……								
制造能力	1. 机器设备 2. 规模经济 3. 工艺技术 ……								
组织能力	1. 引入人才 2. 发现人才 3. 留住人才 ……								

（3）构造 SWOT 矩阵

在完成对外部环境的机会和威胁、企业自身的优势和劣势这 4 个方面的评估之后，即可构造内外部环境分析的 SWOT 矩阵，双汇集团的 SWOT 矩阵如图 2-6 所示。

在构造 SWOT 矩阵时，应将分析出的各种环境因素根据轻重缓急或影响程度等排列，在此过程中，将那些对企业发展有直接的、重要的、大量的、迫切的、久远的影响因素排列在前面，而将那些间接的、次要的、少量的、不急的、短暂的影响因素排列在后面。

构造 SWOT 矩阵的具体步骤如下。

① 把识别出的所有优势分成两组，一组与机会有关，另一组与威胁有关。

优势（Strengths） 1. 鲜肉加工能力强 2. 品牌知名度高 3. 上市公司，筹资能力强	机会（Opportunities） 1. 安全鲜肉需求显著 2. 速冻食品销量迅速增长 3. 尚无前向一体化先例
劣势（Weaknesses） 1. 缺乏连锁零售经验 2. 有竞争力的产品线较少 3. 鲜肉生产运输成本高	威胁（Threats） 1. 地方政府的保护 2. 超市建店门槛提高 3. 春都、金锣等的竞争

图 2-6　双汇集团的 SWOT 矩阵

② 用同样的方法把所有劣势分成两组，同样是一组与机会有关，另一组与威胁有关。

③ 构建 4 个分析表格。

④ 把企业的优势和劣势与机会和威胁配对，分别置于对应表格中。

（4）制订行动计划

在完成 SWOT 矩阵的构造后，便可以制订相应的行动计划。制订计划的基本思路是发挥优势、克服劣势、利用机会、化解威胁；考虑过去、立足当前、着眼未来。运用 SWOT 分析法，企业可以得出一系列未来发展的可选择策略。这些策略如下。

① 优势/机会策略（S/O），即发挥企业内部优势与利用外部机会的策略，是一种理想的策略。

② 优势/威胁策略（S/T），即企业利用自身优势，回避或减轻外部威胁的策略。

③ 劣势/机会策略（W/O），即利用外部机会来弥补内部劣势，使企业获取优势的策略。

④ 劣势/威胁策略（W/T），即旨在减少企业内部劣势，回避外部环境威胁的防御性策略。

由于具体情况所包含的各种因素及其分析结果所形成的策略都与时间范畴有着直接的关系，所以在进行 SWOT 分析时，可以先对整个时间段进行划分，并分别进行 SWOT 分析，然后对各个阶段的分析结果进行汇总，最后进行整个时间段的 SWOT 分析。这样有助于分析结果的优化。

本章习题

一、单选题

1．人口、价值观念、宗教信仰、道德水平等属于（　　）。
　　A．社会文化环境　　B．科学技术环境　　　C．人口环境　　　　D．经济环境
2．下列属于微观经济环境的是（　　）。
　　A．财政金融政策　　B．产业结构状况　　　C．国民收入　　　　D．消费偏好
3．在所有的宏观营销环境因素中，稳定性最强的是（　　）。
　　A．自然地理环境　　B．人口环境　　　　　C．政治法律环境　　D．经济环境
4．SWOT 矩阵中的 S、W、O、T 分别代表（　　）。
　　A．劣势、优势、机会、威胁　　　　　　B．优势、劣势、威胁、机会
　　C．优势、劣势、机会、威胁　　　　　　D．威胁、机会、优势、劣势
5．以下不属于营销中介的是（　　）。
　　A．经销商　　　　　B．企业员工　　　　　C．储运商　　　　　D．营销服务机构

二、多选题

1．下列属于宏观营销环境的有（　　）。
　　A．人口环境　　　　B．供应商　　　　　　C．科学技术环境　　D．资金
　　E．营销中介
2．下列属于微观营销环境的有（　　）。
　　A．顾客　　　　　　B．企业自身　　　　　C．竞争者　　　　　D．社会文化环境
　　E．政治法律环境
3．下列属于企业的外部公众的有（　　）。
　　A．管理人员　　　　B．社区居民　　　　　C．普通职工　　　　D．政府机关
　　E．行业组织和协会
4．政治法律环境包括一个国家的（　　）。
　　A．社会制度　　　　B．执政党性质　　　　C．政府方针政策　　D．各种法律法规
　　E．产业结构
5．运用 SWOT 分析法，企业可以得出一系列未来发展的可选择策略。这些策略包括（　　）。
　　A．优势/机会策略　B．优势/威胁策略　　　C．劣势/机会策略　D．劣势/威胁策略
　　E．机会/威胁策略

三、名词解释

1．市场营销环境　　2．宏观营销环境　　3．经济环境　　4．微观营销环境　　5．PEST 分析法

四、简答及论述题

1．市场营销环境的特点主要有哪些？
2．为什么要进行市场营销环境分析？
3．人口环境主要包括哪些方面？
4．试论述市场营销环境分析的程序。
5．试论述五力模型分析法。

盲盒不应成为监管"盲区"

如今，盲盒经济迅猛发展，但在盲盒经济迅猛发展的同时，伴随而来的一些问题却不容忽视。2021年1月26日，中国消费者协会发布关于盲盒的消费提示，指出"盲盒经济"存在过度营销、虚假宣传、假劣产品时有出现、消费纠纷难解决等问题，甚至有的商家将盲盒当成"清库存"的工具。

盲盒作为新业态，若营销模式成功，既可以增加产品销量，也能提升企业形象。例如，2020年"故宫淘宝"推出了"宫廷宝贝""猫祥瑞"等主题盲盒，在中秋期间还推出了故宫猫中秋限量盲盒，引发广大消费者的购买热潮。正是由于各行各业看到盲盒市场利润丰厚，"钱"景无限，除最初的玩具外，餐饮、美妆、文具、图书等诸多消费领域也纷纷掀起"盲盒风"。有调查显示，2019年国内盲盒行业市场规模为74亿元，预计2021年将突破百亿元人民币"关口"。

随着盲盒经济向众多领域与行业延伸，盲盒自身存在的诸多负面影响逐渐引发了社会各界的担忧。2020年年底，凤凰网《文化风向标》发布的一份调查显示，网友们认为盲盒存在的三大问题与不足按照投票比重依次为：噱头过大，产品本身缺乏实用性（30.17%）；价格不合理，部分产品溢价严重（20.35%）；让消费者"上瘾"，花费更多金钱（17.43%）等。更令人忧虑与不安的是，盲盒本身具有上瘾和赌博属性，这让那些市场风险识别能力较差的未成年人很容易成为"被收割"的对象。

在盲盒经济"盲目"升温的过程中，各种乱象愈发严重，市场"泡沫化"特质越来越明显。这些情形无疑在告诉人们，盲盒市场已由当初的"幼苗"，长成了需要修剪的"大树"，国家监管部门应主动出手，强化对盲盒市场的监管与规范，决不能让盲盒成为监管的"盲区"。

对于盲盒市场而言，应制定"阳光规则"，将盲盒里产品的价值、出现概率、频率分布方式等关键信息在盲盒产品说明书上做好标注，监管部门据此进行日常检查，以维护消费者的知情权与监督权。对于涉嫌虚假宣传，到手产品与宣传不符，假劣、"三无"产品，以及遇到质量问题只换不退等不法行为，监管部门可依据《中华人民共和国消费者权益保护法》《中华人民共和国广告法》及《中华人民共和国产品质量法》等相关法律法规进行严厉处罚。

当然，对于消费者而言，面对盲盒千万不能盲目跟风，要保持消费理性，尤其对于未成年人这个特殊群体，家长应强化消费教育，让其知道购买风险，不要误入"盲"途。唯有做到监管到位、商家自律和消费者保持理性，盲盒经济才能走上康庄大道，越走越远，越来越"火"。

资料来源：证券时报网。

思考讨论题

1. 政治法律环境对企业的营销活动有哪些影响？
2. 结合本案例，请谈谈企业在营销活动中应遵守哪些法律法规。

第3章 市场调研与预测

本章导读

市场调研与预测是市场营销工作必不可少的环节，是企业营销活动成功开展的保障。本章将首先介绍市场调研的含义、分类、内容和程序，接下来将探讨市场调研的方法、方式、问卷的设计以及资料的整理，最后对市场预测的定性及定量方法进行重点阐述。

知识结构图

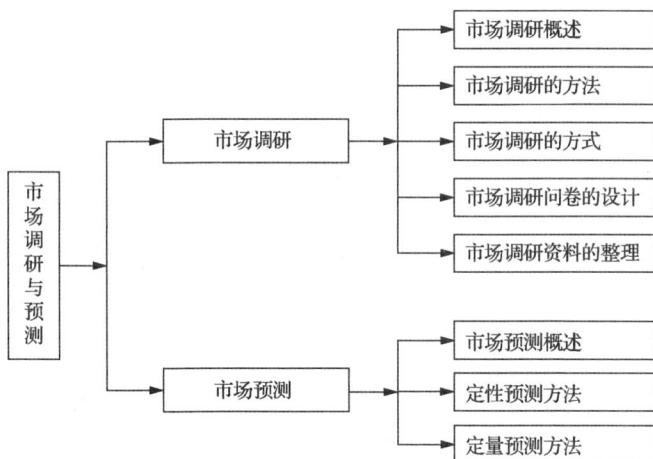

市场调研与预测
- 市场调研
  - 市场调研概述
  - 市场调研的方法
  - 市场调研的方式
  - 市场调研问卷的设计
  - 市场调研资料的整理
- 市场预测
  - 市场预测概述
  - 定性预测方法
  - 定量预测方法

开篇引例

德芙携手天猫大数据　定制新年好"芙"气

对于中国消费者来说，因爱而生的德芙是甜蜜爱情的象征，更是巧克力的代名词。自1989年进入中国，到1995年成为中国板块巧克力领导品牌，德芙一直是中国巧克力市场的"领头羊"。从"牛奶香浓，丝般感受""下雨天和巧克力更配哦"，到"德芙，纵享丝滑"，再到"没有到不了的远方，当德芙动你心"……德芙在一段段关于生活、关于爱情、关于梦想的故事中塑造了自己的品牌形象。德芙不仅因丝滑口感深受中国消费者的喜爱，还借独具创意的品牌故事以及与品牌形象契合的代言人实现了口碑与市场的双赢。

不过，近年来德芙逐渐意识到一个问题：长期以来，德芙的品牌故事一直以爱情为主线，丝滑甜蜜的德芙巧克力十分契合爱情主题，这种产品营销模式也适合当下的快消食品市场，但是这也使产品有了局限，很多消费者都认为巧克力是年轻人的食品，这在无形中隔开了很多消费者。

因此，德芙携手天猫新品创新中心，基于大数据分析，分析消费者心理，以"新年订下好'芙'气"为主题，将"得福之书"融入产品概念，推出了定制的"得福之书"新年礼盒，为德芙注入了新"能量"。每一位消费者都可定制专属于自己的"得福之书"新年礼盒，从产品到包装，再到祝福都完美契合其需求。

德芙的"得福之书"新年礼盒共有 6 种包装风格，既有满足"粉丝"需求的名人同款，也有适合送家人、送同事、送朋友、送自己的风格，极大地扩展了消费者群体。

伴随着中国互联网及电子商务的快速发展，巧克力的互联网渗透率逐步提高，巧克力市场的"蛋糕"越做越大。一方面，它有利于中国巧克力市场的发展，另一方面，它也会导致更加激烈的市场竞争。德芙要想在市场上继续保持旺盛的生命力，不仅要探索新的品牌升级模式，更要开创新的产品营销思路。对于德芙而言，与天猫超级品牌日和天猫新品创新中心的合作，不仅是一次完美的品牌升级，更是一次高效率的产品营销。

早在"得福之书"新年礼盒上市之前，天猫新品创新中心就基于大数据，为德芙提供了清晰精准的消费者画像：从前期的市场洞察扫描、深入调研挖掘消费者礼品需求，到产品概念测试、指导设计优化和精准库存，再到整合超级品牌日资源、与各种媒体进行有效衔接，创造了一条完整、精准而又高效的产品营销之路，成为人工智能时代产品营销的必然选择。

德芙借助合作使形象也得到了极大传播。此外，德芙还通过代言人实力"打 call"、世贸天阶大屏强势曝光、代言人天猫直播为产品"站台"，以及创新式地运用银泰互动大屏"芙"气大挑战实现了全新的消费者互动。这是一条立体的、全方位的营销之路，创造了令人意想不到的营销奇迹。

资料来源：中国新闻网。

3.1　市场调研

市场调研是企业开展营销活动的基础，也是制订企业营销策略的重要依据，必须引起高度的重视。

3.1.1　市场调研概述

1. 市场调研的含义

市场调研是市场调查与市场研究的统称。根据市场调研范围的不同，市场调研有狭义和广义之分。

狭义的市场调研是指运用科学的手段和方法收集消费者对企业产品或服务的购买意向、购买动机及使用评价等信息，并加以分析的活动。

广义的市场调研是指运用科学的方法和手段，收集产品从生产者转移到消费者手中的一切与市场活动有关的数据和资料，并进行分析研究的过程。

2. 市场调研的分类

按照不同的划分标准，市场调研可以分成如下几种主要的类型。

（1）按市场调研的目的，市场调研可以分为探测性调研、描述性调研、因果性调研和预测性调研。

（2）按市场调研的连续性，市场调研可以分为一次性调研、定期调研和连续性调研。

（3）按市场调研的对象，市场调研可以分为消费者市场调研和生产者市场调研。

3. 市场调研的内容

市场调研的内容主要包括市场基本环境调研、市场需求调研、消费者行为调研、产品调研以及市场营销活动调研等。

（1）市场基本环境调研

市场基本环境调研包括市场宏观环境调研和市场微观环境调研两类。市场宏观环境调研主要包括对企业所在的政治法律环境、经济环境、社会文化环境、自然地理环境、科学技术环境等的调研。市场微观环境调研是指对与企业营销活动直接发生关系的影响因素，如市场、营销渠道、相关企业、竞争者等的调研。

（2）市场需求调研

市场需求调研包括消费需求数量调研、消费需求结构调研等。

（3）消费者行为调研

消费者行为是市场调研中较难把握的因素。它受多方面因素的影响，如消费者心理、性格、宗教信仰、文化程度、消费习惯、个人偏好和周围环境等。这些因素都可以在一定程度上促成消费者的购买行为。消费者行为调研就是要了解这些主客观因素及其发展变化对消费者购买行为的影响。消费者行为调研主要包括消费者心理需要调研和消费者购买行为调研。

（4）产品调研

产品是营销活动的核心，产品调研是企业市场调研不可或缺的部分。产品调研主要包括产品及包装调研、产品生命周期调研及产品价格调研等内容。

（5）市场营销活动调研

市场营销活动调研主要包括竞争对手状况调研、销售渠道调研、广告调研等内容。

4. 市场调研的程序

市场调研应该遵循科学原则，按照一定的流程来进行，具体的调研程序如下。

（1）设计调研方案

调研方案是指导调研活动的大纲，是对调研计划和程序的书面说明，是对调研过程和调研方法的详细规定。这一阶段的主要任务包括：确定调研目的和内容、确定调研对象和调研单位、安排调研时间以及控制调研成本。

（2）收集调研资料

该阶段的主要任务是收集与本次调研主题相关的各种资料。企业可根据需要，采用一种或多种资料收集方法。收集调研资料的途径有多种，如可以通过文献调查收集二手资料，通过问卷调查、访谈调查等收集一手资料等。

（3）整理和分析资料

此阶段包括资料整理和资料分析两个部分。资料整理是对资料的分类统计，要求根据市场调研任务的要求，按某种标志将所调研现象总体划分为若干组成部分，从而反映被调研现象的本质特征。接下来是对整理的资料进行汇总分析，这一阶段需要调研人员耐心细致地归纳总结、去粗取精、去伪存真，还需要借助先进的统计分析工具，最终达到市场调研的目的。

（4）撰写调研报告

撰写调研报告时要了解委托调研人希望获得的报告形式、报告的阅读者、希望获得的信息以及结论等。调研报告要清晰明了、图文并茂。

调研报告通常包括标题、导言、主体和结论 4 个部分。

标题即调研报告的题目。标题必须简单明了、高度概括、题文相符，能准确揭示调研报告的主题。

导言即调研报告的开头部分，一般要说明市场调研的目的和意义，介绍市场调研工作的基本情况，包括市场调研的时间、地点、内容、对象以及采用的调研方式方法。

主体即调研报告的主要内容，是表现调研报告主题的重要部分。这一部分的内容直接决定调研报告的质量和作用。主体部分要客观、全面地阐述市场调研所获得的材料、数据，用它们来说明有关问题，得出有关结论；对某些问题和现象要做深入的分析和评论。

结论即对市场调研做一个总结，要形成市场调研的基本结论。有的调研报告还要提出对策，供有关决策者参考。

3.1.2 市场调研的方法

市场调研的方法有多种，具体采用哪种方法要根据需要确定。例如，收集二手资料通常采用的方法是文案调研法，而收集一手资料则主要采用访问调研法、观察调研法、实验调研法等。

市场调研的方法

1. 文案调研法

文案调研法又称间接调研法，指调研人员在案头对现成的资料进行搜集和研究的调研方法，主要用于搜集与市场调研内容相关的二手资料，它与访问调研法、观察调研法等搜集一手资料的方法是相互依存、相互补充的。

文案调研法的资料收集过程相对简单，能够节省人力、财力、物力和时间。文案调研法具有较强的机动性和灵活性，能够较快地获取所需的二手资料，以满足市场调研的需要。但是二手资料不一定能满足调研人员研究特定市场问题的数据需求。因此，文案调研法通常与其他市场调研方法结合使用，以满足调研人员获取准确资料的需求。

2. 访问调研法

访问调研法是搜集资料最基本、最常用的市场调研方法，主要用于搜集一手资料。访问调研法的形式较多，除了我们熟悉的面谈访问法外，还有电话访问法、邮寄访问法等。

（1）面谈访问法

面谈访问法是指调研人员与被调研人员面对面地进行交谈，以收集资料的方法。面谈访问包括入户访问、留置问卷访问、拦截式访问等类型。

（2）电话访问法

电话访问法是通过电话向被调研人员进行调研的一种方法，可分为传统电话访问和计算机辅助电话访问两种形式。电话访问法的优点是搜集资料的速度快、覆盖面广、费用低；不会给被调研人员带来心理压力，易被人接受。但是，电话访问法也存在一定的缺点，如由于不能见到被调研人员，无法观察到被调研人员的表情和反应，也无法出示调研说明、图片等背景资料，只能凭听觉得到口头资料。因此，电话访问法所获取资料的真实性很难保证。

电话访问法主要应用于民意测验和一些较为简单的市场调研项目，而且询问的问题数量要少，并尽量采用二项选择法提问，同时要控制好时间。

（3）邮寄访问法

邮寄访问法是指调研人员将印制好的调研问卷寄给选定的被调研人员，由被调研人员按要求填写后，在约定的时间内寄回的方法。有时，也可在报纸上或杂志上利用广告版面将调研问卷登出，让读者填好后寄回。

邮寄访问法的优点是调研范围较广，问卷可以有一定的深度；调研费用较低；被调研人员有充足的时间作答，还可查阅有关信息，因而取得的资料可靠程度较高；被调研人员不受调研人员的态度、情绪等的影响；无须对调研人员进行选拔、培训和管理。

但是，邮寄访问法存在着问卷回收率低、调研周期长的缺点，现在已经逐渐被电子邮件调查所替代。

（4）小组座谈法

小组座谈法又称焦点小组访谈法，是指挑选一组具有代表性的被调研人员，利用小组座谈会的形式，由主持人就某个专题引导与会人员进行讨论，从而获得对某一问题的深入了解的方法。与其他的市场调研方法相比，小组座谈法具有资料收集快、取得的资料较为广泛和深入、协同增效、专门化、科学监视、形式灵活等优点。但是，小组座谈法具有主持难度较大、获得的意见性资料比较杂乱、意见的代表性较差等缺点。

小组座谈法几乎可以运用于所有市场调研资料的获取，既包括对初步接触市场的探索性问题的调研，也包括对需要深入了解的问题的调研。例如，获取对新的产品概念的印象；理解消费者对某类产品的认识、偏好及行为；获取消费者对具体的市场促销策略的初步反应等。

（5）深度访谈法

深度访谈法也称个别访问法，是一种无结构的、直接的、个人的访问方法，即调研人员按照拟订的调研提纲，对被调研人员进行个别询问，以获得相关信息的市场调研方法。

由于深度访谈需要调研人员与被调研人员一对一地沟通，因此调研人员的能力决定了深度访谈的效果。调研人员在访谈时应客观公正，不能表达带有倾向性的个人观点，以最大限度地让被调研人员表达对问题的真实看法。

深度访谈比小组座谈更能深入地探索被调研人员的思想与看法，在深度访谈过程中，被调研人员可以更自由地表达自己的看法，而不像在小组座谈中也许会迫于压力而不自觉地形成与小组成员一致的意见。

深度访谈需要调研人员具有较好的交流沟通能力，具备此种能力的调研人员很难找到。由于调研的无结构性，调研结果和质量的完整性也十分依赖于调研人员的能力。深度访谈所用时间和所花经费较多，所以在一个调研项目中，深度访谈的被调研人员数量是十分有限的。

3. 观察调研法

观察调研法是指调研人员到现场利用自己的视觉、听觉或借助摄像器材，直接或间接地观察和记录正在发生的市场行为或状况，以获取有关信息的方法。利用观察调研法进行调研时，调研人员不需向被调研人员提问，而是凭自己的直观感觉，从侧面观察、旁听、记录现场发生的事实，以获取需要的信息。

（1）直接观察

直接观察是指调研人员直接深入调研现场，对正在发生的市场行为和状况进行观察和记录。其主要观察方式有参与性观察、非参与性观察和跟踪观察。

阅读资料 3-1　神秘顾客调查

神秘顾客调查是市场调研行业中获取资料最为精准的服务项目之一，主要应用于对耐用消费品行业和服务行业的监督和购买习惯的深入调查，如餐饮、汽车，以及家用电器行业等。此种调研主要采用观察和模拟消费者行为和语言沟通的方式来进行现场服务质量检查和竞争者同类产品销售情况对比。美国肯德基国际公司的子公司遍布全球。那么，这么大的公司是怎么管理遍布全世界的员工的呢？原来，肯德基国际公司雇用了一个专业的机构来不定时对肯德基的门店进行检查，这一机构对肯德基的规章制度甚至比肯德基本身的员工还要清楚。他们装扮成普通的顾客进入店内进行检查打分。这些"神秘顾客"来无影、去无踪，这就使肯德基门店的经理、员工时时感到压力，不敢有所疏忽。神秘顾客调查以后，公司的很多问题被暴露出来：9%的顾客流失，源于一些公司无法控制的原因；9%的顾客流失，源于对价格不满意；14%的顾客流失，源于对产品不满意；68%的顾客流失，源于对服务/服务人员不满意。

资料来源：百度文库。

（2）间接观察

间接观察是指调研人员采用各种间接观察的手段，如痕迹观察、仪器观察等获取市场调研所需信息的方法。

4. 实验调研法

实验调研法是指在既定条件下，通过实验对比，对市场现象中某些变量之间的因果关系及其发展变化过程加以观察分析，即从影响调研问题的许多可变因素中，选出一个或两个因素，将它们置于同一条件下进行小规模实验，然后对实验得到的数据进行处理和分析，确定研究结果是否值得大规模推广。在市场调研中，实验调研法主要应用于产品测试、包装测试、价格测试、广告测试、销售测试等方面。

阅读资料 3-2　实验调研法示例

美国一家咖啡店准备改进咖啡杯的设计，为此进行了市场实验。首先，他们进行了咖啡杯选型调查，他们设计了多种造型的咖啡杯，让 500 位家庭主妇进行观摩评选，研究主妇们用干手拿杯子时，哪种造型优美；用湿手拿杯子时，哪种不易滑落。调研结果显示，宜选用四方长腰果造型的杯子。然后，他们对产品名称、图案等也进行了调查。接着他们利用各种颜色会使人产生不同感觉的特点，通过实验，选出了颜色最合适的咖啡杯。他们采用的方法是，请了 30 多个人，让他们每人各喝 4 杯相同浓度的咖啡，但是咖啡杯的颜色不同，分别为咖啡色、青色、黄色和红色 4 种。试饮的结果显示，使用咖啡色杯子的人认为"太浓了"的占 2/3，使用青色杯子的人都异口同声地说"太淡了"，使用黄色杯子的人都说"不浓，正好"。而使用红色杯子的 10 个人中，有 9 个人说"太浓了"。根据这一调查，咖啡店改用四方长腰果造型的红色咖啡杯。该店借助这一方法，既可以节约原料，又能使绝大多数顾客感到满意。果然，这种咖啡杯投入市场后，与市场上的其他咖啡店的产品展开激烈竞争，以销售量比对方多两倍的优势取得了胜利。

资料来源：百度文库。

5. 网络调研法

网络调研法是指调研人员利用互联网搜集和掌握市场信息的方法。随着互联网的普及，网络调研法成为市场调研的主要方法。

（1）网络调研法的优点

① 网络调研法覆盖地域更广。相比传统调研方法，网络调研法不受时空及地域的限制。调研人员几乎可以在一天中的任何时间对全球的任何对象开展调研工作。

② 网络调研法获取信息快速及时。传统调研方法在开展工作时，首先会进行调查，在回收调查资料并对资料进行整理分析后才能得出调研结果，这几项工作很难同时进行，因此调研结果的获得需要经过较长的时间。网络调研法则不同，网络调研法可以通过互联网将信息快速地传送给网络上的任何用户，在调研的过程中，分析工作可以同时进行，网络调研信息可以随时进行后台分析，以便调研人员及时得到阶段性结果。

③ 网络调研法的成本更低。相较于各种传统调研方法，网络调研法的成本更低。网络调研法可以大幅节约人财物及时间成本。传统调研方法中的印刷问卷、调研人员上门访问、电话访问等工作在网络调研法中不复存在。同时，网络调研法也不受天气、交通等的制约，信息录入工作由被调研人员在终端上直接完成，大部分信息检验和信息处理工作也由计算机自动完成。因此，网络调研法的成本更低，更具有经济性。

④ 网络调研法沟通更充分。通过网络进行调研，被调研人员可以随时就与问卷相关的问题提出自己的意见和建议，避免因问卷设计问题或理解不一致而导致调研结果出现偏差，有效提高了调研结果的客观性。

⑤ 网络调研法的结果更可靠。被调研人员都是自愿参加调研活动的，他们对所调研的问题有一定的兴趣，因此调研的针对性比较强。此外，被调研人员主动填写调查问卷，参与调研的态度会相对认真，问卷填写信息的可靠性因此较高。

（2）网络市场调研的步骤

① 确定目标。进行网络调研时首先要确定调研目标，只有确立了调研目标，才能准确地设计和开展调研活动。

② 设计网络调研方案。网络调研方案的具体内容包括：调研资料的来源、调研对象、调研时间、网络调研方法和手段的选择等。

③ 收集资料。在网络上收集资料不受时间和空间的限制，网络调研几乎可以在任意时间和空间内进行。资料收集的方法也很简单，直接在网上下载即可。与传统调研方法相比，网络调研收集和录入资料更方便、快捷。

④ 资料的整理和分析。收集来的资料只有进行整理和分析后才能发挥其作用。整理和分析资料非常关键，需要使用一些数据分析技术，如交叉列表分析技术、综合指标分析技术和动态分析技术等。目前国际上较为通用的分析软件有 SPSS、SAS 等。

⑤ 撰写调研报告。撰写调研报告是整个网络调研活动的最后一步。撰写调研报告的目的是把与市场营销决策有关的主要调研结果体现出来，而不是调研数据和资料的简单堆积。调研报告的撰写要遵循有关内容、格式的要求。

（3）网络调研的方法

随着互联网技术在市场调研应用中的发展，网络调研的方法越来越多，主要包括网络问卷调查法、网络讨论法、网络观察法及网络文献法。

① 网络问卷调查法。网络问卷调查法是将设计好的问卷通过一定的方式在网上发布，从而实现调研目的的方法。其主要形式包括网站发布调查问卷、弹出式调查问卷、电子邮件调查问卷及讨论组调查问卷等。

② 网络讨论法。网络讨论法主要是通过新闻组、邮件列表讨论组、BBS 或网络实时交谈等形式对调研问题进行讨论，从而达到调研目的。

③ 网络观察法。网络观察法主要是对被调研人员的网络行为进行观察和监测的方法。法国 Net Value 公司的"基于互联网用户的全景测量"就是网络观察法的代表。

④ 网络文献法。网络文献法是利用互联网收集二手资料的方法。利用互联网收集二手资料的渠道主要包括搜索引擎、网络社区、新闻组等。

3.1.3　市场调研的方式

1. 全面市场调研

全面市场调研又称市场普查，它是指调研人员为了搜集一定时空范围内被调研人员的较为全面、准确、系统的资料，对调研对象的全部个体单位进行的逐一的、无遗漏的全面调研，是为了实现特定的调研目的而专门组织的一次性全面调研。

全面市场调研一般采用调研人员直接登记或被调研人员自填的方式来搜集资料。在组织全面市场调研时，应做到"4 个统一"来保证全面调研活动的顺利开展：统一规定调研项目、统一规定调研的标准时点、统一制定各种标准、统一调研的步骤和方法。

全面市场调研虽然能够全面了解总体的特征，调研资料的准确性和标准化程度也较高，但由于其涉及面广、工作量大、费用高，故应用范围较小。它主要应用于企业内部有关人力、物力、财力资源和产供销情况的调研；企业员工满意度、忠诚度的调研；企业内部人事制度、分配制度改革等的调研；供应商的调研；经销商、代理商的调研等。

2. 典型市场调研

典型市场调研是指调研人员为了实现特定的调研目的，利用有关的总体先决信息，从调研对象（总体）中有意识地选择一部分有代表性的单位组成样本而进行的调研。其目的是通过典型单位来认识总体的规律性及其本质。

与其他市场调研方式相比，典型市场调研能够获得比较真实、广泛和丰富的资料，也便于将调查和研究结合起来以揭示事物的内在规律，并有利于节约调研的人力、物力和财力。但是，由于样本的选择受主观判断影响，难以完全避免主观随意性，故此方式无法用科学的手段对样本总体做出准确的测定，缺乏持续性。

3. 重点市场调研

重点市场调研是指调研人员为了实现特定的调研目的而从调研对象（总体）中选择一部分重点单位组成样本来进行的一种非全面调研。重点单位是指其标志总量占总体标志总量较大比重的那些单位。这些重点单位构成的样本称为重点样本，重点样本中的单位数目虽然不多，但是其在调研总体中处于十分重要的地位。重点样本不具有代表性，不能用重点样本的指标来推断总体平均指标，但可以用来估计总体的粗略值。

重点市场调研较适合用于调研对象和调研内容都较集中的情况。通过对某类农产品重点产区的产、销调研，我们可以测算该农产品资源的供求变化。例如，某调研人员需要了解今年全国棉花的收购进展，只要调研湖北、江苏、河北、山东、新疆等主要产棉区的棉花收购状况即可。

4. 抽样调研

抽样调研是按照一定的方式，从调研总体中抽取部分样本进行调研，并根据调研结果推断总体情况的一种非全面调研。

总体是指调研对象的全部单位。例如，要研究天津市居民户的收入水平，那么天津市所有的居民户就是此次调研的总体。样本是指从总体中抽取出来进行调研的一部分单位。总体是所要研究的对象，样本是所要观察的对象。样本的大小，即样本单位数，称为样本容量，用 n 表示。抽样框是指编制抽样单位的目录。例如，要从 20000 名学生中抽出 500 名组成一个样本，则 20000 名学生的名册，就是抽样框。抽样框的范围应与调研总体的范围一致。抽样框的类型很多，通常有名单抽样框、区域抽样框和时间抽样框等。

抽样调研是市场调研中最常采用的方式之一，抽样调研的主要特点有：调研对象只是作为样本的一部分单位，而不是全部单位，也不是个别或少数单位；调研样本一般按照随机原则抽取，而不由调研人员主观确定；调研目的不是说明样本本身，而是从数量上推断总体、说明总体；随机抽样的误差是可以计算的，误差范围是可以控制的。

抽样调研包括随机抽样和非随机抽样。

（1）随机抽样

随机抽样包括简单随机抽样、等距随机抽样、分层随机抽样、分群随机抽样和多阶段抽样等。

① 简单随机抽样也称为单纯随机抽样，是不对总体进行任何分类和排队，采取纯粹偶然的方式从总体中抽取调研单位进行调研的一种调研方式。

简单随机抽样一般可采用掷硬币、掷骰子、抽签、查随机数表等办法抽取样本，但是在实际的市场调研中，如果总体单位比较多，掷硬币、掷骰子、抽签等办法使用起来很不方便，因此较少使用，主要使用最后一种办法——查随机数表。

简单随机抽样可分为重复抽样和不重复抽样两种。在抽样调研中，简单随机抽样一般是指不重复抽样。简单随机抽样简单、直观、容易理解、易于操作，是其他抽样方法的基础。但在实践时如果总体相当大，简单随机抽样使用起来就很困难。一方面，它要求有一个包含总体中全部个体的完整的抽样框，这样的抽样框制作起来非常困难。另一方面，用这种抽样方法得到的样本单位也较为分散，调研活动实施起来较困难，调研时比较浪费人力、财力、物力。因此，实际调研活动较少直接采用简单随机抽样，这种方式主要适用于总体单位数量不多、总体各单位之间差异较小的情况。

② 等距随机抽样。它是指先将总体各单位按一定标志顺序排列并编号，再用总体单位数除以样本单位数，求得抽样间隔，并在第一个抽样间隔内随机抽取一个单位作为第一个样本单位，然后按抽样间隔进行等距抽样，直到抽取最后一个样本单位。即先将总体从 $1 \sim N$ 相继编号，并计算抽样间隔 K，$K = N/n$。公式中的 N 为总体单位总数，n 为样本容量，然后在 $1 \sim K$ 中抽一随机数 k_1，作为第一个样本单位，接着取 $k_1 + K$，$k_1 + 2K \cdots$ 直至抽够 n 个单位。

等距随机抽样与简单随机抽样相比最大的优点就是其经济性。等距随机抽样比简单随机抽样实施起来更为简单，因而花费的时间和金钱更少。只要调研人员对总体结构有一定了解，充分利用已有信息对总体单位进行排队后再抽样，就能提高抽样效率。但是，使用等距随机抽样要求调研总体的单位数量不能太多，而且要有完整的登记，否则难以进行。

③ 分层随机抽样是指先将总体各单位按照总体已有的基本特征分层，然后根据各层单位数与总体单位数的比例，确定从各层中抽取样本单位的数量，最后按照随机原则从各层中抽取样本。

例如，要了解某市 1000 家外资企业的生产经营情况，首先应按照外资企业的所属产业分层，可分为第一产业、第二产业和第三产业 3 层。其中，第一产业有 100 家，占 10%；第二产业有 400 家，占 40%；第三产业有 500 家，占 50%。若确定抽取 100 家作为样本进行调研，则每层应抽取的样本数量如下。

$$第一产业抽取样本数=100×10\%=10（家）$$
$$第二产业抽取样本数=100×40\%=40（家）$$
$$第三产业抽取样本数=100×50\%=50（家）$$

分层随机抽样比简单随机抽样更精确，适用于总体单位数量较多、单位之间差异较大的调研对象。当总体的不同部分（层）之间有明显差异时，分层可以极大地提高抽样效率。但是分层随机抽样要求调研人员对总体各单位的情况有较多的了解，否则就无法科学分类，以致抽样难度加大。

④ 分群随机抽样是指先将总体按某一标志划分为若干群，然后以群为单位进行随机抽取，再对群内的各单位进行全面调研的调研方式。与其他的调研方式相比，分群随机抽样最大的优点是确定一群便可以调研许多单位，样本单位比较集中，调研活动的开展比较方便，省时省力。但也正是由于抽样单位比较集中，样本单位在总体中分配的均匀性受限，所以有时代表性较差，抽样误差较大，因而往往与其他方式结合使用。

⑤ 多阶段抽样。二阶段和二阶段以上的抽样都叫作多阶段抽样。二阶段抽样又称二级随机抽样，是指调研活动在抽取样本时分两个阶段进行，第一阶段是从总体中用随机抽样的方式抽取若干群体；第二阶段从第一阶段抽取的单位中又随机抽取若干样本单位，称为基本单位；最后根据所抽的基本单位组成的样本进行调研，用取得的样本资料来推断总体。

如果在第二阶段抽样之后，又继续在被抽中的二阶单位中进行第三次、第四次随机抽样，就形成了第三阶段抽样、第四阶段抽样。在小麦产量调研中，第一阶段由省抽县，第二阶段由中选的县抽乡，第三阶段由中选的乡抽村，然后对抽出的村的小麦产量进行调研，这就是多阶段抽样。

多阶段抽样有利于大规模、大范围的抽样调研的组织与实施，能在一定程度上满足各级管理部门对调研资料的需求，有利于减少抽样误差，提高抽样估计的精确度。

（2）非随机抽样

非随机抽样指抽样时不是遵循随机抽样的原则，而是按照调研人员的主观判断或其他条件来抽取样本的抽样方式。

① 任意非随机抽样。任意非随机抽样是根据调研人员的方便程度任意抽取样本的调研方式。任意非随机抽样简便易行，能及时获取信息，费用低。但调研人员对调研对象缺乏了解、样本的偏差大、代表性差、调研结果不一定可靠。这种方式较多用于探测性调研或某些对时效性要求较高的调研。

② 判断非随机抽样又称主观抽样、立意抽样，是指调研人员从总体中选择那些被判断为最能代表总体的单位作为样本的抽样方式。调研人员对自己调研的领域十分熟悉，对调研总体比较了解时可以采用这种抽样方式，可获得代表性较高的样本。判断非随机抽样的一般做法有两种：一种做法是由专家判断决定样本单位；另一种做法是根据所掌握的统计资料，按照一定的标准来选定样本。

判断非随机抽样具有简便、快速的优点，若要求较快地获取市场信息，可采用这种方式。判断非随机抽样方式要求调研人员对总体的有关特征相当了解，一般适合调研规模不大的总体。

③ 配额非随机抽样又称定额抽样，是指按市场调研对象总体单位的某种特征，将调研总体分为若干类，再按一定比例在各类中分配并任意抽取样本的抽样方式。在消费者市场调研过程中，消费者的收入、职业、文化程度等都可以作为分类的依据。但它与分层抽样又有区别，分层抽样是按随机原则在层内抽选样本，而配额非随机抽样则是由调研人员在配额内主观选定样本。

配额非随机抽样按分配样本数额时的做法不同分为独立控制配额抽样和相互控制配额抽样。独立控制配额抽样是指调研人员只对样本独立规定一种特征（或一种控制特性）下的样本数额，如对消费者进行分类的过程中只按年龄特征对消费者全体进行分类。相互控制配额抽样是指在按各类控制特性独立分配样本数额的基础上，再采用交叉控制安排样本的具体数额的抽样方式。例如，在抽样的过程中可以规定：在20～40岁的人群中抽取50人，其中高收入的男性和女性各抽取5人，中等收入的男性和女性各抽取12人，低收入的男性和女性各抽取8人。在市场调研中，配额非随机抽样被广泛采用，是非随机抽样中最流行的一种方式。

④ 滚雪球非随机抽样。这种方式是指调研人员先通过少数可以由自己确定的样本单位进行调研，再通过这些样本单位各自去发展其他同类单位，如此进行下去，像滚雪球一样越滚越大，直至发展到所需要的样本单位数。这种方式常用于低发生率或少见的总体中的抽样，因为要找到这些少见的个体，代价是很大的，调研人员因为费用较高等原因不得不使用类似滚雪球的抽样方式。

滚雪球非随机抽样的运用条件是调研总体的各单位之间有一定的联系，否则难以往下滚动。滚雪球非随机抽样的优点是调研费用大大减少，然而这种成本的节约是以调研质量的降低为代价的。调研结果很可能出现偏差，因为那些个体的名单来源于最初的被调研人员，而他们可能十分相似，因此，样本可能不能很好地代表总体。另外，如果被调研人员不愿意提供更多人来接受调研，这种方式就会受阻。

抽样市场调研与其他的调研方法相比，更科学，费用更少，资料获取更及时，调研结果也更准确。但是如果抽样方案设计不完善，抽样调研往往会失败，所以抽样市场调研对方案的设计要求比较高，一般调研人员难以胜任这项工作。

抽样市场调研主要应用于：只能采取抽样调研，不能开展全面调研的情况，如破坏性产品质量检验等；不必进行全面调研的情况，如消费者购买需求调研；可做全面调研，但是为了节约成本而采用抽样调研的情况，如学生食堂服务满意度调研；对全面调研资料的质量进行检查和修正；对某些总体的假设进行检验。

3.1.4 市场调研问卷的设计

调研问卷又称调查表，是调研人员根据调研目的设计的用于收集被调研人员信息的工具，即为了达到调研目的和收集必要数据而设计的由一系列问题组成的表格。运用调研问卷开展市场调研活动的关键在于问卷的质量。问卷质量的高低将直接决定能否获得准确可靠的市场信息。

1. 问卷的结构

问卷作为市场调研的一种测量工具，需具备统一性、稳定性和实用性。在长期的调研实践中，人们逐渐总结出一套较为固定的问卷结构。问卷一般包括以下几个部分：抬头、介绍、过滤、主体、背景资料及结尾部分。

（1）抬头主要包括问卷名称、问卷编号等信息。问卷名称是对调研内容的概括，应简明扼要，通过问卷名称，被调研人员能一目了然地知道问卷的内容。最好为同一类调研内容设计一份问卷，避免内容过于庞杂，以至引发被调研人员的排斥心理。

（2）介绍部分要解释调研的目的、意义，让被调研人员相信调研人员的研究对他是无害的，并保证调研得到的信息仅供研究使用而不会泄露出去，以取得被调研人员的信任与配合。这部分的内容主要包括调研人员的身份、调研目的、意义、主要调研内容及信息保密的保证等。自填式问卷的介绍通常比访谈式问卷的介绍更复杂，还需要把填写问卷的要求、方法、寄回的时间等内容写进其中。

（3）过滤部分的主要功能是对被调研人员进行甄别，如调研中要求被调研人员为30～45岁的月收入在5000元以上的女性，调研人员可以通过过滤把不符合要求的被调研人员过滤掉。

（4）主体是调研问卷最主要的部分，包括调研人员需要了解的所有内容。

（5）背景资料一般包括被调研人员的性别、年龄、婚姻状况、家庭人数、家庭/个人收入、职业、文化程度等信息，以了解被调研人员的基本情况。背景资料通常是各种问卷必不可少的一部分。设计背景资料部分的目的主要是保证问卷主体部分填写完整、正确，便于核查、填补和更正；可以对被调研人员的分布进行简单的描述。

（6）调研问卷的结尾部分一般包括调研人员签名、调研日期、调研实际花费的时间。这一部分主要用于明确调研人员责任，针对调研问卷开展逻辑检查、错误校正、缺项补充，以便事后进一步随访等。

2. 调研问卷的问题设计

按调研问卷中是否提供备选答案，调研问卷的问题可分为开放式问题、封闭式问题及混合式问题。

（1）开放式问题

调研问卷中的开放式问题只提问题，不设相关的备选答案，要求被调研人员根据自己的经历、想法等自由回答，被调研人员有自由发挥的空间。

开放式问题的设计方法主要有以下几种。

① 自由回答法是指设计问题时不设计供被调研人员选择的答案，而是由被调研人员任意回答。

② 词语联想法是指按照调研目的，选择一组字词展示给被调研人员，每展示一个词语，就要求其立刻回答看到该词语后想到什么，由此推断其内心想法。

③ 回忆法是用于调研被调研人员对品牌、企业名称、广告等印象的强烈程度的方法，多用于了解被调研人员"记忆的强度"。

④ 语句完成法是指将问题设计成不完整的句子，请被调研人员补充完整。

⑤ 故事构建法是指由调研人员向被调研人员提供只有开头或只有结尾的不完整文章，请被调研人员按照自己的意愿将其补充完整，以分析被调研人员内心想法。

（2）封闭式问题

调研问卷中的封闭式问题既提问题，又给出若干备选答案，被调研人员只需从备选答案中做出选择。

封闭式问题的设计方法主要有以下几种。

① 两项选择法，是指提出的问题仅有性质相反的两种答案可供选择。

例如，您是否打算在近3年内购买家用轿车？ □是 □否

② 多项选择法，是指提出的问题有两个以上答案，被调研人员可选择其中一项或多项作为回答。

例如，您喜欢下列哪些品牌的洗发水？

□沙宣 □力士 □飘柔 □海飞丝 □潘婷 □伊卡璐 □百年润发 □其他

③ 顺位法，是指有若干选项，由被调研人员按重要性决定其先后顺序。

例如，根据下面列出的5类广告：①电视广告 ②报纸广告 ③广播广告 ④路牌广告 ⑤杂志广告，请按您信任的程度，由高到低排序。

④ 两两比较法，是指把调研对象配对，让被调研人员一一比较并选择答案。

例如，请比较下列每对品牌的洗发水，您更喜欢使用哪一个品牌？（每一对中只选一个打"√"）

海飞丝 □	潘婷 □	潘婷 □	飘柔□
飘柔 □	海飞丝□	伊卡璐□	力士□
力士 □	海飞丝□	伊卡璐□	海飞丝□
力士 □	飘柔 □		

（3）混合式问题

混合式问题又称半封闭式问题，是在采用封闭式问题的同时，最后再附上一项开放式问题。

例如，您常使用下列哪种品牌的洗发水？

□沙宣 □力士 □飘柔 □海飞丝
□潘婷 □伊卡璐 □百年润发 □其他_____

3. 问卷中量表的使用

量表是由一组相互联系的测量指标及经过量化的若干可供选择的答案构成的，用来测定被调研人员

主观意识的表格。量表是调研问卷的一种，它的最大特点是测量指标或问题答案经过了量化处理，方便进行数学运算和统计分析，可使调研结果精确化。量表主要用于测量被调研人员的主观认识，故以态度量表最为常见。

（1）量表的类型

量表依据不同的标准可以被划分为不同的种类。根据量化层次，量表可分为定类量表、定序量表、定距量表和定比量表 4 种类型；根据量表的测量内容是单方面的还是多方面的，可分为一维量表和多维量表；根据量表的测量内容是事实情况还是主观态度，可分为事实量表和态度量表；根据量表中测量指标的肯定答案数目与否定答案数目是否相等，可分为平衡量表和非平衡量表。这里我们主要介绍定类量表、定序量表、定距量表和定比量表。

定类量表。如果所提问题的选项只表示类别，不表示顺序或大小，那么对应的变量就叫作定类变量，测量的量表就叫作定类量表。

例如，请问您知道×××牌洗衣粉吗？①知道　②不知道

例中每类答案的代表数值（①，②）只作分类之用，不能作为数值进行计算。

定序量表。如果所提问题的选项可以表示重要性或程度并进行排序，那么对应的变量就叫作定序变量，测量的量表就叫作定序量表。

例如，请在下列数字后依次给出您最喜欢的洗发水品牌、第二喜欢的品牌、第三喜欢的品牌。

①＿＿＿＿＿＿　②＿＿＿＿＿＿　③＿＿＿＿＿＿

定距量表。如果所提问题的答案可以表示绝对数值的大小，那么对应的变量就叫作定距变量，测量的量表就叫作定距量表。

例如，请您用 10 分制对××公司的满意度打分，1 分表示很不满意，10 分表示很满意。

很不满意　　1　2　3　4　5　6　7　8　9　10　很满意

定比量表。如果所提问题的答案可以表示绝对数值的大小，而且零点是有意义的，那么对应的变量就叫作定比变量，测量的量表就叫作定比量表。所有的统计方法都适用于定比量表。

（2）常用的市场调研量表

① 李克特量表是市场调研问卷设计中运用十分广泛的一种量表。此种量表要求被调研人员表明对某一表述同意或不同意的态度，但被调研人员对问题的态度并非被简单地划分为"同意"或"不同意"，而是被划分为若干等级，范围从"非常同意"到"完全不同意"，中间表述为"有些同意""无所谓""有些不同意"。通过选项对应态度的不同，被调研人员对某一事物的看法就能被充分体现出来。表 3-1 所示是超市顾客惠顾的李克特量表。

表 3-1　超市顾客惠顾的李克特量表

	非常同意	有些同意	无所谓	有些不同意	完全不同意
1. 超市的整体品牌形象越好，越愿意光顾					
2. 超市产品的质量很重要					
3. 我更倾向于去服务态度好的超市					
4. 广告和折扣经常会影响我去哪家超市					
5. 我一般逛离住所近的超市					
6. 周年庆或节假日的时候逛超市的频率更高					
7. 我更乐意去环境好的超市购物					
8. 超市卫生设施在很大程度上影响我的购物意愿					
9. 我一般去人流量大的超市					
10. 我会去安保系统好的超市购物					

续表

	非常同意	有些同意	无所谓	有些不同意	完全不同意
11. 超市周边交通越便捷，我逛该超市的频率越高					
12. 我更愿意去方便停车的超市					
13. 产品价格在很大程度上影响我的惠顾意愿					
14. 超市的产品要多样化、范围广					
15. 超市产品要新颖、更新快					

②　语义差别量表是一种定距量表，用于测量某种事物、概念或实体在人们心目中的形象。语义差别量表主要应用于市场调研中调研人员对品牌形象及企业形象的研究。表 3-2 所示是网站评价的语义差别量表。被调研人员可以根据对××网站的印象，在表 3-2 所示的每一个标尺上选出一个具体的数字。

表 3-2　网站评价的语义差别量表

好	1	2	3	4	5	6	7	坏
客观	1	2	3	4	5	6	7	主观
公正	1	2	3	4	5	6	7	偏袒
诚实	1	2	3	4	5	6	7	欺骗
及时	1	2	3	4	5	6	7	过时
有价值	1	2	3	4	5	6	7	无价值
可信任	1	2	3	4	5	6	7	不信任

4. 问卷设计应注意的问题

问卷中的问题内容合理、排列科学可以提高问卷回收率和信息的质量。问卷设计需要注意的地方很多，这里介绍一些常见的问题。

（1）问卷的招呼语要亲切、真诚，问题排列应先易后难、先简后繁，把被调研人员熟悉的、愿意回答的、容易回答的问题放在前面，不要使对方难于启齿，给接下来的调研造成困难。

（2）文字表达准确，语句意思明确清楚。问题不应使被调研人员有模糊认识，如调研产品消费情况，使用"您经常逛商场吗？"语义就不够准确，因为对"经常"的含义，不同的人有不同的理解，很难获取准确的信息。改为具体的问题如"您平均多长时间逛一次商场？"就很准确，不会产生歧义。

（3）问题应避免诱导被调研人员。如"绝大多数的消费者都认为××牌的电视机质优价廉，您是否会购买？"这样的问题就会对被调研人员产生影响，诱导其选择肯定的答案，而不能反映被调研人员对产品的真实态度，得出的结论也缺乏客观性，结果可信度低。

（4）问句及答案设计要注意艺术性，尽量选择被调研人员容易接受的语句，避免刺激被调研人员，使其不能很好地配合调研。如 A："您至今未买汽车的原因是什么？ ①买不起；②没有用；③不会开；④其他。"B："您至今未购买汽车的主要原因是什么？ ①价格高；②用途较少；③尚未考取驾驶证；④其他。"

显然 B 组的问句及答案设计更有艺术性，比较容易使被调研人员愉快地接受调研。而 A 组问句较易引起被调研人员的反感，因而不愿合作。

（5）问卷应尽量避免出现被调研人员不易回答的问题。其一，涉及被调研人员的心理、习惯和个人隐私而不愿回答的问题，需要采用变通的方式进行处理。例如调查个人收入，如果直接询问，不易得到准确结果，而划分出不同的档次区间供其选择，效果就比较好。其二，建议不要设置被调研人员回忆不起来或回忆不准确的问题。

（6）一个问题只能涉及一方面的内容。一个问题若涉及若干内容，会使被调研人员难以作答，问卷统计也会很困难。例如，"你为何不上晚自习而到网吧玩游戏？"这个问题包含了"你为何不上晚自习？"

"你为何到网吧玩游戏？"等多层意思，被调研人员很难回答。

（7）尽量避免使用专业术语或被调研人员很难明确理解的措辞。如某保险公司调研顾客对本公司业务的印象，在问卷中会询问"请问您对本公司的理赔时效是否满意？""请问您对本公司的展业方式是否满意？"许多被调研人员不明白什么是"理赔时效"和"展业方式"，即便给出答案也没有意义。再如"请您估计一下，您平均一个月在音像制品上花多少钱？""音像制品"虽然是常用词语，但是如果不对音像制品进行范围划定，则被调研人员对其所含物品种类的理解就会存在差异，有些人可能认为"音像制品"是磁带、录像带等，而有些人会认为是光盘、唱片等。还有，这里的"花多少钱"，可以指购买，也可以指租借，不同人的理解显然是不同的。

3.1.5 市场调研资料的整理

市场调研资料的整理是指调研人员根据市场分析研究的需要，运用科学的方法对市场调研获得的一手资料进行审核、分组、汇总，或对二手资料进行再加工的过程。其目的在于使市场调研资料综合化、系列化、层次化，为揭示和描述调研对象的特征、问题和原因提供经过初步加工的信息，为进一步的分析研究准备数据。

1. 资料审查

（1）问卷有效性的确认

调研结束并回收问卷后，首先要对问卷的有效性进行确认，以下各类问卷通常被认定为无效问卷。

① 不完全的问卷，即有部分问题没有填写的问卷。

② 被调研人员没有理解问卷的内容而答错，或是没有按照指导语的要求来回答的问卷，如跳答问题。

③ 所有的答案都相似的问卷。例如，在调研问卷中，对所有的选择题被调研人员都只选某个答案的情况，如都选 C。

④ 缺损的问卷，即有数页丢失或无法辨认的问卷。

⑤ 调研截止日期之后回收的问卷。一般的市场调研是具有时效性的，超过截止日期回收的问卷会影响调研结果的有效性。

⑥ 不符合要求的被调研人员填写的问卷。例如，在一项化妆品调研中，调研对象是 20～30 岁的女性消费者，在这个范围之外的人填写的问卷都应视为无效问卷。

⑦ 前后矛盾的问卷。例如，问卷填写的年龄为 20 岁、职业为退休人员的问卷应为无效问卷。

无效问卷应从调研资料中剔除，以保证调研真实有效。

（2）资料审核

调研资料的审核必须着重考察资料的真实性、准确性、完整性。调研资料的来源必须是客观、真实的，调研资料的审核人员要能辨别资料的真伪，把那些违背常理的、前后矛盾的资料剔除。要着重检查那些含糊不清、互相矛盾的资料以保证资料的准确性。要注重调研资料总体的完整性及每份调研资料的完整性，如对全国消费者的调研，调研资料来源为华东地区和华北地区，这样的调研资料在总体上缺乏完整性，应继续开展对其他地区的调研以补足缺乏的资料。

在审核中，如发现问题可以分不同的情况予以处理：对于那些在调研中已发现并经过认真核实后确认的错误，在无不良影响的条件下可由调查人员代为更正；对于资料中的可疑之处或有错误与偏差的地方，应进行补充调研；无法进行补充调研的资料应剔除，以保证资料的真实客观。

2. 数据编码

数据编码就是给每个问题的每个可能答案分配一个代码，通常是一个数字，以便对调研资料进行录入及分析。编码可以在设计问卷时进行，即事前编码，也可以在数据收集结束后进行，即事后编码。事前编码的问卷通常是将每个答案的对应值印在问卷上，事后编码指的是给某个没有事先编码的答案分配一个代码。混合式问题的"其他"项及开放式问题通常需要事后编码。

3. 资料整理的方法——统计分组

统计分组是指根据市场调研的目的，按照一定标志，将所研究的事物或现象分为不同类型的一种整理资料的方法。通过统计分组可以找出总体内各个部分之间的差异。

（1）分组标志的选择

分组标志指反映事物属性或特征的因素，在进行统计分组的时候应根据调研的目的和任务选择分组标志。例如，调研目的是了解某品牌化妆品的消费群体的购买行为，则可以按消费者性别、年龄、收入等标志对消费者进行分组。在分组时既可以选择一个标志对被调研人员进行分组，也可以按照调研需要选择多个分组标志对被调研人员进行分组。

（2）次数分布

次数分布是指将总体中的所有单位按某个标志分组后，所形成的总体单位数在组之间的分布。分布在各组的总体单位数叫次数或频数，各组次数与总次数之比叫作比重、比率或频率。次数分布实质上是反映统计总体中所有单位在各组的分布状态和分布特征的一个数列，也可以称作次数分配数列，简称分布数列。

（3）制表和绘图

运用图表可以使调研资料清晰明了，给人更直观的感觉。

在制表时，要注意选择表的结构、种类。一般调研资料表格包括标题、横标目、纵标目、数字，既可以选择单一标志的简单分组表，也可以选择多个标志的复合分组表。在制作表格的过程中应遵循科学、实用、简练、美观的原则；标题应简明扼要，一目了然；如果表格栏数较多，应对表栏进行编号；表格中的数据应填写规范、整齐，注意标明单位，凡需说明的文字一律写入表注。

在绘图时，可以按照调研资料的特征选择统计图。统计图的类型很多，常见的有条形图、柱状图、饼形图、曲线图等类型。统计图能清楚明白地表明事物的总体结构，表明在不同条件下统计指标的对比关系，反映事物发展变化的过程及趋势，说明总体单位按某一标志分布的情况，显示现象之间的相互依存关系。

3.2　市场预测

3.2.1　市场预测概述

1. 市场预测的含义

市场预测是指在市场调研的基础上，预测者利用一定的市场预测方法，测算一定时期内市场供求变化趋势，从而为企业的营销决策提供科学的依据。同时，企业要想在市场竞争中占据有利地位，必须在市场营销组合的各个因素，如产品、价格、分销渠道、促销等方面制订有效的营销策略，而有效的营销策略的制订取决于对市场变化趋势的准确预测，只有通过准确的市场预测，企业才能制订恰当的营销策略，把握机会，从而在竞争中取胜。

2. 市场预测的类型

按照不同的标准，市场预测可以划分为多种类型。

（1）按预测的空间范围来划分，市场预测可以分为宏观市场预测和微观市场预测。

宏观市场预测是对整个市场的预测，即把整个行业发展的总体情况作为研究对象，研究企业生产经营过程中的宏观环境因素。宏观市场预测的预测内容包括世界、地区和国家的经济变化趋势；金融市场变化趋势；生产的总体变化趋势；消费需求的变化趋势及国际间贸易的变化等。

微观市场预测则是从单个企业的角度出发，预测市场上影响企业生产经营的各个要素的变化趋势。微观市场预测是企业制订正确的营销策略的前提条件。微观市场预测以企业产品的市场需求量、销售量、市场占有率、价格变化趋势、成本等为主要内容。

宏观市场预测是微观市场预测的综合与扩大，微观市场预测是宏观市场预测的基础和前提。

（2）按预测产品的范围来划分，市场预测可以分为单项产品预测、同类产品预测和产品总量预测。

单项产品预测是指预测者对某一种具体产品或具体品牌的产品的市场前景进行的预测与判断，如对具体产品的品牌、质量、规格、款式等具体产品市场需求的预测。

同类产品预测是指预测者对某一类产品的市场需求变化趋势的预测，如汽车生产企业对电动汽车的发展趋势所做的预测。

产品总量预测是指预测者对消费者在未来一定时期内，对某种产品的需求变动趋势进行总量预测。

（3）按预测时间的长短来划分，市场预测可以分为短期预测、中期预测和长期预测。

短期预测通常是指预测期在 1 年以内的市场预测，这类预测活动在企业经营活动中是最频繁的。通过短期预测，企业能及时了解市场动态，掌握市场行情变化，提高经营决策水平。与中长期预测相比，短期预测要求更具体、更明确，因此在短期预测中定量预测方法使用得比较多。

中期预测通常是指预测期为 1~5 年的市场预测，一般是对影响市场长期发展的宏观因素，如经济、技术、政治、社会等因素进行预测，从而为企业制订年度计划和修订长期计划提供依据。

长期预测通常是指预测期在 5 年以上的预测，主要是对市场未来发展趋势和运行规律的综合性分析和判断，以此明确宏观经济或企业的发展方向和具体目标。

（4）按预测的方法来划分，市场预测可以分为定性预测和定量预测。

定性预测是指预测者依靠熟悉的业务知识、丰富的经验和强大的综合分析能力，根据已掌握的历史资料和数据，对事物的未来发展做出性质和程度上的判断，综合各方面的意见，对未来进行预测。

定量预测是指通过数学模型、利用历史数据或因素变量对需求进行预测，即根据已掌握的比较完备的历史统计数据，运用一定的数学方法进行科学的加工整理，以揭示有关变量之间的规律性联系，从而推断事物的未来发展变化情况。

3. 市场预测的内容

（1）市场需求预测

市场需求预测指对市场需求进行质和量两方面的预测。在质的方面，主要指对产品品种、品质、包装、款式、品牌、技术等的变动趋势的预测；在量的方面，主要是指对市场需求量的预测，既包括总体市场，也包括单种产品量的预测。另外，产品需求结构的预测也是市场需求预测的重要组成部分。

（2）市场供给预测

市场供给预测同市场需求预测一样，也包括质和量两个方面，既包括对市场供给的产品品种、品质、包装、款式、品牌、技术等的变动趋势的预测，也包括对市场供给量的预测。

（3）产品市场生命周期预测

无论长短，每一类产品都有其市场生命周期，对产品的市场生命周期变化趋势的预测是企业预测的重要内容之一。产品市场生命周期主要是从销售量、获利能力等因素的变化来分析的。

（4）销售预测

销售预测是一种对产品销售的量、花色、品种、规格、款式等的单项产品预测。

（5）科技发展趋向预测

世界科学技术发展迅猛，近 30 年来，人类所取得的科技成果比过去几千年的总和还要多，科技成果产品化的周期大大缩短，科学技术的发展也大大缩短了产品的市场生命周期。据统计，1920 年以前，新产品从试销到成熟平均时距为 34 年，1939—1959 年缩短为 8 年，1959 年以后为 3~5 年。科学技术的迅猛发展对企业的生产经营活动产生了巨大的影响，因此，生产企业要了解和掌握科技的发展趋势，才能做出适当的生产经营决策。

3.2.2 定性预测方法

定性预测方法是一种不依托数学模型，依靠预测者的业务知识、经验和综合分析能力来主观预测未来的方法。这种方法只能定性估计某一事件的发展趋势、优劣程度等。预测结果的准确性取决于预测者的知识、经验和综合分析能力。定性预测方法一方面用于定量预测之前，为定量预测做准备；另一方面，与定量预测方法结合使用，以提高预测的可靠性。除此之外，定性预测还可以对定量预测的结果进行评价。

1. 综合意见法

综合意见法是综合企业经营管理人员及一线生产销售人员等相关人员的判断意见的预测方法。企业经营管理人员、一线生产销售人员处于生产经营的第一线，比较熟悉市场需求的情况及动向，他们的判断能较客观实际地反映市场需求。常用的具体方法有企业经理（厂长）判断预测法和销售人员预测法。

2. 专家预测法

专家预测法是运用专家的知识和经验，考虑预测对象的社会环境，直接分析研究和寻求其特征规律，并推测未来的一种预测方法。具体方法包括个人判断法、集体判断法和德尔菲法。

（1）个人判断法

个人判断法是请专家对需要预测的内容进行预测的方法。这种预测方法是依靠专家个人的专业知识、经验和特殊才能进行的预测。其优点是能利用专家个人的专业知识、经验和才能，较少受到外界的影响，简单易行，减少了在时间与费用上的耗费。但是所选专家个人拥有知识的广度、深度及对预测问题的兴趣，决定了专家个人判断的客观性，这使预测结果难免有一定的片面性。

（2）集体判断法

集体判断法是在专家个人判断的基础上，通过召开专家会议进行集体的探讨，将各个专家个人的意见有机地结合起来，以寻求较为接近的结论的一种预测方法。组织专家召开会议的方法，由于参加的专家人数较多，拥有的信息量远远大于个人拥有的信息量，能较好地降低专家个人判断可能产生的预测结果的片面性。但是，参与集体判断的专家也可能受到各种外在因素的影响，不能充分或真实地表明自己的判断。

（3）德尔菲法

德尔菲法是目前国内外比较流行的定性预测方法，这种方法的应用始于美国兰德公司。德尔菲法需要聘请一批专家，各个专家在互相不沟通的情况下，用书面形式独立地回答预测者提出的问题，并根据组织者的反馈反复多次修改各自的意见，最后由预测者综合他们的意见以确定市场预测的结果。

3.2.3 定量预测方法

定量预测是指通过数学模型利用历史数据或因素变量对需求进行预测，即根据已掌握的比较完备的历史统计数据，运用一定的数学方法进行科学的加工整理，以揭示有关变量之间的规律性联系，从而推断事物的未来发展变化情况。定量预测方法有很多，本书着重介绍简单平均法、移动平均法、指数平滑法、季节指数法和回归分析法。

1. 简单平均法

简单平均法是指运用统计中的简单算术平均数进行预测的方法。它的预测值是以历史数据为依据，进行简单平均得出的。

简单平均法的计算公式为：

$$x = \frac{x_1 + x_2 + \cdots + x_n}{n}$$

公式中，x 表示预测的平均值；x_1、x_2、x_n 表示各个历史时期的实际值；n 表示时期数。

某汽车公司经营家用汽车产品，其中某型号的家用汽车 2014—2018 年的销量如表 3-3 所示。

使用简单平均法预测 2019 年的销售量。

将表中所列数据代入公式：

$$x = \frac{x_1 + x_2 + \cdots + x_n}{n} = \frac{22 + 24 + 28 + 30 + 26}{5} = 26（万辆）$$

简单平均法计算简单，可以避免某些数据在短期内的波动对预测结果产生影响。但是，这种方法并不能反映预测对象的趋势变化，因而使用得比较少。

2. 移动平均法

移动平均法是取预测对象最近一组历史数据的平均值作为预测值的方法。这种方法不是仅取最近一期的历史数据作为下一期的预测值，而是取最近一组历史数据的平均值作为下一期的预测值。因为这一方法使近期历史数据参与预测，所以历史数据的随机成分有可能互相抵消。

表 3-3　某汽车公司某型号家用汽车销量

年份	实际销售量（万辆）
2014	22
2015	24
2016	28
2017	30
2018	26

移动平均法的计算公式为：

$$y_{t+1} = M_t^{(1)} = \frac{\sum x_i}{n} = \frac{x_t + x_{t-1} + \cdots + x_{t-n+1}}{n}$$

公式中，y_{t+1} 表示预测值；$M_t^{(1)}$ 是第 t 期的一次移动平均值；x_i 表示观察期的实际数据；n 表示移动期数。

移动期数 n 的取值应注意：在资料期数较多时，n 值可适当取大些，而资料期数较少时，n 值只能取小些；在历史资料具有比较明显的季节性变化或循环周期性变化时，移动期数 n 应等于季节周期或循环周期；如果希望反映历史资料的长期变化趋势，则 n 值应取大些，如果要求反映近期数据的变化趋势，则 n 值应取小些。

为了凸显近期数据的影响，可以对历史数据分别给予不同权数，进行加权平均，以末期的加权平均数预测下期数据。

3. 指数平滑法

指数平滑法是一种特殊的加权移动平均法，是对加权移动平均法的改进。它只确定了一个权数 α，即距离预测期最近的那期数据的权数，其他时期数据的权数按指数规律推算出来，并且权数由近及远逐期递减。

指数平滑法相对于移动平均法的改进，一是全部历史数据而不是一组历史数据参与平均；二是对历史数据不采用算数平均而采用加权平均，近期历史数据加较大权数，远期历史数据加较小权数。这与近期历史数据对预测有较大影响，远期历史数据影响较小的思想是一致的。

指数平滑法的计算公式为：

$$y_{t+1} = S_t^{(1)} = \alpha \cdot x_t + (1-\alpha) \cdot S_{t-1}^{(1)}$$

公式中，y_{t+1} 是下一期的预测值；$S_t^{(1)}$ 是第 t 期的一次指数平滑值；x_t 是观察期的实际发生值；α 是平滑系数。

α 的取值范围为（0，1），α 取值的大小会直接对预测值产生影响，因此 α 应按预测值的特征取值。如果时间序列具有不规则的起伏变化，但长期趋势接近一个稳定常数，应选择较小的 α 值；如果时间序列具有迅速而明显的变化倾向，则 α 应取较大值；如果时间序列变化缓慢，亦应选择较小的 α 值。

4. 季节指数法

季节指数法是以市场的循环周期为特征，计算反映在时间序列资料上呈现明显的、有规律的季节变动系数，从而达到预测目的的一种方法。

季节变动是指某些市场现象由于受自然气候、生产条件、生活习惯等因素的影响，在一定时间内随季节的变化而呈现周期性的变化规律。季节变动的主要特点是，每年都重复出现，各年同月（季）具有相同的变动方向，变动幅度一般相差不大。因此，要研究市场现象的季节变动，收集时间序列资料一般应以月（季）为单位，并且至少需要有 3 年或 3 年以上的市场中各月（季）的资料，才能观察到季节变动的一般规律。

采用季节指数法进行市场预测，首先要收集 3 年或 3 年以上的各月（季）的统计资料，求出各年同月（季）观察值的平均数（用 A 表示），再求出历年间所有月份或季度的平均值（用 B 表示），计算各月或各季度的季节指数，即 $S=A/B$，根据未来年度的全年趋势预测值，求出各月或各季度的平均趋势预测值，然后乘以相应的季节指数，即得出未来年度内各月和各季度包含季节变动的预测值。

5. 回归分析法

我们在生产和流通领域的活动中，经常遇到一些变量，这些变量是相互联系、相互制约的，它们之间客观上存在着一定的关系。为了深入了解事物的本质，需要利用适当的数学表达式来表明这些变量之间的依存关系。回归分析法就是通过对观察数据的统计分析和处理，建立回归分析模型，研究事物之间的相互关系，并据此预测市场未来发展趋势的方法。回归分析法主要分为一元线性回归预测法、多元线性回归预测法、非线性回归预测法等。一元线性回归预测法是回归分析法的基础。当预测对象只受一个主要因素的影响，并且它们之间存在着明显的线性相关关系时，通常采用一元线性回归预测法。

（1）一元线性回归预测模型为：

$$\hat{Y}_i = a + bX_i$$

其中：
$$b = \frac{\sum\limits_{i=1}^{n} X_i Y_i - n\overline{X}\overline{Y}}{\sum\limits_{i=1}^{n} X_i^2 - n\overline{X}^2} \ , \quad a = \overline{Y} - b\overline{X}$$

公式中，X_i 为自变量 X 的第 i 个观察值；Y_i 为因变量 Y 的第 i 个观察值；n 为观察值的个数，亦称样本数据个数；$\overline{X}$ 为 n 个自变量观察值的平均数；$\overline{Y}$ 为 n 个因变量观察值的平均数。

（2）预测模型的相关性分析

相关性分析的相关性系数计算公式为：

$$R = \frac{\sum (X_i - \overline{X})(Y_i - \overline{Y})}{\sqrt{\sum (X_i - \overline{X})^2 \sum (Y_i - \overline{Y})^2}} \quad (-1 \leqslant R \leqslant 1)$$

相关性分析方法如下。

当 $-1 < R < 0$ 时，两者呈负相关；当 $0 < R < 1$ 时，两者呈正相关；当 $|R|=1$ 时，因变量和自变量完全相关，X 与 Y 为确定性关系；当 $R=0$ 时，仅表明因变量与自变量之间不存在线性相关关系；通常认为当 $0.75 < R \leqslant 1$ 时，X 与 Y 高度相关。

本章习题

一、单选题

1．市场调研的首要程序是（　　）。

　　A．收集调研资料　　B．整理和分析资料　　C．设计调研方案　　D．撰写调研报告

2．假设某市有 300 所小学，每校约有 1000 名学生。如果随机从中抽取 30 所，然后以这 30 所学校的约 30000 名学生作为调研样本，对其进行调研。这种调研方式是（　　）。

　　A．单纯随机抽样　　B．分群随机抽样　　C．分层随机抽样　　D．系统抽样

3．以下不属于一手资料调研方法的是（　　）。

　　A．面谈访问　　　　B．邮寄访问　　　　C．电话访问　　　　D．文案调研

4．市场调研是进行（　　）的基础。

　　A．市场分析　　　　B．市场预测　　　　C．市场开发　　　　D．市场结构安排

5．下列市场调研方法中，唯一不属于定量预测的是（　　　　）。

    A．个人判断法　　　　B．集体判断法　　　　C．德尔菲法　　　　D．移动平均法

二、多选题

1．按市场调研的连续性，市场调研可分为（　　　　）。

    A．一次性调研　　　　B．定期调研　　　　C．连续性调研　　　　D．预测性调研

    E．重复性调研

2．社会文化环境调研主要包括（　　　　）。

    A．消费者文化及教育水平　　　　　　　　B．民族与宗教状况

    C．社会物质文化水平　　　　　　　　　　D．社会价值观念

    E．科学技术水平

3．抽样调研包括（　　　　）。

    A．随机抽样　　　　B．问卷调研　　　　C．访问调研　　　　D．非随机抽样

    E．电话调研

三、名词解释

1．文案调研法　　2．重点市场调研　　3．集体判断法　　4．直接观察　　5．移动平均法

四、简答及论述题

1．何谓市场调研？

2．市场调研的方式主要有哪些？

3．设计调研问卷时应注意哪些问题？

4．试论述定性预测的几种主要方法。

5．试论述定量预测的几种主要方法。

五、计算题

某公司连续 10 年的产品销量时间序列资料如表 3-4 所示，试用移动平均法对该公司下一年的产品销量进行预测（跨越期取 $N=3$，保留两位小数）。

表 3-4　某公司连续 10 年产品销量

年	1	2	3	4	5	6	7	8	9	10
销量（万台）	35	48	66	75	67	85	88	79	92	89

案例讨论

2020 年中国 Z 世代汽车消费者调查报告

2020 年，越来越多的 Z 世代（1995—2009 年出生的一代人）即将或已经成年。作为未来主力用车群体的 18～25 岁人口，人群规模总数达 1.2 亿人，按照购车意愿为 80%来计算，潜在车主人群约 9600 万人。随着社会发展，年轻人晚婚、不婚现象增加，推动了单身人群购车需求的增长，预计可释放销售增量 4800 万。汽车之家行业频道牵手全球咨询公司德勤通过对 Young 频道 700 多万名用户进行线上行为观察，以及对 Z 世代用户线上线下调研结果进行分析，试图找到与 Z 世代沟通的"密码"，一探这代人的购车态度。

此次线上调研问卷共收获有效样本 2017 份，用户年龄覆盖 11～25 岁；男女比例为 52∶48；包括 26%的车主用户和 74%的潜在车主用户；用户居住地覆盖了一线至五线城市。与此同时，为了解 Z 世代与其他世代群体在汽车消费态度上的差异，此次调研同时补充了非 Z 世代样本 128 份，作为对比分析数据使用。调查结果分析如下。

购车欲望更强烈。调查数据显示，近八成的 Z 世代用户有购车意愿，其中 23%的用户计划在一年以

内买车。而 21%不计划购车的用户，也并非全部主观不愿意，其中 60%用户称是因为经济能力不允许；4%是因为停车位、号牌资源受限；另有 15%用户是因为不会开车也不想学；14%因为用车需求不多；7%认为共享出行已经很便利，不需要购车。

SUV（运动型多用途汽车）地位牢固。43%的用户更爱 SUV；其次为轿车。Z 世代偏好 SUV 一方面是因为 SUV 空间更大、适应路况更多，适合约小伙伴出游；另一方面也是出于安全性等考虑。

燃油车更受欢迎。数据显示，燃油车是 Z 世代更偏好的能源类型，其次是油电混动车，纯电动车偏好意愿最低。不考虑纯电动车的主要原因是续航焦虑和充电不方便等。不管选择购买哪种能源车型，Z 世代用户都很关注汽车的安全、舒适度、价格、外观和动力。

更相信自己的判断。Z 世代做购车决策时，更看重自己的内心想法。除了自己决定外，他们也会参考懂汽车的熟人、朋友等的意见。

更愿意购买中国品牌。Z 世代见证了中国经济的快速发展，对于民族品牌有着更强的自信，因此在购买汽车时，他们更愿意选择中国品牌，45%的用户在购买汽车时更倾向中国品牌。产品性能不足、技术薄弱是部分用户不考虑中国品牌的主要原因。

4S 店依然为主要购车的渠道。Z 世代依然更多选择在 4S 店购车。这在很大程度上源于虽然现如今买车渠道很多，但相对成熟的并没有多少，4S 店相对可靠。随着汽车卖场/超市的逐步成熟，Z 世代对这一新的购车渠道的接受度也在提高。

考虑首次购车时间更早。Z 世代群体有车或考虑购车时间普遍较早，多在 19～22 岁，这在很大程度上源自取得驾照时间的提前。有数据显示，2019 年，在 18 岁和 19 岁取得驾照的人的比例相比 2015 年上升 6%，这也促使首次购车时间整体提前。

对二手车接受度高。Z 世代中超六成用户考虑购买二手车。而在价格选择上，无论是较低的 10 万元以内，还是较高的 15 万元以上，Z 世代的接受度几乎都高于非 Z 世代用户。

更倾向制订金融方案购车。采用全款购车方式的 Z 世代用户更少一些，仅 38%，更多用户考虑的是贷款购车和融资租赁。而在金融服务选择上，无论是车险首保、车险续保还是车险延保，仅选择 4S 店渠道的用户比例均高于非 Z 世代用户。

资料来源：腾讯网。

思考讨论题

案例中的调研为何要采用线上线下相结合的调查方式？线上调研相比线下调研有哪些优点？

第4章 消费者购买行为

本章导读

消费伴随着我们每个人的一生，这些消费既有基于生理本能的需要，也有基于享受、发展等社会性的需要。全面了解和准确把握消费者购买行为是企业开展营销活动的基础。本章主要介绍消费者市场与消费者购买行为的相关概念、消费者购买行为的过程，以及影响消费者购买行为的主要因素等内容。其中影响消费者购买行为的主要因素为本章学习的难点，需重点掌握。

知识结构图

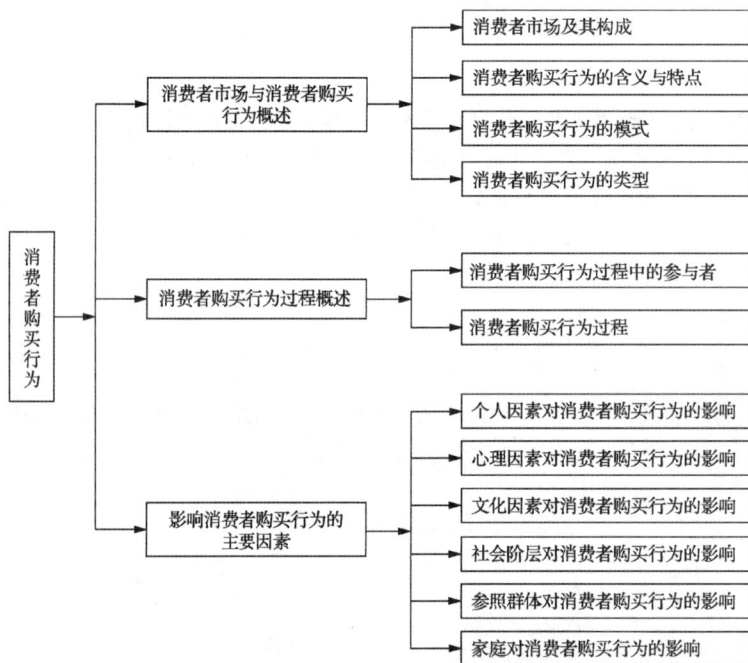

开篇引例

张先生夫妇的烛光晚宴

张先生十多年前毕业于一所医学院校的市场营销专业，毕业后事业一帆风顺，职位不断晋升，32 岁便担任了全球著名医药企业的天津大区经理。在职场大获成功的同时，张先生的婚姻也堪称完美。妻子小吴是张先生的学妹，比张先生低两届，两人学的是同一个专业。小吴美丽大方、性情温柔，两个人走到一起，堪称天作之合。

临近春节，张先生和妻子提前忙完了手边的工作，开始安排回家的行程。张先生的老家在吉林，妻子小吴的老家在云南，按照事先的约定，夫妻俩先回东北过年，再南下给小吴的父母拜年。回老家前的这几天是他们难得的休闲时光。

张先生夫妇平时工作都很忙，很少有机会共进晚餐。今天难得有时间，而且孩子被爷爷奶奶提前接回了老家，张先生决定浪漫一下，给妻子办一场不同寻常的烛光晚宴。下午 3 点多张先生就驾驶他那辆心爱的汽车去了附近的超市。他先为妻子买了她最爱喝的红葡萄酒和自己喜欢的白酒，然后开始购买各种做晚餐的食材。在购物过程中，张先生的头脑里不止一次闪现烛光晚宴的幸福场景。张先生最终从超市里买回了跑山猪肋排、金华火腿、黄山臭鳜鱼、波士顿大龙虾、镇江米醋、橄榄油、鸡精和一盒香薰蜡烛。

回到家后，张先生开始在厨房张罗做饭，妻子则打开手机，愉快地看着视频，时不时将自己看到的趣闻轶事大声讲给老公听，整个房间充满了两人的欢笑声。晚饭终于准备好了，张先生关了灯，点燃了蜡烛，摇曳的烛光使得室内更加温馨。夫妻俩兴致勃勃地开始用餐，两人相互敬酒并愉快地讨论着春节期间的出行安排。用完餐，收拾完毕之后，两人决定早点休息，第二天去食品街采购探亲礼物。

从张先生的故事中我们能够看出，消费是我们每一个人生活的组成部分，消费活动就发生在我们周围。人们的行为可以比喻为海上露出的冰山一角，冰山的 90% 在海水下面，只有 10% 露在海面上。影响消费者购买行为的大部分因素也被埋在消费者内心深处，因此理解和把握消费者购买行为的难度很大，我们只有运用科学客观的方法才能观察和解释消费者购买行为。

4.1　消费者市场与消费者购买行为概述

人在一生中，要消费众多的产品。对这些产品的消费，有的是基于生理需要，如衣食住行等；有的则是基于享受、发展等社会性需要，如外出旅游、接受高等教育等。基于生理需要的消费是一种本能性消费，它是人类全部消费活动的基础；基于享受、发展需要的消费，则是一种社会性消费，它源于但又高于本能性消费。随着社会经济的发展，企业所提供的产品也越来越丰富。因此，无论是消费者的本能性消费，还是社会性消费，都越来越多姿多彩。

4.1.1　消费者市场及其构成

1. 消费者市场的含义

消费者市场是指个人或家庭为满足生活消费而购买产品或服务的市场，又称消费品市场、生活资料市场以及最终产品市场。消费者市场是企业乃至整个经济活动为之服务的最终市场。

从上述定义中可以看出：首先，消费者市场由最终消费者构成，这是它区别于其他市场的主要特征；其次，消费者购买产品或服务的目的，是满足个人或家庭的生活消费需要，而非用于再生产或其他经营行为。

消费者需求是人类社会的原生需求，生产者市场需求、中间商市场需求及政府等非营利组织的需求都由此派生而来，消费者市场从根本上决定了其他所有市场。

2. 消费者市场的购买对象

消费者市场的购买对象即消费品，是最终消费者用于个人或家庭消费的产品，根据消费者购买习惯可以分为以下 4 类。

（1）便利品

便利品，指消费者经常使用、随时购买、购买时不会花什么精力去比较的产品，如家庭常用的调味品、洗涤用品、食品等。这些产品价格低廉，消耗快，不同品种或品牌之间差别甚微，且消费者一般都比较熟悉，已经形成一定的购买习惯，购买时一般不需要做太多选择。

阅读资料 4-1　消费者的习惯心理

习惯是长期养成而一时间难以改变的行为。不同的人、不同的地区有各不相同的习惯。例如，我国北方人多以面食为主食，南方人多以大米为主食；北欧人喜欢喝啤酒，南欧人喜欢喝红葡萄酒；有人爱看电影，有人爱打扮，等等。习惯常常是无法抗拒的，它对人的决定作用甚至比价值心理还要大。

消费者一般都有特定的消费习惯，这是消费者在日常生活中长期的消费行为中形成的。例如，消费者最初使用某品牌产品后感觉很好，便形成了对该种产品质量、功效的认识，并逐渐对这个品牌产生好感，从而建立了对该品牌的信任，增强了使用该品牌的信心，一般情况下不会改用其他品牌的产品，而成为该品牌的忠诚消费者。有的消费者喜欢去大商场买服装、家电，去超市购买日常用品、食品。消费习惯一旦形成，一般不会轻易改变。品牌定位表达了一种哲理化的情感诉求，会激发消费者的消费欲望，培养消费者的消费习惯，提高消费者的品牌忠诚度。由于习惯潜移默化的影响，人们渐渐形成了固定的生活方式。这种生活方式在历史中沉淀，成为一种文化习俗，沉淀到一定程度，便成为一种文化底蕴。营销专家们经过多年的摸索和探讨，形成了一套充分利用这种潜在的文化底蕴的经营理论——利用消费者的习惯心理来实现销售目标。

资料来源：百度百科。

（2）选购品

选购品是指消费者要经过挑选，并对其适用性、质量、规格、价格、式样等做比较后，才决定购买的消费品，常见的如计算机、服装、家具、手机等。选购品的价格较高，一次购买后使用时间较长，且不同品种、品牌之间的差异较大。因而，消费者购买这类产品时往往比较谨慎，一般需经过收集信息、比较分析等过程之后，才做出最终购买决策。

（3）特殊品

特殊品是指那些具有独特的品质、造型、工艺等特性，或品牌为消费者所偏爱的产品，如钢琴、家用汽车、高级音响设备等。消费者在购买这类产品时，往往不太在意价格，但非常注重产品的品质，并且愿意花费大量的时间和精力来挑选。

（4）非渴求品

非渴求品是指消费者不了解或即使了解也不想购买的产品，如一些刚刚面世的新产品等。当然，非渴求品并不是固定不变的，特别是新产品，随着消费者对产品信息的了解，它可以转换为其他类别的产品。

经营不同产品的企业，应充分考虑消费者的消费行为特点而采取不同的营销策略。例如，经营便利品的企业，最重要的是分销渠道要宽、货源要充足，以保证消费者能随时随地方便地买到所需产品；经营选购品的企业，则要注重增加花色、品种，让消费者有充分的选择余地，并为他们了解产品的质量、性能和特色提供方便，使其放心地做出购买决策。

4.1.2　消费者购买行为的含义与特点

1. 消费者购买行为的含义

消费者购买行为也称消费者行为（Consumer Behavior），是指消费者为获取、使用、处置消费产品或服务所采取的各种行动，包括先于且决定这些行动的决策过程。消费者购买行为是动态的，涉及感知、认知、行为以及环境因素的互动作用，也涉及交易的过程。研究消费者购买行为旨在探索不同消费者的消费心理和消费行为，分析影响消费心理和消费行为的各种因素，并揭示消费行为的变化规律。

对消费者购买行为的分析是制订营销策略的基础，是市场营销活动的一个重要环节。市场营销中的购买者可以分为以下两大类：一类是为了满足自身或他人需求而购买产品和相关服务的个人或家庭消费者；另一类是为了实现研发、生产、销售或提供服务等目的而购买产品和相关服务的组织购买者。这两类购买者在购买目的、购买方式、购买时间等购买行为方面存在很大差异，本书将分别在本章和下一章对这两种不同的购买行为分别进行介绍。

进行消费者购买行为分析有助于企业弄清各种因素对消费者购买行为的影响，从而更好地理解、解释以及预测消费者的购买行为。

2. 消费者购买行为的特点

消费者购买行为的特点主要体现在以下几个方面。

（1）消费者购买行为具有多样性

消费者人数众多、需求差异大。由于存在着民族、地域、年龄、性别、收入、职业、社会阶层、受教育程度以及所处的社会文化环境等方面的差异，消费者需求呈现多样性的特点，因此他们的购买行为也各不相同。

（2）消费者购买行为容易受到多种因素的影响

消费者的购买行为容易受到各种因素的影响，如企业的广告、亲朋好友的推荐、消费者个人的从众心理与攀比心理等，因而消费者往往会产生一些非理性的消费行为。

（3）消费者购买行为是一个过程

消费者购买行为可划分为购买前、购买中和购买后 3 个不同的阶段，我们可以从消费者和企业这两个不同的视角来认识消费者购买行为各个阶段的关键性问题，如图 4-1 所示。

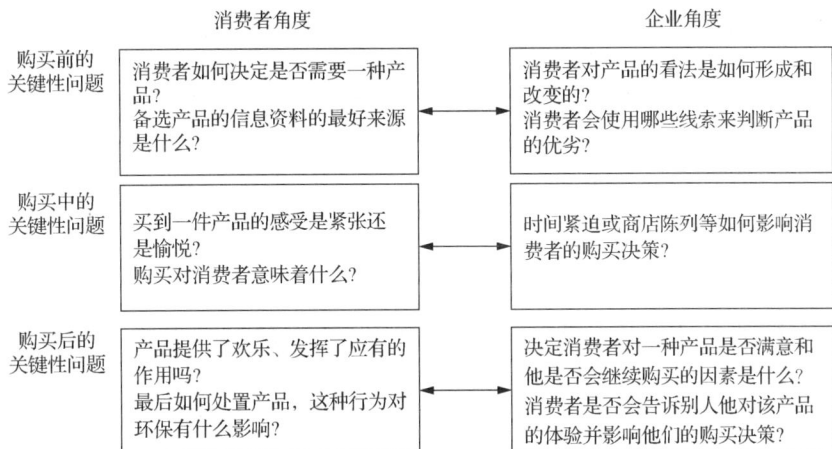

图 4-1　消费者购买行为各个阶段的关键性问题

4.1.3　消费者购买行为的模式

消费者购买行为是有差异的，但千差万别的购买行为背后，实际上也存在着某些共同点。任何消费者购买行为都脱离不了人类行为的一般模式，即 S-O-R 模式。这里的"S"代表刺激（Stimulate），"O"代表刺激对象（Object）的生理、心理特征，"R"代表反应（Reaction）。我们把消费者普遍采用的购买行为方式称为消费者购买行为模式，它体现了消费者购买行为的发生过程，如图 4-2 所示。

了解消费者购买行为模式是企业营销部门制订营销计划、促进产品销售的依据。企业营销人员要弄清楚外界刺激进入消费者的意识领域后，消费者会做出何种反应，以及如何做出购买决策。弄清这些问题，有助于企业采取有效的营销"刺激"措施，促使消费者采取购买行动，从而达到最终的营销目的。

外界刺激			消费者的意识		消费者的决策
营销因素	环境因素		消费者特征	购买决策过程	产品选择 品牌选择 经销商选择 购买时间选择 购买数量选择
产品 价格 分销 促销	经济 技术 政治 文化		文化 社会 个人 心理	引起需求 收集信息 评估方案 做出决策	

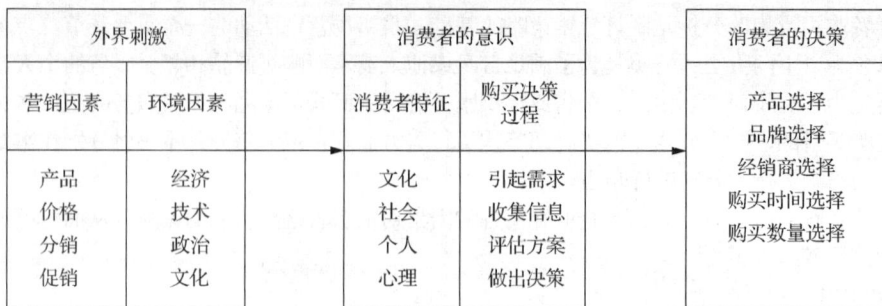

图 4-2　消费者购买行为模式

4.1.4 消费者购买行为的类型

消费者购买行为除了受购买动机的支配外，在实际购买过程中，还会受消费者的个性特点、产品特性、购买环境等因素的影响。因而，消费者购买行为可以从不同的角度进行划分。

1. 根据消费者购买行为的复杂程度和购买决策风险的高低分类

（1）复杂型购买行为

复杂型购买行为也称探究型购买行为。这种购买行为发生在消费者对自己需要的产品一无所知，既不了解性能、特点，又不清楚选择标准和使用养护方法的情况下，一般是购买认知度较低、价格高昂、购买频率不高的大件耐用消费品。此类消费品的购买决策风险比较高，需要收集的信息比较多，所以购买行为比较复杂。此时企业要突出宣传产品的特点，使消费者在普遍了解大类产品的基础上，建立起对某一具体品牌产品的信心，并进行购买。

（2）选择型购买行为

选择型购买行为的复杂程度介于复杂型购买行为和简单型购买行为之间。这种购买行为发生在购买那些同样价格比较高昂、有较高的购买决策风险，但消费者比较熟悉的产品时，消费者一般无须再对产品的专业知识做进一步的了解，而只要对产品的价格、购买地点以及各种款式进行比较选择就可以了。企业应当适时地传达有关新产品的信息，增加消费者对新产品的了解和信任感，促使其下决心购买，并使其购买后感到满意。

（3）简单型购买行为

简单型购买行为也称经常型购买行为，是一种简单的、频度高的购买行为，通常针对价格低廉、经常使用的产品。对于此类消费品，消费者不会花费很多的精力去进行研究和决策，常常会抱着"不妨买来试一试"的心态进行购买，所以购买的决策过程相对比较简单。企业只需保证产品质量和一定的存货水平，研究消费偏好，加强诱导即可。

2. 根据消费者的购买态度和个性特点分类

（1）习惯型购买行为

消费者对于某些比较熟悉而价格又比较低廉的产品，会根据购买经验和购买习惯产生反复购买的行为，即不加思考地购买自己惯用的品种、品牌和型号。若无新的、强有力的外部吸引，消费者一般不会轻易改变其固有的购买行为。营销人员应该以优惠的价格、强有力的宣传、良好的质量来提升产品的影响力，使产品成为消费者偏爱、习惯购买的对象。

（2）理智型购买行为

理智型购买行为是指消费者在经过冷静的思考、认真的比较后才决定采取购买行动的购买行为。理智型的消费者非常重视产品的质量、性能、价格和实用性，购买时往往会反复比较产品，权衡利弊，很少受广告宣传或他人的影响。

（3）经济型购买行为

采取经济型购买行为的消费者十分重视产品的价格，喜欢买便宜、实用的产品，对式样、包装等则不一定太讲究。营销人员应该生产或经营一些经济实惠的产品，以满足此类消费者的需求。

（4）冲动型购买行为

冲动型购买行为是指消费者在产品的外观、售货人员的推荐、其他消费者的态度、广告宣传等因素的刺激下，临时做出购买决策的行为。这种购买行为易受外界因素的影响，对这类消费者，营销人员应采取临时减价、独特包装、现场表演、产品展销会等促使其冲动购买。

（5）疑虑型购买行为

采取疑虑型购买行为的消费者具有内倾性的心理特征，善于观察细节，在选购产品时小心谨慎、疑虑重重、费时较多。对这类消费者，营销人员需要热情服务，耐心介绍产品知识，以促使其购买。

（6）感情型购买行为

采取这种购买行为的消费者具有丰富的想象力，情感体验深刻，审美水平比较高，很注意产品的造型、色彩、命名，会以是否符合自己的感情色彩来确定自己是否购买。针对这类消费者，企业应尽可能注重对产品外观、品质、特征等方面的宣传，以契合其感情需求。

4.2 消费者购买行为过程概述

4.2.1 消费者购买行为过程中的参与者

消费者购买行为的主体往往并非一人，尤其是在购买风险高、价值大的产品或服务时，大多需要多人共同参与。根据在购买行为过程中所起作用的不同，参与者可划分为以下角色。

发起者，即最先建议或想到购买某种产品或服务的人。

影响者，即其看法或建议对最终购买决策有相当影响的人。

决策者，即对是否购买、怎样购买有权做出最终决定的人。

购买者，即进行实际购买的人。

使用者，即实际使用或消费所购买产品或服务的人。

认识消费者购买行为过程中的参与者及其可能充当的角色，有助于企业开展针对性的营销活动。

阅读资料4-2 5W1H提问分析法

在分析消费者购买行为时，可采用"5W1H"提问分析法，该方法具体如下。

1. 为什么购买（Why），即购买目的和购买动机。消费者购买产品或服务主要是由其购买动机引起的。购买动机是多种多样的，对同一种产品，不同的人会有不同的购买动机，即使同一个人也可能由于环境等变化而产生不同的购买动机。

2. 购买什么（What），即确定购买对象。这是购买决策最基本的内容。能满足消费者同一需求的产品是多种多样的，消费者确定购买对象不只是确定要购买的产品类别，还包括确定要购买产品的品牌、型号、价格等。

3. 在哪儿购买（Where），即确定购买地点。消费者购买地点的选择受很多因素的影响，如以往的购买经验、购买习惯、惠顾动机、个人偏好以及求便、求廉、求速等动机的影响。消费者也会因购买不同类别的产品而选择不同的购买地点。

4. 什么时间购买（When），即确定购买时间。消费者购买时间的确定同样受很多因素的影响，如消费者的闲暇时间、促销活动的开始时间等。

5. 谁来购买（Who），即确定购买者。消费者购买的产品并非都是自己使用的，同样，消费者使用的产品也并非都是自己亲自购买的。一项已经决定了具体购买对象、时间、地点的购买决策，可能会因购买人的不同而使决策在执行过程中发生某些变化。因此，对参与购买决策的人特别是购买者进行分析，有利于企业有针对性地制订营销策略。

6. 如何购买（How），即确定购买方式。购买方式主要是消费者购买产品时的货币支付方式和获得产品所有权的方式，如现金结算、赊销、邮购、网上订购等。消费者如何购买，受个性、职业、年龄、性别等若干因素的制约，企业必须通过市场调研，了解消费者的购买动机、消费需求及流行趋势等，从而制订、采用有效的营销策略。

4.2.2　消费者购买行为过程

消费者购买行为过程就是消费者在特定心理的驱动下，按照一定的程序发生的行为过程。这一过程在实际购买前就已经开始，一直延续到实际购买之后，是一个动态的系列过程。因此，企业不能仅仅着眼于"制订购买决策"阶段，而要调查研究和了解消费者购买过程的各个阶段。消费者购买行为过程通常包括认识问题、搜寻信息、方案评估、制订购买决策、实施购买决策和购买后评价这 6 个阶段，如图 4-3 所示。

图 4-3　消费者购买行为过程

消费者购买行为过程的第一个阶段是认识问题，问题的认识来自消费者感受到的未被满足的需求。如果这种需求比较强烈，消费者就会开始搜寻相关信息以解决问题。消费者搜寻信息的途径有两个，一是从记忆里提取信息（内部搜寻），二是从外部搜寻相关信息（外部搜寻）。在搜集到充足的信息之后，会有多种购买方案供消费者选择，此时消费者要对各种方案进行评估。在评估了各种方案之后，消费者就可根据评估结果来制订购买决策，并实际进行购买。消费者在购买产品之后，通常会将所购的产品与市场上的同类产品进行比较，并参考参照群体的意见，得出满意或不满意的购买后评价。

4.3　影响消费者购买行为的主要因素

企业在开展市场营销活动时，彻底了解和把握消费者购买行为是比较困难的。这是因为消费者购买行为往往是非理性的。消费者从商场买回一件价格不菲的大衣，可能仅仅是因为到商场后受到了导购的轻视和怠慢，一气之下而产生的冲动购买；消费者从超市里买回一大堆熟食，可能只是因为看到别人都在买，于是产生了从众的购买行为。而且，消费者会因为个人特征的不同而在购买行为上存在很大的差异。同时，消费者购买行为会随着年龄、收入、社会阶层的变化而变化。

但是，消费者购买行为还是有规律可循的。研究表明，消费者购买行为深受个人因素、心理因素、文化因素、社会阶层、参照群体和家庭等的影响，下面分别进行简要的介绍。

4.3.1　个人因素对消费者购买行为的影响

消费者购买行为深受年龄、经济状况、职业、受教育程度、个性、生活方式和价值观等个人因素的影响。不同个体的消费者，不仅购买欲望、兴趣和爱好不同，而且购买产品和服务的种类和档次也有所区别。

个人因素对消费者购买行为的影响

（1）年龄

年龄不同的消费者购买行为各有特点。年轻人缺少经验，容易在各种信息的影响下出现冲动型购买行为；中老年人经验比较丰富，常根据习惯和经验购买，一般不太重视广告等商业性信息。企业可以制订专门的营销策略来满足处于不同年龄段的消费者的需要。

（2）经济状况

一个人的经济状况，取决于其可支配收入水平、储蓄和资产，以及对消费与储蓄的态度。由此决定的个人购买能力，在很大程度上制约着个人的购买行为。消费者一般都在可支配收入的范围内以合理的方式安排支出，以便更有效地满足自己的需要。收入较低的消费者往往比收入较高的消费者更关心产品的价格。

（3）职业

当与他人首次谋面时，我们大多会询问他"在哪里高就"和"从事何种工作"，一个人的职业会极大地影响他的生活方式。不同职业的人的消费结构的差异是很大的。例如，国外的研究表明，相对于白领，美国蓝领工人更喜欢与朋友欢聚一堂畅饮啤酒，因此是啤酒消费的主要群体。

（4）受教育程度

受教育程度不仅影响着人们的收入水平和从事的职业类型，也影响着人们的消费心理、鉴赏能力、购买的理性程度和消费结构等。受教育程度高的消费者一般更加理性，更注重产品的文化内涵；而受教育程度低的消费者消费较为感性，更容易受到产品外观和广告宣传的刺激。

（5）个性

个性是一组显著的人类心理特质，如自信或自卑、冒险或谨慎、倔强或顺从、独立或依赖、合群或孤傲、主动或被动、急躁或冷静、勇敢或怯懦等。个性使人对环境做出比较一致和持续的反应，可以直接或间接地影响其购买行为。例如，喜欢冒险的消费者容易受广告的影响，成为新产品的早期使用者；自信或急躁的消费者的购买决策过程较短；自卑或冷静的消费者的购买决策过程较长。营销人员通过间接了解或直接了解，增加对消费者或潜在消费者个性的认知，可帮助双方尽早进入成交环节。

（6）生活方式

生活方式是一个人的生活模式，具体可表现为活动、兴趣和看法。生活方式包含了消费者对时间和金钱的态度及其做出购买决策的形式。生活方式是个体在成长过程中，在与社会诸多因素交互作用下表现出来的活动、兴趣和态度模式，即如何生活、如何花费和如何消磨时间等。它是由过去的经历、固有的个性和现在的情境所决定的。生活方式影响消费行为的各个方面，因此营销人员要竭力寻找其产品与不同生活方式间的关系。

（7）价值观

消费者的购买决策也受其价值观的影响，价值观是形成态度与行为的信念体系，但它比信念与行为更深入，基本决定着消费者的长期决策与需求。价值观是内在自我的体现，营销人员如果能够吸引消费者或潜在消费者的内在自我，就有可能影响他们的外在自我，包括他们的购买行为。

4.3.2　心理因素对消费者购买行为的影响

营销人员认识消费者心理的起点可参照图 4-4 所示的刺激—反应模型。从模型中可以看出，营销和环境的刺激进入消费者的意识之后，经过一系列反映消费者特征的心理过程，形成了购买行为过程和购买决策。而营销人员的任务就是弄清从受到外部刺激到最终做出购买决策之间，消费者的意识变化。

消费者购买行为受心理的支配，影响消费者购买行为的心理因素主要有动机、认知、学习、诱因、趋乐偏见和情感等。

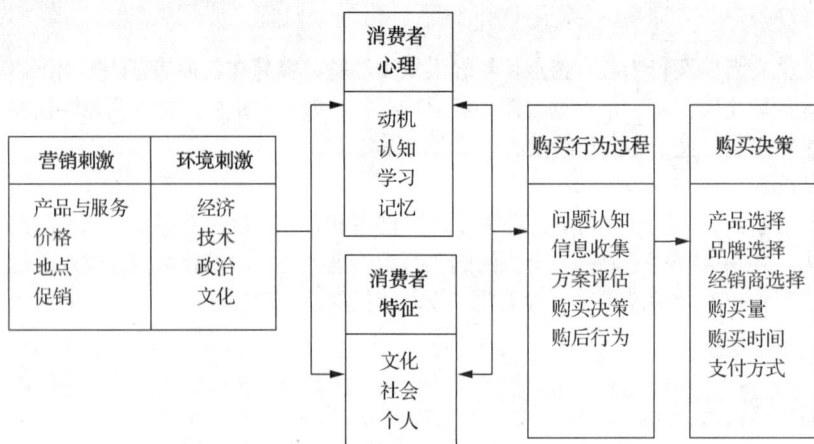

图 4-4　刺激—反应模型[1]

1. 动机

心理学家认为，人类的行为是由动机支配的，购买行为也不例外，而动机由需要引起。一种尚未满足的需要，会使人的内心产生紧张或不适，当它达到迫切的程度时，便成为一种驱使人行动的强烈的内在刺激，这也被称为驱动力。当驱动力被引向一种可以满足需要的刺激物（如某种产品）时，它便成为一种动机。在一定时期内，人们有许多需要，只有其中一些比较迫切的需要会发展成为动机。因此，营销人员要努力激发潜在消费者的购买动机。

2. 认知

消费者有了购买动机后，就会采取行动。至于怎样采取行动，则受到认知过程的影响。消费者的认知过程，是对产品等刺激物和店容、店貌等情境的反应过程，它由感性认识和理性认识两个阶段组成。感觉和知觉是指消费者的感官直接接触刺激物或情境所获得的直观、形象的反应。刺激物或情境的信息，如产品的包装、外形、颜色、气味等，刺激了消费者的感官，使消费者产生对产品的个体特性的感觉。随着感觉的深入，各种感觉到的信息在头脑中被联系起来进行初步的分析综合，便形成对产品或销售情境的整体反应，这就是知觉。

由于每个人都以各自的方式注意、整理、解释感觉到的信息，不同消费者对同种产品或销售情境的知觉很可能是不同的，这是由于存在以下 3 类认知。①选择性注意。一般来说，消费者倾向于注意那些与其当时需要有关的、他们期待的或与众不同的刺激物，这就是选择性注意。②选择性扭曲。消费者接受了外界信息的刺激，却并不一定会像信息发布者预期的那样去理解或客观地解释这些信息，选择性扭曲是指按照先入为主的观点来解读信息的倾向。消费者经常会扭曲信息，使其符合之前自己对产品和品牌的信念和预期。③选择性保留。选择性保留是指消费者常常不能记住太多接触到的信息，而仅能记住某些证实了自己的态度和信念的信息。例如，人们可能能很容易记住自己所喜欢品牌的优点，而记不住其他竞争对手产品的优点。为了让消费者对产品产生最佳感觉，更好地刺激其需求，企业需要采取多种营销手段，把产品的外观、功效、方便性、安全性等充分展现给消费者，以引起消费者的注意，加深其印象，促使其采取购买行为。

3. 学习

学习是指由经验改变行为的过程，即消费者在购买和使用产品或服务的实践中，逐步获得和积累经验，并根据经验调整自己购买行为的过程。学习是通过驱动力、刺激物、提示物、反应和强化儿者间的相互作用而形成的。两种经典的学习研究方法是经典条件反射法和操作性条件反射法。

4. 诱因

诱因是指那些决定一个人何时、何地及如何做出反应的次要刺激。学习理论告诉营销人员，他们可

---

[1] 科特勒，凯特. 营销管理[M]. 王永贵，等译. 北京：中国人民大学出版社，2012.

以通过把学习和强烈驱动力联系起来，提供刺激性诱因和运用积极强化等手段来建立消费者对产品的需求。例如，一家企业可以采用与竞争对手相同的驱动力并提供相似的诱因，以此来进入市场，因为消费者有可能将对品牌的忠诚转向与之相似的品牌。

5. 趋乐偏见

趋乐偏见指的是人们经常会把成功归因于自己，而把失败归因于外在因素的普遍倾向。鉴于这种倾向的存在，消费者更有可能把过错归咎于产品而非自己，所以营销人员应注意把产品的功能明确地标注在精心设计的外包装、标签或者推介广告、网页之上。

6. 情感

消费者的反应不总是理性的，其多数反应是感性的并且可以唤起不同的情绪，这被称为情感。一个品牌或产品可能让消费者感到兴奋或自信；一则产品广告也可以带给消费者反感或疑惑的感觉。所以营销人员在做营销策划时不能忽视消费者的情感体验。

4.3.3 文化因素对消费者购买行为的影响

文化因素对消费者购买行为具有广泛和深远的影响。文化是指人类在社会发展过程中所创造的一切物质财富和精神财富的总和。文化对消费者购买行为具有强烈而又广泛的影响。文化具有传承性，是影响人们的欲望和行为的基本决定性因素，特定的价值观、道德观、信仰和风俗习惯是影响消费者行为的根本。例如，在西方国家，标有老年人专用字样的产品很受老年消费者的欢迎，但在东方的一些国家这类产品却无人问津。这是因为这种宣传方式冲击了某些东方国家忌讳衰老的价值观。

企业开展市场营销活动一定要深入研究文化因素对消费者购买行为的影响，尤其是在开拓国际市场时。例如，可口可乐公司进入中国市场后，充分运用本土文化开展营销活动，使产品形象深入人心。可口可乐在我国春节期间推出的电视广告，可谓"中国味"十足。泥娃娃、春联、四合院、红灯笼、鞭炮、拜年等充满传统节日色彩的元素以木偶片的形式表现出来，很容易引起我国消费者的共鸣。图4-5反映了可口可乐春节广告中的中国文化情结。

图 4-5 可口可乐春节广告中的中国文化情结

文化通常可以分为两个层次：一是全体社会成员共有的基本文化，即主文化；二是为社会中某些群体所有的独特价值观和行为模式，即亚文化，又称为副文化、次文化。亚文化群以特定的价值观和影响力将各成员联系在一起，从而形成生活格调和行为方式相同或相近的群体。亚文化有许多类型，其中对消费者购买行为影响较大的有民族亚文化、宗教亚文化、地理亚文化及种族亚文化。处于不同亚文化群的消费者由于受特殊文化的影响而具有不同的消费需求和购买行为。如我国历来有南甜、北咸、东辣、西酸的食品调味传统，这其实就是地理亚文化差异的体现。

4.3.4 社会阶层对消费者购买行为的影响

社会阶层是指由具有相同或类似社会地位的社会成员组成的相对持久的群体。决定社会阶层的因素可以分为 3 类：经济变量、社会互动变量和政治变量。经济变量包括职业、收入和财富；社会互动变量包括个人声望、社会联系和社会化；政治变量则包括权力、阶层意识和流动性。

社会阶层是一种普遍存在的社会现象，不论是发达国家还是发展中国家，均存在不同的社会阶层。同一阶层中的人，因社会地位、经济状况、价值取向、生活背景和受教育程度相近，其生活习惯、消费水平、兴趣和爱好也会较为接近，因而对某些产品有着共同的偏好。

消费者行为学中讨论社会阶层，一方面是为了了解不同阶层的消费者在购买、消费、沟通、个人偏好等方面具有哪些独特性，另一方面是为了了解哪些行为基本上被排除在某一特定阶层的行为领域外，哪些行为是各社会阶层成员所共有的。

不同社会阶层的消费者在产品的选择和使用、休闲活动、信息接收和处理、购买方式等方面均存在着一定的差异。开展市场营销活动的企业需要正视这种差异并采取针对性的营销策略，以满足不同社会阶层消费者的需求。

4.3.5　参照群体对消费者购买行为的影响

参照群体是指个体在做出购买或消费决策时，用以参照、比较的个人或群体。参照群体有成员群体和间接群体这两种基本类型。

成员群体是指参照群体具有与被影响的对象相同身份的群体，又被称为直接群体。例如，对于亲人，我们也是他的亲人；对于同学，我们也是他的同学。成员群体又可分为主要群体和次要群体，主要群体是指带给个体较大影响的群体，如家人、同事、朋友等；次要群体是指对个体影响较小的群体，如同乡会、校友会、职业协会等。

间接群体是指个体与被参照的对象并不具有相同身份的群体，因此又被称为象征群体。间接群体又可分为渴望群体和斥拒群体两类。渴望群体是指人们热切地希望加入，并追求心理认同的群体。例如，名人对其"粉丝"而言，便是渴望群体。斥拒群体是指个体会与其保持距离，但其行为仍然会受影响的个体群体。例如，对社会上一些具有不良嗜好的人，我们会刻意地回避和排斥出现与其相同的行为，如不与他们近距离接触，不愿意出入他们常去的场所等。

研究表明，消费者一般在肯定的动机下更容易产生信念或态度，所以企业做广告时应更多地利用渴望群体（如请名人代言），尽量避免使用斥拒群体。

参照群体对消费者购买行为有着直接的影响。研究表明，群体的结合越紧密，社交过程越有效，个人对群体越尊重，参照群体对个人购买行为的影响就越大。

4.3.6　家庭对消费者购买行为的影响

家庭是指两个或两个以上的个体由于婚姻、血缘或收养关系而共同生活的社会单位。构成家庭的最重要的因素是"婚姻"和"血缘关系"。家庭又是一个消费单位和购买决策单位。在不同家庭中，家庭成员参与购买决策的程度不同；在同一家庭中，家庭成员也会因为所购产品不同而有着不同的购买参与程度和重视程度。

在日常生活中，每个家庭都要做出众多的购买决策。在这些购买决策中，有的极为重要，如买什么样的住房、买什么品牌的汽车等，这往往由一家之主来主导，或需要由家庭成员共同决策。而另一些家庭购买决策则相对次要，如去哪家小吃店吃早餐、买什么品牌的洗衣粉等，这往往由家庭成员自行做出决策。营销学一般把家庭购买决策方式概括为 4 种类型：妻子主导型、丈夫主导型、自主决定型和联合决定型。营销人员应了解不同产品的特征，分辨出在一个家庭中谁对某类产品的购买有较大的影响。

到底哪些因素会影响家庭的购买决策方式？这是营销人员较为关注的问题。奎尔斯（Qualls）的研究识别了 3 种主要影响因素：家庭成员对家庭的财务贡献、决策对特定家庭成员的重要性、性别角色取向。一般而言，对家庭的财务贡献越大的家庭成员在家庭购买决策中的权力也会更大。同样，如果某一决策对特定家庭成员越重要，那么这位成员对该决策的影响也就越大。性别角色取向是指家庭成员会在多大程度上按照传统的男、女性别角色来分工。研究表明，受传统影响更少、更具现代意识的家庭，夫妻双方在购买决策中将拥有更平等的权利。

此外，随着时间的推移，一个家庭的结构也会不断发生变化，社会学家根据这种变化提出了家庭生活周期的概念。基于社会学的观点，家庭生活周期是指绝大多数家庭必经的历程，描述了从单身到结婚（创建基本的家庭单位），到家庭的扩展（增添孩子），再到家庭收缩（孩子长大后独立生活），直到家庭解散（配偶中的一方去世）的家庭发展全过程。

家庭生活周期各阶段的划分如表 4-1 所示。

表 4-1　家庭生活周期各阶段的划分

阶段	特点	购买及行为方式
1. 未婚	离开家庭生活的年轻单身者	几乎没有财政负担，时装的意见领导者，娱乐志向性，购买基本的厨房用具、家具、休假用品等
2. 新婚夫妇	年轻且无孩子	在财政上有一定的富余，耐用消费品的购买率较高，购买冰箱、家具等产品，喜欢旅游
3. 满巢 I	年轻已婚夫妇，最小的孩子在 6 岁以下	家庭购买意愿达到顶峰，对家庭财政状态感到不满，关心新产品，购买洗衣机、电视、儿童食品、玩具、感冒药、维生素等
4. 满巢 II	已婚夫妇，最小的孩子在 6 岁以上	家庭财政状况有所好转，就业的主妇增加，受广告影响不大，常购买大包装或大容量的生活用品，额外支出多
5. 满巢 III	年长夫妇及一起生活的孩子	家庭财政状态持续好转，就业主妇更多，子女有职业，耐用消费品的购买增多，购买新家具、健身器材等，喜欢自驾旅游
6. 空巢 I	年长夫妇，但无孩子在家生活，一家之主尚在工作	对家庭财政状况感到满意，关心旅游、健康食品或药品，不太关心新产品，喜欢旅游，购买家庭装饰品、奢侈品等
7. 空巢 II	年长夫妇，没有孩子在家生活，一家之主已退休	收入急剧下降，不再购置新房，购买与健康有关的医疗用品
8. 孤寡者 I	孤寡者尚在工作	收入状态良好，有可能处理房产
9. 孤寡者 II	孤寡者业已退休	收入不高，对护理、爱情、身心保护有特别的要求

因为处于不同生活周期阶段的家庭的收入状况、支出方式、决策策略等存在差异，所以开展营销活动的企业在确定目标市场时，必须考虑家庭生活周期。

本章习题

一、单选题

1.（　　）是指消费者要经过挑选，并对其适用性、质量、规格、价格、式样等做比较后，才决定购买的消费品。

　　A．限购品　　　　　　B．奢侈品　　　　　　C．选购品　　　　　　D．廉价品

2．消费者购买决策过程的第一个阶段是（　　）。

　　A．方案评估　　　　　B．搜寻信息　　　　　C．实施购买决策　　　D．认识问题

3．具有相同或类似社会地位的社会成员组成的相对持久的群体是（　　）。

　　A．社会阶层　　　　　B．家庭　　　　　　　C．住户　　　　　　　D．参照群体

4.（　　）是指消费者在经过冷静的思考、认真的比较后才决定采取购买行动的购买行为。

　　A．疑虑型购买行为　　B．冲动型购买行为　　C．理智型购买行为　　D．习惯型购买行为

5．我国历来有南甜、北咸、东辣、西酸的食品调味传统，这体现了亚文化中的（　　）。

　　A．民族亚文化　　　　B．宗教亚文化　　　　C．地理亚文化　　　　D．年龄亚文化

二、多选题

1. 购买决策的参与者大体上可以分为（　　）等几种角色。
   A．发起者　　　　　　B．影响者　　　　　　C．决策者　　　　　　D．购买者
   E．使用者

2. 决定社会阶层的 3 类因素是（　　）。
   A．经济变量　　　　　B．环境变量　　　　　C．社会互动变量　　　D．政治变量
   E．技术变量

3. 消费者的购买行为受心理的支配，影响消费者购买行为的心理因素主要有（　　）。
   A．动机　　　　　　　B．认知　　　　　　　C．价值观　　　　　　D．情感
   E．学习

4. 亚文化有许多类型，其中对消费者购买行为影响较大的有（　　）。
   A．财富亚文化　　　　B．民族亚文化　　　　C．宗教亚文化　　　　D．地理亚文化
   E．种族亚文化

5. 构成家庭的最重要的两个因素是（　　）。
   A．婚姻　　　　　　　B．血缘关系　　　　　C．地缘关系　　　　　D．学缘关系
   E．合作关系

三、名词解释

1. 消费者市场　　2. 消费者购买行为　　3. 复杂型购买行为　　4. 社会阶层　　5. 参照群体

四、简答及论述题

1. 消费者市场的购买对象主要有哪些？
2. 根据消费者的购买态度和个性特点，消费者购买行为可以划分为哪几类？
3. 试论述消费者购买行为过程。
4. 试论述社会阶层对消费者购买行为的影响。
5. 试论述参照群体对消费者购买行为的影响。

案例讨论

银婚游前奏

王先生和王太太结婚整整 25 年了，孩子已经工作了。两个人在过去的 25 年里，不是忙工作，就是忙着带孩子。今年终于有空闲的时间，两口子商量着庆祝庆祝。怎么庆祝呢？王先生提议出去旅行。

可是，两口子很多年都没有旅行了，最近的一次旅行还是孩子刚刚高考完，为了庆祝孩子高考成绩不错，带孩子去了离天津仅有 3 小时车程的北戴河。所以，王先生夫妇对旅行知识的了解实在有限，对那些名山大川的认识也只停留在电视、杂志上。怎么办呢？这么重要的旅行可不能马虎，一定要提前策划好。

他们打算向各自单位的同事、朋友征询意见。王先生到单位一说自己要去旅行，而且意义不凡，同事们就都围过来七嘴八舌地提建议。

"去桂林吧，桂林山水甲天下，而且你夫妻俩坐在船上，荡漾在桂林山水间，多浪漫啊！"这是小梅的提议，小梅刚刚大学毕业。

"去敦煌吧，那个地方可是我向往已久的旅行胜地，可以徒步重游古丝绸之路，不知多好呢！"这位可不得了，他是单位出名的徒步爱好者。

"别听他们年轻人的，去苏杭好了，看看苏州园林，逛逛西湖，又不累，又惬意。我看你们就去那里好了。"和王先生同龄的刘先生说。

"对啊，"此时，一旁的李太太说，"我先生去过的，他说附近还有乌镇、桐庐这样的古镇，很有韵味的。"

"我看干脆去海南三亚，在海滩上晒晒太阳，多潇洒。"此时，边上的年轻人忍不住了。

……

他们你一言我一语地把王先生说蒙了。这几张嘴说了半小时，把整个中国都说遍了。回到家，一问妻子，王先生才知道妻子也遭遇了同样的事情。

怎么办呢？夫妻俩正犯愁呢，女儿小丽回来了，他们只好把这烦恼道给女儿听。女儿一听乐了："爸、妈，你们怎么不早点问我啊，我帮你们从网上找啊，网络上有很多旅行网站可以帮你们选择路线。"这下夫妻俩豁然开朗，连忙让小丽上网搜索。小丽浏览了几个旅行网站，还搜索了 4 月最适合的旅行去处。体贴的女儿还不断地和他们讨论这次旅行的天数、经费预算等问题，再考虑到他们的身体状况，将旅行目的地的范围大大缩小了。夫妻俩看着网站上精美的图片，虽然还不能完全相信这些信息，但对自己的旅行终于有了一点头绪。

晚上看电视时，一则国外旅游热的新闻引起了王先生的关注。原来新闻里提到新马泰等东南亚国家旅游热潮兴起，在费用上也不比国内高多少。王先生有点心动了，心想："活了大半辈子了还没有出国旅行过，要不这次就好好地玩一次，出去看看。"他偷偷地看了妻子一眼，发现妻子也一脸向往的样子。旁边的女儿早猜到了父母的心思，开始在网上搜索起境外游的信息。小丽对搜索到的相关信息做了比较分析，又致电咨询了几家旅行社，给爸妈推荐了 3 个旅行方案。最后，王先生在征求妻子的意见后拍板决定了最终的旅行路线。

思考讨论题

1. 结合本案例，请谈谈消费者在做出购买行为决策前需要做哪些工作。

2. 在本案例中，王先生、王太太和女儿小丽分别扮演了什么样的角色？他们对做出购买决策分别起到了哪些作用？

第5章 组织市场购买行为

本章导读

组织市场与消费者市场是两个不同的概念。组织购买产品不是为了自己享用，而是用于再生产或维持组织运营，以便更好地服务于组织的客户。因此，组织市场需求也被称为派生需求。与消费者市场相比，组织市场更加庞大和复杂，在交易的数额、持续时间、参与人员、决策行为、采购流程、影响因素上都具有不同的特征。本章主要介绍组织市场组织购买决策、影响组织购买行为的因素和政府采购等内容。通过对本章的学习，我们可以全面了解组织市场购买行为。

知识结构图

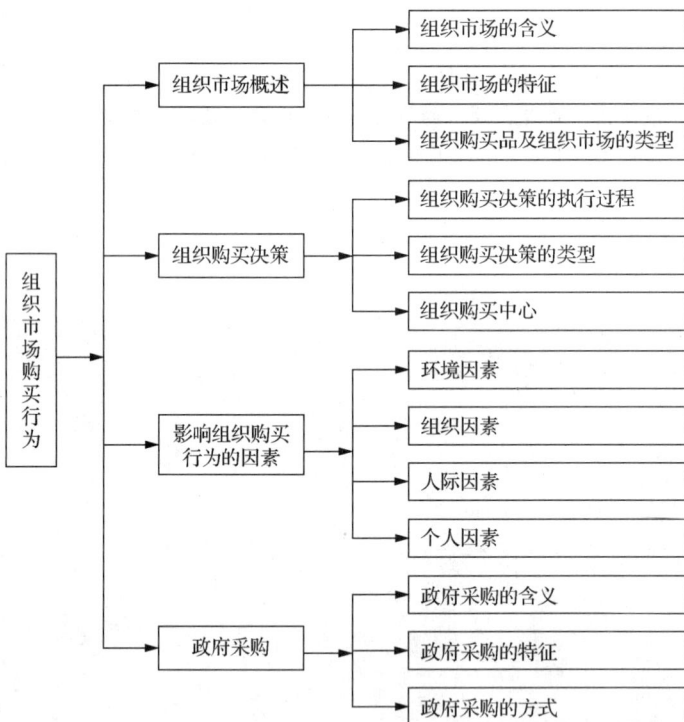

开篇引例

失败的发电设备营销

某企业推销人员李宾的工作是销售一种安装在发电设备上的仪表，他工作非常努力，不辞劳苦地四处奔波，但是收效甚微。李宾销售结果不理想的原因各不相同，有些是意料之中的，而有些则让他百思不得其解。下面是一系列让李宾记忆深刻的失败案例。

案例一：李宾得知 A 发电厂需要仪表，就找到该厂的采购人员，给他们详细介绍了产品，经常请他们吃饭，双方关系相当融洽，采购人员也答应购买该产品，却总是一拖再拖，始终不付诸行动。李宾很灰心，却不知原因何在。

案例二：在一次营销洽谈过程中，李宾向 B 发电厂的技术人员介绍自己的产品说，这是一种新发明的先进仪表。技术人员请他提供详细技术资料并与现有同类产品做一个对比，可是他所带的资料不全，对现有同类产品和竞争者的情况也不太清楚，他只能根据记忆大致做了介绍。

案例三：李宾向 C 发电厂的采购部经理介绍现有的各种仪表，采购部经理认为都不太适合本厂使用，说如果能在性能方面做些小的改进就有可能购买。但是李宾反复强调本企业的仪表性能优异，认为对方提出的问题无关紧要，劝说对方立刻购买。

案例四：D 发电厂是李宾所在企业的长期客户，需购买仪表时就直接发传真通知送货。该发电厂原先由别的推销人员负责销售业务，后来转由李宾负责。李宾接手后采用了许多办法与该发电厂的采购人员和技术人员建立了密切的关系。一次，发电厂的技术人员反映一台新购仪表有质量问题，要求予以调换。李宾当时正在忙于同另一个重要客户洽谈业务，拖了几天才处理这件事情，认为凭着双方的关系，发电厂的技术人员不会介意。可是那家发电厂此后就转向与其他仪表供应商合作。

案例五：李宾去一家小型发电厂推销一种受到较多客户欢迎的优质高价仪表，可说破了嘴皮，对方依然不为所动。

案例六：E 发电厂购买了李宾所在企业的仪表和另一品牌的仪表，技术人员、采购人员和使用人员在使用两年以后对两种品牌的产品进行绩效评估，列举事实说明李宾所在企业的仪表耐用性不如某个竞争品牌。李宾听后认为事实如此，无话可说，听凭该发电厂终止了同本公司的合作关系而转向竞争者。

为什么自己一直辛苦工作而营销业绩却始终不尽如人意呢？李宾陷入了沉思。

资料来源：豆丁网。

5.1　组织市场概述

5.1.1　组织市场的含义

按照营销学家菲利普·科特勒的定义，组织市场是指购买产品或服务以用于生产性消费，以及转卖、出租，或用于其他非生活性消费的企业或社会团体。因此，我们可以这样理解：如果企业向个人或家庭销售产品或服务，那么该企业面对的就是消费者市场；如果企业是与其他商业组织、政府或学校等非营利机构进行交易活动，那么该企业面对的就是组织市场。另外，还有一种广义的定义，即组织市场包括企业与最终消费者进行交易的市场之外的所有市场。

组织市场与消费者市场是两个不同的概念。组织购买产品不是为了自己享用，而是用于再生产或维持组织运营，以便更好地服务组织的客户。

5.1.2　组织市场的特征

与消费者市场相比，组织市场具有以下主要特征。

1. 组织市场上的购买者数量少且购买量大

组织市场上购买者的数量远比消费者市场上的消费者数量少，但购买量大。这是因为所有的产品都要经过组织购买者才能进入最终的消费者市场。为了维持生产、销售或提供服务，组织购买者往往一次购买的数量很多且金额很高，有时一张订单的金额就高达上千万元甚至上亿元。

2. 组织市场需求是派生需求

派生需求又称衍生需求，是指上一层级的需求由下一层级的购买、消费或使用情况决定。组织市场最终服务于消费者市场，组织需求总是间接或直接地源自最终消费者的需求，因此组织市场需求是一种派生需求。例如，生产厂商购买原材料、连锁超市采购各类产品等，都是为了满足下一层级消费者的需求。

派生需求的特点是层层相扣，上一层组织的需求会随着下一层组织的需求的变化而变化，并最终由消费者的原生需求所决定。这种链条式的需求反应也决定了组织市场需求的波动性。

3. 组织市场的需求波动大

组织市场的需求波动幅度大于消费者市场。消费者需求的少量增加会导致组织的购买需求大大增加，经济学家把这种现象称为"加速效应"。有时消费者市场的需求只增加了10%，就可能使上一层级组织市场的购买需求增加200%。

4. 组织市场的需求缺乏价格弹性

在组织市场上，购买者对产品或服务的需求受价格变动的影响不大，这种情况在短期内尤为明显。这是因为，一方面，组织市场需求是派生需求，只要消费者的需求不变，组织市场的需求就不会发生变化。如果企业因生产资料价格变化而增加或减少采购量，很容易导致生产过剩或供应不足。另一方面，为保证正常的生产经营，企业必须不断地补充生产资料，所以即使生产资料的价格上涨，企业也不会因此减少采购量。例如，汽车生产企业不会因为轮胎的价格上涨而减少采购量，否则就很难完成既定的生产计划。

5. 组织市场的购买者是专业采购人员

组织市场的购买者一般都是具有相关产品技术知识和购买谈判技能的专业采购人员。他们能够广泛搜集和准确判断购买品的真实信息，并能熟练执行购买的流程。而个体消费者往往不具备专业的购买知识。

6. 组织市场购买活动的参与者众多

组织购买活动是一个组织成员集体参与的过程。除了专业的直接购买者，购买品的使用人员、组织的各层管理人员都会影响购买决策，并由此形成"组织购买中心"。

7. 组织市场的购买流程较为规范

个人消费品的购买一般较为随意，不会设立和依照某个购买步骤来进行，其决策、协商和购买几乎是同时发生的。但组织市场的购买则会按照正式的购买流程分步骤执行，其决策过程更加理性化和复杂化。大笔的商业购买通常需要经历确立产品需求—搜集供应商信息—确立订单条件—签署合同—购后评估的流程。

8. 交易双方关系密切而稳定

在组织市场中，购买企业与营销企业之间经常会建立一种长期合作的关系，从而提升整条行业链的竞争力。卖方会依据买方的特殊要求供应定制化的产品或服务，并在准确的时间和地点将准确数量和质量要求的产品或服务送达。在一般情况下，组织市场的买卖双方不会轻易更换合作对象，因而双方的合作关系不仅密切而且非常稳定。而在消费者市场中，除了完全忠诚的消费者群体之外，大多数消费者与企业之间都不具有高稳定和高频率的买卖关系。

9. 组织市场的购买模式较为特殊

组织市场普遍存在着一些特殊的购买模式，如互惠购买和租赁使用。互惠购买是指互为供应商的企业之间达成互相购买对方产品或服务的协议，有时这种购买模式不局限于两个组织之间，而是表现为多个组织交互的购买模式。租赁使用大多发生在大型设备、厂房、土地这类昂贵的产品上，资金有限的企业会采取租赁的方式来节约成本。此外，组织购买者一般会直接向供应商购买，而不经过中间商环节。

5.1.3 组织购买品及组织市场的类型

前文在介绍组织市场的含义与特征时，并没有明确界定组织购买品，也未对组织市场的类型进行全面介绍。下面就分别介绍一下。

1. 组织购买品的类型

组织购买品就是组织为了实现组织目标，满足组织各类活动的需求及维持组织持续和长久发展而购买的产品的总称。组织购买品与最终消费品相比，除了购买对象和购买目的不同之外，还具有价格高昂、技术复杂、定制化设计的特点，所以对这类产品的分类也不同于一般的消费品。按组织购买品的用途和性质的不同，其可分为以下两类。

（1）投产型产品

投产型产品（Entering Goods）是指经过加工之后最终能构成销售产品的一部分的产品。对于制造企业来说，投产型产品包括初级原材料、二级加工材料和零部件 3 类。初级原材料是指未经加工的以原始状态出售的天然资源，如煤、原油、天然气、矿石、农产品等，主要来源于农业、渔业、林业和矿业。初级原材料的供应受地理条件的限制，生产比较集中。二级加工材料是指对初级原材料进行初步加工而形成的产品，如钢铁、玻璃、皮革等，但其在构成最终产品前还需要进行进一步的加工。零部件是能够直接或稍作加工就组装在最终产品上的部件，包括电池、芯片、汽车轮胎等。零部件通常具有易损耗、技术含量高和便于更换等特点。而对于服务性企业而言，投产型产品指的是投入的技术和知识。组织对投产型产品的购买会有规律地长期进行，一般有固定的购买量和购买周期。

（2）基础型产品

基础型产品（Foundation Goods）是帮助组织进行制造生产、再销售或服务活动的基本设施和装备。基础型产品又可进一步细分为设施、附加装备、辅助型产品等。该类产品的显著特征是均属于财务报表中的资本性项目，其原始成本能够通过折旧间接计入产品或服务的生产成本。

阅读资料 5-1　基础型产品的分类

1. 设施。设施通常指的是土地、厂房、大型固定设备等长期、重大投资项目。基础设施价格高昂，组织的购买决策通常受市场前景、组织当前经济状况以及优惠折扣等因素的影响。有时，组织还会采取租赁使用的方式降低在设施上投入的成本。

2. 附加装备。附加装备不属于固定设备，一般比设施的价格更低，使用年限更短，包括个人计算机、传真机、打印机等办公室设备，也包括电动工具之类的轻型设备。

3. 辅助型产品。辅助型产品是维持组织日常运营活动的产品或服务。这类产品没有构成最终的产成品，因此购买资金只能作为组织的费用项目。

4. 物资。物资是用于企业经营活动和维护工作的辅助材料，包括经营物资（如笔、复印纸、润滑油）和维修物资（如油漆、钉子、焊条）。物资一般易损耗、成本低、使用频繁，因此需要组织进行高频率的采购。

5. 服务。企业会将自己的部分业务外包，通过购买其他专业化的服务来提高组织的整体运营效率，集中优势资源提升核心竞争力。这类需要支付费用的服务包括机械维修、广告促销、物流运输、管理咨询、法律诉讼等。

6. 软件系统。随着计算机、网络技术以及企业对企业（Business-to-Business，B2B）电子商务模式的发展，企业的经营活动涉及越来越多的软件系统的开发和投入。购买、安装企业资源计划（Enterprise Resource Planning，ERP）系统软件，并进行相关的人员培训就属于这类费用支出。

2. 组织市场的类型

对于组织市场的分类，学术界的观点尚未统一。科特勒认为，组织市场可分为商业市场（Business Market）、事业机构市场（Institution Market）和政府市场（Government Market）这 3 种类型。麦卡锡则认为，组织市场可以分为产品和服务的生产厂商（Producers of Goods and Services）、中间商（Middlemen）、政府部门（Government Units）和非营利性组织（Nonprofit Organizations）这 4 类。两者的主要不同之处在于是否将中间商从商业市场中分离出来，单独作为一种组织市场类型。

基于分析，我们认为组织市场的类型应该按照是否以营利为目的进行分类，然后再进一步细分会更为准确。这是因为，政府也属于非营利性组织的一种，它与营利性组织市场不是并列的关系。具体的划分方法为，组织市场首先分为营利性组织和非营利性组织。营利性组织可进一步分为生产型组织和商业型组织两类；非营利性组织则可以分为政府和其他非营利性组织。

（1）生产型组织

生产型组织又称产业组织，是指直接生产有形产品或无形产品，并以营利为目的的企业组织。根据产品类型和生产方式的不同，生产型组织可以分为原料供应商、产品制造商和服务提供商，但某些企业可能既是原料和产品的生产商，同时也提供产品或服务。

① 原料供应商。原料供应商一般属于农业、林业、牧业、渔业、矿业等行业，通过培育、开采、开发等方式提供自然资源。原料供应具有明显的地理集中性，受到环境因素的影响或限制，如在我国山西省就聚集着大量的煤矿企业，而渔业捕捞企业则集中在海南等临海省份，由此构成了特殊的组织市场结构。

同时，原料供应商不需要（或只需要极少的，如种子、鱼苗等）原材料的投入，其生产购买主要发生在生产设备的采购上，而且往往是大型的、昂贵的、非重复性的购买。原料供应商的组织购买品类型集中为基础型产品，而非投产型产品。

② 产品制造商。制造企业将制造资源（物料、能源、设备、工具、资金、技术、信息和人力等）转化为可供人们使用和利用的有形产品，包括工业品和生活消费品。对于产品制造商而言，采购活动是一项非常重要的任务，其不仅需要采购投产型产品，通过加工和组装形成最终的产成品；还需投入大量资金购买基础型产品以支持生产活动。一般而言，产品制造商的采购需求具有大规模、稳定性、定制化等特点（但在准时制生产模式下，为了快速反映消费者的即时需求，采购需求一般呈现少量和波动的特点）。

制造业具有地理集中性，因为大多数产品制造商都选择在原料地附近建厂，以保证稳定充足、高质量的原料供应，减少运输和储存成本，从而逐渐形成了该行业的区域集中分布状况。

③ 服务提供商。服务业生产和提供无形的产品。与其他原料或制造产品相比，服务产品具有非实物性、不可储存性和生产与消费同时性等特征。服务业涉及的范围十分广泛，如广告公司、快递公司、管理咨询公司、律师事务所、金融机构等都属于服务提供商。因此，服务业具有数量多、规模小、较分散的特点，其采购活动也不如制造业正式。由于服务具有的无形性，购买品一般不包括实体性的投产型产品，只含有基础型的资产项目和辅助型的日常资料。

（2）商业型组织

这里的商业型组织是指不从事直接的生产活动，而是作为产品流通和产品信息传递的媒介，通过产品买卖之间的差额或提供交易平台以收取一定的费用而获取利润的组织。

组织市场由于购买量大、金额高，所以一般以直接购买为主。因而，在组织市场中，商业型组织的作用不如在消费者市场中那样明显和突出。但这并不能否定组织市场中商业型组织的价值，尤其是在电商兴起的时代，以阿里巴巴、慧聪等为代表的 B2B 商业型组织在组织市场交易中发挥着越来越重要的作用。

阅读资料 5-2　B2B 电子商务

企业对企业电子商务模式简称 B2B，是企业和企业之间通过专用网络或互联网进行数据信息的交换、传递，从而完成商务谈判、订货、签约、接收发票和付款以及索赔处理、商品发送管理和运输跟踪等活动的一种电子商务模式。

B2B 可以在任意两个企业间进行。买卖双方利用商务网络平台，将上游的供应和采购业务与下游代理商的销售业务有机地结合在一起，从而降低成本，完成商务交易。

　　资料来源：李东进，沈哲，秦勇，等. 电子商务实务教程（2 版）[M]. 北京：中国发展出版社，2016.

　　（3）政府和其他非营利性组织

　　除了政府外，非营利性组织还包括学校、医院、博物馆、慈善机构、行业协会、宗教团体等。非营利性组织市场指由各种非营利性组织构成的一类市场。非营利性组织的运作并不是为了获取利益，其目标通常是支持或处理个人关心或者公众关注的议题或事件。

　　一般非营利性组织的采购经费使用都有严格的限制，因此在采购上会比较关注产品的价格，但同时对产品的质量和性能也有较高的要求。由于政府采购在非营利性组织市场中居于主导地位，所以，后文将对此进行详述。

5.2　组织购买决策

　　由于组织购买金额高且对组织的正常运营影响较大，所以相对于消费者的购买决策而言，组织购买决策更为严谨和规范。下面分别从组织购买决策的执行过程、类型以及组织购买中心等 3 个方面对组织购买决策进行介绍。

5.2.1　组织购买决策的执行过程

　　组织购买决策不是一个简单的二选一或多选一的瞬间活动，而是包括多个阶段。总的来说，组织购买决策的执行过程主要包括以下 8 个阶段，即识别需求、对需求进行概括性描述、详细说明所需产品的规格要求、搜寻供应商信息、分析和评估供应商、选择供应商、执行订购、交易评估和信息反馈，如图 5-1 所示。

1. 识别需求

　　识别需求是执行组织购买决策的开始。影响组织识别需求的因素可以分为两大类：第一类是内部因素，主要是指企业因设备损坏或者自身产品的老化，需要更换设备或者开发新的产品线，从而产生了对新设备的需求，或者是组织内部管理人员对组织进行变革之后带来的对生产设备的新需求；第二类因素是外部因素，主要是指组织外部人员的营销活动（如销售活动、广告活动），通过证明组织购买某一特定产品或者设备能提高组织运营效率而激发的组织购买需求。

2. 对需求进行概括性描述

　　在识别需求之后，组织需要对购买品的种类、特征和需求量从总体上加以确定。对标准化的产品来说，确定总体需求的过程相对简单；但是对具有一定技术含量的复杂性产品而言，这个过程较为复杂。采购人员应该和内部工程技术人员甚至外部技术顾问共同分析，以确定最佳的购买品。

3. 详细说明所需产品的规格要求

　　在这一阶段，组织需要详细说明所需产品的规格、性能、型号等技术指标，以便找到合适的供应商。因为一旦确定了所需产品的规格要求，供应商的选择范围将会大大缩小，从而大大减少下一阶段搜寻供应商信息的工作量。

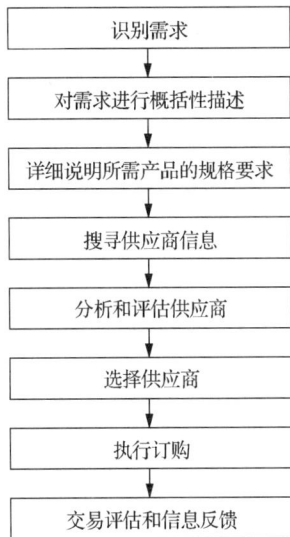

图 5-1　组织购买决策的执行过程

4. 搜寻供应商信息

在这一阶段，组织的采购人员将按照已确定的产品规格要求来搜寻供应商的信息。搜寻供应商信息的途径有很多，除了传统的查询厂商名录、产品说明书，参加产品展销会等之外，当前更多的是利用互联网来进行搜寻。

在初步筛选之后，组织一般会派出采购人员接触不同的供应商以获得更为全面、准确的信息。在这一阶段，供应商为了达成交易，一般都会积极主动地配合组织采购人员的工作。

5. 分析和评估供应商

在此阶段，组织采购部门需要对不同供应商所提出的方案进行分析和评估。一般来说，在评估过程中，采购部门会对不同考核指标进行打分，最后利用权重分析法对供应商进行分析。虽然不同产品的考核指标有所差异，但基本上都涉及供应商的技术能力、生产能力、渠道、交货、服务和产品价格等。当然，评估的形式是多样化的，既可以是组织购买者阅读供应商的纸质材料，也可以是组织采购人员直接到供应商的经营场所进行实地考察。

6. 选择供应商

在评估结果的基础上，组织购买者需要进一步选择最终的供应商。这一决策非常关键和重要，所以往往会由组织的高层管理人员来做出。在这个阶段，组织购买者会确定最终的供应商名单和购买品的数量。由于担心单一供应商在缺乏竞争压力的情况下会降低服务标准，以及可能会出现货源紧张等情况，因此，为了降低风险，组织往往不会只选择一家供应商与之合作。当然，组织一般也不应选择数量过多的供应商，否则不仅会打击供应商的积极性，还会增大管理的难度。

7. 执行订购

在这个阶段，组织采购人员会向供应商发出订单申请，并详细列出对产品的质和量的要求、产品的技术说明书、交货的时间和地点、付款方式和手续以及退货政策等。供应商在收到订单之后会组织货源并及时发货，从而完成购买的过程。目前，大多数的订购行为都是通过网络平台完成的，既便捷高效，又能大大降低沟通成本。而交货方式则有多种选择，既可以是自营物流也可以是第三方物流，供应商会在综合考虑多种因素后做出决策。

8. 交易评估和信息反馈

在交易完成之后，组织应及时安排评估和反馈活动，以便总结经验和教训，为今后进一步提高采购水平提供有价值的信息。

5.2.2　组织购买决策的类型

组织购买决策的分类方法较多，常见的是按照购买的简繁程度将组织购买决策分为直接再购买决策、修正性再购买决策和新任务购买决策这3种类型。

直接再购买决策是指组织对经常需要的产品进行的例行性购买。因此，直接再购买决策很容易做出，一般不需要高层管理人员参与决策。

修正性再购买决策是指组织对产品的规格、价格、交货条件等要素进行修正，并重新选择更合适的供应商。这种购买决策的重要性和复杂性有所提高，需要由高层管理人员做出。

新任务购买决策是指组织根据新的需求所采取的首次购买行为。新任务购买决策是3种购买决策中最复杂、最具风险性的一种，因为既无先例可循，也无恰当的标准可供参考。所以这类购买决策要由高层管理人员做出，并且在决策过程中需要多个部门共同参与协商。

5.2.3　组织购买中心

对于个体消费者而言，消费者本身就是决策主体，他们可以根据自己的动机、兴趣、收入等做出购买决策。而组织购买决策则要复杂得多，往往需要多个部门的紧密配合才能完成，组织购买中心就是在这样的背景下产生的。

组织购买中心是一个非正式的跨部门组织，它通过获取、传递、分享和处理组织的购买信息来做出购买决策，并共同承担决策可能带来的风险。

组织购买中心一般由生产部门、研究和开发部门、工程部门、营销部门、采购部门和管理层组成，每个部门在购买决策过程中的职能和分工情况有所不同，如表 5-1 所示。

表 5-1　组织购买中心的组成部门及职能

部门	组织购买决策中的职能
生产部门	识别需求、交易评估和信息反馈
研究和开发部门	对需求进行概括性描述、详细说明所需产品的规格要求
工程部门	详细说明所需产品的规格要求、搜寻供应商信息、分析和评估供应商
营销部门	识别需求、对需求进行概括性描述、交易评估和信息反馈
采购部门	识别需求、搜寻供应商信息、分析和评估供应商、选择供应商、执行订购
管理层	分析和评估供应商、选择供应商

5.3　影响组织购买行为的因素

在组织购买的全过程中，各种各样的因素都在影响着组织购买者做出的最终决策。对于供应商而言，只有了解这些因素，才能更加有针对性地对组织购买者开展营销活动。总的来说，影响组织购买行为的因素分为 4 类，分别是环境因素、组织因素、人际因素和个人因素。

影响组织购买行为的因素

5.3.1　环境因素

环境因素主要是指影响组织购买者进行购买决策的所有外部因素，包括政治因素、经济因素、技术因素、法律因素和社会文化因素。但是对于组织购买行为而言，影响最大的还是经济因素和技术因素。

1. 经济因素

经济的波动会给组织市场带来巨大的影响，它往往会具体影响一个组织的购买能力和购买意愿。例如，利率的波动会影响房地产市场的经营状况，从而影响水泥和钢材的购买量。需要注意的是，随着经济发展日益全球化，供应商在开展营销活动时还需要注重世界经济局势对购买者的影响，例如，国际石油价格的上扬势必提高国内诸多企业的生产成本，从而影响企业的经营现状，组织购买行为也会随之发生改变。

2. 技术因素

新技术的引入往往会引起组织采购产品、采购方式、供应商和采购渠道等方面的变化。例如，随着互联网技术的蓬勃发展，电子商务已经成为一种常见的商务模式，很多企业利用电子商务这一平台搜寻供应商信息、分析和评估多家供应商，以及开展采购活动。另外，一个行业的技术变化速度会影响组织购买中心的构成。例如，现在技术部门在采购过程中发挥着越来越重要的作用，因为目前技术更新很快，组织购买者需要请专业的技术人员来指导具体的购买行为。

当然，政治因素、法律因素和社会文化因素也会影响组织购买行为。例如，目前由于经济发展日益全球化，不同国家的企业有着大量的跨国合作，在这样的情况下，企业与企业间的沟通方式就发生了改变。

5.3.2　组织因素

组织因素是指企业内部的运营机制，主要包括组织的目标和采购组织的地位这两个方面。

1. 组织的目标

组织的目标会影响组织采购团队的工作方式和行为。这是因为在组织购买活动中，购买决策必须与组织的目标高度匹配。供应商只有把握了组织购买者的目标重点，才能更好地为其提供服务。例如，对于连锁酒店而言，提高服务水平是最重要的目标之一，针对这种情况，IBM 公司积极运用现代化的信息技术和配套服务来提高连锁酒店的服务水平，从而赢得了连锁酒店的大量订单。

2. 采购组织的地位

采购组织的地位主要体现为此类组织在供货企业发展过程中的战略重要性。与过去相比，大多数企业都提升了采购组织的地位。因此，企业营销人员应尽快了解并熟悉采购组织的机构设置、具体职能以及采购决策流程等，以便更好地达成与采购组织之间的交易。

5.3.3　人际因素

人际因素主要是指组织内部不同成员以及成员之间的关系对购买决策的影响。由于组织购买是一个比较复杂的过程，加上组织在面对不同的购买类型时做出的决策有所不同，所以企业营销人员一定要根据不同的组织购买决策类型采取应对之策。例如，在直接再购买情境下，做出决策的一般是采购部门的人员，做出决策一般是依据过往的经验，不需要考虑其他因素。但是对于新任务购买，购买决策可能是由组织购买中心中的不同部门协助高层管理人员做出的。营销人员一定要弄清楚组织购买的决策者是谁，只有这样，才能开展有针对性的营销活动。

5.3.4　个人因素

虽然说组织购买决策往往是群体决策的结果，但终归还是人在做决定，所以决策者的个人因素也会影响组织的购买行为。这里的个人因素主要包括动机、感知、个性和购买风格，而这 4 个方面又受到其他不同因素的影响，如决策者职务、年龄、受教育水平、性格特点、职业规划等。因此，营销人员需要通过信息搜寻了解不同决策者的行为特点和偏好，从而制订针对不同决策者的营销策略。

5.4　政府采购

政府采购是组织市场中一个非常重要的市场。在市场经济发达的西方国家，政府采购已经有 200 多年的历史，被誉为"阳光下的交易"，其法律体系非常完善，具有明显的制度性。政府采购制度不仅能为国家节省财政资金、降低交易成本、提高交易利用率，而且其在财政监督下遵循着公平、公开、公正的原则进行交易，减少了寻租行为，促进了廉政建设。我国于 2002 年颁布《中华人民共和国政府采购法》，政府采购总额从 2002 年的 1009 亿元增长到 2014 年的 17305 亿元，增长超 16 倍。正是考虑到政府采购的重要性和特殊性，所以本章将其单独列为一节进行介绍。

5.4.1　政府采购的含义

政府采购是指国家各级政府为开展日常活动和满足公众需求，利用国家财政性资金购买货物、工程和服务的行为。政府采购既不像工商企业一样为了营利，也不像最终消费者一样为了满足个人的需求，而是为了维护国家安全和社会公众的利益。

5.4.2　政府采购的特征

1. 政府采购的规模巨大

政府为了加强国防军事力量，维持政府的正常运营，调控宏观经济，以及进行国际援助等，需要进行大量的采购。在西方国家，政府是国内市场上最大的客户，采购规模一般占各国年度 GDP 的 10%～15%。相比西方国家，我国的政府采购占 GDP 的比重较低。2019 年我国政府采购规模为 33067 亿元人民币，占全国财政支出和 GDP 的比重分别为 10.0% 和 3.3%。

2. 政府采购的资金具有公共性

政府采购的资金是具有公共性的财政资金，是广大纳税人上缴的税费总额。因此政府采购属于公共采购，具有非私有性和非营利性，其行为必须对社会公众负责，满足社会与国家发展的整体需求，实现公共财政资金价值最大化的目标。

3. 政府采购具有公开性

公开透明是政府采购遵循的基本原则。由于政府采购资金具有公共性，社会公众有权参与到采购的管理和监督中来。《中华人民共和国政府采购法》要求采购的政策、程序、结果等相关信息必须真实、准确、及时地在指定媒体上进行发布，公之于众。公开化和透明化的采购信息能确保公众监督权的有效行使。

4. 政府采购具有公平性

政府依照市场经济中公平、平等、诚信的法则进行采购活动。政府作为组织市场中的购买者，其行为同其他商业或社会群体一样，具有典型的市场性。

首先，政府在采购过程中应该对所有供应商一视同仁，将商业机会均等分配，使他们公平竞争。其次，在市场交易过程中，政府与供应商之间应保持平等的买卖关系。尽管政府拥有购买合同的决定权，但是应避免凌驾于供应商之上，采取歧视性的措施剥夺供应商应有的权利，干预采购活动的正常开展，破坏商业的公正性。最后，政府采购人员应本着诚实守信的态度履行各自的义务，讲究信誉，兑现承诺，不得散布虚假信息、欺骗隐瞒、违反法律法规。

5. 政府采购具有规范性

各国对于政府采购都颁布了相关的法律法规，提出了严格的要求、规范和限制。政府采购人员需按照一定的流程和方法规范性地执行采购步骤，不能随意违背或修改。

6. 政府采购具有政策性

实行政府采购是财政支出发挥宏观调控作用的重要方式之一，可以对社会目标的实现或经济政策的施行产生巨大的正面影响。如政府在采购时，通过增减采购规模，调整产业结构；通过优先购买本国产品，保护国内企业等。

5.4.3　政府采购的方式

政府采购的方式主要包括公开招标、邀请招标、竞争性谈判、单一来源采购以及询价等，下面分别予以介绍。

1. 公开招标

公开招标是政府采购的主要采购方式，公开招标与其他采购方式不是并行的关系。招标人以招标公告的方式邀请所有符合条件的供应商公平地参加投标竞争，从中择优选择中标者。公开招标的程序包括招标、投标、开标、评标、定标、签订合同。

2. 邀请招标

邀请招标也称选择性招标，由招标人根据供应商或承包商的资信和业绩，选择一定数目的法人或其他组织（不能少于 3 家），向其发出招标邀请书，邀请他们参加投标竞争，从中选定中标的供应商。

3. 竞争性谈判

竞争性谈判指采购人员或代理机构通过与多家供应商（不少于 3 家）进行谈判，最后从中选定中标的供应商。

4. 单一来源采购

单一来源采购也称直接采购，指在特殊的采购情况下，采购人员向唯一的供应商寻求建议和报价来实施购买行为，该采购方式的主要特点是没有竞争。

5. 询价

询价是指采购人员向有关供应商发出询价单让其报价，在报价基础上进行比较并确定最优供应商的采购方式。当采购的货物规格、标准统一，货源充足，价格变化幅度小时，可以采用询价的方式采购。

本章习题

一、单选题

1. 在营利性组织市场中，生产型组织包括原料供应商、产品制造商和（　　　）。

　　A．产品批发商　　　　B．产品零售商　　　　C．服务提供商　　　　D．政府机构

2. 组织购买品的 3 种类型是（　　　）、基础型产品和辅助型产品。

　　A．服务型产品　　　　B．投产型产品　　　　C．消耗型产品　　　　D．资产型产品

3. 组织购买决策过程的第一个阶段是（　　　）。

　　A．识别需求　　　　　　　　　　　　　B．搜寻供应商信息

　　C．对需求进行概括性描述　　　　　　　D．选择供应商

4. 按照购买的简繁程度，组织购买决策可以分为 3 种类型：（　　　）、直接再购买决策、新任务购买决策。

　　A．战略性新购决策　　　　　　　　　　B．随意性购买决策

　　C．判断性新购决策　　　　　　　　　　D．修正性再购买决策

5. 在环境因素中，（　　　）和技术因素对组织购买行为的影响最大。

　　A．政治因素　　　　　B．经济因素　　　　　C．法律因素　　　　　D．社会文化因素

二、多选题

1. 组织市场需求具有的特征有（　　　）。

　　A．衍生性　　　　　　B．高弹性　　　　　　C．波动性　　　　　　D．持久性

　　E．低弹性

2. 政府采购的方式包括（　　　）。

　　A．公开招标　　　　　B．邀请招标　　　　　C．竞争性谈判　　　　D．单一来源采购

　　E．询价

3. 科特勒认为，组织市场可分为（　　　）这 3 种类型。

　　A．行业市场　　　　　B．商业市场　　　　　C．事业机构市场　　　　D．产业市场

　　E．政府市场

三、名词解释

1. 组织市场　　2. 组织市场营销　　3. 派生需求　　4. 新任务购买决策　　5. 组织购买中心

四、简答及论述题

1. 组织市场有哪些特征？

2. 政府采购有哪些特征？

3．组织购买决策的执行过程包括哪几个阶段？

4．组织购买中心主要由哪些部门构成？

5．试论述影响组织购买行为的因素。

案例讨论

吉利汽车挺进公务车市场

吉利汽车的快速发展，离不开成功的转型和巨大的研发投入。2007 年，吉利汽车开始战略转型，通过融合全球智慧，打技术战、质量战、品牌战、服务战等行动，不断提升实力。吉利汽车还不断加大研发投入，加强创新能力建设。数据显示，吉利汽车近 10 年（截至 2018 年年末）研发投入累计超 1000 亿元，2018 年研发投入超过 210 亿元，占全集团销售总收入的 6.4%。这一比例与国际大型汽车集团基本一致，充分展现了吉利汽车的国际竞争力。

吉利汽车通过产品平台化战略、能源多元化战略、安全第一战略、智能化技术战略等的实施，不断提升汽车的技术实力，为推出"爆款"车型打下坚实基础。平台化是当前汽车产业技术的发展潮流，很多汽车企业都推出了各自的汽车技术平台。事实上，吉利汽车很早就在融合全球智慧，突破创新。吉利汽车汇聚全球 20 多个国家的 2000 余名顶尖工程师联合开发的高度集成模块化构架，成为国内自主品牌技术代表。

吉利汽车的新能源技术路线是多元的，涵盖了纯电、混动、替代燃料、氢燃料电池等多种线路，在给消费者提供更多选择的同时，占据了不同的技术路线，为未来发展储备了多种技术。

在公务车市场，吉利汽车从早期的只有较少的车型到现在轿车、SUV、MPV、皮卡等各种车型齐备，充分满足了政府市场不同的细分需求。

公务车市场有自己的特点和政策，目前吉利汽车有各种车型符合不同的公务车配备标准政策，如符合双 18 标准（18 万元、1.8L）的车型就有吉利品牌的博瑞、嘉际，领克品牌的领克 03 和几何品牌的几何 A；符合 1216 标准（12 万元、1.6L）的车型则有领克品牌的领克 02 和吉利品牌的帝豪 GL。

尤其是"大美中国车"博瑞的出现直接改写了自主品牌 B 级车的公务车历程，一上市就获得公务车采购市场的青睐。目前吉利汽车也针对公务车市场的特点，推出了全新博瑞行政版。全新博瑞行政版是专为博瑞特殊大客户群体开发的专属配置，拥有大气的外观造型和更舒适的配置体验，专为后排乘客提供 VIP 多功能电动座椅，旨在全方位打造公务及商务豪华空间和专属礼遇。

不仅如此，吉利汽车还拥有丰富的警务用车产品矩阵，包括符合双 18 标准的领克品牌的领克 01，吉利品牌的博瑞、豪越、星越；符合 1216 标准的领克品牌的领克 02，吉利品牌的博越和嘉际。

经过不断努力，吉利汽车各品牌得到了各级政府和军警部门的广泛认可，成为各类重要会议的公务接待用车、日常公务用车及警务保障用车。

资料来源：网易汽车。

思考讨论题

请结合案例，谈谈吉利汽车为何能挺进竞争激烈的公务车市场。它给我们的启示是什么？

第6章 市场营销战略

本章导读

市场营销战略是实现企业营销目标的总体规划和指导方针，是企业整体战略的重要组成部分。本章在阐述市场营销战略相关概念的基础上，分析了市场营销战略与市场营销策略的关系，并重点介绍了企业在市场营销活动过程中可以选择的市场发展战略、市场竞争战略，以及处于不同竞争地位的企业营销战略。

知识结构图

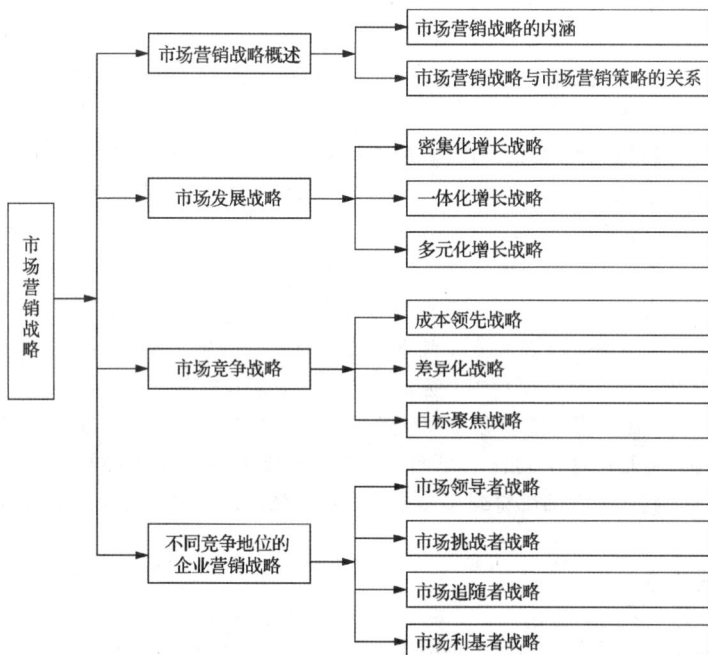

开篇引例

拼多多的错位竞争

2018年7月，成立不到3年的拼多多在纳斯达克敲响了上市的钟声，中国"新电商第一股"诞生。

在电商市场格局已经基本稳定的情况下，拼多多不仅冲出了重围还重塑了行业，让"猫狗之战"变成了"三国争雄"。

天下武功，唯快不破。拼多多的快，则可以用"恐怖"二字来形容：在不到3年的时间里从零起步做成了一个拥有 4 亿名活跃用户、超 300 万家活跃商家、月成交总额破千亿元的新电商龙头。

2019 年 8 月 21 日，拼多多发布的 2019 年第二季度财报显示，截至 2019 年 6 月 30 日的 12 个月期间，平台成交总额达 7091 亿元，较去年同期的 2621 亿元同比增长约 171%；实现营收 72.90 亿元，较去年同期的 27.09 亿元同比增长约 169%。

中华人民共和国统计局数据显示，2019 年上半年，全国网上零售总额同比增长 17.8%。上述数据表明，拼多多的增速依旧接近行业平均增速的 10 倍，成为新一轮经济增长的引擎之一。

拼多多是在微信生态下成长起来的社交电商平台。2015 年 4 月，拼多多公司推出了第一款社交电商应用"拼好货"，主打水果生鲜拼单；同年 9 月，多品类平台"拼多多"上线，拼多多从此走上了"开挂"之路。

关于拼多多的成功，拼多多首席执行官黄峥在接受《中国企业家》的采访时给出了一个谦虚而又合理的解释："70% 靠的是运气好，另外 30% 是团队应得的。"

的确，拼多多之所以能够在如此短的时间内崛起并跃居中国电商前列，是由外部势能和内部价值网共同支撑起来的——天时、地利、人和全都占了。

在消费升级的大背景下，几个关键的外部因素为拼多多的发展奠定了基础：一方面，淘宝、京东等电商十几年来的发展培养了用户，网购得到越来越多的三线及以下城市用户的认可；另一方面，移动互联网的普及、微信的崛起、物流基础设施的完善、移动支付的推广也为下沉市场的电商发展提供了必要条件。

可以说，这是时代带来的巨大红利，而正好又被拼多多抓住。如果不具备以上因素，那么"4 亿人都在用的拼多多"可能就无从谈起。

当然，更重要的是要归功于拼多多行之有效的策略以及快速出击的打法：深耕比淘宝、京东核心用户所在市场下沉程度更深的五环外与县城、乡村市场，在巨头们的"无争地带"轻松获取增量市场的红利。

资料来源：网经社。

6.1　市场营销战略概述

6.1.1　市场营销战略的内涵

1. 市场营销战略的含义

市场营销战略（Marketing Strategy）是指对市场营销全局性的、高层次的、重大问题的筹划和指导，是企业制订的在未来某个时期内所要实现的营销活动目标，以及为了实现这一目标而决定采取的长期的、全局的行动方案。企业在制定营销战略时要充分考虑内外部环境因素的影响，要确保营销战略目标符合企业的整体战略目标，同时还要确保为实现这一目标而制订的行动方案切实可行。市场营销战略的目标可分解为一些具体的、可量化的指标，如营销规模指标、营销效益指标、市场销售指标、营销成长率指标等。这些指标是衡量企业市场营销战略目标实现与否的标准，也是企业实施营销管理控制工作的依据。

2. 市场营销战略的意义

市场营销战略为企业未来的活动指明了方向，能够帮助企业与不断变化的市场机会建立和维持最佳的匹配关系，因而在企业的经营活动中具有重要的意义。

首先，市场营销战略有利于保证企业营销工作稳定、持续地开展。市场营销战略的制定为企业未来的营销管理工作指明了目标、路径、方式与方法，对企业未来的营销运作思路做好了预先的规划，为企业今后营销运作的平稳与持续提供了保障。

其次，市场营销战略有利于企业利用现有资源培育核心竞争力。市场营销战略使企业在充分考虑内部资源与能力及外部环境等与营销相关的多因素的基础上，更为有效地培育企业的核心竞争力，以实现收益最大化的目标。同时，市场营销战略也有利于企业全面增强竞争优势。市场营销战略的制定，可以让企业在开展营销活动的过程中，从全局的角度、全方位地进行思考，能够充分发挥企业内部各个部门的协同能力，从而全面提升企业的竞争力。

再次，市场营销战略有利于增强企业营销活动对动态环境的适应性。当前，市场营销环境的动态性越来越显著，市场营销战略的制定不仅可以使企业更好地适应环境变化，还能使企业通过市场营销活动影响环境，获得良性发展。

最后，市场营销战略有利于企业从整体上对营销成果进行评估和考核。企业可以将战略预期目标作为营销工作成果的评估和考核的标准，从而判断相应时期内营销工作绩效的优劣，为下一步营销工作的改进和完善奠定基础。

3. 市场营销战略的特征

市场营销战略是企业在市场上开展营销活动的指南与纲要。只有在市场营销战略的引导下，企业才能有针对性地制定相应的营销策略，才能使企业的运营方向得到保证，使企业更有效地利用资源，实现经营利润最大化的最终目标。通常，企业的市场营销战略具有以下特征。

（1）目标性

企业市场营销战略的构建、设计、运作、调整或修订都是围绕企业总体目标进行的。战略是为目标服务的，有何种目标，就对应何种与之匹配的战略。

（2）全局化

企业市场营销战略是站在一定的高度，从系统论和企业整体视角出发的，它全方位地规划了企业未来运行的目标和路径。市场营销战略尤其注重企业各部门工作的协同效应，它不仅要考虑企业过去、现在和将来的整体运作，还要充分考虑企业内、外部环境间的相互作用；既要关注企业的局部，还要关注企业的全局。这些都体现了企业市场营销战略的全局化特征。

（3）前瞻性

企业市场营销战略的着眼点不是短期或中期的市场营销结果，所以市场营销战略应具有前瞻性。市场营销战略应对企业市场营销结果做出预先估计，对企业市场营销的路径、方法等予以描述。

（4）指导性

企业市场营销战略是对企业未来营销活动运作的总体规划，因而对各项具体营销活动的开展有着指导意义。企业通常会根据市场营销战略制订一系列策略和战术，并依此安排营销活动。

（5）动态化

企业市场营销战略的设计、运作是一个动态的不断完善、不断调整的过程。因为市场环境是处于变化之中的，而且随着科技等的高速发展，这种动态化会越来越显著。动态化环境带来了消费者偏好转移、市场竞争以及政府干预等的快速变化。而企业市场营销战略是基于某一时刻环境的具体情况所进行分析而制订的长远经营规划，因此企业在制订市场营销战略时要注重战略对环境的动态适应性。

（6）竞合性

企业制定的市场营销战略不仅应该包含竞争性，而且应该包含合作性，要将竞争与合作两个方面相结合，学会在竞争中求生存，在合作中谋发展。企业不仅要运用"博弈"的竞争模式，还要努力创造"共赢"的局面，从而打造有序的竞争环境。

6.1.2 市场营销战略与市场营销策略的关系

市场营销战略和市场营销策略的概念很容易被混淆，好像两者之间并没有明显的分界线。但事实上，两者还是有很大差异的。因为战略主要解决的是全局性的重大方向性问题，而策略主要解决的是执行和落实营销战略的各种战术性问题。一般来说，有关市场细分、目标市场选择、市场定位、业务的价值与效用、市场地位、营销资源等的决策被归入营销战略，有关价格、产品、分销、促销等的决策，则被归入营销策略。在实际工作与市场营销实践中，市场营销战略与市场营销策略是密不可分的。

虽然从理论上可以对市场营销战略和市场营销策略严格区分，但在营销实践中，战略和策略是可以相互转化的。只要某一问题成为事关营销全局的重大问题，有关该问题的决策就是战略决策，而做出的选择也就构成了营销战略的重要内容。反之，如果某项战略决策下降为短时间、小范围内的次要决策，则该战略决策也将转换为策略决策。

6.2 市场发展战略

市场发展战略主要有 3 种类型，即密集化增长战略、一体化增长战略和多元化增长战略，下面分别进行介绍。

6.2.1 密集化增长战略

密集化增长战略也称专业化成长战略，是指企业将所拥有的全部资源都集中于最具优势或最为看好的某种产品或服务上，力求将其做大做强。具体策略是企业在保持原有产品或业务项目不变的基础上，通过扩大生产经营规模、开拓新市场、渗透老市场、开发新产品等来增强竞争优势。密集化增长战略又可分为市场渗透战略、市场开发战略和产品开发战略这 3 种形式，下面分别进行介绍。

（1）市场渗透战略

市场渗透战略是指企业通过加大营销投入、提高其产品或服务在目标市场上的销量和市场份额，通过规模效应获得更强的竞争实力的一种营销战略。实施市场渗透战略的途径有以下 3 种：一是刺激现有顾客更多地购买本公司现有的产品或服务；二是吸引竞争对手的顾客，提高现有产品的市场占有率；三是刺激潜在顾客产生购买动机，促使他们尝试并加入购买行列。企业可采取的具体做法包括增加销售人员、增加广告投入、加大营业推广力度、加强公关宣传等。

（2）市场开发战略

市场开发战略是指企业将现有产品或服务打入新的地区市场或开发新的顾客群体，扩大市场覆盖面来得到更多的顾客，从而增加企业的产品销量、扩大经营规模、提高收入水平和盈利水平的一种营销战略。该战略的具体做法包括开拓新的地区市场，进入新的细分市场，开发产品的新用途，从而找到新的顾客群体。例如，日本松下公司将本国市场已经饱和的黑白电视机和老型号的彩色电视机推向国外市场时，采用的就是市场开发战略。

（3）产品开发战略

产品开发战略是指企业通过改进和改变技术，开发更新、更优的产品或服务来增加产品销量，从而获取更多的市场份额的一种营销战略。例如，近年来华为公司通过强大的研发实力率先推出 5G 智能手机，赢得了市场先机，采用的就是产品开发战略。

6.2.2 一体化增长战略

一体化增长战略是指企业充分利用自身在产品（业务）上的生产、技术和市场等方面的优势，沿着产品（业务）生产经营链条的垂直方向或水平方向，不断地增进其生产经营的深度和广度，以扩大经营规模、提高收入水平和利润水平，使企业发展壮大。

一体化增长战略具体又可分为 3 种战略模式，即前向一体化战略、后向一体化战略和横向一体化战略。其中，前向一体化战略和后向一体化战略合称纵向一体化战略，又叫作垂直一体化战略。

前向一体化战略是指以企业初始生产经营的产品为基准，将生产经营范围扩展到产业链的下游，使企业的业务活动更加接近最终用户。如双汇集团原是一家肉联厂，主要从事生猪屠宰、冷藏业务，1992年开始发展猪肉的深加工业务——生产火腿肠和各类熟肉制品，1999年以后又涉足肉制品零售业务，在全国陆续设立多家双汇专卖店，向食品零售业发展。

后向一体化战略是指以企业初始生产经营的产品（业务）为基准，将生产经营的范围向产业链的上游延伸。如服装生产企业发展纺织面料的生产经营业务。

横向一体化战略也称为水平一体化成长战略，是指与处于相同行业、生产同类产品或工艺相近的企业实现联合，其实质是资本在同一产业和部门内的集中，目的是扩大生产规模、降低产品成本、巩固市场地位。横向一体化战略可以通过契约式联合、合并同行业企业来实现。例如，视频网站优酷与土豆的合并就属于此类。

6.2.3 多元化增长战略

多元化增长战略又称多样化成长战略，指企业的发展、扩张是通过在现有产品或业务的基础上增加新的产品或业务实现的。根据产品或业务的关联情况，多元化增长战略又可分为同心多元化战略、横向多元化战略和混合多元化战略这3种类型。

（1）同心多元化战略

同心多元化战略是指企业扩展的产品、业务项目与现有产品、业务项目之间，在生产、技术、市场营销等方面具有高度的相关性和同质性，从而使这些产品、业务在价值链上形成有价值的战略匹配关系，以共用企业的某类经营性"资产"或共同从事某一价值活动的营销战略。例如，美的公司原是生产电风扇、空调等产品的，后来逐步将生产经营范围扩展至电饭煲、微波炉等多种家用电器，各类产品在物资采购、生产技术、管理、市场营销方面具有高度的相关性或同质性，并可共用许多资源。

同心多元化战略能够充分发挥企业在原有设备、技术和市场营销上的优势，风险较小，比较容易取得成功。

（2）横向多元化战略

横向多元化战略又称水平多元化战略，是企业充分挖掘现有市场的潜在需求，采用不同的技术和营销资源来开发新产品、增加产品种类、扩大业务经营范围，从而寻求新的发展的一种营销战略。

（3）混合多元化战略

混合多元化战略又称集团多元化战略，是企业通过收购、兼并其他行业的企业，或者在其他行业投资，把业务扩展到其他有发展前途的行业中去的一种营销战略。在这种战略模式下，通过收购或兼并而获得的新产品、新业务与企业的现有产品、技术、市场可能毫无关系，因而它被称为混合多元化战略。

6.3　市场竞争战略

市场竞争战略是指企业为适应竞争环境的不断变化而制定实施的夺取或保持市场领先地位或竞争优势的战略。市场竞争战略包括成本领先战略、差异化战略和目标聚焦战略这3种类型。其中目标聚焦战略又可进一步细分为成本集中战略和别具一格集中战略。

市场竞争战略

6.3.1　成本领先战略

成本领先战略是指企业的成本状况在全行业范围内处于领先地位，即企业产品的总成本低于竞争对手产品的总成本的营销战略。成本优势的来源因产业结构不同而异，包括追求规模经济、掌握专利技术、原材料的优惠待遇和其他因素。一个企业如果能够取得并保持全面的成本领先地位，那么即使其产品价格处于行业平均水平，也会获得高收益。

成本领先战略是企业获得并保持持久竞争优势的有效战略，但也存在局限性，具体体现在以下两个方面。

第一是成本领先地位难以保持。实行成本领先战略的企业面临的最大挑战是必须始终保持产业内最低的成本水平，但要做到这一点，比获得成本领先地位更加困难。一方面，处于成本领先地位的企业，通常拥有相对先进与完善的技术体系。其竞争对手深知，基于现有技术体系来开展竞争难以取得突破性进展，因此会谋求新的技术体系以取代旧的技术体系。一旦某产业的技术体系发生质变或部分质变，原有领先企业在技术领域的投资与掌握的经验将大大贬值，成本优势将不复存在。另一方面，企业要想维持成本领先地位，必须不断降低成本以保持相对于竞争对手的成本优势。但随着技术及产业的成熟，企业降低成本的空间及幅度日渐狭小，企业成本优势的维持也日渐困难。

第二是成本优势难以弥补差异化的劣势。在市场上，成本领先企业的优势一般表现为价格优势，而其劣势就是产品缺乏个性。当企业产品的价格优势难以弥补其差异化劣势时，企业也会将市场优势拱手让于实施差异化战略的企业。一般而言，实施成本领先战略的企业都过度关注企业内部经营效率的提高，缺乏对顾客需求的准确把握，当顾客需求发生变化时，即使企业仍然能够保持产品的价格优势，但由于已无法满足顾客需求，原有的市场也将被实施差异化战略的企业占领。

阅读资料 6-1　格兰仕的成本领先战略

格兰仕集团（以下简称"格兰仕"）的前身是梁庆德在 1979 年成立的广东顺德桂洲羽绒厂。1991 年，羽绒服装及其他制品的出口前景不佳，格兰仕决定转移到一个成长性更好的行业。经过市场调查，格兰仕确定以微波炉作为进入小家电行业的主导产品（当时，国内微波炉市场刚开始发育，生产企业只有 4 家，整个市场几乎被外国产品垄断）。1996—2000 年，格兰仕先后 5 次大幅度降价，每次降价幅度均在 20% 以上，每次都能使自己的市场占有率总体提高 10% 以上。

格兰仕在微波炉及其他小家电产品市场上采取的是成本领先战略。格兰仕的规模经济首先表现在生产规模上。据分析，100 万台是工厂微波炉生产的经济规模，格兰仕在 1996 年就达到了这个规模，其后，它每年以近乎 2 倍于上一年的速度迅速扩大生产规模。2000 年年底，格兰仕微波炉的生产规模达到 1200 万台，居全球首位，是生产规模位居全球第二位企业的两倍多。生产规模的迅速扩大带来了生产成本的大幅度降低，成为格兰仕实施成本领先战略的重要环节。格兰仕的生产规模每上一个台阶，价格就大幅下调，当生产规模达到 125 万台时，格兰仕就把出厂价定在生产规模为 80 万台的企业的成本价以下了。此时，格兰仕还有利润，而生产规模低于 80 万台的企业，多生产一台就多亏一台。竞争对手只有形成显著的品质技术差异，才可能在某一细小的利基市场获得微薄赢利。但基于同样的技术来源，连年亏损的竞争对手又怎么做出差异来？当生产规模达到 300 万台时，格兰仕又把出厂价调到生产规模为 200 万台的企业的成本价以下，使对手丧失追赶其生产规模的机会。格兰仕这样做的目的是构成行业壁垒，摧毁竞争对手的信心，将资质不够的小企业淘汰出局。格兰仕虽然利润水平极低，但是凭借价格构筑了经营的安全防线。

6.3.2　差异化战略

差异化战略是指企业通过为产品融入顾客需要的独特个性而使产品在顾客心中升值，赢得顾客的消费偏好，从而以较高的产品价格占领市场，赢得超过产业平均水平的收益的营销战略。实施差异化战略的企业，在顾客广泛重视的某些方面力求独树一帜。差异化的手段因产业而异，可以建立在产品本身的基础上，也可以以产品销售的交货系统、营销手段及其他因素为基础。一个能够取得和保持其差异化形象的企业，如果其产品溢价超过了为做到差异化而产生的额外成本，就会成为产业中的佼佼者。

实施差异化战略的企业立足市场的关键是独特价值的提供与因此而形成的顾客消费偏好。具备独特性价值的产品通常需要企业进行大量的投资与长时间的努力，而这必然引起企业成本的增加。因此，差异化战略的风险主要有以下两类。

第一类是差异化优势的丧失。对于那些具有差异化优势的企业，竞争对手会想方设法地学习和模仿，以改进自己的产品或服务，达到缩小或弥补差异化劣势的目的。因此，竞争对手的模仿是差异化优势丧失的重要原因之一，已获得差异化优势的企业既要注意对差异化优势的保护、维持与强化，又要不断寻求新的差异化优势。差异化优势丧失的另一个重要原因是顾客对独特性的不认可。产品或服务的独特性只有满足顾客所重视的需求时，才能被顾客认可，从而为企业带来差异化优势。

第二类是差异化优势无法弥补成本劣势。通常情况下，顾客愿意为所获得的独特性价值支付一定的溢价，但是溢价的幅度不能超过顾客的承受能力。因此，实施差异化战略的企业在成本过高时，将面临两难的选择：如果大幅提高产品价格以弥补成本，就会失去大量的顾客；如果价格不变或小幅提高以保住市场份额，就会流失大量利润甚至亏损。从长远来看，这两种选择都会影响企业的发展。

6.3.3 目标聚焦战略

第三种市场竞争战略是目标聚焦战略。采用目标聚焦战略的企业，会选择一个产业里的一部分或一个细分市场，通过完善适合其目标市场的战略，谋求在它并不拥有全面竞争优势的目标市场上取得竞争优势。目标聚焦战略有两种不同的形式：企业着眼于在其目标市场上取得成本优势的为成本集中战略，而着眼于在其目标市场上取得别具一格形象的为别具一格集中战略。

目标聚焦战略的这两种形式都是以企业在某一产业中的目标市场和其他市场的差异为基础的。目标市场上必须拥有具有非同寻常的需求的顾客，采用目标聚焦战略的企业可以通过专门致力于为这部分市场服务而取得竞争优势，如果目标市场和其他市场并不存在任何差异，那么采用目标聚焦战略就无法成功。

6.4 不同竞争地位的企业营销战略

6.4.1 市场领导者战略

市场领导者是指占有最大市场份额，在价格变化、新产品开发、营销渠道建设和促销战略制定等方面对本行业其他企业起着领导作用的企业。占据市场领导者地位的企业常常是竞争对手有意识挑战、模仿或躲避的目标，要击退其他企业的挑战，保持领导者优势，必须在扩大总需求、保持现有市场份额、扩大市场份额3个方面展开努力。

1. 扩大总需求

市场领导者占有的市场份额最大，在市场总需求扩大时受益也最多，促进产品总需求量不断增加是市场领导者保持竞争优势的积极措施。扩大总需求的主要途径有开发产品的新顾客、寻找产品的新用途、增加顾客的使用量。

（1）开发产品的新顾客

开发新顾客包括3种途径。一是转变未使用者，即说服那些尚未使用本行业产品的人使用，把潜在顾客转变为现实顾客。二是进入新的细分市场。企业在原细分市场的需求饱和后可设法进入新的细分市场，扩大原有产品的适用范围，说服新细分市场的顾客使用本产品。三是扩展新的营销区域，将产品拓展至尚未使用本产品的地区。如近年来，电商企业市场下沉，逐步由城市市场向农村市场拓展。

在开发产品的新顾客上，一个非常成功的例子是美国庄臣公司的婴儿洗发精。由于美国 20 世纪 60 年代以后出生率下降，婴儿用品市场逐步萎缩，为摆脱困境，美国庄臣公司决定针对成年人发动一场广告攻势，向成年人推销婴儿洗发液，并取得了良好效果。不久后，该品牌的婴儿洗发液就成为整个洗发液市场的领导者。

（2）寻找产品的新用途

寻找产品的新用途指设法找出产品的新用法和新用途以增加销量。杜邦公司的尼龙就是这方面的典范。每当尼龙进入产品生命周期的成熟阶段，杜邦公司就会设法找出其新用途。尼龙首先是用作降落伞的合成纤维；然后是用作女袜的纤维；接着成为衬衫的主要原料；再后来成为汽车轮胎、沙发椅套和地毯的原料。每项新用途都使产品开启一个新的生命周期，这一切都归功于该公司为发现新用途而不断进行的研究和开发。顾客也是发现产品新用途的重要人选，如凡士林刚问世时是用作机器润滑油的，但在使用过程中，顾客发现凡士林还有许多用途，如用作润肤脂、药膏和发蜡等。因此，公司必须留心注意顾客对本公司产品使用的情况。

（3）增加顾客的使用量

增加顾客的使用量主要可以采取 3 种方法。一是提高使用频率。企业应设法使顾客更频繁地使用产品。例如，牙膏生产厂家劝说人们每天不仅要早晚刷牙，最好饭后也要刷牙，这样就提高了牙膏的使用频率。二是增加每次使用量。例如，宝洁公司就提醒顾客，每次洗发时，洗两遍比只洗一遍效果更好。三是增加使用场所。例如，彩电生产企业宣传有条件的家庭在客厅和卧室等房间分别安装彩电更方便观看，可避免家庭成员产生冲突。

2. 保持现有市场份额

市场领导者要维护自己现有的领导地位，保持现有的市场份额，就必须防止和抵御其他企业，特别是竞争对手的进攻。最好的防御方法是发动最有效的进攻，不断创新，在新产品开发、成本降低、营销渠道建设、顾客服务等方面始终处于行业领先地位，持续增加竞争效益和顾客让渡价值，同时针对竞争对手的薄弱环节主动出击。即使不发起主动进攻，企业也至少要加强防御、堵塞漏洞，不给竞争对手以可乘之机。市场领导者可采用的防御战略主要有以下 6 种。

（1）阵地防御战略（Position Defense）

阵地防御战略是指围绕企业目前的主要产品和业务而建立牢固的防线，根据竞争对手在产品、价格、渠道、促销方面可能采取的进攻战略来制定自己的预防性营销战略，并在竞争对手发起进攻时坚守原有的产品和业务阵地。主要措施有：防御性地增加规模经济效应；差别营销，培养顾客忠诚度；封锁营销渠道入口；提高顾客的转换成本；延伸产品线；占领技术制高点等。阵地防御是防御的基本形式，是静态的防御，在许多情况下是有效的、必要的，但单纯依靠这种防御则会患上"营销近视症"。因为企业更重要的任务是更新技术、开发新产品和扩展业务领域。当年福特汽车公司固守 T 型车的阵地就惨遭失败，使得之前年盈利 10 亿美元的公司险些破产。

（2）侧翼防御战略（Flanking Defense）

侧翼防御战略是指企业在自己主阵地的侧翼建立辅助阵地以保卫自己的周边和前沿，并在必要时将其作为反攻基地的营销战略。采取侧翼防御战略的企业，一般都会努力填充相关产品或服务的空白点，不让竞争对手从侧面有机可乘。例如，20 世纪 70 年代，美国的汽车公司就是因为没有注意侧翼防御，才遭到日本小型汽车公司的进攻，失去了大片阵地。

（3）先发防御战略（Preemptive Defense）

先发防御战略是一种更积极的防御战略，即企业在竞争对手对自己发动市场进攻之前，就抢先攻击。具体做法是，当竞争对手的市场占有率达到某一危险的高度时，企业就对它发动攻击；或者是对市场上的所有竞争对手进行攻击，使竞争对手人人自危。有时，这种以攻为守着重进行的是心理攻击，并不一定付诸行动。如市场领导者可发出市场信号，迫使竞争对手取消攻击。一家美国大型制药厂是某种药品的市场领导者，每当它听说一个竞争对手要建立新厂生产这种药时，就放风说自己正在考虑将这种药降价，并且考虑扩建新厂，以此吓退竞争对手。当然，企业如果享有强大的市场资产——品牌忠诚度高、技术领先等，面对竞争对手的挑战，可以沉着应战，不轻易发动进攻。例如，美国亨氏公司对汉斯公司在番茄酱市场上发起的进攻就置之不理，结果是后者得不偿失，以失败告终。

（4）反攻防御战略（Counteroffensive Defense）

当市场领导者遭到竞争对手的降价或促销攻势，或改进产品、市场渗透等进攻时，不能只是被动应战，应主动反攻。领导者可选择迎击对方的正面攻势、迂回攻击对方的侧翼，或发动钳式进攻，阻断从其"根据地"出发的攻击部队等战略。例如，当美国西北航空公司最有利的航线之一——明尼阿波利斯至亚特兰大航线遭到另一家航空公司的降价和促销进攻时，美国西北航空公司采取的手段是将明尼阿波利斯至芝加哥航线的票价降低，由于这条航线是对方的主要收入来源，结果对方不得不停止进攻。

（5）运动防御战略（Mobile Defense）

运动防御战略要求领导者不但要积极防守现有阵地，还要扩展可作为未来的防御和进攻中心的新阵地，它可以使企业在战略上有较多的回旋余地。市场扩展可通过两种方式实现：市场扩大化（Market Broadening）和市场多角化（Market Diversification）。市场扩大化是指企业将其注意力从目前的产品转移到有关产品的基本需要上，并全面研究与开发有关该项需要的科学技术。例如，把"石油"公司转变为"能源"公司就意味着要将市场范围扩展到石油、煤炭、核能、水利和化学等行业。但是市场扩大化必须有一个限度，否则就违背了两条基本的军事原则：即目标原则（确定明确可行的目标）和优势集中原则（集中优势兵力打击敌军薄弱环节）。市场多角化是指向彼此不相关联的其他行业扩展，实行多角化经营。例如，美国雷诺和菲利浦·摩尔斯等烟草公司认识到社会对吸烟的限制正在不断加强，所以纷纷转入酒类、软饮料和冷冻食品这样的新行业，实行多角化经营。

（6）收缩防御战略（Contraction Defense）

有时，在所有市场阵地上进行全面防御会力不从心，从而顾此失彼，在这种情况下，企业最好实行收缩防御战略，即放弃某些薄弱的市场，把力量集中于优势的市场阵地。例如，美国西屋电器公司根据市场竞争情况，将其冰箱品种由 40 种缩减到 30 种。

3. 扩大市场份额

市场领导者设法提高市场占有率，也是增加收益、维持领导地位的一个重要途径。如果单位产品的价格不降低且经营成本不增加，企业利润会随着市场份额的扩大而增加。不过，企业切不可认为在任何情况下市场占有率的提高都意味着收益率的提高，因为收益率是否提高还要看为提高市场占有率采取了怎样的营销战略，有时为提高市场占有率所付出的代价会高于由此获得的收益。因此，企业在追求更大的市场份额时，还应考虑以下 3 个因素。

（1）经营成本

实证研究表明，提高市场份额与增加利润往往存在倒"U"型关系。当市场份额持续扩大而未超过某一限度时，企业利润会随着市场份额的扩大而增加；当市场份额超过某一限度时，经营成本的提高速度就会大于利润的增加速度，企业利润反而会随着市场份额的扩大而减少，主要原因是用于扩大市场份额的费用增加过快。

（2）营销组合

如果企业在扩大市场份额时采用了错误的营销组合，市场份额的扩大也会导致利润下降。例如，过分降低商品价格，过多地支出公关费、广告费、渠道拓展费、销售人员和营业人员奖励费等费用，或承诺过多的服务项目而导致服务费大量增加等。

（3）引起反垄断诉讼的可能性

为维护市场公平竞争、防止出现市场垄断，许多国家制定了反垄断法。企业在市场占有率超过一定限度时，就有可能受到反垄断诉讼和制裁。这种风险的存在，会削弱企业通过追求市场份额获利的意愿。

6.4.2　市场挑战者战略

在行业中处于第二名、第三名等次要地位的企业称为亚军公司或者追赶公司。例如，汽车行业的福特公司、软饮料行业的百事可乐公司等。这些亚军公司对待当前的竞争局势有两种态度，一种是向市场领导者和其他竞争者发动进攻，以夺取更高的市场占有率，这时可称他们为市场挑战者；另一种是维持现状，避免与市场领导者和其他竞争者出现争端，这时称他们为市场追随者。市场挑战者如果要向市场领导者和其他竞争者挑战，首先必须确定自己的战略目标和挑战对象，然后再选择适当的进攻策略。

1. 明确战略目标和挑战对象

（1）攻击市场领导者。这一战略的风险很大，但是潜在的收益可能很高。为取得进攻的成功，挑战者要认真调查研究顾客的需要及其不满之处，这些也正体现了市场领导者的弱点和失误。例如，美国米勒啤酒之所以获得成功，就是因为该公司瞄准了那些想喝"低酒精度"啤酒的顾客，并以此作为开发重点，而这一市场在以前却被忽视了。此外，通过产品创新，以更好的产品来夺取市场也是可选择的战略。例如，施乐公司通过开发更先进的复印技术（用干式复印代替湿式复印），成功地从 3M 公司手中夺取了复印机市场。

（2）攻击与自身规模相当者。挑战者对一些与自己势均力敌的企业，可选择其中经营不善而发生危机的企业作为攻击对象，以夺取它们的市场。

（3）攻击区域性小型企业。对一些因经营不善而发生财务困难的区域性小型企业，挑战者可将其作为挑战对象。例如，美国几家主要的啤酒公司能成长到目前的规模，靠的就是吞并一些小型啤酒公司，"蚕食"小块市场。

2. 选择进攻策略

在确定了战略目标和挑战对象之后，挑战者就要考虑进攻的策略问题。其原则是集中优势兵力于关键的时刻和地方。总的来说，挑战者可选择以下 5 种策略。

（1）正面进攻（Frontal Attack）

正面进攻就是集中兵力向竞争对手的主要市场发动攻击，打击的目标是竞争对手的强项而不是弱项。这样，胜负便取决于谁的实力更强、谁的耐力更持久，挑战者必须在产品、广告、价格等主要方面大大领先于竞争对手，方有可能成功。挑战者如果不采取完全正面的进攻策略，也可采取一种变通形式，最常用的形式是针对竞争对手实行降价。通过在研究开发方面大量投资，降低生产成本，从而以低价格向竞争对手发动进攻，这是持续实行正面进攻策略最可靠的基础之一。日本企业就是实践这一战略的典范。

（2）侧翼进攻（Flanking Attack）

侧翼进攻就是集中优势力量攻击竞争对手的弱点，有时也可正面佯攻，牵制其防守兵力，再向其侧翼或背面发动猛攻，采取"声东击西"的策略。侧翼进攻可以分为两种。一种是地理性的侧翼进攻，即在全国或全世界范围内寻找竞争对手相对薄弱的地区发动攻击。例如，IBM 公司的挑战者就因为选择一些被 IBM 公司忽视的中小城市建立强大的分支机构，获得了较快的发展。另一种是细分性侧翼进攻，即寻找市场领导者尚未很好满足的细分市场。例如，德国和日本的汽车生产厂商就是通过发掘一个尚未被美国汽车生产厂商重视的细分市场，即对节油的小型汽车的需要，而获得极大发展的。侧翼进攻不是指在两个或更多的公司之间"浴血奋战"来争夺同一市场，而是要在整个市场上更广泛地满足不同的需求。因此，它最能体现现代市场营销观念，即"发现需求并且满足它们"。同时，侧翼进攻是一种既有效又经济的策略，较正面进攻有更多的成功机会。

（3）围堵进攻（Encirclement Attack）

围堵进攻是一种全方位、大规模的进攻策略，它在几个战线发动全面攻击，迫使竞争对手在正面、侧翼和后方同时全面防御。挑战者可向市场提供竞争对手能供应的一切，甚至比对方还多，使自己提供的产品无法被拒绝。当挑战者拥有优于竞争对手的资源，并确信围堵计划的完成足以打垮竞争对手时，这种策略才能奏效。日本精工公司在国际市场上就采取了这种策略。在美国，它提供了约 400 个流行款式、2300 种手表，占据了几乎每个重要的钟表商店，通过种类繁多、不断更新的产品和各种吸引顾客的促销手段，日本精工公司取得了很大成功。

（4）迂回进攻（Bypass Attack）

这是一种间接的进攻策略，它避开了对手的现有阵地而迂回进攻。具体办法有 3 种。一是发展无关的产品，实行产品多元化经营。二是以现有产品进入新市场，实现市场多元化。三是通过技术创新和产品开发，替换现有产品。例如，美国高露洁公司在面对强大的宝洁公司带来的竞争压力时，就采取了这种策略：巩固高露洁公司在海外的领先地位，在美国国内实行多元化经营，向宝洁公司没有占领的市场发展，迂回包抄宝洁公司。该公司先后收购了纺织品、医药产品、化妆品及运动器材和食品公司，结果获得了极大成功。

（5）游击进攻（Guerrilla Attack）

游击进攻主要适用于规模较小、力量较弱的企业，目的在于通过向对方的不同地区发动小规模的、间断性的攻击来骚扰对方，使之疲于奔命，最终巩固永久性据点。游击进攻可采取多种方法，包括有选择地降价，强烈的、突袭式的促销行动等。应予以指出的是，尽管游击进攻可能比正面进攻或侧翼进攻开支更少，但如果想打倒竞争对手，光靠游击进攻不可能达到目的，还需要发动更强大的攻势。

市场挑战者的进攻策略是多样的。一个挑战者不可能同时运用所有这些策略，但也很难单靠某一种策略就取得成功，通常需要设计出一套策略组合，通过整体策略来改善自己的市场地位。

6.4.3　市场追随者战略

市场追随者战略可分为以下 3 类。

1. 紧密跟随（Following Closely）

它指追随者尽可能地在各个细分市场和营销组合领域效仿领导者。这种追随者有时像挑战者，但只要它不从根本上危及领导者的地位，就不会与领导者发生直接冲突。有些追随者会表现出较强的寄生性，因为它们很少刺激市场，总是依赖领导者的市场而生存。

2. 有距离的跟随（Following at a Distance）

它指追随者在目标市场、产品创新、价格水平和分销渠道等方面都追随领导者，但仍与领导者保持若干差异。这种追随者易被领导者接受，同时它可以通过兼并同行业中的弱小企业而使自己发展壮大。

3. 有选择的跟随（Following Selectively）

它指追随者在某些方面紧随领导者，而在另一些方面又自成一派。也就是说，它不是盲目追随，而是择优追随，在追随的同时发展自己的独创性，但会避免与领导者发生直接竞争。这类追随者之中的部分可能发展成为挑战者。

此外，还有一种特殊的追随者在国际市场上十分猖獗，即"冒牌货"。这些产品具有很强的寄生性，它们的存在对许多国际知名的大公司是一个巨大的威胁，已成为新的国际公害，因此必须制订对策，以清除和击退这些"追随者"。

6.4.4　市场利基者战略

市场利基者战略也称市场补缺者战略。几乎每个行业都有些小企业，它们致力于满足市场中被大企业忽略的某些细分市场的需求，在这些细分市场上通过专业化经营来获取最大化的收益。这种有利的市场位置就称为"利基"（Niche），而所谓市场利基者，就是占据这种位置的企业。

一个企业取得利基的主要战略是专业化，企业必须在市场、顾客、产品或渠道等方面实行专业化经营，主要包括以下类型：按最终用户专业化，即专门致力于为某类最终用户服务，如书店可以专门为爱好或研究文学、经济、法律等的读者服务；按垂直层次专业化，即专门致力于为生产—分销循环周期的某些垂直的层次经营业务服务，如制铝厂可专门生产铝锭、铝制品或铝质零部件；按顾客规模专业化，即专门为某一种规模（大、中、小）的顾客服务，许多利基者专门为大公司忽略的小规模顾客服务；按特定顾客专业化，即只为一个或几个主要顾客服务，如美国一些企业专门为西尔斯百货公司或通用汽车公司供货；按地理区域专业化，即专为国内外某一地区或地点服务；按产品或产品线专业化，即只生产一大类产品，如日本的 YKK 公司只生产拉链这一类产品；按顾客订单专业化，即专门按顾客订单生产其预订的产品；按质量与价格专业化，即选择在市场的底部（低质低价）或顶部（高质高价）开展业务；按服务项目专业化，即专门提供一种或几种其他企业没有的服务项目，如美国一家银行专门承办电话贷款业务，并为顾客送款上门；按分销渠道专业化，即专门服务于某一类分销渠道，如生产适合在超级市场销售的产品。

市场利基者要承担较大风险，因为利基市场本身可能会枯竭或受到攻击，因此，在选择利基市场时，营销人员通常会选择两个或两个以上，以确保企业的生存和发展。

本章习题

一、单选题

1.（　　）是指企业将所拥有的全部资源都集中于最具优势或最为看好的某种产品或服务上，力求将其做大做强。

　　A．一体化增长战略　　B．密集化增长战略　　　C．多元化增长战略　　D．市场领先者战略

2.（　　）是指企业将现有产品或服务打入新的地区市场或开发新的顾客群体，扩大市场覆盖面来得到更多的顾客，从而增加企业的产品销量、扩大经营规模，提高收入水平和盈利水平的一种营销战略。

　　A．产品开发战略　　B．市场开发战略　　　C．市场渗透战略　　D．市场利基战略

3．密集化增长战略不包括（　　）。

　　A．市场渗透战略　　B．市场开发战略　　　C．人员开发战略　　D．产品开发战略

4．市场领导者扩大总需求的途径不包括（　　）。

　　A．开发产品的新顾客　　　　　　　　　B．寻找产品的新用途

　　C．增加顾客的使用量　　　　　　　　　D．保持现有的市场份额

5．（　　）是一种全方位、大规模的进攻策略，它在几个战线发动全面攻击。

　　A．正面进攻　　　B．围堵进攻　　　　C．迂回进攻　　　D．侧翼进攻

二、多选题

1．市场营销的战略目标可分解为一些具体的、可量化的指标，这些指标包括（　　）。

　　A．营销规模指标　　B．营销效益指标　　　C．市场销售指标　　D．营销成长率指标

　　E．股东利益最大化目标

2．市场挑战者可选择采取（　　）战略。

　　A．正面进攻　　　B．侧翼进攻　　　　C．围堵进攻　　　D．游击进攻

　　E．迂回进攻

3．同心多元化战略能够充分发挥企业在（　　）上的优势。

　　A．原有设备　　　B．技术　　　　C．市场营销　　　D．人员

　　E．制度

4．差异化战略的风险主要包括（　　　）等。

  A．差异化优势的丧失　　　　　　　　　B．差异化优势无法弥补成本劣势

  C．丧失成本领先地位　　　　　　　　　D．成本的优势无法弥补差别化的劣势

  E．差异化容易造成利润损失

5．作为市场利基者的企业，取得利基的主要战略是在（　　　）等方面实行专业化经营。

  A．市场　　　　　　B．顾客　　　　　　C．产品　　　　　　D．渠道

  E．管理

三、名词解释

1．市场营销战略　　2．市场渗透战略　　3．市场开发战略　　4．成本领先战略　　5．差异化战略

四、简答及论述题

1．何谓市场开发战略？该战略的具体做法是什么？

2．何谓一体化增长战略？该战略具体包括哪几种模式？

3．何谓目标聚焦战略？该战略具体包括哪几种形式？

4．试论述市场营销战略与市场营销策略的关系。

5．试论述市场追随者战略。

案例讨论

周大生 2.7 亿元捷报背后的战略

  2020 年年初，新冠肺炎疫情使得以线下实体店为主要销售模式的珠宝行业受到重创。直到 2020 年提前发力的"双 11"购物狂欢节，才将人们压抑已久的消费欲望彻底释放。珠宝品牌周大生借势而上，销售战果喜人。据悉，在 11 月 1 日至 11 月 3 日的首轮热销大战中，周大生的多个口碑"爆款"就迎来了大批订单，助力品牌一举冲上天猫珠宝品牌成交排行榜 TOP2。11 月 11 日天猫狂欢节落幕，周大生凭借 2.7 亿元的销售战绩，125% 的同比增长，实现了新突破。这背后，离不开周大生电商品牌在产品、直播、服务等方面的前瞻性战略布局。

  精心打造优势产品，赢得年轻消费者青睐

  "产品为王"是一个亘古不变的道理，周大生独具匠心的产品系列，就是其业绩增长的长效动力之一。当前，"国潮文化"在年轻人群中十分风靡，作为知名的本土珠宝品牌，周大生也走在珠宝时尚的前沿，设计并推出了中国牛、大赢家等系列国潮珠宝。

  除此以外，周大生近年来还精心打造了皮卡丘 IP 系列足金挂坠、与名人的联名系列，并与梵高博物馆、冬宫博物馆等全球知名博物馆合作，推出了一系列富有艺术气息的新产品。周大生对于年轻消费者需求的强大洞察力、产品团队在设计上的创新能力，与多款大热 IP 合作的运营能力，造就了一系列极具生命力与爆发力的产品，并赢得了众多新生代消费者的青睐。

  布局线上直播带货，助力品牌高速增长

  2020 年年初的疫情，将电商直播再次推向高潮。作为珠宝行业中的营销达人，周大生早在 2016 年就开始试水淘宝直播，2020 年周大生更是依靠布局电商直播，实现销售业绩的翻盘。2019 年，周大生的直播布局已进入成熟阶段，先后与多直播平台的头部、腰部主播合作，并与多位直播达人建立深度合作关系。

  洞察消费者深层次需求，优化线上服务体验

  新零售时代，讲究"人货场并行"。无论是产品还是服务，企业都要以消费者为中心，才能赢得消费者的青睐。在特殊时期，消费者更加喜爱线上消费模式，周大生也在电商平台全面发力，着力打造线上品牌形象，以数据驱动为核心，优化消费者在线上平台的服务体验。

　　同时，周大生不忘随时挖掘消费者的深层次需求，从情感文化、穿衣打扮、个性特征、场景需求等多角度出发，进行有针对性的选品与营销，满足不同消费者个性化的需求。在此次"双11"天猫平台的变革中，周大生更是积极拥抱电商营销新趋势，将店铺产品介绍内容由图文改为批量的短视频，而它在"双11"中取得的销售成绩，正是对其短视频营销最好的肯定。

　　纵观周大生"双11"的战略布局，积极拥抱市场及规则的变化，"人货场并行"的大局观是周大生突出重围的"金钟罩""铁布衫"。从PC时代发展至今，电商行业经历了全面爆发到逐渐饱和寻求突破的瓶颈，直到直播的出现，新一轮机遇才向这一行业抛出橄榄枝。周大生敏锐洞察、提前布局，在不断拥抱变化的同时从流量思维转变为关系思维、品牌思维，加强消费者运营，以消费者为中心，以数据驱动为核心，形成人、货、场多位一体的立体化战略布局。可以说，周大生在2020年"双11"取得的战果，不仅有效验证了其战略的前瞻性，更引领了珠宝行业的营销趋势，对助推整个行业朝着数字化、年轻化、品牌化的方向发展有重要借鉴意义。

　　资料来源：商业评论网。

思考讨论题

1. 营销环境与营销战略之间存在什么样的关系？
2. 结合本案例，请对周大生的营销战略进行评述。

第7章　市场机会识别与目标市场营销

本章导读

为了能够在竞争激烈的市场上赢得一席之地，企业应在识别市场机会的基础上发现那些尚未被满足或尚未被完全满足的显性或隐性的需求，并围绕所发现的需求开展市场细分、目标市场选择和市场定位工作。本章主要介绍市场机会的相关概念、市场机会的寻找和发现方法、评估市场机会的程序、市场细分、目标市场选择以及市场定位的相关概念等内容。通过对本章的学习，我们可以对市场营销活动有一个更为全面的了解。

知识结构图

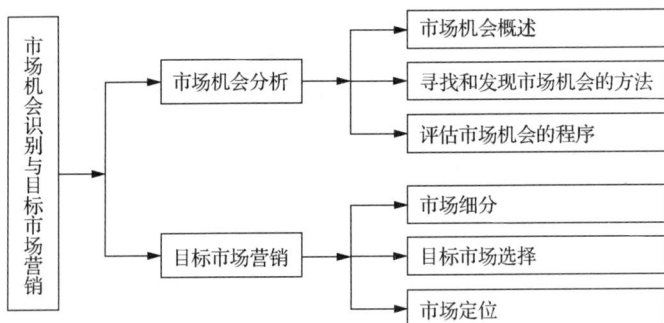

开篇引例

资生堂细分"岁月"

20世纪80年代以前，资生堂实施的是无差异营销策略，面对日益崛起的个性化需求，20世纪80年代中期，资生堂的市场占有率不断下降。1987年，公司经过认真反省，决定由原来的无差异营销转向差异化营销，即根据不同的消费者需求将市场细分，推出不同的品牌。自1989年以来，资生堂提出"体贴不同岁月的脸"的口号，将其产品细分为适合不同年龄层次的不同品牌，并为不同年龄层次的消费者设立专卖店。

资生堂根据女性消费者的年龄进行细分，为不同年龄层次的消费者提供不同品牌的系列产品。例如，为十几岁的少女提供的是 RECIENTE 系列产品，为20岁左右的年轻女性提供的是艾杜纱系列，为四五十岁的女性提供的是怡丽丝尔系列产品，为50岁以上的女性提供的则是用防止肌肤老化的悦薇系列产品。

由于市场细分准确、营销策略得当，资生堂的产品在每一个细分市场上均获得了成功。

7.1　市场机会分析

7.1.1　市场机会概述

1. 市场机会的含义

一般认为，市场机会是指市场上存在的尚未被满足或尚未被完全满足的显性或隐性的需求。分析市场机会即分析市场上存在着哪些尚未被满足或尚未被完全满足的显性或隐性的需求，以便企业根据自己的实际情况，找到最佳的内外结合点，从而组织和配置资源，有效地提供相应产品或服务，达到企业的营销目的的过程。

2. 市场机会的分类

按照市场机会的性质、显示程度、产业或行业、时间、涉及范围的不同，企业的市场机会可以分为以下几种类型。

（1）环境机会与企业机会

环境机会是指随着环境的变化而客观形成的各类未被满足的需求，如新市场的开发、竞争对手的失误以及新产品、新工艺的采用等。而企业机会是指环境机会中那些符合企业战略计划的要求，并且有利于发挥企业优势的、可以利用的市场机会。市场营销人员需要通过分析和评价环境机会来选出合适的市场机会，并采取有效的对策加以利用。

（2）显性市场机会与隐性市场机会

显性市场机会是指在市场上明显没有被满足的现实需求，隐性市场机会是指市场上那些尚未为人们所意识到的需求。显性市场机易于为人们发现和识别，同时利用这种市场机会的企业较多，因而难以取得机会效益（即先于其他企业进入市场所取得的竞争优势和超额利润）。隐性市场机会虽然不易于为人们发现和识别，但能够抓住和利用这种机会的企业也较少，因此机会效益比较高。企业应注意发现和利用隐性市场机会。

（3）行业市场机会与边缘市场机会

行业市场机会是指出现在企业所处的行业或经营领域中的市场机会；而边缘市场机会是指在不同行业之间的交叉或结合部分出现的市场机会。由于受自身生产经营条件的限制，企业都较为重视行业市场机会并将其作为寻找和利用的重点。但由于行业内企业间的竞争较为激烈，这往往会导致机会效益降低甚至丧失，而企业利用行业外出现的市场机会，通常又会遇到一定的困难或较大的阻碍。而边缘市场机会较为隐蔽，难以为大多数企业重视和发现，但又可以发挥企业的部分优势，所以利用这种机会的企业易于取得机会效益。寻找和识别边缘市场机会的难度较大，需要企业的营销人员具有丰富的想象力和较强的开拓精神。

（4）当前市场机会与未来市场机会

在当前市场环境中出现的未被满足的需求，称为当前市场机会；在当前市场上仅仅表现为一部分人的消费意向或少数人的需求，但随着环境变化和时间流逝，在未来的市场上将发展成为大多数人的消费意向和大量的需求，称为未来市场机会。企业寻找和正确评价未来市场机会，提前开发产品并在机会到来之时迅速将其推向市场，易于取得领先地位和竞争优势，机会效益较高，但这其中也隐含着一定的风险。重视未来市场机会并不意味着可以轻视当前市场机会，否则企业将失去经营的现实基础；而对未来市场机会缺乏预见性和迎接的准备，对企业今后的发展会非常不利。

（5）全面市场机会与局部市场机会

全面市场机会是在大范围市场上出现的未被满足的需求；而局部市场机会则是在小范围市场上出现的未被满足的需求。前者意味着整个市场环境变化的普遍趋势，后者则代表局部市场环境的变化有别于其他市场环境的特殊发展趋势。区分这两种市场机会，有助于企业具体地测定市场规模、了解需求特点，从而有针对性地开展市场营销活动。

（6）大类产品市场机会与项目产品市场机会

大类产品市场机会指市场上对某一大类产品存在着的未被满足的需求；项目产品市场机会则是指市场上对某一大类产品中某些具体品种存在着的未被满足的需求。前者显示出市场上对某一大类产品的市场需求的一般发展趋势，而后者则表明社会上对某一大类产品的市场需求的具体指向。了解前者对于企业规定任务，明确业务发展的总体方向，制订战略计划具有重要意义；了解后者对于企业明确怎么干才能实现战略计划的要求，制订市场营销计划，做好市场营销工作具有重要意义。

3. 市场机会的特征

市场机会作为特定的市场环境，具有以下几个特征。

（1）利益性

市场机会可以给企业带来经济效益或社会效益。市场机会的利益性意味着企业在确定市场机会时，必须分析该机会是否能真正为企业带来利益，能带来什么样的利益以及利益的多少。

（2）针对性

市场机会的分析与识别必须与企业的具体条件结合起来。确定某种环境条件是不是企业的市场机会，企业需要考虑所在行业及本企业在行业中的地位与经营特色，包括企业的产品类别、价格水平、销售形式、工艺标准、对外声誉等。例如，折扣销售方式的出现，对于生产量大价低产品的企业来说是可以加以研究利用的市场机会；而对于生产高质高价产品的企业来说，就不能算作市场机会。

（3）时效性

市场机会的时效性是指市场机会的价值会随时间而变。由于当前营销环境发展变化迅速，企业的市场机会往往稍纵即逝。因此，市场机会的时效性非常突出。

（4）公开性

市场机会是某种客观的、现实存在的或即将发生的营销环境状况，是每家企业都可以发现和共享的。与企业特有的技术、产品专利不同，市场机会是公开的，是可以为整个营销环境中所有企业所共用的。市场机会的公开性要求企业尽早去发现那些潜在的市场机会。

市场机会的上述特征表明，在对市场机会的分析和把握中，企业必须结合自身内外部环境的具体条件，市场机会与企业目标、企业能力的统一性等，发挥竞争优势，及时将市场机会转化为企业机会，提高市场占有率。

4. 市场机会分析的内容

企业市场机会分析主要包括以下内容。

（1）市场调查，主要了解和掌握有关的市场情报信息。

（2）市场环境分析，主要弄清市场环境对本企业预计投放市场的产品的有利条件和不利条件。

（3）市场需求分析，主要了解和掌握市场需求的现状及其发展变化的动向，弄清尚未被满足的潜在需求空间究竟有多大。

（4）消费者行为分析，主要了解和掌握消费者的购买动机和购买行为特点，弄清如何才能满足消费者的需求。

（5）市场竞争分析，主要了解和掌握市场竞争对手及其产品的基本情况，弄清采取什么样的竞争策略方能克敌制胜。

（6）市场环节分析，主要弄清采取何种销售渠道和销售模式，才有利于产品的市场销售。

7.1.2 寻找和发现市场机会的方法

市场营销人员可以通过广泛收集市场信息、借助产品/市场矩阵、进行市场细分等方法来寻找和发现市场机会。

1. 广泛收集市场信息

市场营销人员可以通过文献检索、参加展销会、研究竞争对手的产品、召开献计献策会、调查研究消费者的需求来寻找、发现或识别未被满足的需求和新的市场机会。企业在收集市场信息时，除了要关注外部信息，也要充分重视企业内部的信息。

（1）内部信息收集

企业内部信息是发现市场机会的重要线索，需要引起高度重视。内部信息主要包括客户订单、销售预测表、销售汇总报表（月、季、分地区）、销售价格水平表、存货统计表和应收账款统计表等。

（2）外部信息收集

对外部信息的收集需要从以下 5 个方面着手。

① 应注意从消费者的角度收集、了解消费者的欲望和需求。

② 尽可能收集本行业的发展现状、趋势、行业生存条件等方面的内容，密切关注新技术在本行业中的应用，同时也要关注相关行业的动向。

③ 重视对竞争对手的调查。要特别注意对主要竞争对手经营动向的调查。不过对企业来说，竞争不仅来自生产同类产品的竞争对手，还可能来自供应商、客户、替代品、新加入的竞争对手等。有些行业由于新技术不断涌现、产品更新换代快，因而替代品威胁成为企业面临的主要竞争压力，这就需要对此做重点调查。

④ 对营销渠道进行调查。企业需要对渠道成员的数量、规模、性质、营销能力、信用等级、合作情况等进行调查。

⑤ 对宏观环境进行调查。企业要注意对经济环境、政策环境、法律环境、人口环境以及社会文化环境进行调查。这些环境会对企业的经营产生较大的影响，绝不可忽视。

2. 借助产品/市场矩阵

市场营销人员也可利用产品/市场矩阵来寻找和发现市场机会，如图 7-1 所示。

例如，某制药公司的市场营销人员可以考虑采取一些措施在现有市场上扩大现有抗生素产品的销售范围（市场渗透）；也可以考虑采取一些措施，在国外市场上扩大抗生素的销售范围

	现有产品	新产品
现有市场	市场渗透	产品开发
新市场	市场开拓	多角化经营

图 7-1　产品/市场矩阵

（市场开拓）；还可以考虑向现有市场提供广谱抗生素，或者改进抗生素的包装、成分等，以满足市场的需求，扩大销售范围（产品开发）；甚至可以考虑将资金投入健康体检等行业，跨行业经营多种多样的业务（多角化经营）。

3. 进行市场细分

市场细分是识别具有不同需求的消费者群体的过程。企业通过市场细分可以寻找和发现较好的市场机会，拾遗补阙。

7.1.3　评估市场机会的程序

一个市场机会能否成为企业的营销机会，要看它是否适合企业的目标和资源。只有那些既能够发挥企业优势，又符合企业发展目标，也具备成功条件的市场机会才能转化为企业的营销机会。在评估市场机会之前，必须要做好对市场的全面分析工作。

1. 分析宏观环境

企业需要对目标市场上的人口、经济、法律法规、社会文化等因素进行详细的调查和分析。

2．分析消费者特征

（1）确定影响消费者购买行为的主要因素，包括文化因素、社会因素、个人因素、心理因素等。

（2）基于区域市场目标消费者的购买决策过程分析来回答以下问题。

① 他们何时开始熟悉本企业的产品？

② 他们的品牌意识如何？

③ 他们对产品的喜爱程度如何？

④ 他们如何做出品牌选择？

⑤ 消费者满意度的评价标准是什么？

3. 分析区域竞争状况

（1）对区域市场上分销商的数量及其差异进行分析，也就是要分析"行业结构"的具体类型（如完全独占、垄断、垄断竞争、完全竞争等）。

（2）识别企业在目标市场上的主要竞争者，找出企业在本市场上的主要竞争者。

（3）判断竞争者的目标，如竞争者的市场份额目标、市场覆盖率目标等。竞争者的目标是由多种因素共同影响和确定的，包括它们的历史、经营管理状况等。

（4）评估竞争者的优劣势。通常，企业需要搜集竞争者的业务数据（销量、市场份额、毛利、投资回报率、现金流量、投资动态等），或通过二手资料、个人经历、传闻等方式来了解竞争者的优势和劣势。

（5）评估竞争者反应模式。通常，竞争者反应模式有从容型竞争者、选择型竞争者、凶狠型竞争者、随机型竞争者 4 种。例如，宝洁公司就属于凶狠型竞争者，宝洁公司绝不会将一种新的洗衣液轻易投向市场，它会根据市场变化随时采取激进的应对措施。

（6）选择竞争者以便进攻或回避。目标市场上的竞争者通常可分为强竞争者与弱竞争者、近竞争者与远竞争者、良性竞争者与恶性竞争者等。在获得充分的竞争资料以后，企业能较容易地制定相应的区域市场竞争战略。

4. 分析行业状况

（1）目标市场容量分析。如果市场容量太小，则该市场不值得开发或不值得投入太多。

（2）市场成长分析。快速成长的市场会吸引更多的企业加入其中；对增长缓慢的市场，企业需要保持高度谨慎，这种市场要么市场竞争已经异常激烈，要么市场尚处于培育阶段。

（3）行业成长周期分析。企业主要分析该行业在目标市场上是处于初始发展阶段、快速成长阶段、成熟阶段、停滞阶段，还是衰退阶段。

（4）竞争产品或服务分析。企业主要分析自身产品或服务与竞争产品或服务的差异化程度等。

（5）分销渠道分析。企业主要分析渠道的类型及其效率等。

5. 分析企业资源

企业的营销资源包括自身资源和市场资源，前者包括人才资源、财务资源、产品资源和开发资源等；后者包括品牌资源、客户资源、机会资源等。此外，企业还需要考虑能够在目标区域市场上投放的资源的数量，因为这将直接影响区域市场的开发力度。

通过对上述 5 个方面的分析，企业可能会发现一些潜在的市场机会，此时若能针对各种可行机会加以评估，如评估市场规模及市场的发展潜力，便可进一步分析得出最佳机会。

市场营销人员不仅要善于寻找和发现有吸引力的市场机会，而且要善于对所发现的各种市场机会加以评价，要看这些市场机会与本企业的任务、目标、资源条件等是否一致，要选择那些自己可能比潜在竞争者有更大的优势、享有更大的"差别利益"的市场机会作为企业机会。

7.2 目标市场营销

企业在进行目标市场营销时，需要对市场进行细分，以识别消费者需求的差异性和共性，并在此基础上选择所要进入的目标市场。同时，为赢得市场竞争优势，企业还应为产品或服务塑造与众不同的形象并传递给目标消费者。市场细分、目标市场选择以及市场定位，构成了目标市场营销的全过程。

7.2.1 市场细分

1. 市场细分的概念

市场细分（Marketing Segmentation）是美国著名市场学家温德尔·R.史密斯（Wendell R.Smith）于1956年率先提出的一个重要概念，它是卖方市场向买方市场转化的必然产物。

所谓市场细分，是指企业根据市场上不同消费者对产品的需求和欲望、购买行为与购买习惯的差异，把整个市场划分为若干相似的细分市场的过程。每一个需求特点大体相同的消费者群体就是一个细分市场、子市场，或者"亚市场"。

2. 市场细分的作用

市场细分能够帮助企业认识市场、研究消费者和竞争对手，为企业选择合适的目标市场、制订正确的营销策略提供依据。

此外，市场细分的作用还包括以下几点。一是有利于企业发掘市场机会，开拓新市场；二是有利于企业集中人力、物力投入目标市场，增强在某一特定市场上的竞争优势。

3. 市场细分的标准

消费者市场和组织市场是两个不同性质的市场，因此在划分市场细分的标准时应将两者区别开来。

（1）消费者市场细分的标准

消费者市场细分的标准包括地理细分、人口细分、心理细分和行为细分，下面分别予以介绍。

① 地理细分。地理细分是按照消费者所处的地理位置、自然环境来细分市场的，包括国家、地区、城市规模、不同地区的气候及人口密度等变量。处于不同地理位置的消费者对同一产品往往会表现出不同的爱好和要求，对价格、分销渠道、广告宣传呈现不同的反应。企业可以而且必须根据不同地区的需求差别制订营销方案。因此，地理细分成为常见的消费者市场细分的标准。

② 人口细分。人口细分变量包括消费者的年龄、性别、家庭规模、收入、职业、受教育程度、宗教信仰、民族、家庭生命周期、社会阶层等。仅用一个特征变量，如以收入进行市场细分，称为单变量细分。单变量细分通常不能将各细分群体明显区别开来，群体内部的各种特征也难以趋同，因此许多企业通常采取"多变量细分"，利用多个特征的组合变量进行市场细分。

多变量细分可以提供更为详细的细分市场信息，有利于企业针对特定细分市场的消费者，开发更为精确的营销组合，但不利于营销人员识别，所以用这种方法需要在营销人员的识别性与企业的目标市场定位之间进行平衡。

③ 心理细分。心理细分就是按照消费者的心理特征（包括个性、购买动机、价值观念、生活方式等变量）细分消费者市场。

个性是个体较稳定的心理倾向与心理特征，会导致个人对所处环境做出相对一致和持续不断的反应。通常，个性会通过自信、自主、支配、顺从、保守、适应等性格特征表现出来。因此，个性可以按这些性格特征进行分类，从而为企业细分市场提供依据。不少企业常常使用性格变量来细分市场，它们为自己的产品赋予品牌个性，以契合相应的消费者个性。不同性格的消费者类型如表7-1所示。

表7-1 不同性格的消费者类型

性格	消费需求特点
习惯型	偏爱、信任某些熟悉的品牌，购买时注意力集中，定向性强，反复购买
理智型	不易受广告等外来因素影响，购买时头脑冷静，注重对产品的了解和比较
冲动型	容易受产品外形、包装或促销的刺激而购买，对产品的评价以直观感受为主，购买前并没有明确目标
想象型	感情丰富，善于联想，重视产品造型、包装及命名，以自己丰富的想象力去联想产品的意义

性格	消费需求特点
时髦型	易受相关群体、时尚趋势的影响，以标新立异、"赶时髦"为荣，会购买引人注意或能显示身份和个性的产品
节俭型	对产品价格敏感，力求以较少的钱买到较多的产品，购物时精打细算、讨价还价

④ 行为细分。所谓行为细分，就是企业按照消费者的购买行为细分市场，包括消费者进入市场的程度、使用频率、偏好程度等变量。行为细分被认为是市场细分的最佳起点。

消费者往往因为各有不同的购买动机、追求不同的利益，所以购买不同的产品和品牌。以购买牙膏为例，有些消费者购买舒克亮齿白牙膏，主要是为了保持牙齿洁白；有些消费者购买云南白药牙膏，主要是为了防治龋齿、牙周炎。正因为这样，企业需要按照不同的消费者购买产品时所追求的不同利益来细分消费者市场，设计和生产能满足目标市场需求的产品。

许多产品对应的市场可以按照使用者情况（如非使用者、以前曾是使用者、潜在使用者、初次使用者和经常使用者等）细分。大企业资源雄厚、市场占有率高，一般都对潜在使用者这类消费者群体感兴趣，它们注重吸引潜在使用者，以扩大市场阵地；小企业资源较少，往往注重吸引经常使用者。例如，人们对护肤品的需求各不相同，有的消费者追求护肤品的润肤护肤功能，有的则追求增白、祛斑功能；有的是某品牌护肤品的非使用者或初次使用者，有的则是经常使用者且有品牌偏好。

许多产品对应的市场还可以按照消费者对某种产品的使用率（如少量使用者、中量使用者、大量使用者）细分，又叫作数量细分。大量使用者实际上往往在潜在使用者总数中所占比重不大，但他们所消费的产品数量在产品消费总量中所占比重很大。企业掌握了这种市场信息，就可以根据这种市场信息来合理定价，撰写适当的广告词和选择适当的广告媒体。

企业还可以按照消费者对品牌的忠诚度来细分消费者市场。所谓品牌忠诚，是指由于价格、质量等诸多因素的吸引，消费者对某一品牌的产品情有独钟，形成偏爱并长期购买这一品牌产品的行为。提高消费者的品牌忠诚度，对于一个企业的生存与发展、提高市场占有率极其重要。

（2）组织市场细分的标准

消费者市场细分的一些标准也适用于组织市场细分，但组织市场是派生需求市场，与满足最终需求的消费市场有很大的差异。因此，组织市场细分的标准具有一定的独特性。根据波罗玛（Bonoma）和夏皮罗（Shapiro）的观点，产业市场应按照客户情况、经营特点、采购方式、形式因素、个性特征等标准来细分，如表7-2所示。

表7-2 产业市场细分的标准

客户情况	行业：我们应将重点放在哪些行业上？
	公司规模：我们应将重点放在多大规模的公司上？
	地域：我们应将重点放在哪些地域上
经营特点	技术：我们应将重点放在哪些客户关心的技术上？
	使用者与非使用者地位：我们应将重点放在处于什么地位的使用者上？
	客户能力：我们应将重点放在需要什么服务的客户上
采购方式	采购职能组织：我们应选择采购组织高度集中化的公司还是采购组织高度分散化的公司？
	权利结构：我们应将重点放在技术人员占主导地位的公司还是财务人员占主导地位的公司上？
	现存关系的性质：我们应重点服务已经建立可靠关系的公司还是寻求更理想的客户？
	总的采购政策：我们应将重点放在乐于采用租赁的公司、重视服务的公司，还是系统采购的公司或秘密投标的公司上
形式因素	紧迫性：我们是否应将重点放在要求迅速交货或突然要货（服务）的公司上？
	特殊用途：我们是否应将重点放在产品的某些用途上，而不是重视全部的用途。
	订货量：我们应将重点放在大宗订货上还是少量订货上

个性特征	买卖双方的相似性：我们是否应将重点放在与本公司的人员组成及价值观相似的公司上？ 对待风险的程度：我们应将重点放在敢于冒险的公司上还是规避风险的公司上？ 忠诚度：我们是否应将重点放在对供应商忠诚的公司上

这里需要注意的是，波罗玛和夏皮罗的市场细分标准针对的是组织市场中的产业市场，如果要细分政府结构等非产业组织，上述细分标准可以作为参考依据，但还需适当调整变量。

4. 市场细分的原则

一般而言，有效的市场细分应遵循以下原则。

（1）可衡量性。可衡量性是指各个细分市场的购买力和规模能被衡量的程度，可以用人口统计学、情感价值数据、行为方式数据等描述。如果细分后的市场太过模糊，企业对该细分市场的特征、客户特性、数量都一无所知，就无法界定市场，这种细分就失去了意义。

（2）可进入性。可进入性是指所选定的细分市场必须与企业自身状况相匹配，企业有优势占领这一市场。可进入性具体表现为信息进入、产品进入和竞争进入。考虑市场的可进入性，实际上是研究其营销活动的可行性。

（3）差异性。差异性指细分市场能在观念上被区别开来并对不同的营销组合因素和方案有不同的反应。

（4）效益性。效益性是指企业新选定的细分市场容量足以使企业获利。

7.2.2　目标市场选择

目标市场（Target Market）是指企业在市场细分的基础上，以为其满足现实需求或潜在需求的消费者为经营对象，依据企业自身的经营条件而选定或开拓的具有特定需求的市场。简而言之，目标市场是指在市场细分的基础上，企业要进入的最佳细分市场。

目标市场选择

1. 目标市场选择标准

一般而言，企业考虑进入的目标市场应符合以下标准。

（1）有一定的发展潜力

企业进入某一市场期望能够有利可图，如果市场狭小或者趋于萎缩状态，企业进入后难以获得发展，此时，应审慎考虑，不宜轻易进入。当然，企业也不宜以市场规模作为唯一标准，应力求避免"多数谬误"，即与竞争企业遵循同一思维逻辑，将市场规模最大的市场作为目标市场。大家共同争夺同一个消费者群体的结果是造成过度竞争，社会资源无端浪费，同时使消费者一些本应得到满足的需求被忽视。

（2）细分市场的结构具有吸引力

一个具有适当规模和成长率的细分市场，也有可能缺乏盈利潜力。如果许多势均力敌的竞争者同时进入一个细分市场，或者说，在某个细分市场中存在很多颇具实力的竞争者，尤其是该细分市场已趋于饱和或萎缩时，则该细分市场的吸引力就会减弱。潜在进入者既包括其他细分市场中的同行，也包括那些目前不在该行业经营的企业。如果该细分市场的进入门槛较低，该细分市场的吸引力也会减弱。替代品从某种意义上限制了该细分市场的潜在收益。替代品的价格越有吸引力，该细分市场盈利水平提高的可能性就越低，从而使该细分市场的吸引力减弱。购买者和供应者对细分市场的影响，表现在它们的议价能力上。购买者的压价能力强，或者供应者有能力提高所供产品的价格或降低所供产品的质量、服务水平，那么该细分市场的吸引力就会减弱。

（3）符合企业的发展目标

某些细分市场虽然有较大吸引力，但不能推动企业实现发展目标，甚至会分散企业的精力，使之无法完成其主要目标，这样的市场应考虑放弃。另外，企业还应考虑自身的资源条件是否适合经营某一细分市场。只有选择那些企业有条件进入、能充分发挥资源优势的市场作为目标市场，企业才能立于不败之地。

2. 目标市场选择模式

企业在对不同细分市场进行评估后，就必须对进入哪些市场和为多少个细分市场服务做出决策。一般来说，可采用的目标市场选择模式有5种，如图7-2所示。

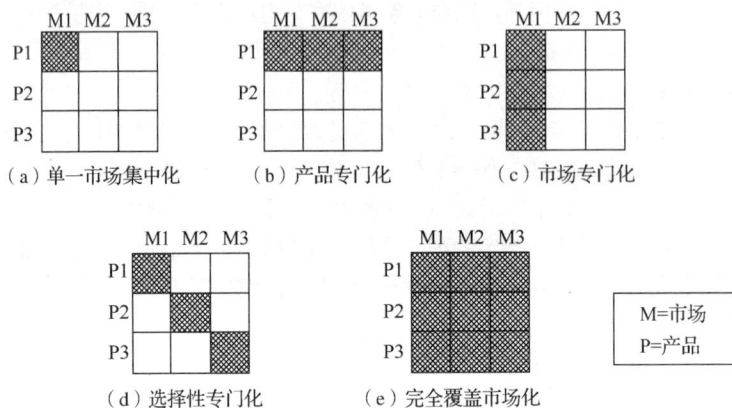

图7-2　目标市场选择模式

（1）单一市场集中化

单一市场集中化又称产品—市场集中化，即企业选择一个细分市场，集中力量为之服务。较小的企业通常以这种模式填补市场的某一部分。集中营销可使企业深刻了解该细分市场的需求特点，采用有针对性的产品、价格、分销渠道和促销策略，从而获得有利的市场地位和良好的声誉，但它同时隐含着较大的经营风险。对某些特定的细分市场，一旦消费者在该细分市场上的消费意愿下降或其他竞争者进入该细分市场，那么企业将面临很大的风险，如高等教育类书店只出售高等教育类图书等。

（2）产品专门化

产品专门化是指企业集中生产一种产品，并向所有消费者销售这种产品。例如，显微镜生产商向大学实验室、政府实验室和工商企业实验室销售显微镜，企业向不同的消费者群体销售不同种类的显微镜，而不去生产实验室可能需要的其他仪器。企业采用这种模式，可以凭借工业化在某个产品领域树立起很好的声誉。但是如果产品，这里是指显微镜，被一种全新的产品所代替，企业就会面临危机。

（3）市场专门化

市场专门化是指企业集中满足某一特定消费者群体的各种需求。企业专门为某个消费者群体服务并争取树立良好的信誉。企业还可以向这类消费者群体推出新产品，使之成为有效的新产品销售渠道。但如果由于种种原因，这类消费者群体的支付能力减弱，企业就会出现效益下滑的危险。例如，企业可为大学实验室提供一系列产品，包括显微镜、示波器、本生灯、化学烧瓶等。企业专门为这类消费者群体服务而获得良好的声誉，并成为这类消费者群体所需各种新产品的销售代理商。但如果大学实验室的经费预算突然削减，它们就会减少从这个市场专门化企业购买仪器的数量，这就会使该企业面临危机。

（4）选择性专门化

选择性专门化是指企业选择几个细分市场，每一个细分市场对企业的目标和资源利用都有一定的吸引力。但各细分市场彼此之间只有很少或根本没有任何联系。这种模式能分散企业的经营风险，即使其中某个细分市场失去了吸引力，企业还能在其他细分市场盈利。

（5）完全覆盖市场化

完全覆盖市场化是指企业力图用各种产品满足各种消费者群体的需求，即以所有的细分市场作为目标市场。一般来说，只有实力较强的大企业才可能采用这种模式。例如，可口可乐公司在饮料市场开发了众多的产品，以满足各种消费需求。

3. 目标市场选择策略

（1）无差异市场策略

无差异市场策略是指面对细分市场，企业看重各子市场之间在需求方面的共性而不注重它们的个性，不是把一个或若干子市场作为目标市场，而是把各子市场重新集合成一个整体市场，并把这个整体市场看作自己的目标市场。企业向整体市场提供标准化的产品、采用单一的营销组合，并通过强有力的促销吸引尽可能多的消费者，这样不仅可以增强消费者对产品的印象，也会使管理工作变得简单而有效率。

这种策略的优点是产品单一，容易保证质量，能大批量生产，可降低生产和销售成本。美国的可口可乐公司从 1886 年问世以来，一直采用无差异市场策略，生产一种口味、一种配方、一种包装的产品来满足世界多个国家和地区的需求，被称作"世界性的清凉饮料"，成为一个全球性的超级品牌。但如果同类企业也采用这种策略，市场上必然会形成激烈的竞争。

（2）差异化市场策略

差异化市场策略是指面对已经细分的市场，企业选择两个或者两个以上的子市场作为目标市场，分别为每个子市场提供有针对性的产品、服务以及相应的销售措施。企业根据子市场的特点，分别制订产品策略、价格策略、渠道策略以及促销策略并予以实施。

宝洁公司是实行差异化营销的典型，以洗发水产品为例，宝洁公司旗下有海飞丝、飘柔、潘婷、沙宣、伊卡璐等多个品牌，每个品牌的产品都有不同的功能和特点。海飞丝宣传的是去头屑，"头屑去无踪，秀发更出众"，飘柔突出"飘逸柔顺"，潘婷则强调"营养头发，更健康更亮泽"，沙宣的功能是专业美发，伊卡璐是草本精华产品，以天然成分为主要特色，能够为消费者带来清新的感受。

（3）集中性市场策略

集中性市场策略是指企业选择一个细分市场，并对其开展密集的营销活动，这种策略特别适合资源有限的企业。如果采用这种策略，企业将放弃一个市场中的小份额，而去争取一个或几个子市场中的大份额。

这种策略的优点是目标市场集中，企业能够深入地了解市场的需求，使产品更加适销对路；有利于树立和提升企业形象，在市场上巩固地位；同时由于实行专业化经营，可以节省成本和营销费用，增加盈利。

7.2.3 市场定位

1. 市场定位的含义

所谓市场定位，是指企业根据所选定的目标市场的竞争状况和自身条件，确定企业和产品在目标市场上的特色、形象和位置的过程。例如，江苏森达集团有限公司开发的"好人缘"牌皮鞋就定位为面向大众的质优价廉产品；海信科龙电器股份有限公司采用高技术、高起点的产品定位；青岛海尔股份有限公司（以下简称"海尔"）采用质量争先、技术领先的产品定位。

科学而准确的市场定位是建立在对竞争者所经营的产品具有何种特色，消费者对该产品各种属性的重视程度等的全面分析的基础上的。为此，企业需掌握以下几种信息：目标市场上的竞争者提供何种产品给消费者？消费者确实需要什么？目标市场上的新消费者是谁？企业应根据所掌握的信息，结合本企业的条件，适应消费者一定的要求和偏好，在目标消费者的心中为本企业的营销产品创造一定的特色、赋予一定的形象，从而建立一种竞争优势，以便在该细分市场吸引更多的消费者。

2. 市场定位的原则

市场定位的原则被营销学家看作市场定位成功与否的关键，在定位理论发展中起着决定性的作用，归纳起来主要有以下几个。

（1）受众导向原则

受众导向原则的主要观点是，企业不仅要制订有效的定位策略，还要有效地与一般公众和目标受众沟通这些策略内容，即突破传播障碍，有效地使定位信息进入受众的心灵。能否达成以上目的，取决于两个方面：一是企业如何将定位信息有效地传达给消费者，二是定位信息是否与消费者需求相吻合。

（2）差别化原则

差别化原则的主要出发点是，在当今社会成千上万的产品信息中，要达成将产品信息固定于消费者心中这一目的，重复显然是徒劳的；唯有实现差别化，追求与众不同，使消费者易于将你的产品与其他产品明确区别出来，方有可能占据其心中一隅。目标消费者和竞争者是定位的依据，企业在此基础上将自己的产品定位得与众不同，并能使这种差别化的特定信息有效传达至消费者，从而使消费者注意品牌、产品，并产生联想。当定位所体现的差别化与消费者的需要相吻合时，品牌或产品就能留在消费者心中。

（3）动态调整原则

企业是社会系统的一个子系统，它的经营活动自然受到环境的制约。动态调整原则要求企业在变化的环境中，抛弃过去传统的以静制动、以不变应万变的静态定位思想，在变化的环境中不断调整市场定位及其策略。

3. 市场定位的程序

市场定位虽然有多种方式，但其基本程序一般包括以下几个步骤。

（1）构建目标市场结构图

任何一种产品都有许多属性和特征，如价格的高低、质量的优劣、规格的大小、功能的多少等。其中两个或以上的属性变量就可以构建一张目标市场结构图。在这里，我们以旅游车市场为例，以"档次"和"规格"属性来构建二维平面坐标结构图，如图 7-3 所示。

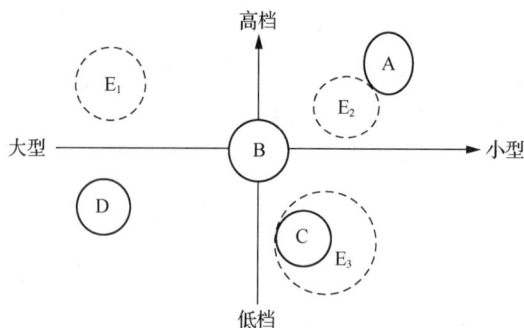

图 7-3　目标市场上的区位分布

（2）标出竞争者的位置

如图 7-3 所示，产品 A、B、C、D 是各个竞争者在目标市场上的实际区位，图中圆圈的面积表示各自的销售额大小。其中，A 是小型高档旅游车、B 是中型中档面包车、C 是小型低档面包车、D 是大型低档旅游车。

（3）初步定位

新进入旅游车市场有以下 3 种定位方案可供选择。

① 避让定位（E_1）。避让定位也称为错位定位，即把自己的产品确定在当前市场的空白地带。以图 7-3 为例，唯有大型高档旅游车尚未有企业涉足。采用这一定位可以避开竞争，获得进入市场的先机，先入为主地建立对自己有利的市场地位。但在决定采用避让定位时，还必须弄清楚以下问题。

一是这一市场空缺为什么存在？是竞争者没有发觉、无暇顾及还是因为根本没有市场开发前景？如果该市场确有市场需求，那么企业要考虑潜力是否足够大，如果收益无法弥补成本或弥补成本后只有微利，企业一般不应采用这一方案。

二是企业是否有足够的技术能力去开发产品？是否有一定的质量保证体系和售后服务体系？如果没有，那么只会造成资源的浪费。

② 插入定位（E_2）。插入定位即企业将自己的产品定位于竞争者市场产品的附近，或者插入竞争者已占据的市场位置，与竞争者争夺同一目标市场。采用这一方案的好处是，企业无须开发新产品，参照现有产品即可。这是因为现有产品已经畅销于市场，企业不必承担产品销售不畅的风险，能节省大量的研究与开发费用。但是，实施插入定位方案有 3 个前提条件。

一是企业欲进入的目标市场还有未被满足的需求，即该市场除现有的供给外还有吸纳更多产品的能力。

二是企业推出品牌产品时应有特色。这是因为消费者对现有产品已有了一定了解，如果新产品没有特色，就难以为消费者所接受。

三是没有法律上的侵权问题。

③ 取代定位（E_3）。取代定位是将竞争者从原来的位置挤走，或者兼并竞争者并取而代之。企业采用这一方案的原因，一是没有其他区域可选；二是企业实力较雄厚，有能力击败竞争者，提高自己的市场份额。企业采用这一方案时应具备以下条件。

一是企业推出的产品在质量、功能或者其他方面有明显的相对于现有产品的优点。

二是企业能借助自己强大的营销能力使目标市场认同这些优势。

（4）正式定位

在初步定位后，企业还应当做一些调查和试销工作，及时找到问题并纠正。即使初步定位正确，企业也应视情况的变化随时对产品进行定位修正和再定位。

4. 市场定位的策略

在营销实践中，可供选择的市场定位策略有很多种，但企业最常采用的定位策略主要有以下 4 种。

（1）避强定位策略

避强定位策略是指企业力图避免与实力强大的竞争者直接竞争，而是另辟蹊径，根据自身条件及相对优势，在尚未被竞争者发现或关注的目标市场上突出自身产品与众不同的特色，以确立相对的竞争优势的市场定位策略。采用避强定位策略，企业可避开实力强劲的竞争者的正面交锋，因而风险较小，适用于实力有限的中小企业。例如，吉利汽车在创立之初，致力于提供"中国人坐得起的汽车"，因价格较低，迎合了不少囊中羞涩又拥有汽车梦想的消费者的需求。由于定位准确，吉利汽车最终大获成功。

（2）迎头定位策略

迎头定位策略是指企业不畏强劲的竞争者，与市场上居于支配地位的竞争者"对着干"，力求与之平起平坐甚至取而代之的市场定位策略。企业采用这种定位策略，必须具备下列条件：①目标市场还有很大的需求潜力；②目标市场未被竞争者完全垄断；③企业具备进入市场的条件和与竞争者"平分秋色"的营销能力。采用这种市场定位策略的企业自身实力一般都比较强，如百事可乐与可口可乐、肯德基与麦当劳等。

（3）补缺定位策略

补缺定位策略是指企业为寻找新的尚未被竞争者占领且确有潜在市场需求的位置，填补市场的空缺，生产市场上没有的、具备某种特色的产品而采取的市场定位策略。例如，金利来进入市场时就填补了市场上高档男士衣物的空缺。

（4）重新定位策略

重新定位策略是指企业改良原有产品、突出新的产品特色，以改变该产品在消费者心目中的原有形象，使消费者对改良后的产品有一个新的认识的市场定位策略。当企业的经营战略和经营目标发生变化、市场上的竞争加剧以及消费者的偏好发生变化时，企业就应考虑重新定位。重新定位策略是以退为进的策略，目的是使新的定位策略更加有效。

总之，市场定位策略要求企业在选择目标市场的基础上，研制开发并推出能满足目标市场需求的产品，并为产品树立特定的市场形象，进而使目标消费者形成特定的偏好，以保障企业营销目标的最终实现。

📊 **本章习题**

一、单选题

1. （ ）是指在不同行业之间的交叉或结合部分出现的市场机会。

    A. 行业市场机会　　　B. 边缘市场机会　　　　C. 全面市场机会　　　D. 局部市场机会

2. 消费者市场的4个细分标准是（ ）。

    A. 行为细分、利益细分、人口细分、心理细分

    B. 地理细分、人口细分、心理细分、行为细分

    C. 时机细分、态度细分、人口细分、利益细分

    D. 气候细分、收入细分、态度细分、个性细分

3. （ ）是指企业选择一个细分市场，集中力量为之服务。

    A. 产品专门化　　　　B. 市场专门化　　　　C. 选择性专门化　　　D. 单一市场集中化

4. （ ）是指面对已经细分的市场，企业选择两个或者两个以上的子市场作为目标市场，分别为每个子市场提供有针对性的产品、服务以及相应的销售措施。

    A. 差异化市场策略　　B. 无差异市场策略　　C. 集中性市场策略　　D. 专门化市场策略

5. 市场定位的首要步骤是（ ）。

    A. 构建目标市场结构图　　　　　　　　　B. 标出竞争者的位置

    C. 初步定位　　　　　　　　　　　　　　D. 正式定位

二、多选题

1. 市场机会作为特定的市场环境，具有（ ）等特征。

    A. 利益性　　　　　　B. 针对性　　　　　　C. 时效性　　　　　　D. 公开性

    E. 模糊性

2. 企业的营销资源包括自身资源和市场资源，其中市场资源包括（ ）。

    A. 财务资源　　　　　B. 品牌资源　　　　　C. 机会资源　　　　　D. 人力资源

    E. 客户资源

3. 产业市场细分的标准包括（ ）。

    A. 客户情况　　　　　B. 经营特点　　　　　C. 采购方式　　　　　D. 形式因素

    E. 个性特征

4. 有效市场细分的原则有（ ）。

    A. 可区分性　　　　　B. 可测量性　　　　　C. 可进入性　　　　　D. 可盈利性

    E. 可定位性

5. 下列属于消费者市场细分标准中的心理细分变量的有（ ）。

    A. 个性　　　　　　　B. 种族　　　　　　　C. 社会阶层　　　　　D. 生活方式

    E. 家庭生命周期

三、名词解释

1. 市场机会　　2. 环境机会　　3. 市场细分　　4. 目标市场　　5. 市场定位

四、简答及论述题

1. 市场机会分析的内容主要包括哪些？

2. 市场细分的作用主要体现在哪几个方面？

3. 试论述目标市场选择策略。

4. 试论述市场定位的原则。

5. 试论述市场定位的策略。

案例讨论

香奈儿5号香水的市场定位策略

在全球，香奈儿5号香水每半分钟就能卖出1瓶，它是香水历史上的奇迹，是世界上最有名的香水之一。成功不是偶然，是必然，必然背后的市场定位策略又是什么呢？

香奈儿5号香水抢占了先机，是香奈儿第一款合成花香调香水，也是全球第一支以乙醛花香调为主调的香水，是第一个大胆使用电视广告推广的香水。经过了近一个世纪的升华，产品的形象已烙印在消费者心中。只要提到奢华优雅的香水，大部分人都会想到香奈儿5号香水。

近年来，市场上的香水产品同质化严重。很多企业都为此绞尽脑汁，试图用"服务+""体验+""包装设计新颖化+"等方式来实现与其他品牌的差异化，从而提高品牌的核心竞争力。最为典型的非迅速崛起的祖马龙香水莫属，但是别忘了祖马龙香水主打的香型都是非常有创意的香料组合，并不是谁都能效仿的。不过拥有差异化定位的香奈儿产品已经遍及全球，成为消费者钟爱的香水产品。香奈儿5号香水的市场定位依据个体偏好，利用了消费者更加关注它们带来的精神价值这一点，总的来说，包括以下3个因素：心理因素、人口因素、行为因素。香奈儿5号香水的目标消费者可以被描述为非常重视自我、追求自由、希望体现自己的价值和有魅力的女性，初期体现为崇尚高品质生活、具有较高生活品位且财力雄厚的女性，而现在除了名人，收入较高的女性也是主力消费者群体，年龄一般在30岁左右。她们正是全球消费市场里的"种子买手"，舍得为自己花钱的同时懂得欣赏自己，希望提升自己的价值。

在市场定位上的利益定位是独特的典雅体验；属性定位是合成香水；价值定位是女性的自由。从目标消费者方面看，他们关注个性化的典雅体验；从竞争对手来看，正如一些人所说的，范思哲是花哨惊艳的，纪梵希是高贵典雅的，迪奥是雕琢和奢华的，阿玛尼是低调的，华伦天奴是精致的。而香奈儿是自由独立、优雅和富有女人味的，这可以说是很多女性的追求。

香奈儿5号香水虽然"年岁近百"，但香调每个季度都有所创新，并且瓶身的设计也会有一些限定的点缀，有新意而又不失典雅。

在推广上，香奈儿5号香水的宣传手段与产品形象相呼应。无论是代言人还是媒介的选择，都必然与产品形象、目标消费者群体相吻合，呈现了呼之欲出的优雅高端之感。

香奈儿5号香水不仅是香奈儿公司的"爆款"，更是香水市场中的"爆款"。它的传奇事例并非无规律可循。通过学习市场营销学，我们就会有所了解："爆款"之所以成为"爆款"，是因为它能够赚取足够多的利润，自身有足够吸引目标消费者的特点。

思考讨论题

1. 香奈儿5号香水的市场定位策略是什么？
2. 香奈儿5号香水因何成名？它为何能在激烈的市场竞争中独领风骚？

第8章 产品与服务策略

本章导读

企业需要通过向市场提供产品与服务来满足消费者的需求，为赢得市场，企业还需综合运用产品与服务策略和竞争对手展开激烈竞争。本章主要介绍产品与产品组合策略、产品生命周期、新产品的开发策略、品牌策略、服务策略等内容，其中产品生命周期、品牌策略和服务策略为本章学习的重点内容。

知识结构图

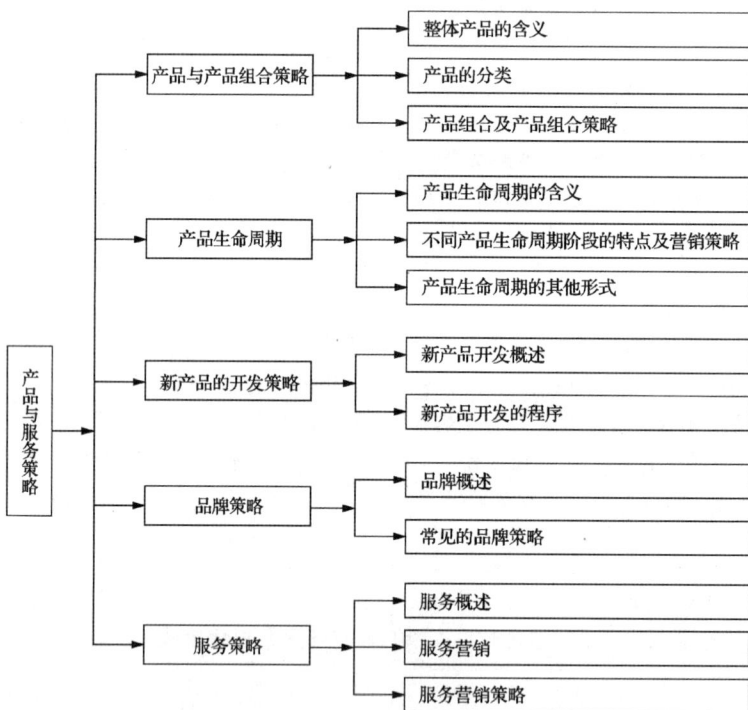

开篇引例

吉利汽车的多品牌策略

2020年4月，吉利汽车宣布孵化出一个新的品牌"枫叶汽车"，这是一个定位于入门级新能源车、主打出行市场的新能源品牌。如果算上2017年从沃尔沃汽车独立出来的Polestar极星、2019年4月创立的几何汽车，以及正在研发的吉利戴姆勒Smart电动车，可以发现，吉利汽车在短短几年时间里仅在新能源领域就布局了多个新品牌——这在全球任何一家汽车制造商中都绝无仅有。

2014年，因当时的帝豪、英伦、全球鹰3个品牌之间相互掣肘导致发展受阻，吉利汽车下决心"回归一个吉利"。令人意外的是，"一个吉利"仅仅坚持了2年，吉利汽车就又开始了新一轮的多品牌布局，其标志性事件是吉利汽车与沃尔沃联合打造了中高端品牌领克。此后，吉利汽车又从海外收购了宝腾汽车、路特斯汽车。在过去的6年里，吉利汽车通过收购、合资、孵化等手段，共获得了多达12个汽车品牌，这一数字在全球范围内与德国大众集团的12个子品牌相当。

从全球范围来看，汽车制造商走向多品牌发展已不是新鲜事。全球汽车工业发展史上曾出现过多家大型"巨无霸"汽车集团，如20世纪90年代的通用汽车和福特汽车，旗下均有超过10个品牌，但经过全球金融危机之后，通用汽车、福特汽车纷纷战略收缩，其中福特汽车最终只剩下福特与林肯两个品牌。而吉利汽车收购的沃尔沃，正是当年从福特汽车手中收购来的。如果不计算车企联盟，目前全球只有德国大众集团还保持着多个品牌的架构，其拥有乘用车、商用车共12个子品牌。

但在德国大众集团内部，不同品牌的发展也一直处于调整之中，近两年德国大众集团为避免品牌内耗，对大众、西雅特、斯柯达这几个定位相仿的品牌进行了多番品牌战略调整。德国大众集团目前的计划是，将斯柯达调整为入门级品牌，将西雅特定位为运动化品牌，大众则主攻主流大众消费者市场。

实际上，在中国自主汽车品牌中，近年来也出现了多品牌发展的新热潮。例如，奇瑞汽车现在形成了奇瑞、开瑞、观致、凯翼、捷豹、路虎的布局；长城汽车有WEY、欧拉、长城、哈弗等4个品牌；长安汽车则有长安福特、长安马自达等合资品牌……从一个品牌到多品牌，再从多品牌到一个品牌，再重新走到多品牌的道路上，这是自主汽车品牌近10年来的发展过程中的一个显著现象。

吉利汽车无疑是自主汽车品牌向多品牌发展的典型代表。那么，多品牌是否能够帮助自主汽车品牌成功实现品牌向上延伸的目标，进而帮助自主汽车品牌走向全球？这一问题目前还没有答案。

资料来源：经济观察报。

8.1 产品与产品组合策略

产品是企业市场营销组合中的重要因素，是实现产品价值交换的基础。产品通常有广义和狭义之分。狭义的产品一般是指生产者生产出来的、用于满足消费者物质需要的有形实体。它主要由产品的物质属性和实体部分构成。而广义的产品是指人们通过购买而获得的能够满足某种需求和欲望的总和，从这个角度来说，产品不仅包括具有物质形态的实体产品，还包括非物质形态的利益，这也是市场营销学所提出的整体产品的含义。

8.1.1 整体产品的含义

从现代营销学的角度看，产品是一个整体性的概念。营销学家菲利普·科特勒将产品分为5个层次，即核心产品、形式产品、期望产品、附加产品和潜在产品，如图8-1所示。国内学者在此基础上将产品简化分为3个层次，分别是核心产品、形式产品和附加产品。下面就对这3个层次分别进行介绍。

1. 核心产品

核心产品是指消费者购买某种产品时所追求的利益和效用，是产品中的第一个层次，也是整体产品概念中最基本、最主要的部分。因此，核心产品是指产品的实用价值，

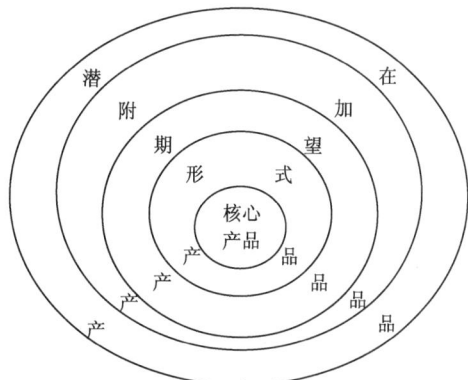

图8-1 产品的层次

是消费者真正要买的东西。如人们购买计算机并不是为了买到一个电路板、塑料和金属元器件的组合物，而是为了利用计算机的信息处理功能，满足其办公、学习、获取信息和娱乐的需求。所以营销人员在形式上是出售产品，但在本质上是出售消费者可获得的核心利益或服务。核心产品在形式上是无形的，它不能独立于产品的实体或服务的活动方式而存在，只有当人们使用或消费某种产品时，才能够体现出来。因此，合格的营销人员应当具有善于发现消费者购买产品时所追求的真正的核心利益的能力；这方面工作做得好，将会产生无数关于企业新产品的"创意"，挖掘更多有利的市场机会。

2. 形式产品

形式产品是核心产品的载体，是核心产品借以实现的形式。形式产品通常由产品的品质、特征、式样、品牌、商标和包装等组成。消费者通过购买形式产品而获得所需的"核心产品"才是其真正的购买目的，但不能因此否认形式产品对消费者购买行为的重要影响。例如，同样是汽车，劳斯莱斯幻影和五菱宏光都能满足方便人们出行的核心需求，但两者的市场地位却有天壤之别。劳斯莱斯凭借其全球顶级豪华汽车的品牌形象、卓越的产品品质、高端大气的外观设计等，成为众多消费者心目中值得信赖的产品。

3. 附加产品

附加产品是指消费者在购买产品时，所得到的全部附加服务和利益。通常，对于实体产品来讲，这些附加利益并不包含在实体产品里，而是以一种附加方式或活动提供的，如免费安装、运送等售后服务，质量保证等；对于服务产品来说，则直接表现为增加的其他产品或服务，如在旅馆客房中增设电视机、洗漱用具，提供免费洗衣服务等。一般情况下，营销人员在出售产品时，如果不提供附加利益，消费者也可以享用核心产品。附加产品的意义就在于能使消费者更好地享受核心产品或增加消费者购买产品时所得到的利益。因此，附加产品虽然不是得到核心产品必须具备的条件，即消费者不一定要通过附加产品才能得到核心产品，但消费者如果得到附加产品，就能够更好地享用核心产品。

8.1.2　产品的分类

不同类别的产品所对应的营销策略是不同的，如针对工业品的促销，企业一般会采取人员推销的方式；而对消费品的促销，企业多采取广告促销的方式。因此，将产品按照一定的标准进行分类具有非常重要的意义。

产品的分类方法有很多，既可以按照产品的使用目的来分，也可以按照产品的形态来分，还可以按照消费者的购买习惯来分。下面就介绍几种主要的产品分类方法。

1. 按照购买者购买产品的用途来划分

按照购买者购买产品的用途来划分，产品可划分为消费品和产业用品。

消费品是消费者为了满足自身及他人的需要而购买的产品，而产业用品则是指以营业或生产为目的而购买的产品。根据使用目的的不同，产业用品又可以分为材料和部件、资本品、辅助品和服务这3类。

2. 按照产品是否有形来划分

按照产品是否有形来划分，产品可以分为有形产品和无形产品。

有形产品是指占有物理实体空间的产品，也就是我们常说的实体产品。与之相对应的是我们看不到实体形态的无形产品，如各类服务等。有形产品和无形产品有很大的不同，前者看得见、摸得着，而后者只能靠消费者的体验来感知，并且消费与生产活动同时进行。

3. 按照产品是否耐用来划分

按照产品是否耐用来划分，产品可分为耐用品和非耐用品。

耐用品是指可供消费者使用较长时间的有形产品，如住房、汽车、彩电、冰箱等。非耐用品是指仅能供消费者使用一次或几次的有形产品，如零食、洗发水、纸巾等。

4. 按照消费者的购买习惯来划分

按照消费者的消费习惯来划分，消费品可以进一步分为便利品、选购品、特殊品和非渴求品。

（1）便利品

便利品是指消费者频繁购买或者需要随时购买的产品，如口香糖、牙膏、矿泉水等。

（2）选购品

选购品是指消费者在购买过程中，需要对产品的适用性、质量、价格和款式等方面做出比较和分析的产品，如家具、服装、手机、计算机、家电等。

（3）特殊品

特殊品是指对某些消费者来说，他们愿意付出大量的时间和精力去购买的、具有独一无二的特性或品牌标识的产品，如特定品牌和款式的汽车、某品牌的香水、供收藏的特殊邮票和钱币等。

（4）非渴求品

非渴求品是指消费者不想主动了解或即使知道也不想主动购买的产品，如百科全书、葬礼策划等。

8.1.3 产品组合及产品组合策略

1. 产品组合的含义

产品组合又称产品搭配，是指一家企业生产和销售的全部产品线和产品项目。在这里，产品线是指一组密切相关的同类产品，又称产品大类或产品系列。所谓密切相关，是指它们或者功能相似，或者被卖给同类消费者，或者通过同样的渠道销售，或者价格在同一范围内。产品项目是指在同一产品线或产品大类中各种不同型号、规格、质量、档次和价格的产品。

企业的产品组合包括4个维度，分别是宽度、深度、长度和关联度。

（1）产品组合的宽度

产品组合的宽度（Width），又称产品组合的广度，是指企业产品组合包含的产品线的数目。产品线越多，产品组合就越宽。例如，一家企业既生产电视机、洗衣机，又生产冰箱、空调和吸尘器，那么这家企业的产品组合的宽度就是5。产品组合的宽度表明了一家企业经营种类的多少和经营范围的大小。

（2）产品组合的深度

产品组合的深度（Depth）是指企业产品组合某一产品线中产品项目的多少。例如，某电器企业所生产的空调有5个不同的品类，那么这家企业空调的产品组合的深度就是5。一般来说，产品组合的深度能够体现企业某个产品线的专业化程度，对于满足目标市场消费者的多样化需求具有重要的意义。

（3）产品组合的长度

产品组合的长度（Length）是指企业产品组合所包含的产品项目的总和。例如，某电器企业电视机产品线的产品项目数为5个；洗衣机产品线的产品项目数为6个；冰箱产品线的产品项目数为8个；空调产品线的产品项目数为5个；吸尘器产品线的产品项目数为4个，则这家电器企业的产品组合的长度为5+6+8+5+4=28（个）。一般来说，产品组合的长度越长，企业的产品品种和规格就越多，市场的覆盖面也就越广。

（4）产品组合的关联度

产品组合的关联度（Consistency）是指企业产品组合中各条产品线在最终用途、生产技术、分销渠道或其他方面的相互关联度。企业产品组合的关联度越高，越有利于共享资源，从而充分发挥协同作用，提高企业竞争力。

2. 产品组合策略

产品组合策略是指企业根据企业资源、市场需求和竞争状况对产品组合进行适时调整，以配置最佳的产品组合。可供企业选择的产品组合策略主要有以下3种。

（1）扩大产品组合策略

扩大产品组合策略包括拓宽产品组合的宽度、加深产品组合的深度和增加产品组合的长度。也就是说，增加产品线或项目、生产经营更多的产品、扩大经营范围以满足市场的需求。扩大产品组合策略可以使企业充分利用人力、物力和财力资源，有助于企业规避风险，增强竞争实力。对生产企业而言，扩大产品组合主要有 3 种方式。

① 平行式扩展。平行式扩展是指生产企业在设备和技术力量允许的条件下，充分发挥生产潜能，向专业化和综合性方向扩展。这种方式的特点是在产品线层次上进行平行延伸，增加产品线，扩大经营范围。

② 系列式扩展。系列式扩展是指企业产品向多规格、多型号、多款式方向发展。这种方式通过增加产品项目，使产品组合在产品项目层次上向纵深扩展，从而为更多的细分市场提供产品，满足更广泛的市场需求。

③ 综合利用式扩展。综合利用式扩展是指企业生产与原有产品系列不相关的产品，通常与综合利用原材料、处理废物、防治环境污染结合进行。这种方式的目的主要是充分利用企业资源，获得综合的经济效益。

（2）缩减产品组合策略

在市场不景气，特别是原料和能源供应紧张时，许多企业趋向于采用缩减产品组合策略，即从产品组合中剔除那些获利甚微或已经没有获利希望的产品线和产品项目，以便集中资源经营那些获利较多或有较好经营前景的产品线或产品项目，具体做法如下。

① 减少产品线。根据市场的变化，集中企业的优势资源，减少产品生产的类别，只保留少数几条产品线。

② 减少产品项目。减少产品线中不同品种、规格和花色的产品的生产，淘汰亏损或低利润的产品，尽量生产利润高的产品。

（3）产品线延伸策略

产品线延伸策略是指将现有产品线加长，提高企业的经营档次并扩大经营范围，部分或全部地改变企业原有产品线的市场地位。采用产品线延伸策略的主要目的是满足不同层次的消费者需求和开拓新的市场。产品线延伸策略可以分为 3 种形式：向下延伸、向上延伸和双向延伸。

① 向下延伸。向下延伸是指企业增加对更低档次的产品的生产。企业采用向下延伸策略的主要原因有：企业发现其高档产品增长缓慢，不得不将产品线向下延伸以开拓新的市场；企业的高档产品遇到了激烈的竞争，进入低档市场能缓解企业的竞争压力；企业当初进入高档市场是为了建立质量形象，在目的达到的情况下，向下延伸可以扩大产品的范围；企业向下延伸是为了填补空隙，否则低档产品会成为竞争者的机会。

② 向上延伸。向上延伸是指企业增加对更高档次的产品的生产。采用这一策略的主要原因是高档产品的市场潜力大，有较大的利润空间，而竞争者实力较弱，且企业在技术和市场营销能力方面已具备进入高档产品市场的条件；或者是企业想发展各个档次的产品，使自己成为生产种类全面的企业，形成完整的产品线。

③ 双向延伸。双向延伸是指原生产中档产品的企业在取得市场优势后，决定同时向产品线的上、下两个方向延伸，一方面增加高档产品的生产，另一方面增加低档产品的生产，力争全方位占领市场。延伸成功后，企业就能大幅度提高市场占有率，占据市场上的领导者地位。采用这一策略最大的风险是随着产品项目的增加，市场风险加大，经营难度也会增大。

8.2 产品生命周期

8.2.1 产品生命周期的含义

市场营销学认为产品是有生命的。新产品的构想和开发就是产品生命的孕育。新产品投入市场以后，经过一定时间的成长，逐渐成熟，接着慢慢衰退，直至最后退出市场，呈现一个从产生到消亡的过程。

所谓的产品生命周期，是指产品从进入市场到被市场淘汰的整个过程，一般经历投入期、成长期、成熟期和衰退期 4 个阶段。在产品生命周期的各个阶段，产品的销量和利润都会发生规律性的变化，如图 8-2 所示。因此，企业需要制订不同的营销策略。

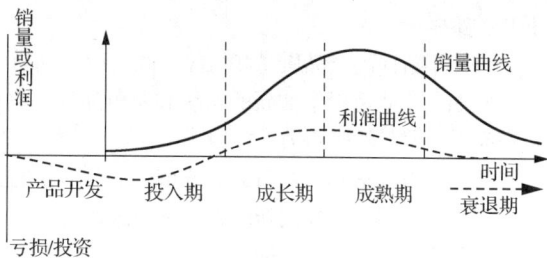

图 8-2 产品生命周期

产品的投入期是新产品投入市场的初级阶段，销量的增长速度比较缓慢，利润一般为负；产品进入成长期后，市场销量迅速增长，企业开始盈利；市场销量在成熟期到达顶峰，但此时的增长率较低，利润在成熟期的后期开始下降；之后，产品的销量和利润显著下降，产品将退出市场，这时产品就处于最后的衰退期。

需要注意的是，产品生命周期的划分不是绝对的。理论上，产品生命周期分为投入期、成长期、成熟期和衰退期 4 个阶段，这 4 个阶段的划分是以产品的销量和利润的变化情况为依据的。但实际上，各种产品生命周期的曲线形状是有差异的。有的产品一进入市场就快速成长，而迅速跳过投入期，有的产品则可能越过成长期直接进入成熟期。因此，产品生命周期各个阶段的划分是相对的。

8.2.2 不同产品生命周期阶段的特点及营销策略

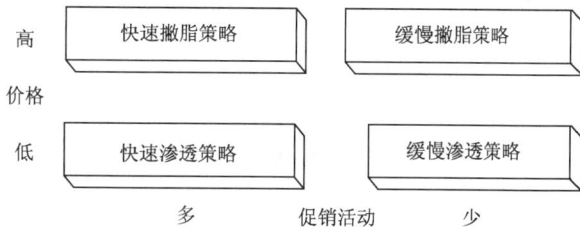

1. 投入期的特点及营销策略

投入期是产品首次投入市场的最初阶段，也称接入期或诞生期。该阶段的主要特点是：消费者对产品不太了解；产品销量低、单位生产成本较高、利润少，甚至亏损；产品的质量不太稳定；还没有建立起稳定的分销渠道，分销和促销费用高；一般竞争者很少。

不同产品生命周期阶段的特点及营销策略

在产品投入期，企业一方面应尽量完善产品的技术性能，尽快形成批量生产能力，另一方面应采取有效的市场营销组合策略来缩短该阶段的时间。最常见的方法是从价格和促销活动两个方面来设计营销策略，由此形成快速撇脂、缓慢撇脂、快速渗透和缓慢渗透这 4 种营销策略，如图 8-3 所示。

以上这 4 种营销策略的划分依据就是促销活动投入的多少和价格的高低。如果对投入期的新产品采取多促销活动、高价格的营销策略，我们就称之为快速撇脂策略；如果采取多促销活动、低价格的营销策略，我们就称之为快速渗透策略；如果采取少促销活动、高价格的营销策略，我们就称之为缓慢撇脂策略；如果采取少促销活动、低价格的营销策略，我们就称之为缓慢渗透策略。

图 8-3 投入期的营销策略

2. 成长期的特点及营销策略

在投入期之后，产品品质不断完善，产量和销量迅速增长，此时就进入了产品生命周期的第二个阶段——成长期。该阶段的主要特点是：产品性能趋于稳定，产品的质量、功能、优点已逐渐为消费者所接受，市场逐步扩大；消费者已了解该产品，销量迅速增长；生产规模扩大，随着量的增长，单位产品生产成本和促销费用下降，利润迅速增长；产品分销渠道业已建立；大批竞争者加入，市场上的同类产品增多，竞争开始加剧，同类产品供给量增加，价格也随之下降。

针对成长期的特点，大力组织生产、扩大市场份额和提高利润是这一阶段的营销重点，可以采取以

下几种策略。

（1）不断提高产品质量和性能，改善产品品质

例如，企业可以增加新的功能和花色品种，逐步形成本企业的产品特色，提升产品的竞争力，以增强产品对消费者的吸引力。

（2）努力寻求和开拓新的细分市场，开辟新的分销渠道

通过市场细分，找到新的、尚未被满足的市场，根据需要组织生产，并迅速进入新的市场。

（3）适当改变广告目标

企业的广告目标应从介绍和传达产品信息、提高产品知名度转移到树立企业和品牌形象、说服和诱导消费者接受和购买产品上来，使消费者形成品牌偏好。

（4）在适当的时机降低价格

企业应当在适当的时机降低价格，以刺激那些对价格敏感的潜在消费者产生购买动机并采取购买行动，从而扩大产品市场份额，增加产品的销量。

3. 成熟期的特点及营销策略

在成长期之后，产品进入生命周期的第三个阶段——成熟期。该阶段的主要特点是：销量增长缓慢，逐步达到顶峰，然后开始缓慢下降；市场竞争十分激烈，各种品牌的同类产品和仿制品不断出现；企业利润开始下降；绝大多数属于消费者的重复购买，只有少数迟缓消费者进入市场；一般是产品生命周期中最长的一个阶段。

企业在这个阶段不应满足于保持既得利益和地位，而是要积极进取，其营销重点是延长产品的生命周期、巩固市场占有率，这就需要采取以下两种策略。

（1）市场改良策略

市场改良策略不是要改变产品本身，而是要发现产品的新用途或改变推销方式，以使产品的销量提高。产品销量主要受购买人数和重复购买频率的影响。因此，企业要提高产品的销量，可以从两个方面入手：增加购买人数和刺激消费者重复购买。

（2）产品改良策略

产品改良策略也称为产品再推出策略，即将产品的某一部分给予显著变革，以便吸引新顾客，留住老顾客的营销策略。

产品改良可以从以下4个方面入手：一是改善产品的功能和特性；二是增加产品的新特点；三是改变产品的款式、配料和包装等；四是改良附加产品，为消费者提供更好的服务等。

4. 衰退期的特点及营销策略

衰退期的主要特点是：产品销量急剧下降；价格已经难以维持原有水平，利润也迅速下降直至为零甚至出现亏损；消费者的消费习惯发生改变或持币待购；市场竞争转为激烈的价格竞争，很多竞争者退出市场。

产品进入衰退期以后，企业应视自身经营实力和产品是否具有市场潜力，对衰退的产品及时谨慎地做出放弃或保留的决策，因为简单的放弃或不顾实际的保留，都会使企业付出高昂的代价。在衰退期，企业可以选择的营销策略有以下几个。

（1）放弃策略

放弃策略就是放弃那些迅速衰退的产品，将企业的资源投入其他有发展前途的产品上去。企业既可以选择完全放弃，也可以选择部分放弃。但企业在使用该策略时应妥善处理现有消费者的售后服务问题，否则企业停止生产经营该产品，现有消费者需要的服务得不到满足，会影响他们对企业的忠诚度。

（2）维持策略

在衰退期，由于有些竞争者退出市场，市场出现一些空缺，这时留在市场上的企业仍然有盈利的机会。具体的维持策略包括：继续沿用过去的营销策略；将企业资源集中于最有利的细分市场，维持对老

产品的集中营销。

（3）重新定位策略

企业通过对产品重新定位，为产品找到新的目标市场和新的用途，使处于衰退期的产品再次焕发生机，从而延长产品的生命周期，甚至使它成为一个新的产品。这种策略成功的关键就是要找到产品的新用途。

8.2.3 产品生命周期的其他形式

上文讨论了典型的产品生命周期及其各阶段的特点及营销策略。但并不是所有的产品生命周期曲线都是 S 形的，还有其他形式的产品生命周期曲线。

1. "循环—再循环"型

产品在市场上经过一个产品生命周期以后，过一段时期又开始进入第二个产品生命周期，如图8-4（a）所示。由于企业采取了各种不同的市场营销策略，产品生命周期才出现了再循环的现象，如医药产品的产品生命周期曲线中最具有代表性的就是"循环—再循环"型。

2. 扇形

这种形式的产品生命周期是指在产品进入成熟期以后，在产品销量下降以前，由于发现了新的产品特性，或者找到了产品的新用途，或者找到了新的细分市场，产品的需求呈阶梯式向上发展，如图8-4（b）所示。例如，尼龙最初是用来制造降落伞的，后来袜子、衣服和地毯等都以它作为原料，从而使其需求不断大幅增加。

3. 时尚产品

时尚产品是指某一方面的特性已经被消费者普遍接受的产品。其产品生命周期与典型产品生命周期类似，都要经历产品生命周期的几个阶段，如图 8-4（c）所示。消费者购买这类产品的动机是追求一致性，一旦消费者的购买兴趣发生转移，其生命周期就会马上结束。

4. 新潮产品

新潮产品是一种存在时间极短的流行时尚产品，其产品生命周期曲线与一般的时尚产品不同，如图 8-4（d）所示。这类产品在某一段时间内非常流行，产品迅速进入市场并很快达到销量顶峰，然后就迅速衰退，生命周期相当短，如呼啦圈从流行到衰退经历了不到半年的时间。这类产品的发展状况难以预测，经营风险较大。

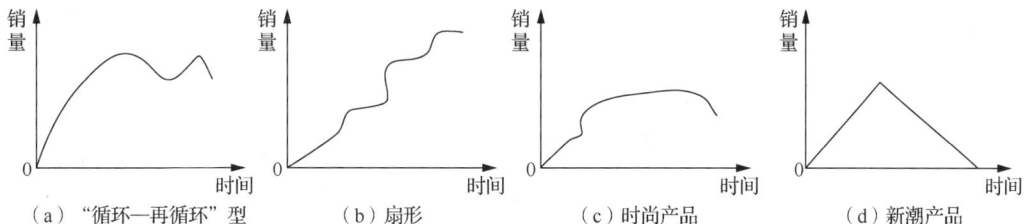

图8-4　产品生命周期的其他形式

8.3　新产品的开发策略

根据产品生命周期理论，所有产品最终都将进入衰退期。因此，企业必不断开发新产品，以替代生命力较差的产品。

8.3.1 新产品开发概述

1. 新产品的含义及分类

营销意义上的新产品与科学技术领域中的新产品含义有所不同，前者不仅是指发明创造出前所未有的产品。只要产品在功能或形态方面得到改进而与原有的产品产生差异，并能为消费者带来新的利益，在营销领域都可被视为新产品。营销学中的新产品大致可以分为以下几种类型。

（1）全新产品

全新产品是指采用新原理、新技术和新材料研制出来的市场上从未有过的产品，如汽车、电话、计算机、手机等第一次出现时都属于全新产品。全新产品的创新程度最高，具有其他类型的新产品所不具备的经济、技术上的优势：可取得发明专利权，享有独占权利；能通过其明显的新特征与新用途改变传统的生产、生活方式，取得全新的市场机会，创造需求。但全新产品的研制是相当困难的，需要技术、资金、时间的保证，还要承担巨大的投资风险。

（2）换代新产品

换代新产品是指采用新材料、新元件、新技术，使原有产品的性能有飞跃性提高的产品。换代新产品的技术含量比较高，是在原有产品基础上的新发展，因此它是企业进行新产品开发、提升竞争力的重要创新方式。现代科学技术的进步，消费者日益多变的需求，为企业对产品进行更新换代创造了良好的条件和环境。

（3）改进新产品

改进新产品是指从不同侧面对原有产品进行改进创新而创造出的产品。下列情况均属这种类型：采用新设计、新材料改变原有产品的品质，降低成本，但产品用途不变；采用新式样、新包装、新商标改变原有产品的外观而不改变其用途；把原有产品与其他产品或原材料加以组合，使其增加新功能；采用新设计、新结构、新零件增加其新用途。改进新产品的技术含量低或不需要使用新技术，是较容易设计的新产品类型。它可以增强竞争能力、延长产品生命周期、减少研制费用和风险、提高经济效益。

（4）仿制新产品

仿制新产品是指企业模仿市场已有产品而生产出的产品。仿制是开发新产品最便捷的途径，风险也较小，只要有市场需求，又有生产能力，企业就可以借鉴现成的产品和技术来开发本企业的新产品。日本汽车、家电产品走向世界，它们的第一步都是从仿制开始的，但仿制不能违反专利法等法律法规，还需对原有产品进行适应性修正。

2. 新产品的开发途径

新产品的开发途径主要有自主开发、合作开发和引进开发3种。

所谓自主开发，就是依靠自身力量，自行研究和设计新产品，这是一条非常重要的途径。因为有些新技术、新设备是无法外取的，如芯片制造技术等。根据新产品的起点不同，自主开发又可分为3种不同的开发类型。第一种是从基础理论研究出发，经过应用研究和开发研究，直到新产品试制成功并投入市场；第二种是利用已有的基础理论进行研究和开发，直至新产品试制成功，最后投放市场；第三种是利用已有的基础理论和应用研究成果进行开发性研究，直到新产品试制成功并投放市场。可见，第一种开发类型难度最大、风险最高、投入也最大；第二种的难度和风险介于第一种和第三种之间；第三种相对来说投入要少一些，风险要低一些，难度也要小一些。

合作开发指的是企业与其他科研机构、高等院校及外部企业合作研究、开发新产品。这种途径的投入相对自主开发要少一些，研发能力也更强，但协调起来要困难一些，而且有些新产品因保密要求，也不便与外界合作开发。

引进开发实际上就是通过引进先进技术或移植生产来开发新的产品。当企业自身的研发实力不足或外部技术和生产都已非常成熟时，引进开发对企业来说是一种非常有效的新产品开发途径。

3. 新产品开发的风险

新产品开发是现代企业面临的最重要挑战之一。企业的持续发展越来越多地依赖于新产品的开发。面对日益激烈的市场竞争，企业必须预先为已经进入衰退期的产品寻找替代品。但新产品开发难度大、失败率高，为此，企业必须了解新产品开发存在的风险，尽力提高新产品开发的成功率。

新产品开发的风险是相当大的。有资料显示：新产品开发中消费品的失败率为 40%、工业品的为 20%、服务业产品的为 18%。新产品失败率较高的原因如下。

（1）产品本身存在缺陷，可能是产品技术判断失误，产品无特色或性能、质量不佳。

（2）忽视市场需求。企业主要从技术优势出发，过分强调产品技术，忽视市场需求或者需求预测失误。

（3）成本估计出现严重偏差。新产品的价格制定是关键，价格过高或过低对新产品的推广都会产生影响。

（4）竞争对手的抗衡。企业低估了竞争对手的力量，不了解竞争对手的营销策略，在竞争中处于劣势。

（5）营销组合策略运用和选择不当。例如，渠道不合适、促销不恰当。

（6）目标市场不明确。企业未对潜在消费者进行深入调查，对影响消费者购买行为的因素分析不足。

8.3.2 新产品开发的程序

新产品开发是一项艰苦的系统工程，有些甚至需要举国之力才能开展，如研发飞机发动机等项目。为了提高新产品开发的成功率，企业必须遵循科学的程序。一般来说，新产品的开发始于创意，最终追求的结果是批量上市。在这个过程中，一般要经历以下 7 个阶段。

1. 创意

创意是新产品开发的起点，也就是开发新产品的设想。任何一个新产品的诞生，都离不开大胆而独特的创意。虽然创意并非都能实现，但寻求更多的创意能为开发新产品提供更多的机会。所以，企业务必要高度重视创意，积极寻求新的创意。新产品的创意来源有很多，如消费者、中间商、科研机构、高校、营销情报机构、咨询公司以及企业自身等。

2. 筛选创意

在获取一定的创意之后，企业还要对这些创意进行评估，以筛选出与企业战略目标相一致且企业具备开发能力的创意。

3. 形成产品概念

所谓产品概念，是指企业从消费者的角度对产品创意所做的详尽的描述。这个概念不太容易理解，我们可以通过一个例子来进行说明。例如，一家企业有了开发针对老年人保健的产品的创意，但这只是企业从自己的角度考虑可能向市场提供的产品的构思，而对真正开发出新产品来说这还远远不够。企业要了解老年消费者对这类保健产品概念的理解、对这类保健产品的购买意愿、对价格的接受程度等。因此，企业要与目标消费者深入沟通，才能形成最终的产品概念。

4. 商业化分析

商业化分析就是企业对新产品概念进行财务方面的分析，包括对销售额的估计、对成本和利润的估计等，以判断该产品的开发是否有利可图。

5. 产品开发

产品开发实际上就是将形成的产品概念最终转化为产品。在这个过程中，研究与开发部门、工程技术部门及生产部门需要通力合作。这一阶段的具体工作内容包括样品或模型试制、消费者实验、产品价格制定等。

6. 市场试销

市场试销是在产品小批量生产出来以后，选定部分目标市场进行的销售活动。试销的方式有很多，如免费试用、人员推销、不做任何促销活动的正常售卖等，其目的不是盈利，而是了解消费者对新产品的反应，以便为今后改进产品及制订营销策略提供必要的依据。如果试销结果不理想，企业则要进一步分析原因，看是否能够改进，否则就应终止新产品开发程序。

7. 批量上市

在市场试销之后，企业可以根据试销情况做出最终的经营决策。如果市场反应符合预期，企业就可以正式批量生产产品并全面推向市场。新产品上市往往需要支出大量的营销费用，所以企业一定要制订周密的市场开发策略和营销组合策略。

8.4　品牌策略

8.4.1　品牌概述

1. 品牌的含义

品牌（Brand）俗称牌子，由文字、标记、符号、图案、颜色、设计等要素或要素的组合构成，用以识别企业的产品或服务，并将其与竞争者的同类产品或服务区分开来。品牌是一个集合概念，通常包括品牌名称（Brand Name）、品牌标志（Brand Mark）和商标（Trade Mark）等部分。

2. 品牌的特征

（1）品牌代表着产品的特色和质量

在营销活动中，品牌并非是符号、标记等的简单组合，而是产品的一个复杂的识别系统。品牌实质上代表着卖方对交付给购买者的一系列产品的特征、利益和服务的一贯性的承诺。

（2）品牌是企业重要的无形资产

品牌是有价值的，良好的品牌形象可以给其拥有者带来巨大的收益。品牌资产是一种无形资产，必须通过一定的载体才能体现价值，直接载体是品牌元素，间接载体是品牌知名度和美誉度。一些全球著名品牌如"可口可乐""肯德基"等，其品牌价值几乎已超过了企业所拥有的有形资产。但品牌资产的收益具有不确定性，企业需要对品牌进行持续投资（如广告投放等）并精心维护，以防品牌贬值。

（3）品牌具有一定的个性

品牌具有一定的个性。例如，一提到百事可乐，我们就会联想到有朝气的、年轻的一代；而一提到奔驰，我们就会将其与自信、富有、成功这些词汇联系在一起。我国知名品牌的品牌个性也很突出，如"娃哈哈"就象征着幸福、安康、希望。所以，在创造品牌的过程中，企业一定要注意对品牌个性的塑造，赋予品牌一定的文化内涵，满足广大消费者在文化品位方面的需求。

（4）品牌具有专有性

当品牌成为知名品牌后，特别是品牌商标一经注册成为注册商标后，便具有维护专用权利的防御性作用，品牌的拥有者就对该品牌享有专有权，其他企业不得再用。一件产品可以被竞争者模仿，但品牌却是独一无二的。品牌在其经营过程中，通过良好的质量、优质的服务建立起良好的信誉，这种信誉一经消费者认可，很容易形成品牌忠诚，这从另一个方面强化了品牌的专有性。

3. 品牌的作用

（1）品牌对消费者的作用

① 品牌有助于消费者识别产品的来源，保护其合法权益。《中华人民共和国消费者权益保护法》规定："消费者因购买、使用商品或者接受服务受到人身、财产损害的，享有依法获得赔偿的权利。"消费

者通过品牌很容易识别产品的来源和品牌的拥有者，一旦消费者权益受损，就可以运用法律武器维护自身的合法权益。

② 品牌有助于消费者规避购买风险，降低购买成本。品牌代表着产品的品质和特色，是产品质量和服务的保证。消费者购买品牌产品，不仅能够有效规避买到伪劣产品的风险，还能省去购买行为过程中的搜寻信息、制订购买决策等一系列活动，从而大大降低购买的精力成本和时间成本等。

③ 品牌有助于消费者形成品牌偏好，方便重复购买。享有良好声誉的品牌，有利于消费者形成品牌偏好。消费者一旦感受到购买某品牌产品所能带来的好处或利益，就会形成品牌偏好。同一品牌的产品原则上具有相同的品质，使消费者易于消除对新产品的疑虑，促使其重复购买。

（2）品牌对企业的作用

① 品牌有利于产品的销售和占领市场。品牌一旦形成一定的知名度和美誉度，企业就可利用品牌优势扩大市场，促进消费者形成品牌忠诚。品牌忠诚能使企业在竞争中得到某些保护，并使它们在制订市场营销策略时具有较强的控制能力。知名品牌代表了一定的质量和其他性能，比较容易吸引新的消费者，从而降低营销费用。

② 品牌有利于增强企业竞争力，增加利润。在同类产品众多、竞争激烈的市场上，具有良好声誉的知名品牌可以像灯塔一样在信息海洋中为不知如何选择的消费者指明方向。品牌是企业实现产品差异化的重要手段，企业掌握品牌产品的定价主动性，可以避免与同类产品进行价格竞争。例如，国际品牌可口可乐的价格均由公司统一制定，价格弹性非常小。

③ 品牌有利于企业更好地占领细分市场。企业可以在不同的细分市场推出不同的品牌以适应消费者的个性差异，从而更好地满足消费者的需求。不少企业采用多品牌战略，基于产品的特性、品质、功能等因素为每类或每件产品赋予不同的品牌，使每个品牌都能在相应的细分市场上拥有独一无二的形象。

④ 品牌有利于维护企业的经济利益。品牌经过注册获得专有权，受法律的保护，其他企业未经许可不得在同类或类似产品上使用，因此品牌可防止企业产品被竞争者抄袭、模仿或假冒，从而能保护企业的正当权益。

⑤ 品牌是企业开展竞争的一种重要工具。高价值品牌能为企业带来许多竞争优势，产品能够借助品牌优势，赢得消费者的品牌偏好，提高市场占有率。企业还能够借助品牌的良好声誉，为产品制定较高的价格，在获取高额利润的同时，应避开与竞争者的价格大战。

8.4.2 常见的品牌策略

品牌策略（Brand Tactics）是增强企业产品的市场竞争力的重要策略之一，选择正确的品牌策略是做好市场营销、提高企业经济效益的一个重要前提。常见的品牌策略主要有以下几种。

1. 品牌有无策略

顾名思义，品牌有无策略是指企业是否对产品冠以品牌的策略，一般包括两种：品牌化策略和非品牌化策略。

当前越来越多的企业意识到了品牌的重要性，如原材料、蔬菜、水果等过去几乎不使用品牌的产品，也被很多企业冠以品牌销售。品牌化策略的优点主要有：便于企业处理订单和管理存货；帮助企业更好地进行市场细分；有助于吸引更多的品牌忠诚者；品牌具有排他性，能够与竞争者的产品区别开来，从而帮助企业树立良好的产品和企业形象。

尽管品牌化策略具有上述优点，但仍有一些企业采用非品牌化策略。因为要使一个品牌成功地打入市场，企业就要在建立、维持、宣传推广和保护品牌等方面花费较多的费用，从而会导致成本增加；而且一旦经营失利，还会影响企业的声誉。因此，对于一些使用品牌意义不大的产品，企业可以采用非品牌化策略。一般来说，下列情况可以使用非品牌化策略。

（1）产品本身同质性很高、在加工过程中无法形成一定的特色，这类产品主要包括一些未经加工的原料产品、农产品，如电力、原油、木材、棉花等。

（2）生产简单、选择空间不大、消费者在购买时只看重产品的式样和价格而常常忽视品牌的产品，主要是一些小产品，如火柴、纸张、针线等。

（3）企业临时性或一次性生产经营的产品。

2. 品牌归属策略

品牌归属策略又称品牌使用者策略，涉及品牌的所有权是归制造商还是中间商或二者同时所有的问题。一般来说，企业有以下 3 种可选择的策略。

（1）制造商品牌策略，也叫企业品牌或生产者品牌策略，即制造商拥有产品品牌。在我国，知名品牌大都为制造商品牌，如华为、联想和格力等。采用制造商品牌策略，制造商可以有效地控制产品质量，并获得品牌所带来的利益。

（2）中间商品牌策略，即制造商将其产品大批量卖给中间商，中间商再用自己的品牌将产品销售出去。这种品牌策略也叫渠道品牌策略、经销商品牌策略、私人品牌策略等。

（3）混合品牌策略，即制造商的有些产品使用自己的品牌，有些产品使用中间商品牌。

一般来说，制造商在拥有良好的市场声誉、拥有较大市场份额的条件下，应多使用制造商品牌，无力经营自己品牌的中间商只能接受制造商品牌。相反，当中间商品牌在某一市场领域中拥有良好的品牌声誉及庞大的、完善的销售体系时，利用中间商品牌也是有利的。因此进行品牌策略选择时，企业要结合具体情况，充分考虑制造商与中间商的实力，以求客观地做出决策。

3. 品牌统分策略

企业决定所有的产品使用一个或多个品牌，还是不同产品分别使用不同的品牌，就是品牌统分策略。品牌统分策略大致包括 4 种：个别品牌策略、统一品牌策略、分类品牌策略、个别品牌名称与企业名称并用策略。

（1）个别品牌策略也称为品牌多样化策略，即企业决定每个产品分别使用不同的品牌。企业采用个别品牌策略，为产品寻求不同的市场定位，有利于增加销量和对抗竞争者，还可以分散风险，使企业的整体声誉不会因某种产品表现不佳而受到影响。例如，宝洁公司在中国的洗衣液品牌有汰渍、碧浪；牙膏品牌有佳洁士；洗发水品牌有海飞丝、飘柔和潘婷等。

个别品牌策略的主要优点是：便于区分高、中、低档各类产品，以满足市场上不同消费者的需求；某一产品的失败不会影响其他产品，可提高企业整体在市场竞争中的安全感。

个别品牌策略的主要缺点是：增加了产品的促销费用，使企业有限的资源分散，在竞争中处于不利地位；每一个品牌都需花费大量的设计及命名、注册与续展、宣传和推广费用，会增加企业的营销成本；企业品牌过多，不利于企业创立名牌。

（2）统一品牌策略也称家族品牌策略，是指企业的所有产品都使用同一品牌，各种产品都以统一的品牌进入市场，如美国通用电气公司的所有产品都用 "GE" 作为品牌名称。现有声誉、形象良好的企业采用这种品牌策略不仅可以利用原产品在市场上好的影响，带动新产品上市，节省大量推广费用，而且可以强化消费者对该品牌的印象。而现有声誉、形象一般或较差的企业不宜采用这种策略。另外，一种品牌代表了具有一定品质的产品，品质相差悬殊的产品亦不宜采用此策略，否则会导致品牌的市场形象模糊，不利于树立鲜明的市场形象。

统一品牌策略的主要优点是：企业可以运用多种媒体集中宣传一个品牌，充分利用品牌效应；有助于新产品快速进入目标市场，而不必为建立消费者对新品牌的认识和偏好花费大量的广告费。但是，采用统一品牌策略的各种产品应具有相同的质量水平，否则会影响品牌声誉，特别是有损质量较好产品的声誉。

（3）分类品牌策略是指企业生产经营的各类产品使用不同的品牌进入市场。例如，西尔斯公司的器具类产品用"肯摩尔"、妇女服装类产品用"瑞溪"、家用设备类产品用"家艺",这样就很好地解决了企业生产经营品种截然不同的产品的品牌问题。企业使用这种策略,一般是为了区分不同大类的产品,使一个产品大类下的产品使用共同的品牌,以便在不同的大类产品领域中树立各自的品牌形象。

(4)个别品牌名称与企业名称并用策略是指企业对不同类别的产品分别使用不同的品牌,且在各种产品的品牌前冠以企业的名称或公司的商号。例如,海尔的海尔"大力神"冷柜、海尔"小神童"洗衣机;江中制药厂的江中健胃消食片、江中复方草珊瑚含片、江中博洛克、江中痔康片。

采用这种品牌策略的出发点是企业希望兼有统一品牌和个别品牌两种策略的优点,既可以使新产品享受企业的声誉、节省广告费用,又可以使各品牌保持自己的特点和相对独立性。企业的声誉很好时,采用这种品牌策略有助于迅速推广产品,其缺点是任一产品的失败或事故均可能严重影响整个企业的品牌声誉。

4. 品牌延伸策略

品牌延伸策略也称为品牌扩展策略或品牌拓展策略,是指企业利用已具有市场影响力的成功品牌来推出改良产品或新产品的一种策略。例如,以雀巢咖啡成名的"雀巢"商标,被扩展使用到奶粉、巧克力、饼干等产品上。品牌延伸策略并非只借用表面上的品牌名称,而是对整个品牌资产的策略性使用。

品牌延伸策略的优点是可以利用现有品牌的无形资产获得更大的收益;新产品使用企业原有的成功品牌,不仅能够降低市场推广费用,而且更容易被消费者接受和认可,从而降低新产品的市场风险。

实施品牌延伸策略时,企业要注意以下几点。一是避免把品牌延伸到与之毫不相干或互不相容的新产品上。例如,将某汽车品牌延伸至食品上,就会给人一种不伦不类的感觉。二是要避免把强势品牌延伸到与原有产品在档次和质量上相差悬殊的新产品上,这样做会破坏品牌在原有市场上的良好形象。因此,企业运用品牌延伸策略时,一定要根据具体情况谨慎行事。

5. 多品牌策略

多品牌策略是指企业在同一类别产品上同时使用两个或两个以上相互竞争的品牌,这种策略由宝洁公司首创。多品牌策略的优点是:企业可深入多个不同的细分市场,从而提高市场占有率,降低市场风险;借助不同品牌的产品特性满足不同消费者的需求;有利于促进企业内部不同品牌之间的竞争,增强企业活力。该策略的缺点是增加了品牌推广的成本,造成企业资源的浪费,同时也增加了品牌管理难度。

6. 更换品牌策略

更换品牌策略是指企业在提供的产品或服务不变的情况下,用新品牌替代老品牌的一种营销策略。企业实施更换品牌策略的原因是多方面的,但主要有以下两点:一是老品牌已不能反映企业现有的发展状况;二是为了使品牌适应新的观念、新的时代、新的环境、新的需求。

7. 合作品牌策略

合作品牌策略也称为双重品牌策略,是指将两个或两个以上品牌在一件产品上联合起来使用,每个品牌都期望另一个品牌能强化产品的整体形象或消费者的购买意愿。例如,芯片巨头英特尔与全球知名计算机制造商在品牌方面进行合作,在这些品牌计算机上标识"Intel Inside"的标识即属于此种策略。

8. 新品牌策略

新品牌策略是指企业为新产品设计出一种新的品牌,使之更适合产品的形象或功能。例如,春兰集团以生产空调而闻名,当推出摩托车产品时,企业认为继续使用春兰这个品牌不太合适,于是使用了新的品牌"春兰豹"。

8.5 服务策略

营销学所指的产品包括有形产品和无形产品两大类。两者在产品形态和营销策略上存在着巨大的差异。20世纪五六十年代，学术界兴起了针对无形产品营销的研究，由此出现了一个新的营销学研究分支——服务营销。

8.5.1 服务概述

1. 服务的含义

根据美国市场营销学会的定义，服务是可以被区分界定的、无形的，却可使欲望获得满足的活动，它并不需要与其他产品或服务的出售联系在一起。生产服务时，可能需要也可能不需要利用实物，即使需要借助某些实物生产服务，也不涉及实物的所有权转移问题。这一定义对有形产品同无形服务进行了明确区分。

2. 服务的分类与特征

（1）服务的分类

在现实的经济活动中，服务通常是与有形产品结合进入市场的，在市场交换中很难把服务从有形产品中分离出去。按照服务在有形产品中所占的比重，服务大体上可以分为以下5种类型。

① 纯粹的有形产品，包括各种看得见、摸得着的产品，产品中几乎不含任何服务的成分。

② 附加少量服务的有形产品，指为了提升产品的吸引力，有形产品与少量附加服务结合。例如，销售汽车时提供保险、保养等服务，购买空调送免费安装服务等。

③ 有形产品与服务的混合物，即有形产品与服务各占一半。例如，人们去餐馆就餐，会同时购买食品并享受服务；美容院的消费者大多会在享受服务的同时，购买护肤品。

④ 伴随少量有形产品的服务，指以提供服务为主，同时伴有少量的辅助型产品。例如，航空客运，乘客购买的是运输服务，但他们在旅行途中同时可以得到食品、饮料和航空杂志等。

⑤ 纯粹的服务，主要是提供服务，其中几乎不会附加任何有形产品，如保姆提供的照看小孩服务、心理咨询师提供的心理咨询服务等。

（2）服务的特征

与有形产品相比，服务具有以下几个特征。

① 无形性。实体产品是有形的，而服务通常是无形的。无形性可从两个不同的层次来理解。第一，与有形的消费品或工业用品相比，消费者在购买服务之前，是看不见、摸不着、听不到、嗅不着服务的。服务的特质及组成服务的元素是无形无质的，消费者无法触摸或用肉眼看见其存在。第二，随着企业服务水平的日益提高，附加的服务往往与消费品或工业用品一起出售。对消费者而言，他们在购买有形产品的同时也就购买了这些产品所承载的服务或者效用。因此，无形性是服务最重要也是最基本的区别于有形产品的特征，是形成其他特征的基础。

② 不可分离性。服务的不可分离性也称为同时性，指的是服务的生产过程和消费过程同时存在、同时进行、不可分离。服务提供者在向消费者提供服务时，消费者也在消费服务。服务开始之时，消费同时进行；服务结束，消费也就结束，消费者只有参与到服务的生产过程中，才能最终消费服务。

③ 差异性。差异性是指服务的构成及其质量水平经常变化，很难统一界定。同一种服务的构成、质量、效果等会由于服务提供者的不同，呈现明显的差异性。

④ 不可储存性。产品可以事先完成生产，并在一定的时间内储存。然而任何服务都不可能做到事先生产并储存，然后在需要时进行消费。服务的利益或价值如果不在可以购买和利用的时候被购买和利用，那么它就会消失。例如，一旦飞机起飞，没有销售出去的座位就不能再用于未来的销售。

⑤ 缺乏所有权。有形产品有使用权和所有权的问题，其销售意味着所有权和使用权的转移。而服务可同时为一人或多人同时使用（享受、消费），且在消费中所有权不发生转移，表现出一种公共性。缺乏所有权是指在服务的生产和消费过程中不涉及任何东西的所有权转移。

8.5.2 服务营销

1. 服务营销的含义

服务营销是指开展服务营销的企业通过营销组合策略，即采用产品策略、价格策略、分销策略、促销策略等来吸引消费者消费、提高企业的市场占有率的一系列活动。服务营销的核心理念是消费者满意和忠诚，通过获得消费者的满意和忠诚来最终获取企业的长期性的竞争优势。

2. 服务营销与传统营销的区别

与传统营销相比，服务营销方式营销的是服务，而传统的营销方式营销的是具体的产品。两者的区别主要有以下 5 点。

① 研究对象的差异。传统营销以生产企业的整体营销作为研究对象，服务营销则是以服务企业的行为和产品营销中的某些服务环节作为研究对象。因此，从研究对象的角度来看，服务企业与一般生产企业的营销行为存在一定的差异。

② 分销渠道的差异。服务营销的生产和销售是同时进行的，其分销渠道与传统营销的分销渠道完全不同（传统产品的生产、销售、流通在时空上是分离的）。因此，根据服务的特性，服务营销应匹配与之相适应的营销模式，注重服务过程与服务消费时空的统一性。例如，学校、幼儿园、医院、银行等机构应慎重考虑选址问题。

③ 客户管理的差异。服务营销强调对客户的管理，服务企业在提供服务的过程中伴随着服务消费，即服务生产与服务消费是同步的，服务的提供过程即客户的参与过程。因此，服务营销必须把对客户的管理纳入服务营销管理的全过程，以客户的需求及期望为营销的依据，开展有针对性的营销活动。而传统营销强调的是以消费者为中心，其消费者需求具有一般性，因而其客户管理较少体现个性化。

④ 质量管理的差异。质量管理问题是服务营销与传统营销的重要区别之一，其原因在于服务的质量很难像有形产品那样用统一的标准来衡量，因而要注重研究服务质量的过程控制，包括建立服务体系、服务规范、服务标准，人员的选拔与评估，加强与消费者的沟通以及建立有效的消费者投诉处理机制等。

⑤ 产品展示的差异。无形性是服务营销的特征，无形性要求服务营销要研究服务的有形展示问题，包括有形展示的形式、方式、途径、技巧等。而传统营销则不涉及这方面的问题。

3. 服务营销组合模式

传统的 4P's 营销组合策略主要适用于有形产品的营销，而服务的无形性和生产与消费同时进行的特殊性，决定了传统的营销组合策略不适用，因此有必要重新调整营销组合策略。由此，新的服务营销组合模式——7P's 服务营销组合模式诞生了。

1981 年，布姆斯（Booms）和比特纳（Bitner）在 4P's 营销组合策略，即产品（Product）、价格（Price）、渠道（Place）和促销（Promotion）的基础上增加了人员（People）、有形展示（Physical Evidence）和过程（Process）这 3 个元素，形成了 7P's 服务营销组合模式。7P's 也构成了服务营销的基本框架。

① 产品。服务营销中的产品即计划向市场提供的服务品种，服务产品必须考虑提供服务的范围、服务质量、服务水平、品牌、保证以及售后服务等。不同服务领域的服务产品的这些要素组合差异相当大，如一家社区医疗门诊部提供的医疗服务与一家三级甲等医院相比，服务品种（要素组合）就存在着明显的差异。

② 价格。企业在服务产品的价格方面应主要考虑价格水平、折扣和佣金、付款方式和信用等问题。价格是一种识别信号，在区别一项服务和另一项服务时，消费者可以通过一项服务的价格感受到其价值。

价格会直接影响消费者对服务产品的预期，并形成对服务质量的预期。此外，价格与质量之间也存在某种联系，价格与质量的关系是服务定价的重要参考因素。

③ 渠道。地缘的可达性不仅是指实物上的，还包括传导和接触的其他方面。服务提供者的所在地及地缘的可达性都是市场营销服务及市场营销效益的重要影响因素。所以渠道的类型及其覆盖的地域范围都与服务的可达性密切相关。由于服务营销的服务过程与服务消费时空具有统一性，服务场所是服务营销选择渠道时应考虑的重要因素。

④ 促销。促销包括广告、人员推销、销售促进、宣传和公关等多种营销形式。与传统营销中的实物赠送相比，服务营销的促销形式更多地表现为增值服务的提供。

⑤ 人员。在服务产品的提供过程中，人员是一个不可或缺的重要因素。对于服务来说，提供服务的人员本身就是服务产品的一部分，其贡献和其他销售人员相似。由于大多数服务企业的员工往往承担着服务表现和服务销售的双重任务，员工的素质就显得极为重要，营销管理人员必须重视对员工的选择、培训、激励和管理。一方面，高素质、符合要求的员工的参与是提供服务的一个必不可少的条件；另一方面，员工的服务态度和水平也是决定消费者对企业所提供服务的满意程度的重要因素，尤其是对那些提供"高接触度"服务的企业而言。理想的情况是，员工能够胜任自己的工作，富有同理心，热情而主动，具有独立解决问题的能力，并且亲切友好。此外，消费者与消费者之间的关系也应受到企业的重视，因为消费者之间的交流会影响他们对一项服务产品质量的认知。

⑥ 有形展示。服务是无形的，在服务消费决策中，消费者往往会根据其能够感知的有形因素来判断无形服务的质量，进而做出是否消费的决定。作为服务营销中的一个重要元素，有形展示起着十分重要的作用。服务企业的有形展示是服务传送的中介，有形展示有助于引导消费者对服务质量形成合理的期望，影响消费者对企业服务的印象，让消费者感受到无形服务能够为其带来利益，进而激发消费需求。对有形展示进行科学管理，关键在于合理地设计、组合各种有形要素。通常，有形展示包含的要素有实体环境（如装潢和陈设）、提供服务时所需的基础设施（如办理订票手续所需的计算机和通信设备）及符号（如图片和标志）等。科学地进行有形展示，要求对上述各种有形要素进行合理的设计，并保证各种有形要素传达的信息具有统一性。

⑦ 过程。在服务营销中，服务的提供者首先要明确以下问题：企业拟向哪些目标消费者提供服务？提供哪些服务？怎样提供目标消费者需要的服务？服务以什么样的步骤提供？此外，服务的提供过程对服务企业也很重要，企业应弄清服务提供过程中的这些问题：自己究竟要担当什么责任？服务提供者与消费者之间如何进行接触？向消费者提供服务的过程也是一个价值增值的过程，表情愉悦、专注和真诚的服务提供者可以减轻排队等候服务的消费者的不满，还可以缓解技术上出现问题时消费者的不满。因此，企业应该以低成本向消费者提供尽可能高的价值。整个系统的运作政策和程序方法的采用、服务供应中的机械化程度、员工决断权的适用范围、消费者参与服务提供过程的程度、咨询与服务的流动等，都是市场营销管理人员需要特别关注的事项。

8.5.3　服务营销策略

如前所述，7P's 构成了服务营销的基本框架，接下来将讨论 7P's 营销组合对应的服务营销策略。

1. 服务营销产品策略

服务产品的开发和规划是服务营销的起点，根据服务产品的特征，在开发和规划服务产品时需要注意以下两点。

一是尽量使服务产品有形化。由于服务的无形性，消费者在购买服务产品时难以事先理解服务产品，而通过服务产品的有形化，消费者能更好地理解服务产品，增强购买服务的信心。例如，医疗机构提供的医疗体检卡，就将医疗服务有形化了。

二是尽量使服务产品标准化。服务企业提供的是人的服务，由于服务提供者的差异、服务环境的不同，消费者每次体验的服务是不一样的，服务产品难以像有形产品一样标准化。但是如果服务企业能够使服务产品标准化，则容易使消费者对服务有清楚的认识，进而刺激消费者的购买欲望，树立企业的品牌形象。

2. 服务营销定价策略

服务产品定价策略同有形产品的定价策略没有本质上的差别。就基本的定价策略而言，服务产品的定价可以采用成本导向定价、竞争导向定价和需求导向定价方法。常见的服务定价方法主要包括以下几种。

（1）固定定价法

固定定价法是指不考虑服务对象的差异，预先设定固定的服务单价，如每小时的服务价格。采用这种定价方法的前提条件是该项服务可以被分割。企业通常根据经验或市场情况来确定服务产品的价格。

（2）利润最大化定价法

利润最大化定价法是企业为追求当期利润最大化而采用的定价方法。但应注意，如果服务定价过高，消费者会寻找替代品，从而导致服务需求和盈利水平下降。

（3）成本导向定价法

成本导向定价法指服务定价以成本为基础，一般按照成本加成的方式定价。这种定价方法首先需要明确服务产品的成本，然后在成本基础上加成定出零售价格。成本导向定价法简单明了，适应需求状况，可使企业保持合理的利润水平。

（4）竞争导向定价法

竞争导向定价法包括两种，一种是以市场通行价格来定价，另一种是以竞争对手的价格为参照制定一个竞争性价格。市场通行价格定价是指以该种服务的市场通行价格作为定价的基础，避免价格战，容易为消费者所接受，企业也可获得适当的利润；后者则是为了维持或提高市场占有率，相对于竞争对手获得更多的竞争优势而采取的进取型定价方法。

（5）需求导向定价法

需求导向定价法是指根据市场需求状况和消费者对产品的感觉差异来确定价格的定价方法。采用这种定价方法的企业着眼于消费者需求的变化，以消费者的消费态度和行为为依据进行适当的价格调整和变动。

3. 服务营销渠道策略

针对目标市场对服务的特殊需求和偏好，服务企业可采取以下两种渠道策略。

（1）直销策略

服务企业直接为消费者提供面对面的服务，由于服务的不可分离性，即服务和服务提供者不可分开，所以服务企业普遍采用直销策略，如医疗机构提供的医疗服务、餐饮店提供的餐饮服务等。

（2）中介营销策略

根据中介机构形式的不同，服务营销的中介营销策略又可分为以下几种。

① 代理人策略。此策略指依据代理合同的规定，中介机构获得服务提供者的授权，成为某一个地区或领域的销售代理人，如船运代理人接受运输人的委托，进行订舱、报关等。

② 经纪人策略。在某些市场，服务因传统或习俗约定，必须由中介机构代理。在市场上，经纪人为服务提供者和消费者提供信息，充当中介并收取佣金。例如，足球运动员聘请经纪人，通过他们办理转会、接洽代言等，经纪人的代理费用可由任意一方或双方支付。

③ 中间商策略。服务中间商是指将服务产品买进后再售出，以获取进销差价带来的利润的企业，包括批发商和零售商。批发商以一定的销售规模包销服务企业的服务产品，如旅行社、旅游公司包销火车票、飞机票等。零售商以门店形式接受广大消费者的服务订单，从事服务产品的供应工作，如干洗店、照相馆等提供的服务。

④ 特许经营策略。特许者将自己所拥有的服务商标、商号、产品、专利和专有技术、经营模式等以

特许经营合同的形式给予被特许者使用，被特许者按合同规定，在特许者同意的业务模式下从事经营活动，并向特许者支付相应的费用，如快餐行业的麦当劳、肯德基等。

4. 服务营销促销策略

服务营销促销策略是以提高销量，加快新服务的引入，加速消费者接受新服务为目的的沟通过程。服务的促销与有形产品相比更为困难，因为服务的无形性和差异性，其难以向消费者展示和说明。任何促销的目标都在于通过沟通、说服和提醒等方法，最大限度地提高服务产品的销量。从促销的形式来看，促销的对象不仅限于消费者，也可以是雇员和中间商。具体来说，服务营销促销策略和有形产品的一样，包括广告、人员推销、销售促进和公关关系等。

（1）广告

广告的目的就是在消费者心目中树立企业的形象，建立消费者对企业的认同，协助业务代表顺利开展工作。广告是服务企业促销的主要手段，服务广告促销有以下几个指导原则。

① 信息明确：使用明确的信息，恰当地传达服务产品的内涵。

② 有形线索：服务广告者应该使用有形线索作为提示，增强促销效果。

③ 内容连续：广告中持续连贯地使用象征、主题、造型或形象，加深受众的印象。

④ 强调利益：广告要多强调能给消费者带来的实际利益满足。

⑤ 信守承诺：广告只能承诺可提供和消费者能得到的服务。

⑥ 激励员工：在广告中宣传员工形象，激励员工努力表现。

⑦ 加强合作：在服务广告中，争取和维持消费者的配合与合作。

⑧ 增强信任：突出服务的质量，鼓励消费者将购买和使用服务后的感受告知其他受众，消除其他消费者的疑虑。

⑨ 口碑传播：利用消费者的口碑来传播企业良好的品牌形象。

（2）人员推销

服务企业中的人员推销备受重视。一是因为推销人员本身就是服务的提供者，二是因为服务是无形的，需要推销人员更加耐心、专业、细心地解释和介绍。服务业企业与制造业企业在人员推销的原则、程序、方法上大致相同，但在服务市场上，这些工作和活动的执行手段则与产品制造业市场有较多差异。

服务业人员推销的指导原则主要有：发展与消费者的个人关系、采取专业化导向、利用间接销售、建立并维持有利的形象、销售多项服务而不是单项服务、使采购简单化。

（3）销售促进

服务的销售促进是一种促进交易的诱导性短期营销行为，是主动推销以刺激消费者达成交易的行为。服务产品更需要销售促进，一是因为服务产品是无形的，实物形式少，消费者购买时很难对服务形成整体的印象，容易产生购买疑虑；二是因为促销可以调节淡旺季、调节高低峰，还能够调节供需波动，使服务企业的服务资源被充分利用；三是因为促销可以形成新的服务特色，赢得消费者的追捧和口碑传播。

从促销的方式来看，服务产品的促销和传统促销差异不大，都包括赠送、价格或数量促销、优惠券、折扣补贴、礼品赠送和有奖销售等。

（4）公共关系

在服务销售中，企业与公众、消费者、政府、媒体等建立良好的公共关系是十分重要的。因为服务产品的无形性，信任关系不易建立，因此，企业更需要加强公共关系宣传，树立可靠的形象。常见的公共关系手段包括媒体宣传、企业资料宣传、邀请消费者参观、与相关社团建立密切联系等。

5. 服务营销人员策略

服务人员成为实施服务营销策略的一个基本工具，服务策略的实施受到服务人员素质与意愿的影响。服务的生产与消费紧密交织，服务人员与消费者在服务生产和消费过程中不断互动，直接影响着服务水平以及消费者对服务质量的感知。因此，服务营销人员策略已经成为服务企业重要的营销工具。服务营销人员策略主要包括员工选择、培训、激励 3 个方面。

此外，采用服务营销人员策略还需注意培养员工的集体协作能力，营销管理人员在营销管理中要适当放权，并建立合理有效的评价和奖惩机制。

6. 服务营销有形展示策略

服务的无形性决定了消费者无法在见到或者接受服务之前认识它、理解它。对无形服务进行有形展示，可以帮助消费者对服务产品形成初步的印象，从而促进销售。有形展示策略是服务营销最具特色的一项营销策略。

有形展示是指服务过程中能被消费者直接感知和提示服务信息的有形物。服务营销有形展示策略把无形的服务有形化，把无形的服务内容、服务质量切实展示在消费者面前，便于消费者评估服务效用和质量，这实际上是一种证明服务质量与内容的策略，服务营销有形展示策略在服务营销中已成为重要的营销工具。

通常，服务企业可以开发以下 3 种有形展示形式。

① 环境展示：利用空气的质量、噪声、气氛、整洁度等环境要素展示服务内容。

② 品牌展示：利用品牌标识、包装、建筑风格等设计要素进行展示。

③ 社交要素展示：利用参与服务过程的所有消费者与员工构成的社交要素进行展示。员工的态度和行为会影响消费者对服务质量的期望和评价。一位和蔼、亲切的员工会让消费者有好的主观感受，会让其高估所提供服务的质量。

7. 服务营销过程策略

服务的过程管理是指所有服务被制造并交付给消费者的程序、机制和惯例。对于服务企业的消费者来说，其在消费服务中所获得的利益和满足，不仅来自服务本身，而且来自服务的递送过程。研究表明，较好的服务递送可以促进服务企业在管理方面获得较大的营销杠杆作用和促销优势。

服务营销过程策略包括过程管理与控制两个方面，即完善服务系统与服务作业程序以及建立服务监督机制，具体可分为以下几项措施。

（1）提升员工素质

企业通过选拔、培训、激励、考核等方式提升员工的综合素质、服务专业技能，使其具备良好的服务意识，进而提高服务生产效率。

（2）采用先进的技术手段

企业通过采用先进的技术手段，减少人为主观因素的影响，降低服务人员的劳动强度，稳定服务质量，提高劳动生产率。

（3）创新服务生产形式

企业通过创新，改进服务产品的生产和传递方式，降低生产成本，提高消费者满意度。

（4）增强与消费者的互动性

企业通过设计更多、更好的消费者体验，以吸引并保持消费者在合作过程中的配合。

（5）保持供需均衡

企业对服务供给与消费者需求进行调节，减少供需波动和相互间的差距，使之达到均衡状态。

本章习题

一、单选题

1.（　　）是指消费者购买某种产品时所追求的利益和效用，是产品中的第一个层次，也是整体产品概念中最基本、最主要的部分。

　A．核心产品　　　　B．层次产品　　　　C．期望产品　　　　D．附加产品

2．（ ）是核心产品的载体，是核心产品借以实现的形式。

    A．期望产品   B．形式产品   C．附加产品   D．无形产品

3．消费者不想主动了解或即使知道也不想主动购买的产品是（ ）。

    A．便利品   B．选购品   C．特殊品   D．非渴求品

4．在产品生命周期的（ ），企业一方面应尽量完善产品技术性能，尽快形成批量生产能力，另一方面应采取有效的市场营销组合策略来缩短该阶段的时间。

    A．投入期   B．成熟期   C．衰退期   D．成长期

5．服务的（ ）表明，消费者只有参与到服务的生产过程中，才能最终消费服务。

    A．无形性   B．不可分离性   C．差异性   D．不可储存性

二、多选题

1．产品组合的4个维度是（ ）。

    A．宽度   B．长度   C．深度   D．关联度

    E．高度

2．产品线延伸策略主要包括（ ）。

    A．向上延伸   B．向下延伸   C．向左延伸   D．向右延伸

    E．双向延伸

3．产品的4个生命周期阶段是（ ）。

    A．开发期   B．投入期   C．成长期   D．成熟期

    E．衰退期

4．下列属于品牌构成要素的有（ ）。

    A．文字   B．符号   C．图案   D．颜色

    E．标记

5．服务营销有形展示策略包括（ ）。

    A．环境展示   B．品牌展示   C．社交要素展示   D．价格展示

    E．产品展示

三、名词解释

1．产品组合   2．产品线延伸   3．产品生命周期   4．品牌定位   5．服务营销

四、简答及论述题

1．按照消费者的购买习惯来划分，产品可以分为哪几种？

2．可供企业选择的产品组合策略主要有哪几种？

3．新产品失败率较高的原因是什么？

4．试论述产品生命周期中衰退期的营销策略。

5．试论述服务营销产品策略。

📚 案例讨论

时尚品牌路易威登的产品策略

    180多年前的巴黎是一座梦幻城市，无数满怀希望和拥有才华的年轻人争相来到这里，路易•威登就是他们中的一员。1837年，瑞士乡村出身的他连到巴黎的车费都付不起。所以，他徒步700多千米才到达巴黎。他是一名木匠，可是他发现巴黎并不缺木匠。不过他发现，这里的贵族居然非常愿意花好几百法郎（相当于现在的几万元人民币）去买个箱子，所以他在一家皮箱店当了学徒工。

    幸运女神眷顾了他，他当学徒工的那家店刚好为法国的皇室服务。当时的皇后正是历史上赫赫有名、

引领着时尚潮流的欧仁妮皇后（"克里诺林"式长裙的兴起者）。不久，他便受到了皇后的赏识，赚到了人生中的第一桶金。随后他在香榭丽舍大道开了家皮箱店，产品定位为贵族旅行用品。其产品精美大气，很快就受到了当地贵族的强烈追捧。

在马车盛行的年代，其他品牌的旅行箱能防震就不错了，而路易·威登的产品不仅能防震，还能防暴晒和雨淋，甚至是马蹄的踩踏。到了蒸汽时代，火车成了人们远行的主要工具。路易威登便推出了大型平顶旅行箱，因为平顶旅行箱可以层层叠放在火车车厢内，而且更结实。19世纪末，豪华远洋旅行成了潮流。泰坦尼克号诞生前后，路易威登又推出了船舱箱，层层折叠的设计使箱体仅高33厘米，可轻易塞入船舱底部。再后来就是汽车时代了，路易威登的包包有了独特的弧度设计以贴合汽车座椅。

到了现代社会，路易威登箱包的各种传说纷纷流传开来。例如，家中失火，一只烧得变形的路易威登皮箱里的物品竟然完好无损。又如，当年打捞泰坦尼克号时，发现一只路易威登硬质皮箱，里面竟然没有一滴水。也许你不相信它的密封度，但是它还能当竹筏……

路易威登不断推陈出新，让不同年龄、不同性别、不同国家的消费者都能找到满意的产品。此外，路易威登在很早以前就开始提供私人定制服务。对产品的不断创新，造就了路易威登100多年来的辉煌。

思考讨论题

1. 企业为什么要不断开发新产品？新产品上市会面临哪些风险与挑战？
2. 结合本案例，请对路易威登的产品策略进行评述。

第9章 价格策略

📖 本章导读

价格是消费者做出购买决策的主要依据之一，也直接关系到产品的销量和企业的盈利水平，因而采用合理的价格策略具有重要的意义。本章主要介绍价格的相关概念、影响定价的主要因素、定价方法、定价策略和企业价格调整策略等内容，其中定价方法和定价策略是本章学习的重点。

📚 知识结构图

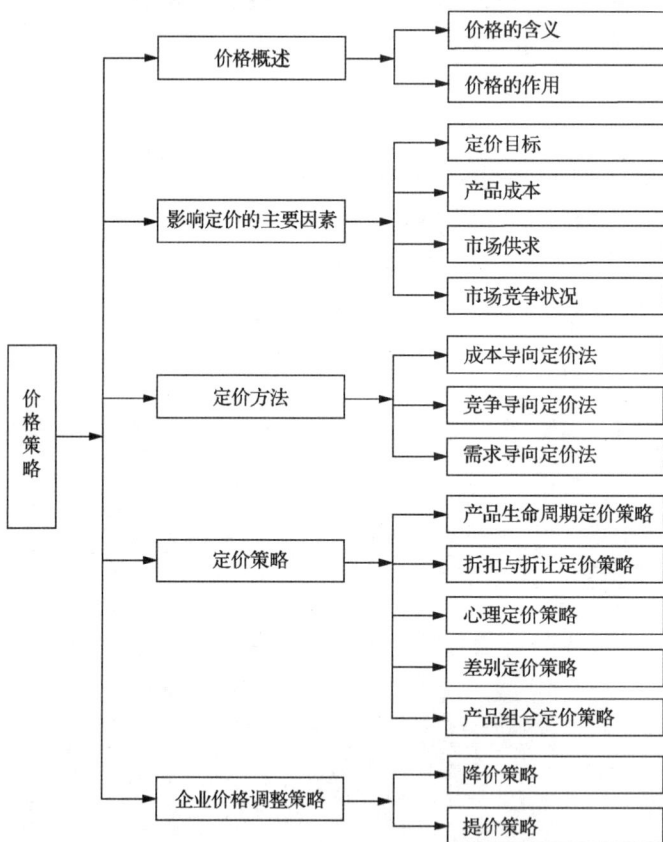

📓 开篇引例

普拉斯公司的"文具组合"定价策略

普拉斯为日本的一家专营文具的小公司，长期以来由于只经营纸张、文具图钉、回形针、尺子等商品，在经营方法上也因循守旧，因而生意惨淡，老板亚当经常为积压的各种文具而一筹莫展。

一位刚刚在公司工作一年的名叫玉树号美的女孩通过对市场和顾客的细心观察发现：前来光顾的人，有带着小孩的，也有不带小孩的，但不管什么样的顾客，他们每次买文教用品都不止购买一样东西，而是三种以上。她还联想到自己读小学甚至中学时，书包里总是存放有钢笔、铅笔、尺子、橡皮擦、削笔刀等文具。此时她灵感迸发，向公司提议了"文具组合"的定价策略。

所谓文具组合，就是将铅笔、削笔刀、透明胶带、剪刀、1米长的卷尺、10厘米长的塑胶尺、订书机、合成浆糊等，放进一个设计精巧、轻便体小的盒子里。盒子外表印有色彩鲜艳、形象生动的图画。这些文具都是普拉斯公司原来经营的东西，只不过被放进了精心设计的盒里，如此公司不必花较多的投资去改动生产线。由于这种"文具组合"迎合了中小学生的需要，加上它组合新奇，所以一上市就成为热门商品。普拉斯公司把这个组合文具定价为2800日元，比原来几件文具的总价高了一倍多，可顾客们反而不觉得贵。在短短的1年4个月时间里，公司共销售了340多万盒，获得了意想不到的成功。

资料来源：改编自百度文库。

9.1 价格概述

价格策略是市场营销组合策略中极为重要的组成部分。定价不仅直接影响产品的销量和企业盈利水平，而且关乎着市场上每一位消费者的利益。因此，对企业而言，为产品制定合理的价格是一项极为重要的营销工作。

9.1.1 价格的含义

价格的含义可以从狭义和广义两个方面来解释。从狭义的角度来看，价格是指企业通过交换产品或服务而获得的货币收入。从广义的角度来看，价格是消费者为获得、拥有和使用某种产品或服务的利益而支付的价值。狭义和广义的价格含义的主要差别在于前者是基于卖方的视角，将价格视为货币价值；而后者是基于买方的视角，包含了除货币以外的其他价值，范围更广。

价格是营销组合要素中唯一直接与收益相关的要素，而其他要素则意味着成本。这句话很好理解，因为无论是开发产品、进行渠道建设还是开展促销活动，企业都需要投入一定的财力、物力和人力，这些都是成本支出，而企业以一定的价格将产品或服务交换出去则会获得收益。此外，在营销活动中，价格是灵活可变的，企业需要根据市场的变化及时对价格做出调整。

9.1.2 价格的作用

价格是产品或服务的价值的体现，它直接影响着消费者的购买行为，也影响着竞争者的营销行为。同时，价格也是产品形象的一种象征，高价格往往是高端产品最重要的标签。此外，价格还在一定程度上制约着营销组合中其他要素活动的安排，如企业制订了高价策略，此时的营销渠道就不宜过长，同时需要产品的品质与之相匹配且要开展较大规模的广告促销活动等。此外，价格通过对上述各方面产生影响，决定企业产品的销量、市场占有率、利润水平和企业目标的实现，因而与企业的生存和发展密切相关。

9.2 影响定价的主要因素

影响企业定价的因素很多，主要包括定价目标、产品成本、市场供求和市场竞争状况等。下面对这几种主要因素分别进行介绍。

9.2.1　定价目标

定价目标是指企业通过定价所要达到的一定时期内的营销指标。企业定价的目标有很多种，在不同时期也会存在差异。但企业在定价时必须要根据目标市场战略和市场定位战略来进行。具体来说，企业的定价目标主要有以下几种。

1. 维持生存

维持生存是企业的最低目标，也是迫不得已的目标。当企业产能过剩、库存积压严重，或由于市场竞争激烈，产品大量滞销时，为了能够生存下去，企业必须通过低价来促销产品以维持正常的运营。

2. 追求当期利益最大化

现代企业面临的经营环境瞬息万变，再成功的产品也很难在竞争中维持长期的优势地位。所以，企业在面对有利的市场机遇，如竞争者尚未变得强大、产品受专利保护以及市场需求旺盛而导致产品供不应求时，就可以为产品制定较高的价格，从而获得更高的收益。因此，追求当期利益最大化是影响企业定价的重要因素之一。

3. 获得更高的市场占有率

市场占有率对企业的成本和盈利水平有着重要的影响。一般来说，市场占有率高的企业会因为规模经济效应而获得比竞争者更低的成本，同时也会因消费者众多而获得更高的知名度和更大的影响力。所以，不少企业为了获得更高的市场占有率会为产品制定比竞争者更低的价格。

4. 应对市场竞争

价格竞争是市场竞争的重要手段之一。企业运用价格竞争策略时，竞争能力弱者多采取略低于强者的价格的策略；竞争能力强或在某些方面优于同行者，则会采取高于竞争者的价格的策略；竞争能力与竞争者不相上下时，可采用与竞争者相同的价格的策略。但是，如果以低于产品成本的价格进行销售，则是一种不正当的竞争手段，会受到相关法律的制裁。

5. 树立或提升企业的良好形象

企业形象是企业的无形资产和宝贵财富，是社会对企业的整体感觉、印象和认知，是企业状况的综合反映。当企业在社会公众心目中树立了良好的企业形象时，消费者就会愿意购买该企业的产品或接受其提供的服务；反之，如果在消费者心目中树立了不好的形象，消费者就不会购买该企业的产品，也不会接受其提供的服务。为了树立或提升企业的良好形象，企业在定价时需要考虑 3 个方面的因素：一是企业的价格水平能否被目标消费者所接受，是否同他们期望的价格水平相近，是否有利于企业整体策略的有效实施；二是企业产品的价格是否使人感到质价相称、独具特色；三是企业的定价目标是否符合国家宏观经济发展目标，是否符合社会和职业道德规范。

6. 形成稳定的产品价格体系

形成稳定的产品价格体系是企业获得一定目标收益的必要条件，价格越稳定，经营风险越小。企业以形成稳定的产品价格体系为目标定价时，目的就是通过企业产品的定价来稳定整个市场中该产品的价格，避免不必要的价格波动。按这种目标定价，市场价格可以在一个较长的时期内保持相对稳定，企业可以控制风险，减少因价格竞争带来的损失。稳定的市场价格通常是由市场份额较大、竞争力较强的企业领导者制定的，其他企业的价格则会与之保持一定的距离或比例关系。

9.2.2　产品成本

如果说竞争决定了产品的最高定价，那么成本就决定了产品的最低定价。任何企业的经营行为最终是为了获取利润，所以从长期来看，任何产品的价格都应高于所发生的成本费用。生产经营过程中的耗费从销售收入中得到补偿，企业才能获得利润，生产经营活动才能继续进行。可见，产品成本是影响企业定价的最基本因素。因此，产品的价格不仅包括所有生产、分销和推销该产品的成本，还包括对企业付出的努力和承担的风险的公允的报酬。

产品的成本可以分为固定成本和可变成本两类。固定成本是指在短期内不随企业产量和销售收入的变化而变化的成本，如厂房设备的折旧费、租金、利息、行政人员的工资等。而可变成本是指随生产水平的变化而直接变化的成本，如原材料费、工资等，企业不开工生产，可变成本就等于零。成本是企业收益的减项，因此降低成本是提高企业经济效益的有效途径之一。

9.2.3 市场供求

1. 价格与需求

市场需求是影响企业定价的重要因素，当产品产量高于某一需求水平时，部分产品将无人购买。市场需求通常随着产品价格的上升而减少，随着价格的下降而增加。但是也有一些产品的需求和价格呈同方向变化的关系，如能代表一定社会地位和身份的装饰品及有价值的收藏品等。

2. 价格与供给

供给是指在某一时间内，生产者在一定价格水平下愿意并且能够出售的产品的数量。有效供给必须满足以下两个条件：一是卖方有出售意愿；二是卖方有供应能力。这两者缺一不可。在其他条件不变的情况下，价格与供给之间呈同方向变化，即价格上升，供给增加；价格下降，供给减少。

3. 价格与需求弹性

价格会影响市场需求。在正常情况下，市场需求会向与价格变动相反的方向变动。价格上升，需求减少；价格降低，需求增加，所以需求曲线是向下倾斜的。但对于炫耀性产品来说存在着相反的情况，如某些全球限量版的顶级豪华跑车提价后，其需求不降反升。当然，这只是个例。

企业定价必须依据需求的价格弹性，即了解市场需求对价格变动的反应。价格变动对需求影响小，这种情况被称为需求缺乏弹性；价格变动对需求影响大，这种情况则被叫作需求富有弹性。

企业为产品定价时应该充分考虑需求的价格弹性。当产品需求富有弹性时，企业应采取降价策略。这时虽然单位产品的收益会因为降价而减少，但销量增幅更大，因而总收益会增加。当需求缺乏弹性时，企业可以适当提高产品价格，这会增加企业的总收益。对于需求富有弹性的产品不宜采用提价策略，对于需求缺乏弹性的产品不适合采取降价策略，这样做都会使企业的总收益减少。

9.2.4 市场竞争状况

市场竞争状况也是影响定价的主要因素。在最高价格和最低价格之间，企业能为产品制定什么样的价格，取决于竞争者的同种产品的价格水平。我们常常可以看到，当一种产品在市场上缺乏竞争者时，其往往可以以很高的价格出售，而当大量竞争者纷纷涌入之后，这种高价格水平则再也无法维持。按照卖方在市场上的竞争程度不同，市场结构可以分为完全竞争市场、完全垄断市场、垄断竞争市场和寡头垄断市场4种类型。在不同的市场结构下，企业的定价策略会有所不同。

1. 完全竞争市场

完全竞争市场是一种没有任何人为干扰或垄断因素存在的市场情形，这种市场有以下几个特点。

（1）市场上存在着众多的买方和卖方，但其中任何单个买方和卖方的购买量和销售量都不足以影响整个行业的供求状况，从而不能够影响整个行业的价格水平。

（2）产品是完全同质的，对消费者而言具有完全的替代性，从而不同企业之间可以平等竞争。

（3）企业可以自由地进入或者退出某个行业，即行业进入或退出的壁垒不存在，资源可以完全自由地流动。

（4）生产者和消费者都具有充分和对称的产品知识和市场信息，从而不存在信息不灵对市场竞争造成的阻碍。

在完全竞争市场中，价格是在竞争中由整个行业的供求关系自发决定的，每一家企业都只是既定价格的接受者，而不是价格的决定者，因而卖方既不可能以高于现行市场水平的价格出售产品，也没有必要降低价格出售产品。同时，由于产品完全同质，卖方也无须在营销上花费过多的精力。

完全竞争市场所要求的条件过于苛刻，因此，它只是一种理论假设，在现实生活中几乎不存在，只有部分农产品市场比较接近于完全竞争市场。

2. 完全垄断市场

完全垄断市场是由一家企业完全控制某一部门或行业全部产品的生产和销售的市场情形，这种市场有以下几个特点。

（1）市场上只存在唯一的企业，该企业的产销量就是全行业的产销量。

（2）垄断者提供的产品是独一无二的，市场上没有任何相同或相近的替代品。

（3）市场进入壁垒极高，新企业无法加入该行业。

（4）卖方掌握较多的市场信息，而买方对市场信息了解较少。

在完全垄断市场中，卖方完全控制了市场，因此，它可以在法律允许的范围内随意定价，即企业有充分的定价权。但事实上，垄断者出于不同的定价目标和占有市场的长期考虑，往往都不会制定过高的价格。因为产品的价格一旦超过了消费者的购买能力，即使是垄断产品也将失去最终市场。在现实生活中几乎找不到完全没有替代品的产品，因此，完全垄断市场基本上也是一种理论假设，在现实生活中只有一些公用事业产品或服务市场比较接近于完全垄断市场。

3. 垄断竞争市场

垄断竞争市场是一种既有垄断又有竞争的市场情形，这种市场有以下几个特点。

（1）市场上存在较多的企业，企业和企业之间存在着激烈的竞争。

（2）企业之间生产和供应的产品既有一定的差别，又有较高的替代性。

（3）企业进入或退出行业较容易，但并非完全自由。

（4）交易双方所掌握的信息基本上是充分的。

在垄断竞争市场中，由于卖方提供的产品在质量、品牌等方面都存在着一定的差异，每家企业对自己的产品都有一定的垄断权，因此每一家企业都是它的产品价格的制定者，即都有一定的定价自由。

在现实生活中，垄断竞争市场广泛存在于日用工业品、食品、服装、家电等行业，这些行业的企业在定价时往往都会通过强调本企业产品与竞争者产品的差别，使消费者接受其制定的对自己较为有利的价格。

4. 寡头垄断市场

寡头垄断市场是由少数几家大企业共同控制某一部门或行业产品生产和销售的市场情形，这种市场有以下几个特点。

（1）行业内部存在少数几家规模较大的企业，每一家企业的产销量都不分上下，它们都有足够的能力来影响全行业的供求状况和价格水平。

（2）产品同质和异质的情况都有，如钢铁、制铜、制铝、水泥等行业的产品基本上是同质性产品，产品的替代程度很高；汽车、飞机、计算机等行业的产品基本上是异质性产品，产品的替代程度相对较低。

（3）企业进出市场都有相当的障碍，或者是自然障碍，或者是人为障碍。

（4）交易双方所掌握的信息不完全，也不对称。

在寡头垄断市场中，价格往往不是由供求关系直接决定的，因为任何一家企业做决策时都必须把竞争者的反应考虑在内。因此，企业不是价格的制定者，也不是价格的接受者，而是价格的探索者。一般来说，在寡头垄断市场上，价格竞争趋于缓和，而非较为激烈。

寡头垄断市场在现实生活中大量存在，大部分工业制成品如钢铁、石油、化工、机床等，基本上都是由寡头垄断市场提供的。

1. 必须与企业定价政策相符合。企业的定价政策是指企业需要的定价形象、对价格折扣的态度以及对竞争者的价格的指导思想。

2. 必须考虑是否符合政府有关部门的政策和法律的规定。在我国，规范企业定价行为的法律和相关法规有《中华人民共和国价格法》《中华人民共和国反不正当竞争法》《制止牟取暴利的暂行规定》《价格违反行为行政处罚规定》《关于制止低价倾销行为的规定》等。1996 年，北京百货大楼等 8 家商场和小天鹅洗衣机厂等 9 家企业签订协议，联手统一北京洗衣机市场上 9 种洗衣机的零售价格的行为，被北京市工商行政管理部门和物价管理部门认定是一种价格违法行为而予以制止。

3. 要考虑企业内部有关人员（如推销人员、广告人员等）对定价的意见，考虑经销商、供应商等对所定价格的意见，考虑竞争者对所定价格的反应。

9.3　定价方法

正如前文所分析的那样，影响定价的因素很多，企业应该综合考虑，从而采用适合自身情况的定价方法。企业常用的定价方法有 3 种，即成本导向定价法、竞争导向定价法和需求导向定价法。

9.3.1　成本导向定价法

成本导向定价法是指企业以产品成本为基础，加上预期利润，并结合销量等有关情况，确定价格水平。这是最基本、最普遍的定价方法。成本导向定价法可以分为以下几种具体的形式。

1. 成本加成定价法

成本加成定价法就是在产品单位成本的基础上，加上预期的利润作为产品的最终售价。售价与成本之间的差额在这里称为"加成"，实际上就是预期利润，成本加成率即预期利润与产品总成本的百分比。

其公式为：

$$单位产品售价=产品单位成本×（1+成本加成率）$$

例如，某企业生产的某产品单位成本为 15 元，成本加成率为 20%，则该产品的最终售价为 18[15×（1+20%）]元。

这种定价方法的优点是价格能够补偿并满足企业对利润的追求；计算简便，能够简化定价程序；既考虑了成本因素，又考虑了适当的利润率，对买卖双方都比较公平；当同行业中所有企业都采用这种定价方法时，不会出现恶意的价格竞争。但是，这种定价方法忽视了市场需求、竞争情况以及消费者的心理因素，难以适应复杂多变的市场情况。当市场供求基本平衡、同行间竞争不太激烈，且产品的成本较为稳定时，企业采用成本加成定价法是一种较好的选择。

2. 目标利润定价法（收益率定价法）

目标利润定价法是指企业根据预计的总销售收入（销售额，总成本+目标利润）和预计销量来制定价格的方法。

其公式为：

$$产品价格=（总成本+目标利润）/预计销量$$

这种方法计算简便，如果企业能按照制定的价格实现预计的销量，就能达到预期的利润目标。企业在产品销量比较稳定的情况下，可以采用这种定价方法。但这种方法存在着较为严重的缺陷，即企业以估计的价格来确定销量，而价格恰恰是影响销量的重要因素，这有些因果倒置。

3. 损益平衡定价法

损益平衡价格就是企业的保本价格，损益平衡定价法是运用盈亏平衡的原理确定价格的一种方法，又称收支平衡定价法、量本利分析法或保本点定价法。这种方法在假定企业生产的产品全部可销售的条件下，确定保证企业既不亏损也不盈利的产品最低价格水平，是在分析企业未来的生产数量、成本、价格及收益之间关系的基础上，合理确定产品销售价格的定价方法。

其公式为：

损益平衡价格=单位变动成本+固定成本/损益平衡的销量

如果将企业的目标利润考虑进去，单位产品售价就等于损益平衡价格加上预期利润。

其公式为：

单位产品售价=单位变动成本+（固定成本+预期利润）/损益平衡的销量

损益平衡定价法应用的前提条件是企业生产的产品能全部销售出去，通过在保本点上定价和扩大销售来盈利。损益平衡定价法的优点是企业可以在较大的范围内灵活掌握价格水平，并且计算较简便。这种方法侧重对企业总成本费用的补偿，对于有多条产品线和多个产品项目的企业尤为适用。

4. 边际贡献定价法

边际贡献定价法也称为边际成本定价法，即仅计算可变成本而不计算固定成本的一种定价方法。其具体做法是在可变成本的基础上加上预期的边际贡献作为产品的定价。

具体计算公式为：

边际贡献=价格-单位可变成本

将上式进行变换，可得到单位产品售价的计算公式：

单位产品售价=单位可变成本+边际贡献

边际贡献定价法的原则是，当单位产品售价高于单位可变成本时，就可以考虑使用这个价格作为产品售价。因为不管企业是否生产、生产多少，在一定时期内固定成本都是要发生的，而单位产品售价如果高于单位可变成本，这时产品销售收入弥补可变成本后的余额可以弥补固定成本，以减少企业的亏损（在企业维持生存时）或增加企业的盈利（在企业扩大销售时）。

如果边际贡献不足以弥补固定成本，那么企业将出现亏损。企业在经营不景气，销售困难，生存比获取利润更重要时；或在企业生产能力过剩，只有降低售价才能扩大销售时，可以采用边际贡献定价法。

9.3.2 竞争导向定价法

竞争导向定价法是企业根据市场上同类产品的竞争状况来确定该产品定价的方法。这种定价方法又可进一步细分为随行就市定价法、竞争价格定价法和密封投标定价法。

1. 随行就市定价法

随行就市定价法是指企业依据本行业通行的价格水平或平均价格水平来定价。它要求企业制定的价格与同行业中的竞争者保持一致。这种定价方法常用于下列情形：企业难以估算精确的成本；企业打算与同行和平共处；企业如果另行定价，难以估计消费者和竞争者的反应。

2. 竞争价格定价法

与随行就市定价法相反，竞争价格定价法是企业主动求变的定价方法，一般为行业中实力雄厚或独具特色的企业所采用。其具体做法是，首先，企业将市场上同类产品的价格与本企业产品的现行价格（或预计价格）进行比较，分出高于、一致和低于3个层次；其次，企业将自身产品与竞争产品在性能、质量、成本、款式、产量、品牌影响力等几个方面进行全方位比较，分析出现价格差异的原因；最后，根据上述分析，确定本企业产品的特色、优势和市场定位，在此基础上制定相应的产品价格。

我们熟悉的薄利多销其实也是竞争价格定价法的一种表现形式。企业以减少单位产品销售利润为代价，增加销量，获得规模效益，以便在市场竞争中巩固自己的地位。

3. 密封投标定价法

密封投标定价法是指在招标竞标的情况下，企业在分析竞争者报价的基础上制定投标的价格。由于是密封投标，企业并不了解竞争者的真实报价，只能大致估计，所以企业确定投标价格是一件较为困难的事情。如果定价高于竞争者就会落标，但如果定价过低，企业就可能无利可图，甚至会亏损。

9.3.3　需求导向定价法

需求导向定价法是一种以市场需求强度和消费者感受为主要依据的定价方法，包括理解价值定价法、反向定价法和需求差异定价法等。

1. 理解价值定价法

理解价值定价法又称感受价值定价法或认知价值定价法，是指企业根据消费者在主观上对所理解的产品价值，而不是产品的成本费用水平来制定价格的一种方法。拍卖是理解价值定价法的一个典型应用，最终的成交价完全是由消费者决定的。当然，在大多数情况下，采用理解价值定价法的企业不可能都采取拍卖的方式销售产品，它们会利用市场营销组合策略中的非价格因素来影响消费者对产品价值的认知，并在此基础上制定产品的价格。企业在运用理解价值定价法时，关键是要准确计算出产品所提供的全部市场感受价值，以及这些感受价值到底会对消费者产生多大的影响。

2. 反向定价法

反向定价法，顾名思义，就是根据消费者能够接受的最终销售价格，逆向推算出中间商的批发价格和生产商的出厂价格。这里的关键是要根据行业的实际情况确定零售商毛利率和批发商毛利率，然后利用以下公式进行计算。

$$批发价格=零售价格/（1+零售商毛利率）$$
$$出厂价格=批发价格/（1+批发商毛利率）$$

反向定价法的特点是在充分考虑市场需求的情况下，保证了中间商的正常利润，有利于加强与中间商的友好合作，从而促进产品迅速渗透市场。

3. 需求差异定价法

需求差异定价法是指企业依据消费者需求的不同特性来确定产品的价格的方法。如为同一产品在同一市场上制定两个或两个以上的价格，或使不同产品的价格之间的差额大于其成本之间的差额。实施需求差异定价法的主要依据有消费者差异、时间差异、地点差异和用途差异等。采用这种定价方法，企业可以最大限度地满足市场的需求，从而促进产品销售，使企业获取更多的利益。

9.4　定价策略

产品定价策略是确保产品定价目标实现的重要手段，常见的产品定价策略主要有以下几种类型。

9.4.1　产品生命周期定价策略

这是一种根据产品在生命周期的不同阶段的特点定价的策略。

1. 投入期定价策略

投入期是新产品进入市场的初期，其特点是产品制造成本高、促销费用高，但销量少，市场占有率低。针对这些特点，企业可采取以下 3 种策略。

产品生命周期
定价策略

（1）撇脂定价策略

该策略为新产品制定高价，力求在短期内收回成本，以获取最大利润。这种定价策略就像从牛奶中撇取最上层所含的一层厚厚的奶油那样，取其精华，故称为撇脂定价策略。根据企业投入促销费用的多少，撇脂定价策略又可分为以下两种。

① 快速撇脂策略。这种策略利用高价格、高促销费用，以求迅速提高销量，取得较高的市场占有率。采取这种策略必须有一定的市场环境，如大多数潜在消费者还不了解这种新产品，已经了解这种新产品的消费者急于求购，并且愿意按价购买；企业面临潜在竞争者的威胁，需要迅速使消费者建立对自己产品的偏好。

② 缓慢撇脂策略。这种策略以高价格、低促销费用的形式进行经营，以求得到更多的利润。这种策略可以在市场面比较小，市场上的大多数消费者已熟悉该新产品，消费者愿意出高价，潜在竞争威胁不大的市场环境中使用。

撇脂定价策略适用于需求弹性较小的细分市场，这种策略有以下几个优点。

① 新产品上市时，消费者对其无理性认识，利用较高价格可以提高身价，适应消费者的求新心理，有助于开拓市场。

② 主动性高，产品进入成熟期后，价格可分阶段逐步下降，有利于吸引新的消费者。

③ 价格高，限制需求量迅速增加，使其与生产能力相适应。

撇脂定价方法的缺点是：高价格不利于扩大市场，并会很快招来竞争者，迫使价格下降。

阅读资料 9-2　英特尔公司的撇脂定价策略

一位分析师曾这样形容英特尔公司的定价策略："这个集成电路巨人每 12 个月就要推出一种新的、具有更高盈利价值的微处理器，并把旧的微处理器的价格定在更低的水平上以满足消费者需求。"当英特尔公司推出一种新的计算机芯片时，它的定价是 1000 美元，这个价格使它刚好能占有一定的市场份额。这些新的芯片能够提升高能级个人计算机和服务器的性能。如果消费者等不及，他们就会在价格较高的时候去购买。随着销售额的下降及竞争者推出相似的芯片对其构成威胁，英特尔公司就会降低产品价格来吸引对价格敏感的消费者。最终价格跌落到最低水平，每个芯片仅售 200 多美元，该芯片便成为一个大众市场的热门处理器。通过这种策略，英特尔公司从各个不同的市场中获取了最多的利润。

（2）渗透定价策略

采用渗透定价策略的企业会在新产品投放市场时，将价格定得尽可能低一些，其目的是获得最高销量和市场占有率。渗透定价策略又可分为以下两种。

① 快速渗透策略。实行低价格、高促销费用的策略，可迅速打入市场，取得尽可能高的市场占有率。当市场容量很大，消费者对这种产品不熟悉，但对价格非常敏感、潜在竞争激烈、企业随着生产规模的扩大可以降低单位生产成本时，企业适合采用这种策略。

② 缓慢渗透策略。这种策略是以低价格、低促销费用来推出新产品的。这种策略适用于市场容量很大、消费者熟悉这种产品但对价格敏感，并且存在潜在竞争者的市场环境。

对于企业来说，采取撇脂定价策略还是渗透定价策略，需要综合考虑市场需求、竞争、供给、市场潜力、价格弹性、产品特性、企业发展战略等因素。

（3）满意定价策略

满意定价策略是介于撇脂定价策略和渗透定价策略之间的一种定价策略。撇脂定价策略因为制定了较高的价格，容易招致消费者的反感甚至抵触，从而使企业面临较大的经营风险；而渗透定价策略虽然对消费者有利，但价格偏低，使得企业在新产品上市之初收入甚微或无利可图，可能会给企业带来经营上的困难。所以，制定介于两者之间的价格，克服过高或过低的定价带来的弊端，也是一种可供选择的定价策略。但这种定价策略过于中庸，不适合用于需求复杂多变和竞争激烈的市场环境。

2. 成长期定价策略

进入成长期以后，新产品销量迅速增加，成本开始迅速下降，质量逐步提高，市场竞争者开始进入，市场占有率提高。针对这一阶段的特点，企业可利用规模效益，通过适度降价来吸引消费者。当产品进入成长期时，企业的总定价目标是努力提高市场占有率。

3. 成熟期定价策略

成熟期是产品在市场上已经完全被消费者接受和认可，市场基本达到饱和的阶段。这一阶段的主要特点为：销量趋于平稳，增幅较小或趋于零；企业销量稳定，市场占有率最大化，利润稳定；市场潜在进入者不多，竞争趋于稳定。在这个阶段，企业必须根据市场条件的变化实行竞争价格策略。当产品进入成熟期时，企业的总定价目标是巩固市场占有率。

4. 衰退期定价策略

衰退期是产品在市场上逐渐被淘汰的阶段。这一阶段的主要特点是产品销量急剧下降，出现负增长；替代品出现，消费者兴趣转移，竞争者大幅降价销售产品，企业利润降到最低水平。在衰退期，企业可以采取驱逐价格（驱逐价格是指企业有意将产品价格降低到无利可图的水平，从而将竞争者驱逐出市场）和维持价格这两种策略。当产品进入衰退期时，企业的总定价目标是维持现有局面，实现新老产品的顺利交替，尽量减少企业损失。

9.4.2 折扣与折让定价策略

折扣与折让定价策略是指企业为鼓励客户及早付清货款、大量购买或增加淡季购买量而酌情降低产品价格的定价策略。折扣与折让定价策略主要有以下几种类型。

1. 现金折扣策略

现金折扣策略是指对在约定期限内或提前付清账款的客户给予价格折扣的一种策略。其目的是加速企业资金周转、减少收费费用和产生坏账的风险。运用现金折扣策略应该注意 3 个要素：折扣率、给予折扣的限制时间和付清货款的期限。例如，交易条款上写到"3/10，2/20，N/30"，表明限定 30 天内付清货款，如果 10 天内付清给予 3%的现金折扣，10～20 天内付清货款给予 2%的现金折扣。

2. 数量折扣策略

数量折扣策略是指企业给予那些大量购买产品的客户一定的价格优惠，客户购买数量越多，优惠力度也就越大。企业实施数量折扣策略的目的是鼓励客户购买更多的产品，因为客户的大量购买能够帮助企业降低生产、销售环节的成本费用。数量折扣分为累计数量折扣和非累计数量折扣两种形式。累计数量折扣是指企业规定客户在一定期限内累计购买数量超过规定数量或金额可以获得价格折扣，目的在于与客户保持长期稳定的合作关系。而非累计数量折扣则按照每次购买的数量或金额确定折扣率，目的是尽可能鼓励客户一次性大批量购买，以减少库存和降低流通费用。

3. 功能折扣策略

功能折扣策略也称贸易折扣策略，是指企业给予批发商或零售商一些额外价格折扣。企业这样做的目的是促使中间商执行推销、储存和服务等营销功能。此外，通过给予中间商一定的价格折扣，企业可以鼓励中间商大批量订货，从而提高企业的销量，与中间商建立长期、稳定、良好的合作关系。折扣的多少依据中间商在工作中承担功能的多少而定。

4. 季节折扣策略

季节折扣策略是指企业在产品销售淡季时给予客户一定的价格优惠。例如，客户在冬天买空调或在夏天买羽绒服都能获得一定的价格优惠。企业实施季节折扣的目的是鼓励中间商和客户在淡季购买产品，以减少库存、加速资金流通。

5. 价格折让策略

价格折让策略是指提供另一种类型的价格优惠，包括以旧换新折让、促销折让等。以旧换新折让我们都不陌生，也很好理解。促销折让是指制造商给予参加促销活动的中间商价格优惠。例如，某企业举行大型促销活动，所有产品的终端售价均有优惠，企业为弥补中间商的损失而对其进货价格进行优惠。

9.4.3 心理定价策略

这是企业为迎合消费者的消费心理而采取的定价策略，常见的有以下几种。

1. 尾数或整数定价策略

在超市中我们经常可以看到，许多产品的价格都带有尾数，如 128.73 元等。这种定价策略基于消费者的一种微妙的心理感觉，使消费者觉得商家的定价很"实在"，能够精确到"分"，说明商家定价谨慎，没有"忽悠"消费者。另外，如 0.99 元或 9.99 元等的尾数定价会让消费者觉得商品不到 1 元或 10 元，从而产生价格低廉的感觉。相反，有些产品定价化零取整，不带零头，如定价为 1000 元而不是 999.99 元等，这样的定价能给消费者一种心理上的满足。买一部手机花 1000 元和花 999.99 元，虽然花费几乎相同，但感觉不一样。前者给人的感觉是买了部千元级别的手机，而后者就不会让消费者产生这样的感觉。

2. 声望定价策略

声望定价策略是指企业利用消费者的"好货不便宜、便宜无好货"的心理，为在消费者心目中有良好声望的产品制定比较高的价格。采用这种定价策略有两个目的：一是提升产品的形象，以价格说明其具有较高的品质；二是满足消费者的地位表现欲望，适应消费者的消费心理。有些产品由于企业多年的苦心经营，在消费者中有了一定声誉，消费者对它们也产生了信任感，所以即使价格定得比一般产品高一些，消费者还是能够接受。这种定价策略特别适合名牌产品和奢侈品，如劳斯莱斯汽车、阿玛尼西服等，都采用了声望定价策略。

3. 招徕定价策略

一些超市和百货商店会将某几种产品的价格定得特别低，以招徕消费者购买正常价格的产品。采取招徕定价策略时，要注意两个问题：一是特价产品的确定，这种产品即要对消费者有一定的吸引力，又不能价值过高以致大量产品被低价售出，给企业造成较大的损失；二是数量要充足，保证供应，否则没有买到特价产品的消费者会有一种被愚弄的感觉，会严重损害企业形象。

4. 习惯定价策略

习惯定价策略又称固定定价策略和便利定价策略，是对市场上销售多年，已形成固定价格的产品执行既定价格的一种定价策略。习惯定价策略主要适用于质量稳定、替代品较多、市场需求量大的常用产品。对于这类产品，企业在制定价格时应尽量顺应消费者习惯，不要轻易改变价格，否则会引起消费者的不满，导致购买的转移。

9.4.4 差别定价策略

差别定价策略也称歧视定价策略，是指企业根据不同消费者、不同地点和不同时间，对同一产品采取不同的定价。也就是说，企业对同一产品的定价因情境的不同而有所差异，但这种差异并没有反映成本的变化。差别定价策略主要有以下 6 种类型。

1. 消费者差别定价策略

消费者差别定价策略是指企业将同一种产品或服务以不同的价格销售给不同的消费者。例如，城市里的公交车对老年人免费、对小学生优惠等。

2. 产品形式差别定价策略

产品形式差别定价策略是指企业为不同型号或不同款式的产品分别制定不同的价格。例如，用同种布料做出的服装因款式不同、消费者的接受程度不同，企业为其制定的销售价格也不相同。

3. 地点差别定价策略

地点差别定价策略是指企业为处于不同位置的产品或服务制定不同的价格，尽管这些不同位置的产品或服务在成本上并无差别。例如，火车上的上、中、下卧铺票价不同，体育场的前排和后排座位价格也不同。

4. 时间差别定价策略

时间差别定价策略是指企业根据季节、月、日甚至一天中的不同时段为同一产品制定不同的价格。例如，收费公路在国家法定节假日内对过往的 7 座及以下小型客车免收通行费，但超过某一时点之后就会恢复执行原来的收费标准。

5. 渠道差别定价策略

渠道差别定价策略是指企业为经不同渠道出售的同一产品制定不同的价格，这样做的目的是保证渠道价格的稳定，保证中间商获得一定的利润。为此，企业为批发商、零售商和最终消费者制定了不同的产品价格。

6. 包装差别定价策略

产品包装定价策略是指企业为不同规格和形式的产品，分别制定不同的价格，但是不同规格和形式的产品的价格差额和成本费用之间的差额并不成比例。这种定价策略多用于化妆品、洗护用品、药品和保健品等。

9.4.5 产品组合定价策略

产品组合定价策略是指企业为了实现产品组合的利润最大化，在充分考虑不同产品之间的相互关系以及某些产品的价格变动对其他产品的影响的基础上，系统地调整产品组合中相关产品的价格。产品组合定价策略主要有以下 5 种类型。

1. 产品线定价策略

产品线定价策略是指企业为产品线内的不同产品，根据相关产品之间的成本、产品质量和档次的不同，消费者对相关产品的不同特点的评价以及竞争者产品的情况，分别制定不同的价格。一条彩电生产线上生产若干型号的产品，这些产品的价格差异往往会不同于真实的成本差异。例如，一台三星 55 英寸高清液晶彩电在京东上的售价为 4599 元，而同一系列的 48 英寸彩电仅卖 2599 元。

2. 选购品定价策略

许多企业在提供主要产品的同时，还会附带提供一些与主要产品密切相关的产品，如饭店里出售的饮料、汽车 4S 店里出售的防盗报警器等。有些饭店的饭菜价格不高，但饮料很贵，这样饭店就可以通过饮料的销售来获得较高的利润。

3. 互补产品定价策略

所谓互补产品，是指在功能上相互补充，需要配套使用的产品，如打印机与耗材、手机与手机电池、计算机硬件与软件、剃须刀与刀片等。企业往往将主体产品的价格定得很低，而将互补产品的价格定得较高。这样做的目的是通过低价促进主体产品的销售，进而带动互补产品的销售，这时互补产品的高额利润不仅能够弥补企业因主体产品降价而遭受的损失，还可能会给企业带来利润。

4. 副产品定价策略

肉类加工、石油化工等行业的生产过程往往伴随着副产品的产生。如果这些副产品价值较低且处置费用较高，为弥补这一方面的支出，企业就要为主产品制定较高的价格。相反，如果副产品的价值较高，制造商就可以为主产品制定具有市场竞争力的低价，以求占领更多的市场份额，然后通过副产品的销售赚取利润。

5. 产品系列定价策略

企业可以将相关产品组合在一起，为它们制定一个比分别购买加起来更低的价格，从而进行一揽子销售，如世界杯出售的套票、配套的茶具及餐具等。采用这种策略时，企业提供的价格优惠应该足以吸引原本只准备购买部分产品的消费者转而购买全套产品，同时企业也要注意不能进行硬性搭配，这样不但不利于产品的销售，反而会损害企业形象。

9.5 企业价格调整策略

企业所处的经营环境复杂多变，为了更好地适应这种动态的环境，企业需要适时对价格进行调整。价格调整可能是企业主动发起的，也可能是被动为之的，但不管怎样，其形式无外乎降价和提价两种。

9.5.1 降价策略

降价策略是企业在经营过程中经常采用的营销手段。产品降价的原因很多，不仅包括外部环境因素，也包括企业内部环境因素。企业一般会在发生以下情况时降低产品的价格：一是当企业的生产能力过剩，市场需求不足，导致库存积压严重，企业资金周转困难时，企业会通过主动降价以提高销量；二是当原材料成本下降，企业劳动生产率提高，总体生产成本下降，市场交易价格下降时，企业就随之降低价格；三是企业对现有的市场地位不满意，为了从竞争者手里夺取更多的市场份额，率先发起降价攻势，如当年的长虹公司通过数轮大幅降价，一举坐上了国内彩电市场上行业龙头的位置；四是当竞争者降价或采取变相降价的策略时，企业为了应对而不得已降低产品的价格。

9.5.2 提价策略

虽然提价常常会遭到客户、经销商，甚至本企业销售人员的反对，同时还要承受市场竞争力减弱、政府干预的压力，但现实中部分企业还是会提高产品的价格。企业提价未必都是为了追求利润的增长，有时也是迫于通货膨胀以及原材料、人工成本及税负上涨等的压力。具体而言，在以下情况下，企业会采取提价措施：一是由于通货膨胀，物价普遍上涨，企业为了维持正常的利润水平，必须提高产品的价格；二是由于原材料成本、人工成本及税负上升，企业为消化这些增加的成本而提高产品的价格；三是产品供不应求，提高产品价格使企业有利可图；四是企业实施品牌向上延伸战略，为突出产品形象而提价。

企业实施价格调整策略一定要审时度势且要谨慎为之，一旦降价或提价不当，就会给企业带来无法挽回的损失。例如，有些景区在黄金周大幅涨价，引起了游客的极大不满，经互联网的广泛传播，这些景区成为人们出行的"禁区"。景区的经营者本想利用旅游旺季大赚一笔，不想因为提价不当，弄巧成拙，反而颗粒无收。

本章习题

一、单选题

1．凡是拥有专利保护的产品在保护期内基本都会制定高价，其定价目标是（　　）。

A．维持生存　　　　　　　　　　　　B．追求当期利益最大化

C．获得更高的市场占有率　　　　　　D．产品质量最优化

2．企业利用消费者具有的仰慕名牌产品或名店声望的心理，对质量不易鉴别的产品进行定价最适宜采用（　　）。

A．尾数或整数定价策略　　　　　　　B．招徕定价策略

C．声望定价策略　　　　　　　　　　D．反向定价策略

3．当产品市场需求富有弹性且生产成本和经营费用随着生产经营经验的增加而下降时，企业便具备了采用（　　）的可能性。

A．渗透定价策略　　　　　　　　　　B．撇脂定价策略

C．尾数或整数定价策略　　　　　　　D．招徕定价策略

4．按照单位成本加上一定百分比的加成来制定产品价格的定价方法称为（　　）定价法。

A．成本加成　　　　B．目标　　　　C．理解认知价值　　　　D．诊断

5．投标过程中，投标商对其价格的确定主要依据（　　）。

A．市场需求　　　　　　　　　　　　B．企业自身的成本费用

C．对竞争者的报价估计　　　　　　　D．边际成本

二、多选题

1. 影响企业定价的主要因素包括（　　）等。
    A. 定价目标　　　　　B. 产品成本　　　　　C. 市场需求　　　　　D. 经营者意志
    E. 竞争者的产品和价格
2. 心理定价策略主要包括（　　）。
    A. 声望定价策略　　　B. 分区定价策略　　　C. 尾数或整数定价策略
    D. 基点定价策略　　　E. 招徕定价策略
3. 下列属于竞争导向定价法的有（　　）。
    A. 随行就市定价法　　B. 竞争价格定价法　　C. 密封投标定价法　　D. 理解价值定价法
    E. 需求差异定价法
4. 下列属于需求导向定价法的有（　　）。
    A. 理解价值定价法　　B. 地点定价法　　　　C. 反向定价法　　　　D. 需求差异定价法
    E. 目标利润定价法
5. 下列属于投入期定价策略的有（　　）。
    A. 撇脂定价策略　　　B. 心理定价策略　　　C. 满意定价策略　　　D. 产品组合定价策略
    E. 渗透定价策略

三、名词解释

1. 定价目标　　2. 成本导向定价法　　3. 反向定价法　　4. 习惯定价策略　　5. 产品组合定价策略

四、简答及论述题

1. 企业的定价目标有哪些？
2. 企业在什么情况下会采取提价策略？
3. 试论述折扣与折让定价策略。
4. 试论述需求导向定价法。
5. 试论述产品组合定价策略。

📖 案例讨论

小米手机的渗透定价策略

小米手机在上市初期，牢牢抓住消费者求廉的消费心理，采取渗透定价策略，以物美价廉为卖点吸引消费者，打造出"高性价比"的品牌形象，配合公司的饥饿营销策略，使得当时的小米手机一机难求。

小米手机通过渗透定价策略迅速占领市场，凭借较高的销量实现了规模经济效益，有效降低了产品的单位成本。同时，低价在市场上形成了一定的行业壁垒，微利阻止了竞争者的进入，大大增强了小米手机的竞争力。

小米手机在后来的行业发展中沿用了渗透定价策略，从最初的单一机型到后面的各款手机，其价格在当时的智能手机市场都属于中低水平。国内大多数消费者青睐低价高配的智能手机，小米高性价比的品牌形象，使消费者对它产生了品牌忠诚，大大提高了小米手机的市场占有率。由此，小米手机让更多人感受到了科技进步带来的快乐与极致体验。

但渗透定价策略在给小米手机带来成功的同时，也为品牌向上延伸带来了隐患。很多人认为小米手机"虽然还不错，但不够高端大气"，使得小米手机品牌难以向高端市场发展。

思考讨论题

1. 结合本案例，请谈谈企业在什么情况下适合采取渗透定价策略。
2. 结合本案例，请谈谈小米手机今后应采取什么定价策略。

第 10 章　营销渠道策略

营销渠道是实现产品或服务从生产者向消费者转移的路径和通道。产品只有通过营销渠道交换出去才能实现价值，因此营销渠道是营销体系中不可或缺的重要组成部分。本章将在全面介绍营销渠道的相关概念的基础上，重点阐述营销渠道的参与者、营销渠道设计和营销渠道管理等内容。通过对本章的学习，我们可以对营销渠道策略有一个较为清晰的认识。

知识结构图

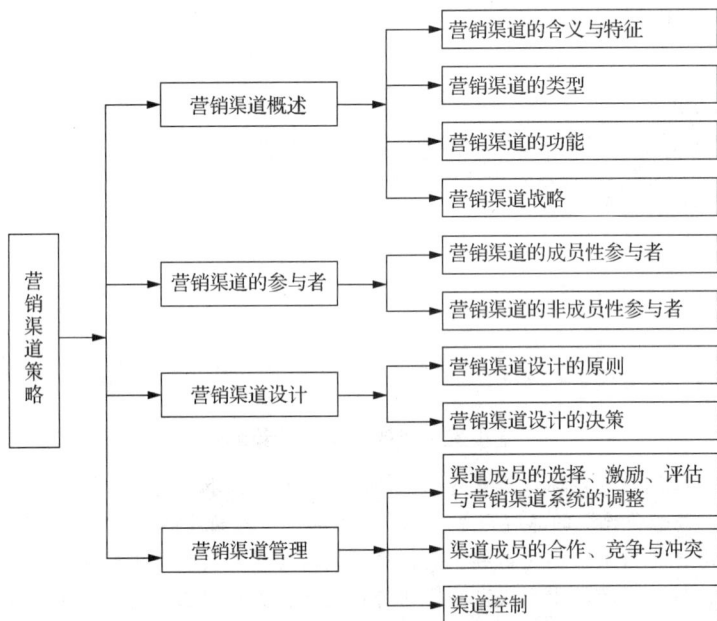

开篇引例

家乐福加速"触网"升级到家模式

2019 年 6 月 23 日下午，苏宁易购全资子公司苏宁国际与家乐福集团达成协议，拟以 48 亿元收购家乐福中国 80%的股份。9 月 27 日苏宁易购发布公告，宣布公司完成本次股权收购事宜，苏宁易购正式成为家乐福中国的控股股东。收购完成后，家乐福加速"触网"，苏宁拓展线下零售，双方开启了全面的融合。

2020 年年初，家乐福的身影出现在美团、饿了么平台上，还上了苏宁易购 App 首页推荐栏。苏宁推客也在 2020 年 2 月 13 日接入了线下家乐福门店。

数据显示，2020 年 2—6 月，家乐福到家业务销售额同比增长 710%，订单量同比增长 468%。

双方的会员体系打通后，家乐福与周边 3 公里内的苏宁易购、苏宁广场、苏宁小店、红孩子母婴店构成苏宁全场景零售，构成"1 小时场景生活圈"。

家乐福新 CEO 田睿在 2020 年 2 月曾表示，从 2019 年 9 月的交割日后，四个月内家乐福与苏宁集团基本完成了供应链的融合及数字化改造。在 2020 年，家乐福的最大目标是完善苏宁集团的到家业务，与苏宁小店、苏宁菜场等业态融合，成为大快消板块的核心。

除了补全大快消板块，苏宁对家乐福的定位是"店仓一体化"。目前，家乐福的到家业务共有三种模式，分为 3 千米内、3~10 千米及 10 千米外，对应的送达时间是一小时达、半日达及预售次日达。

2020 年 7 月 8 日，田睿发出内部邮件，家乐福将持续加大在全国范围内开店开仓的力度，并通过小仓建设和补贴，提升到家服务的覆盖半径和配送时效。作为苏宁生态圈快消板块的核心，家乐福会继续加速和苏宁小店、苏宁易购 App 的供应链整合，为小店提供更多的商品，为易购会员店精选更优的好货。

资料来源：红星新闻（有修改）。

10.1 营销渠道概述

10.1.1 营销渠道的含义与特征

1. 营销渠道的含义

营销渠道（Marketing Channel）是指配合或参与生产、分销和消费某一生产者的产品或服务的所有企业和个人。按照这个定义，营销渠道成员包括生产者、经销商、代理商、辅助商，以及最终的消费者或用户等。

2. 营销渠道的特征

首先，营销渠道是一个组织系统。这个组织系统是由参与产品交易过程的各类机构和人员共同组成的。营销渠道各要素、各成员之间因共同利益形成了一个上下游紧密衔接、有互动的交易整体和系统。

其次，产品或服务只有通过这些组织成员的活动，才能脱离生产领域，最终进入消费领域。

最后，每一条营销渠道的起点是生产者，终点是个人消费者或用户。

10.1.2 营销渠道的类型

1. 按照企业的营销活动是否有中间商参与，营销渠道可以分为直接营销渠道和间接营销渠道

直接营销渠道（Direct Marketing Channel）是指生产者不通过任何中间商，直接将产品销售给消费者，即零层渠道。产业市场的产品主要使用直接营销渠道进行销售。

间接营销渠道是指产品从生产者向消费者转移的过程中，需要经过一个或者一个以上的中间商。由于消费者人数众多且较为分散，因此一般消费品主要使用间接渠道进行销售。

2. 按照产品流通环节或层次的多少，营销渠道可以分为长渠道和短渠道

营销渠道的长短主要是依据中间环节数量的多少来确定的。在产品向消费者转移的过程中，不通过或只有一个中间环节的营销渠道称为短渠道；而通过两个或两个以上的中间环节的营销渠道则称为长渠道。中间环节数量越多，营销渠道就越长。不过，渠道的中间环节数量不是无限多的，因为每一个环节的中间商都要获取利润，如果营销渠道的中间环节数量过多，最后在终端市场上的产品的价格就会非常高，从而使产品失去市场竞争力。

3. 按照渠道中每个层次使用同种类型中间商数量的多少，营销渠道可以分为宽渠道和窄渠道

宽渠道是指制造商同时选择两个以上的同类中间商销售其产品，窄渠道是指制造商在某一地区或某

一产品分类中只选择一个中间商销售其产品。宽渠道和窄渠道各有优缺点，制造商一般会根据其产品特点进行选择。一般而言，生活必需品适合使用宽渠道进行销售，而工业品和一部分专业性较强或较贵重的消费品适合使用窄渠道进行销售。

4. 按照制造商所采用的渠道类型的多少，营销渠道可以分为单渠道和多渠道

单渠道是指制造商使用同一类型的渠道销售产品，而多渠道是指制造商同时使用多种类型的营销渠道销售产品。

10.1.3　营销渠道的功能

营销渠道的功能是实现产品从生产者向消费者的转移，具体表现在以下几个方面。

1. 获取调研信息

营销渠道具有收集和传递有关消费者、竞争者及其他营销环境信息的功能。

2. 提高营销效率

在营销渠道系统中，代理商、批发商、零售商及辅助商的加入，可以有效提高营销效率。这是因为代理商、批发商和零售商拥有完善的销售网络，可以帮助企业快速实现对市场的覆盖并提供完善的售后服务；而辅助商，如物流企业可以利用自身的物流系统，提供专业的、低成本的物流服务，这些渠道成员的优势是一般生产者不具有的。

3. 调节供需矛盾

产品的生产与消费之间往往在数量、品种、规格、时间及空间上存在着不相匹配的矛盾，要解决这些矛盾，就需要中间商的参与。中间商通过运输、仓储、分装等活动对各种产品进行分散销售，以保证产品供应与消费者的需求相匹配。

10.1.4　营销渠道战略

1. 营销渠道战略的含义

营销渠道战略的含义

营销渠道战略是指企业为了将产品从生产领域转移至消费者而采用的一整套指导性的方针和政策，主要内容包括渠道的拓展方向、分销网络建设和管理、区域市场的管理、营销渠道自控力和辐射力的要求等。营销渠道的选择将直接影响企业的经营决策，如一家企业采取了密集分销策略，那么该企业的其他营销策略就要随之做相应的调整。

2. 营销渠道战略的选择

营销渠道是由生产者、中间商、消费者及其他辅助商共同构成的完整体系。产品在向消费者转移的过程中，可以选择多条营销渠道。而可供选择的营销渠道战略主要包括以下几种。

（1）单渠道战略和多渠道战略

单渠道战略是指企业仅仅采用一种特定的营销渠道进行产品销售的战略。企业在产品类别关联度比较高时，采用此战略较为适合。单渠道战略的优点是有助于树立企业形象、培养忠诚消费者、提高产品营销效率，缺点是渠道覆盖面窄，适宜销售的产品类别有限。例如，一些婴幼儿奶粉生产企业，专注于医院市场，采用的就是此类渠道战略。

多渠道战略是指企业使用多种营销渠道共同销售产品的战略。企业在产品类别较多且不同类别的产品有不同的属性和市场，或产品类别不多，但消费者的差异较大时，采取这种战略较为有利。多渠道战略的优点是有利于扩大市场覆盖面、提高渠道效率，缺点是容易引起混乱，从而导致渠道冲突。

（2）长渠道战略和短渠道战略

从纵向的角度来看，营销渠道有长短之分。其划分标准很简单，就是看买方和卖方之间的中间环节的数量。

长短渠道各有利弊，既不是越长越好，也不是越短越好。判断好坏的依据主要是其是否经济、有效，如果增加营销中间环节能够带来效益的增加，就是好的。当然，企业也要充分考虑其他因素，如是否有利于提高服务水平、是否有利于提高渠道效率、是否有利于提高竞争力等。

企业选择短渠道战略的条件主要有：产品生产者与消费者的距离很近；企业自身实力雄厚，拥有自建渠道的能力；产品的目标消费者比较集中或组织消费者大量采购产品；产品品种繁多，需求变化较大；目标消费者购买数量少、产品的单价高；产品不易保存、易腐易损；产品新上市或产品在销售过程中需要提供技术指导和服务。

企业选择长渠道战略的条件是：生产与销售的时空距离较远；产品的目标消费者较为分散；产品生产或需求的一方有季节性；消费者每次购买的量不多、产品单价较低；产品便于储存和运输，且保质期较长；产品的标准化程度较低；产品的售中与售后不需要技术指导与服务。

在营销渠道管理实践中，企业往往会根据具体情况采取较为灵活的渠道战略，长短渠道共存的情况较为普遍。

（3）密集分销战略、独家分销战略和选择性分销战略

根据营销渠道的宽度（渠道宽度指的是渠道的每一个层次拥有同种类型的中间商数量的多少）来划分，营销渠道战略可分为密集分销、独家分销和选择性分销这3种类型。

① 密集分销战略。密集分销战略又叫广泛分销战略，是指企业尽可能多地通过中间商销售其产品的。密集分销战略的优点是市场覆盖面广，消费者购买便利；缺点是由于同一层级的中间商数量较多，需要协调的关系较多，增大了渠道管理的难度。

② 独家分销战略。独家分销战略是指企业在一定地区内只选定一家中间商销售其产品的。独家分销战略是最极端的形式，分销渠道最窄。企业采用独家分销战略的优点是便于加强对中间商的管理和监控，从而掌握渠道的控制权，同时也有利于提高销售服务水平；缺点是风险较高，如果企业选择的中间商经营不善或发生意外情况，就会给企业带来较大的损失。

③ 选择性分销战略。选择性分销战略是介于密集分销战略和独家分销战略之间的一种战略，即企业在市场上选择部分中间商来销售本企业的产品。该战略比独家分销的渠道要宽，有利于市场开拓，同时比密集分销的费用更少，便于管理和控制，加强协作，提高销售水平。

10.2 营销渠道的参与者

营销渠道的参与者是指所有在渠道中发挥作用的机构和个人，包括生产者、批发商、零售商、代理商、消费者以及其他发挥某种重要功能的机构。

依据是否涉及产品所有权的转移，营销渠道的参与者可以分为成员性参与者和非成员性参与者两类。前者包括生产者、批发商、零售商、代理商和消费者；后者主要包括媒体与广告代理机构、物流企业、市场调研机构、商业银行及保险公司等。

10.2.1 营销渠道的成员性参与者

1. 生产者

生产者是营销渠道的源头，是产品和服务的提供者，主要是指那些从事提取、种植以及生产产品的企业。生产者也称为制造商、生产商等。生产者除了具有提供产品的功能外，通常还拥有营销及产品流通或进出口的功能。一些著名的生产者，如波音公司、通用汽车公司、三星电子公司、可口可乐公司等，既是生产者又是渠道的主导者，在整个营销渠道中居于核心地位。

生产者提供的产品范围非常广泛，大到飞机、轮船，小到针头。制造商的实力和规模也千差万别，

大到像荷兰皇家壳牌石油公司这样年营业收入超过 3500 亿美元（2020 年的数据）的"巨无霸"企业，小到只有家庭成员参加的小作坊。但作为生产者，它们都承担着相同的任务，即必须有效地满足市场的需求，必须通过有效的方式把产品提供给消费者。生产者可以选择以直接销售的方式将产品提供给消费者，也可以通过中间商进行间接销售。对于绝大多数生产者而言，间接销售是目前最主要的选择。

2. 批发商

批发商是营销渠道中的重要成员，是将产品卖给零售商、大批量产品消费者以及其他批发商的组织或个人。批发商既不生产产品，也不直接将产品卖给最终的消费者，而是作为生产者和零售终端的联结者而存在，在市场开发方面扮演着重要角色。

从事批发业务的机构或个人统称为批发商，是批发这一行为的执行者。按照不同的标准，批发商可以分为以下几种类型。

（1）按经营产品种类的多少，批发商可分为一般批发商和专业批发商

一般批发商的特点是经营的产品种类繁多，如百货批发站；专业批发商的特点则是经营某一类或某几类产品，如五金电器批发公司等。

（2）按服务地区范围的大小，批发商可分为全国批发商、区域批发商和地方批发商

负责全国性产品批发业务的批发商称为全国批发商；承担一个省级区域范围产品批发业务的批发商称为区域批发商；而只担负某一市、县或更小区域产品批发业务的批发商则称为地方批发商，它是批发商的基层单位。

（3）按是否拥有产品所有权，批发商可分为经销批发商和代理批发商

经销批发商是指拥有产品所有权的批发商，它们从生产者处购进产品，再转卖给工业用户、中小批发商或零售商；代理批发商是指不拥有产品所有权的批发商，它们并不购进产品，而是代生产者行使批发职能。经销批发商是独立的经营者，其利润来自产品的购销差价；而代理批发商的收入则与产品购销差价无关，佣金才是其收入的主要来源。

3. 零售商

零售是指将产品或服务直接销售给最终消费者，以供个人或家庭的非商业性用途的活动。零售商是营销渠道中的另一类重要成员，是产品从生产领域向消费领域流通的最终环节，零售功能的有效发挥，对提高营销渠道的服务产出水平具有重要的意义。零售商是指以零售活动为其主营业务的机构和个人，是相对于生产者和批发商而言的，其类型更为繁多。

（1）零售商的特点

① 零售商提供的是终端服务。消费者每次的购买数量少，而且要求产品花色品种齐全、价廉物美。所以，零售商必须控制进货批量、加快销售过程、提高资金周转率。这就形成了零售商小批量进货、低库存和重视现场促销的经营特点。

② 为缓解促进销售与品种齐全、购买量小、库存控制之间的矛盾，适应不同消费者群体的需求，零售商的经营方式呈现多元化的特点。

③ 与批发商不同，零售商服务的地域范围较小，消费者主要是附近的居民和流动人口。因此，零售商经营地点的选择就成为决定经营成败的关键。

④ 与其他行业相比，零售商之间的竞争显得更为激烈。如为了适应消费者的随意性购买及零售市场竞争，零售店必须利用销售场所及外部周边环境进行有吸引力的整体商店设置，进行形象宣传。为了吸引并留住消费者，零售店必须考虑有关商店位置、交通设备、营业时间、产品花色品种、停车场所、广告宣传、促销手段等各种因素，进行统一策划。

（2）零售商的渠道职能

零售商将产品或服务出售给消费者，进而使产品或服务的价值得以实现，其渠道职能可概括为以下 5个方面。

① 直接为最终消费者服务，销售产品。零售商的销售活动主要是通过营业人员与消费者直接接触，

在单独分散的状态下完成的。零售商不是产品的生产者，它购进的产品也不是为自己使用，而是为了再卖出。零售商只有顺畅地卖出产品，才能实现经营的良性循环。

② 最终实现产品的价值。通过零售交易，产品最终从流通领域进入消费领域，从而实现其价值，如此生产者的劳动消耗才在真正意义上得到补偿，社会再生产过程才能顺利进行。

③ 分装、整理、仓储、保管产品。一方面，生产者在向零售商寄送产品时，为降低运输成本，总是以整箱、整包或整盒的形式交付，零售商一般要予以拆开、分装、整理或安装后出售给消费者；另一方面，零售商一般会向生产者或批发商批量采购产品，而销售时则是零散出售的，为了保证消费者能随时买到所需产品，零售商一般要存储一定数量的产品。

④ 生产者和消费者沟通的重要纽带。零售商直接接触最终消费者，对消费者的需求及消费倾向最为了解，反应也最为迅速。生产者通过零售商，一方面可以不断地向消费者传递产品信息；另一方面，也可以及时了解消费者反馈的相关信息，以便自己更好地组织生产经营活动，满足市场需求。

⑤ 提供综合服务。一方面，营业人员的周到服务、温馨舒适的购物环境等能给消费者以美好体验；另一方面，零售商也在努力增加服务项目、提高服务质量，以满足消费者的需求，如主动导购、送货上门、用户回访、售后服务等，有的零售场所还设有公用电话、中介服务、家政服务、餐饮、娱乐设施等。

4. 代理商

代理商是指受委托人委托，替委托人采购或销售产品并收取佣金的一种中间商。代理商只在买卖双方之间扮演促成交易的中间人的角色，本身并不拥有产品的所有权。

代理商的类别较多。按照所代理的产品来分，代理商可分为采购代理商和销售代理商。按照代理的区域来分，代理商可分为全国总代理商和地区代理商。企业是否选择代理商以及选择何种代理商进行销售，需要视具体情况而定。就医药企业而言，在开拓新的区域市场或销售全新药品时，选择具备专业的医药营销知识与技能的代理商是一个较好的选择。

5. 消费者

消费者是营销渠道的终点，产品只有销售给消费者才能真正实现其价值。消费者又可分为个人消费者和组织消费者，本书在之前的章节中已经对这两类消费者做过详细的介绍，在此不再赘述。

10.2.2　营销渠道的非成员性参与者

产品由生产者生产，通过整个营销渠道最后到达消费者手中，这个过程需要多方的配合与协作，除了前文介绍的批发商和零售商等外，还需要媒体与广告代理机构、物流企业、市场调研机构、商业银行及保险公司的积极参与。上述参与机构统称为营销渠道的非成员性参与者，下面分别予以介绍。

1. 媒体与广告代理机构

现代企业的经营活动离不开媒体与广告代理机构的支持，因为它们是企业实现广告目标的重要载体与合作者。这些机构包括电视、广播、报纸、杂志、网站和广告代理商等，其主要活动有帮助渠道中的生产者、中间商进行广告策划和设计、制订广告预算方案、选择广告媒体、刊载和发布广告信息，以及测定广告的效果等。

2. 物流企业

从广义上而言，物流不仅实现了产品物理位置的移动，还包括货物的仓储、分拣和配送等活动。物流在现代企业运营体系中发挥着极为重要的作用，是实现产品流通的最基本保障。企业的物流可以自行完成（自营物流），也可借助专门的物流企业来完成（第三方物流）。但与自营物流相比，第三方物流具有高效、专业、低成本等优势，是当前企业物流的首选。因此，物流企业也是营销渠道中的重要非成员性参与者。

3. 市场调研机构

市场调研机构在营销渠道中主要承担收集市场信息并进行分析预测，从而向生产者或中间商提供决策信息的职能。市场调研机构通常是接受生产者或中间商的委托以为其提供特定的市场信息并从中获取收益的。但一些市场调研机构，如中国互联网络信息中心，也会定期发布一些公益性的市场信息，有需要的企业均可使用。

4. 商业银行及保险公司

商业银行通过存贷款业务、转账业务，为营销渠道中的各方提供资金以及进行结算业务。这些活动可以使交易各方突破资金的瓶颈，还可以加速资金的流动、节约资金成本，并且能够使资金更加安全，从而有效降低营销渠道成员的资金使用风险。

保险公司在营销渠道中所起到的主要作用是帮助生产者、中间商以及渠道辅助商（如物流企业）在业务活动中规避和转移可能遇到的风险和造成的损失。在企业的经营过程中，风险无处不在，一次意外就可能使某一家企业蒙受巨额的损失。如果事先未向保险公司投保，这些企业就要承担全部的损失，一些企业可能会因此倒闭，而且会拖累其他渠道成员。

10.3 营销渠道设计

10.3.1 营销渠道设计的原则

营销渠道设计（Marketing Channel Design）是指企业为实现营销目标，对各种备选渠道结构进行评估和选择，从而开发新的营销渠道或改进现有营销渠道的过程。

营销渠道设计所追求的目标是低风险、高效益，为了实现这个目标，企业必须遵循以下原则。

1. 战略性原则

战略性原则是指企业在设计营销渠道时，应该使其与企业的总体战略规划保持一致，要为实现企业的战略目标而服务。例如，若某企业制定了今后转型为"互联网+"公司的战略发展目标，那么企业的营销渠道设计就应该紧紧围绕着网络渠道来进行。

2. 适度覆盖性原则

适度覆盖性原则是指企业要量力而行，充分考虑渠道成本与收益的关系，切不可盲目扩张。企业应该结合自身的实力、市场竞争状况、目标市场的规模、消费潜力等合理地设计渠道的长度和宽度。

3. 效率性原则

效率性原则是指企业在设计营销渠道时应该以提高流通效率为目的选择合适的渠道模式。

4. 互利性原则

互利性原则是指企业在设计营销渠道时，应该将营销渠道看作一个整体，要充分考虑不同渠道成员的利益，以共赢、互利为目标。

5. 动态性原则

动态性原则是指企业应该根据营销环境的变化及时设计新的渠道模式，以有效适应这种变化。

10.3.2 营销渠道设计的决策

营销渠道设计的决策目标是选择最佳的营销渠道。而所谓最佳的营销渠道，就是投入少、效率高，能够快速销售产品并能取得最佳经济效益的渠道。一般而言，营销渠道设计的决策应从以下4个方面入手，即确定营销渠道的长度、确定营销渠道的宽度、规定渠道成员的权利和义务以及对营销渠道设计方案进行评估。

1. 确定营销渠道的长度

确定营销渠道的长度是进行营销渠道设计决策首先应该考虑的问题，对企业的营销效果有很大的影响。企业在设计营销渠道的长度时要思考以下问题：产品是直接销售还是间接销售？如果是间接销售，中间的环节数量是多少？企业在进行营销渠道长度的设计前，应对产品、市场及企业本身的各种因素进行综合分析，以便做出正确的选择。

2. 确定营销渠道的宽度

营销渠道的宽度即同一层次同类中间商数量的多少。在企业确定与中间商合作后，决策者还必须决定在每一层次上使用的中间商数量，即确定营销渠道的宽度。渠道的宽度主要取决于产品本身的特点、市场容量和需求是否广泛等。通常，企业可以选择密集分销、独家分销和选择性分销这 3 种不同的战略。

3. 规定渠道成员的权利和义务

企业在确定了营销渠道的长度和宽度之后，还要通过协议进一步规定渠道成员的权利和义务，涉及的主要内容有价格政策、销售条件、经销区域或特殊服务等。

4. 对营销渠道设计方案进行评估

企业在选择营销渠道时，为了从已经拟订的营销渠道设计方案中选出有利于企业实现长期目标的最佳方案，就必须对各种可供选择的营销渠道设计方案进行评估。评估主要涉及 3 个方面：一是渠道的经济效益；二是对渠道的控制力；三是渠道的适应性。营销渠道设计方案只有在经济性、控制性和适应性等方面都较为优越时，才是成功的方案，也才能够予以使用。

10.4　营销渠道管理

营销渠道管理（Marketing Channel Management）是企业为实现营销目标而对渠道成员进行的选择、激励、评估与营销渠道系统的调整的过程。此外，营销渠道管理还涉及对渠道成员之间的关系，如合作、竞争与冲突的管理等。

10.4.1　渠道成员的选择、激励、评估与营销渠道系统的调整

1. 选择渠道成员

对企业来说，渠道成员的选择至关重要。如果选择不当，轻则影响销量，重则损害企业声誉，增加呆账、坏账，影响企业资金周转，从而造成企业经营困难甚至破产倒闭。在现实生活中，企业因选择渠道成员不当而造成严重后果的案例不胜枚举。

一般来讲，企业在选择渠道成员时，要综合考察其经营时间的长短、成长记录、人员的素质与数量、销售能力、财务实力、清偿能力、合作态度、经销的其他产品大类的数量与性质、客户服务水平、地理位置、运输和储存条件、客户的类型、经营管理能力、未来发展潜力等情况。

要了解渠道成员的上述情况，企业必须搜集大量的相关信息。除了充分利用二手资料外，企业还要对被选中的渠道成员进行实地调查，以获取渠道成员的第一手信息。

2. 激励渠道成员

渠道激励是对企业为促进渠道成员努力实现分销目标而采取的各种激励措施的总称。企业之所以要对渠道成员进行激励，主要是因为渠道成员与企业之间并非隶属关系，他们之间具有不同的价值导向和盈利目标，企业无法用行政手段对渠道成员进行管理。因此，要维护好渠道成员之间、渠道成员与企业之间的良好关系，并使整个营销渠道系统能够有效协调和运作，企业就必须对渠道成员采取有效的激励措施。

激励渠道成员的措施有很多，既可以采取以物质或金钱为刺激的直接激励，也可采取以非物质或非金钱为刺激的间接激励。对于不同的激励对象，企业所采取的激励方法和手段也有所不同。

（1）对中间商的激励措施

对中间商应该采取直接激励与间接激励相结合的方法，具体有以下几种激励措施。

① 根据市场需求生产适销对路的产品，并协助中间商做好相应的市场开发工作。例如，为了促进产品的销售，生产企业通常要派出专业的市场人员帮助中间商开展对目标市场的销售推广工作。

② 制定合理的产品价格与折扣方案。制定产品价格既要考虑企业的成本，还要考虑中间商开拓市场的难度和产品消费者的承受能力。同时，要给予中间商适度的价格折扣，以刺激他们积极销售产品。

③ 设立合理的奖惩制度，鼓励中间商多销货、早回款。例如，企业可以为中间商规定一定的回款期，对在回款期之前回款的中间商给予奖励，而对逾期未回款的实施惩罚。

④ 企业通过提供技术指导、举办产品展示会、指导产品陈列、帮助中间商培训营销人员来支持中间商开展业务活动。

⑤ 企业通过建立规范的客户管理制度，对中间商进行科学、动态的管理，及时了解中间商的实际需要，通过良好的沟通建立相互信任、相互理解的业务伙伴关系。

⑥ 企业通过分享管理权来提高中间商的积极性和营销效率，并与之建立长期稳定的合作共赢关系，例如，与中间商协商制定销售目标、存货水平、广告促销计划等。

（2）对消费者的激励措施

企业对消费者的激励措施主要有免费试用、买赠活动、累计消费折扣、免费向消费者提供产品知识培训等。

3. 评估渠道成员

企业除了要做好渠道成员的选择和激励工作之外，还必须做好渠道成员的评估工作，以判定渠道成员的绩效，从而为渠道调整提供科学的依据。

（1）评估渠道成员的内容

对渠道成员进行的评估主要包括以下内容：中间商经营时间长短、成长记录、偿还能力、意愿及声望、销售密度及涵盖程度、平均存货水平、产品损坏的处理、对企业促销及训练方案的合作水平、中间商应为消费者服务的范围等。如果某一渠道成员的绩效低于既定标准，企业就要找出原因并考虑可能的补救方法。企业应通过各种途径了解中间商履行合同的情况，包括推销产品数量，产品的库存，售前、售中、售后的服务及回款情况等。对中间商进行考查和评估，目的是及时采取相应的监督、控制与激励措施保证营销活动顺利而有效地进行。

（2）测量中间商绩效的方法

测量中间商绩效的方法主要是将中间商的本期销售绩效与上期销售绩效进行纵向比较，同时与其他中间商以及整个渠道的平均销售绩效进行比较。企业应掌握每一个中间商的月度、季度和年度的销售额及回款情况，通过对比实际销售绩效与计划要求的差距，认真找出原因，并采取相应措施以保持企业总体销售额的稳定增长。

4. 调整营销渠道系统

营销渠道系统的调整主要包括 3 个方面的内容：一是增减某些渠道成员，二是增减某些营销渠道，三是调整整个营销渠道系统。对营销渠道系统的调整一般是在以下情况下进行的。

① 合同到期。合同到期是一个重要的时刻，是否续签、是否变更合同、是否中断合作等都是企业应该认真权衡的问题。一般而言，在找到合适的替代者之前，企业不应该草率终止与渠道成员的合作。

② 合同的变更和解除。合同的变更是指合同没有履行或没有完全履行前，按照法定条件和程序，由当事双方协商或由享有变更权的一方当事人对原合同条款进行修改或补充。合同的解除是指在合同没有履行或没有完全履行前，按照法定条件和程序，由当事双方协商或由享有解除权的一方当事人提前终止合同效力。

③ 营销环境发生变化。当营销环境发生变化时，企业之前建立起的营销渠道不再适用，这时必须要对渠道成员进行调整。

营销渠道系统的具体调整做法如下。

（1）增减某些渠道成员

在营销渠道系统的调整活动中，最常见的就是增减渠道成员。企业在进行这方面的决策时，应注意渠道成员的变化对营销活动的综合影响，要着重弄清增减某些渠道成员后企业的销量、成本与利润将如何变化。因此，增减渠道成员时企业需要认真权衡利弊。

（2）增减某些营销渠道

随着市场需求、环境条件以及企业自身生产经营活动的不断变化，某些营销渠道可能会失去作用，因此没有继续保留的必要；而有时为了开拓新的市场，需要增加新的营销渠道。例如，某企业将某一产品线卖出后，原有的该产品的营销渠道就没有必要再保留了；但买入产品线的一方，则要增加相应的产品营销渠道。

（3）调整整个营销渠道系统

对生产者来说，最困难的渠道变化决策就是调整整个营销渠道系统，因为这种决策不仅涉及营销渠道系统本身，而且涉及营销组合等一系列市场营销策略的调整。例如，根据产品不同的生命周期而对营销渠道进行调整，或由于经营战略的改变（如大力发展移动医疗）而对原有的营销渠道进行根本性的重新设计。

10.4.2 渠道成员的合作、竞争与冲突

营销渠道成员之间既有合作关系，也有竞争关系，有时还会产生利益冲突。企业必须充分正视这些情况的存在并采取有效的管理措施，尽可能加强渠道成员的合作关系，鼓励渠道成员间积极、有序竞争，避免渠道成员间出现有害冲突。

1. 渠道合作

渠道合作是指为了满足目标市场的需求、谋取共同利益，渠道成员之间相互结合和依赖。事实证明，渠道成员之间相互合作而获得的利益要比各自单独从事销售工作获得的利益多得多。例如，产品的生产者为赢得消费者的信任、提高市场占有率、增加销量，而与批发商、零售商通力合作、共同努力，这往往比生产者自己承担渠道的全部工作更加有利。不同渠道成员之间的合作，对各方都是有利的，产品的生产者应尽力创造合作的条件，促使各成员间相互协调。

2. 渠道竞争

渠道竞争是指为同一目标市场服务的同一系统的不同企业之间或不同系统之间展开的竞争，它包括两个层次。一是本企业的营销渠道中同一级别的渠道成员之间的竞争。如同一区域的零售商，它们面对的是同样的消费者，为了争夺消费者资源，自然就存在着竞争关系。二是某一企业的渠道成员与竞争者的渠道成员之间也会因在相同目标市场销售竞品而存在竞争关系。

渠道成员间的竞争关系是客观存在的，企业只能正视，不可回避。企业一方面应积极鼓励、正确引导渠道成员有序竞争，另一方面也要坚决打击损害企业利益和消费者利益的不当竞争。

值得注意的是，良性的渠道成员竞争对消费者来说是有利的，这种竞争会为消费者提供更低价格的产品和更优质的服务。

3. 渠道冲突

渠道冲突是指渠道成员意识到其他成员正在从事会损害、威胁其利益，或者以牺牲其利益为代价而获取稀缺资源的活动，从而引发它们之间的争执、敌对和报复行为。例如，某企业的某个代理商会因为厂家给其相邻区域的代理商更大的广告支持或更低的进货价格而不满；又如，甲地区的分销商不执行分销协议等预先约定，低价倾销或窜货，同样会引起乙地区分销商的不满和愤怒。一般来说，越是市场行情看好、销量越高的产品，窜货的可能性就越大。此外，市场容量越大，窜货的可能性也越大；反之，市场容量有限的产品和滞销产品，基本上很少发生窜货现象。

渠道冲突最根本的原因是利益驱动。渠道冲突的本质是渠道主体利益、行为和心理上的冲突。渠道冲突的存在是一个客观事实，不能消灭、不能根除，只能辩证分析、区别对待。适度的渠道冲突有利于激发竞争、增强渠道的活力，活跃产品市场；但恶性渠道冲突对渠道体系具有极强的破坏性，会削弱企业对渠道的控制力并降低渠道成员对企业的忠诚度。

当渠道成员之间发生冲突时，企业应当及时分析冲突形成的原因、冲突的类型，以合适的方法来处理冲突，消除不良的影响。

10.4.3 渠道控制

1. 渠道控制的类型

渠道控制的类型比较多，可以从以下几个不同的角度来划分。

① 从控制程度角度来划分，渠道控制可分为绝对控制和低度控制。绝对控制是指对控制对象进行全方位的控制，包括销售区域、价格、回款情况等各个方面；低度控制又称为重点控制，是指只控制一个或者几个方面，如价格或销售区域等。

② 从控制主体角度来划分，渠道控制可分为生产者渠道控制、批发商渠道控制、零售商渠道控制。

③ 从控制内容角度来划分，渠道控制可分为产品控制、价格控制、促销控制、销售区域（含政策）控制。

④ 从控制重点角度来划分，渠道控制可分为目标控制和过程控制。

⑤ 从渠道功能角度来划分，渠道控制可分为对渠道信息的控制、对所有权转移过程的控制、对资金流的控制和对物流的控制。

⑥ 从营销组合角度来划分，渠道控制可分为对产品或服务的控制、对价格的控制、对促销的控制、对分销过程和分销区域的控制。

2. 渠道控制的内容

渠道控制的内容非常广泛，可以从不同的角度来分析。这里从营销组合角度来分析渠道控制问题。

（1）对产品或服务的控制

对于生产者来说，对产品的控制的主要内容如下。

① 控制产品的生产制造过程，保证产品质量。

② 企业的产品相关策略能够在渠道中得到实施。如培养渠道成员对新产品的认识，使其接纳新产品；企业产品差异化策略在渠道中得以实施；产品的品牌管理和品牌形象能够在渠道中得到贯彻；在产品生命周期的不同阶段，对渠道进行必要的调整等。

③ 通过对中间商的监督和管理，保证中间商为产品提供各种服务。

④ 通过与中间商合作和对中间商加强监督，防止与本企业产品相关的假冒伪劣产品通过中间商入市。

对于中间商来说，对产品的控制的主要内容如下。

① 控制某一产品的订购数量、品种、规格和质量。

② 保证产品质量，与生产者明确关于产品质量的保证，以及产品的安装、维修，破损产品的处理等责任。

③ 提供合格产品的售前服务、售中服务和售后服务。

④ 严把进货关，杜绝假冒伪劣产品进入市场。

（2）对价格的控制

生产者对价格的控制的主要内容是：监督和控制产品的批发价格和零售价格；确保企业的定价策略在渠道中得到贯彻落实；监督和控制中间商对于企业折价方案的落实情况。

中间商对价格的控制的主要内容是：根据市场情况和供货合同，确定或建议产品的批发价格和零售价格；落实生产者的折价方案；防止生产者制订对自己不利的价格歧视方案。

（3）对促销的控制

生产者的促销常常分为两种情况：一是对中间商的促销，二是对最终消费者的促销。对于中间商的促销的控制相对简单，施动者是生产者，主要是做好促销本身的工作，如确定促销目标、制订促销计划、实施促销活动、评价促销结果等。而对于最终消费者的促销，施动者是生产者和中间商，对促销的控制相对复杂，因为还涉及对中间商的控制和监督。

生产者对针对最终消费者的促销的控制的主要内容是：根据与中间商的合作协议，开展产品的促销活动，或根据竞争等需要推出产品促销活动；对促销活动的计划、实施过程和实施结果进行控制，以保证促销活动实现预定的目标；监督中间商对自己产品的促销活动和促销方式，保证生产者的促销活动得到中间商的贯彻和落实；对中间商自主安排的本产品的促销活动进行监督，尽量避免自己的产品成为中间商打折的牺牲品。

中间商对促销的控制的主要内容是：根据与生产者的合作协议，开展销售地点的促销活动；或根据竞争的需要，自主安排促销活动；对销售地点的促销活动进行管理；向生产者提出安排促销活动的建议。

（4）对分销过程和分销区域的控制

生产者对分销过程和分销区域的控制的主要内容是：控制分销区域，避免不同区域的渠道成员之间发生窜货等冲突；控制分销过程，避免不同渠道成员之间发生冲突；控制物流过程，保证物流通畅。

中间商对分销过程和分销区域的控制的主要内容是：在自己的分销区域内建立分销网络；在自己的分销区域内进行分销过程的控制；防止生产者发生窜货行为。

3. 渠道控制的程序[①]

渠道控制的程序可分为设计渠道控制标准、检测和评价渠道运营情况及渠道修正3个阶段。

（1）设计渠道控制标准

渠道控制标准的设计与渠道控制类型和内容密切相连，也与渠道成员的评价标准相关，可以从不同的角度来分类。笼统来说，渠道控制标准包括以下几个：最终消费者的渠道满意度标准；不同渠道之间的关系标准；渠道成员功能发挥标准；渠道成员完成任务和努力程度标准；渠道成员的合作态度和成效标准；渠道成员之间的关系发展标准；渠道的覆盖程度标准；渠道总体经济效益标准等。

（2）检测和评价渠道运营情况

① 对渠道运营情况进行检测。渠道控制的任务主要体现在对渠道运营状态的管理上，而要想对渠道运营状态进行及时的管理，企业就要通过收集资料来对渠道运营情况进行了解、把握，收集资料的方法包括了解销售业绩的统计材料、客户调查、现场观察等。

② 对渠道运营情况进行评价。企业对收集的渠道运营资料和渠道检测情况进行分析和评价，如果出现渠道的实际运营情况与控制标准不一致的问题，要判断这种不一致的程度和性质，同时要分析原因，寻找问题的症结，并且制定解决问题的方法。

（3）渠道修正

针对渠道运营中存在的问题，企业要进行渠道修正。渠道修正包括两个方面。一是修改渠道控制标准。渠道运行情况与渠道控制标准不一致，可能是因为渠道控制标准不符合实际，则进行渠道修正的办法就是修改渠道控制标准。二是改进渠道工作，指导渠道成员改变某些不当行为，提高渠道工作效率，努力使渠道工作达到控制标准。

本章习题

一、单选题

1．某生产者在市场上选用同级别的两个或两个以上的中间商为其分销产品，则该企业的营销渠道属于（　　）。

　　A．宽渠道　　　　B．窄渠道　　　　C．长渠道　　　　D．短渠道

2．每一条营销渠道的起点是生产者，终点是（　　）。

　　A．组织消费者　　　　　　　　B．个人消费者

　　C．中间商　　　　　　　　　　D．个人消费者或组织消费者

3．生活必需品通常采用（　　）战略。

　　A．密集分销　　　B．独家分销　　　C．选择性分销　　　D．直销

---

① 庄贵军，周筱莲，王桂林. 营销渠道管理[M]. 北京：北京大学出版社，2004：341-343.

4．某制造商在某一地区或某一产品分类中只选择一个中间商销售其产品，则该企业采取了（　　）。
　　A．宽渠道战略　　　　B．窄渠道战略　　　　C．长渠道战略　　　　D．短渠道战略
5．（　　）是指制造商同时采用多种类型的营销渠道销售产品。
　　A．长渠道　　　　　　B．短渠道　　　　　　C．多渠道　　　　　　D．宽渠道

二、多选题

1．根据营销渠道的宽度来划分，营销渠道战略可分为（　　）这3种类型。
　　A．密集分销　　　　　B．独家分销　　　　　C．合作分销　　　　　D．选择性分销
　　E．分散分销
2．营销渠道的成员性参与者主要包括（　　）。
　　A．生产者　　　　　　B．批发商　　　　　　C．零售商　　　　　　D．物流配送企业
　　E．市场调研机构
3．营销渠道决策所追求的目标是低风险、高效益，为实现这个目标，企业必须遵循的原则包括（　　）。
　　A．战略性原则　　　　B．适度覆盖性原则　　C．效率性原则　　　　D．互利性原则
　　E．动态性原则
4．营销渠道设计的原则包括（　　）。
　　A．战略性原则　　　　B．适度覆盖性原则　　C．效率性原则　　　　D．动态性原则
　　E．企业利益最大化原则
5．渠道控制的类型比较多，可以从不同的角度来划分。从控制内容角度来划分，渠道控制可分为（　　）。
　　A．产品控制　　　　　　　　　　　　　　　B．价格控制
　　C．促销控制　　　　　　　　　　　　　　　D．销售区域（含政策）控制
　　E．绝对控制和相对控制

三、名词解释

1．营销渠道　2．营销渠道战略　3．代理商　4．营销渠道管理　5．渠道冲突

四、简答及论述题

1．营销渠道的特征有哪些？
2．营销渠道的功能主要有哪些？
3．营销渠道管理主要包括哪些方面的内容？
4．试论述零售商的渠道职能。
5．试论述营销渠道设计的决策。

案例讨论

小米的全渠道模式

经过多年的积累和摸索，小米最终形成了线上、线下融合的全渠道模式，有力地促进了小米的市场发展。

1．小米早期的互联网渠道

小米早期通过米聊触达用户，积累早期用户，早期的100个梦想赞助商来自MIUI，小米通过线上方式（小米社区、新媒体、小米商城促销），通过互联网电商发展粉丝，现已拥有上百万名粉丝，小米通过小米家宴达到粉丝建设的高潮，目前小米家宴已成为小米为粉丝量身打造的年度盛宴。小米通过不同模式与用户连接，通过社群方式，建设忠诚的小米粉丝群体，带动手机销量达到数千万部。

2．小米电商平台

小米电商在国内主要与京东、苏宁等平台合作，在世界其他地区，主要通过Flipkart及亚马逊等第三

方电商销售产品。代理商直接购买小米的产品后向最终消费者进行销售。

小米线上直营通过小米商城，主打小米手机、平板电脑等数码产品，也涉及周边生活产品。同时，小米在天猫开设旗舰店，进行小米产品的自营。2017 年，小米推出小米有品，打造精品生活电商平台。小米有品采用了多品牌合作的模式，除了销售小米和米家的产品，也销售第三方独立品牌的产品。

3. 小米线下布局

小米线下布局基本分为以下几种类型。小米之家：自建自营，线下直营，在一、二线城市，进驻大型商城，旗舰店面积为 1000～2000 平方米，一般店面积为 250～300 平方米，集形象展示、产品体验咨询和销售功能为一体。小米专卖店，他建自营：在三、四线城市，店面面积为 150～200 平方米，小米与各地优秀的服务商、零售商合作，小米直供产品、直接管理运营。小米体验店：他建他营，小米指导，类似于代理商模式，在四线以下城市主推，在产品 SKU 选取上因地制宜，对城市中心店和郊区店做了区隔。小米直供点：当作 C 端客户运营，店主在线申请即可获得销售资质，直接从小米小规模订货，店主可通过微信、电商、抖音等渠道进行推广。

4. 小米社交电商

通过平台赋能模式，2019 年小米有品开始大规模地推广社交电商，发展小米渠道的外部合作力量。

有品是小米的精品购物开放平台，依托于小米生态链体系，用小米模式生产生活消费品，将来预计有超过 20000 种产品，是众筹和筛选"爆款"的平台；小米商城有 2000 种产品，销售小米自己和小米生态链中的产品；每个小米之家大约有 200 种产品。这三者共同组成小米自营全渠道的 3 层结构。小米建立了 S2B2C 的运营模式，平台为优质商家提供物流、客服、品控等全方位的支撑，小米与 400 多家行业头部企业达成合作。小米有品同时打造会员模式"有品推手"，小米有品推手采用邀请制注册方式，新用户通过邀请码注册开通成为有品推手会员。小米有品推手会员享有自购省钱、推广赚钱的权益。

5. 小米物流

物流是全渠道策略成功实施的保障，小米在物流方面不断地进行建设。2019 年，小米宣布与中国邮政建立战略合作关系，双方在北京小米科技园举行了战略合作签约仪式，签署战略合作协议。在快递物流方面，小米充分利用中国邮政的优势资源，与其开展更广泛的业务交流与合作。中国邮政则为小米提供仓储、物流及快递配送等服务。

中国商标局信息显示，小米于 2019 年 6 月注册了"小米快递"商标，已经通过中国商标局审核。小米快递可以提供的服务包括：包裹投递、快递服务（信件或产品）、运载工具故障牵引服务、船运货物、旅行陪伴、贵重物品的保护运输、司机服务、运输、产品包装、导航、货物贮存等。

资料来源：赵桐，吴越舟. 小米全渠道模式解读[J]. 销售与市场（营销版），2019，No.670（11）：62-65.

思考讨论题

1. 结合本案例，请谈谈全渠道模式的特点。
2. 小米为何要采用线上、线下融合的全渠道模式？

第11章 促销策略

本章导读

　　促销是指企业将有关产品或服务的信息通过各种方式传递给目标消费者，以促使消费者了解、信赖并采取行动购买本企业的产品，从而达到提高销量的目的。因此，促销是市场营销活动的重要组成部分，有效的促销策略是企业实现营销目标的重要保障。促销策略一般包括人员推销策略、广告策略、公共关系策略和营业推广策略4个组成部分，本章将分别进行阐述。

知识结构图

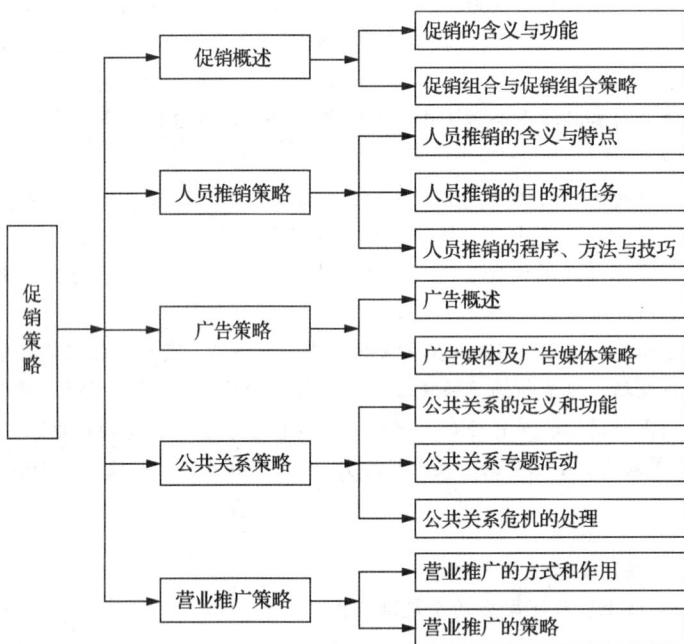

开篇引例

"危险的辣条"事件，麻辣王子赢得了所有

　　每年3月15日是国际消费者权益日，2019年的3·15晚会曝光了河南兰考县、湖南平江县等地虾扯蛋、黄金口味棒、爱情王子等辣条制造商，视频中可见生产线上膨化后的面球四处飞溅，生产车间的地面上，满地粉尘与机器渗出的油污混合在一起。

　　3·15名单曝光后，虾扯蛋等涉事品牌并未做出回应，这个时候，一家没有被提及的品牌倒是顺势"蹭"上了热度，这个品牌就是麻辣王子。

2019 年 3 月 15 日 22 时 23 分，就在 3·15 晚会曝光辣条行业乱象不久后，麻辣王子官方微博发布了一则置顶视频，并配文"3·15#虾扯蛋辣条#令人痛心！行业有乱象，但总有人在坚守底线，做良心产品！听麻辣王子创始人讲述：为了让消费者吃上正宗、健康的辣条，我们做了什么？"

视频公开了麻辣王子的车间，品牌创始人亲自讲述品牌理念。在大家质疑辣条品牌的安全问题时，这条带着话题的微博在第一时间发出，赢得了一大波好感。

2019 年 3 月 16 日，麻辣王子官方微博又发了一则视频，这次的视频中，该品牌邀请了许多大学生去麻辣王子工厂实地参观，并在微博邀请网友前去考察，且从长沙到平江包车往返、包午饭。

2019 年 3 月 18 日，麻辣王子再接再厉，这次，它们邀请平江县委书记到生产车间考察并品尝辣条。

通过出色的公关活动，麻辣王子不仅没有受到"危险的辣条"事件的影响，还通过其他品牌的危机事件提高了自己的知名度。

资料来源：网易订阅。

11.1　促销概述

促销是企业营销活动的重要组成部分，一般包括人员推销、广告、公共关系和营业推广等具体促销手段。促销的本质是通过传播实现企业与其目标市场之间的信息沟通，以最终达到促进销售的目的。

11.1.1　促销的含义与功能

1. 促销的含义

促销是指企业通过人员推销或非人员推销的方式，将有关产品或服务的信息通过各种方式传递给目标消费者，帮助消费者认识产品或服务能够为其带来的利益，从而引起消费者的兴趣，激发消费者的购买欲望与购买行为的活动。促销实质上是一种沟通活动，即企业（信息提供者或发送者）发出刺激消费的各种信息，以影响目标消费者的态度和行为。常用的促销手段有人员推销、广告、公共关系和营业推广等。企业可以根据实际情况选择一种或多种促销手段开展促销活动。

2. 促销的功能

促销是市场营销活动中不可或缺的重要组成部分，主要具有以下功能。

（1）促销可以加快产品入市的进程，激发消费者购买的欲望和行为

通过促销活动，企业可以快速调动目标消费者的购买热情，强化消费者对新产品的认知。一般消费者出于对购买风险的顾虑，大多会对新产品有一些抗拒，但促销活动可以打破消费者的这种心理防御机制，激发其购买的欲望和行为。

（2）促销可以激励消费者重复购买，打造消费习惯

消费者在习惯使用某个品牌的产品之后，一般不会轻易做出改变，这主要是因为品牌转换存在一定的风险和成本（主要包括搜寻成本、调整成本和心理成本）。企业通过持续的促销活动，可以强化消费者的品牌偏好，提高消费者的重复购买频率，促使其产生习惯性购买行为。

（3）促销能够帮助企业提高销售业绩，打造竞争优势

通过促销活动，企业可以诱发消费者需求，扩大企业的影响范围，提高产品的知名度和美誉度，为企业营造有利的经营环境，并使企业与消费者建立良好的关系，因而有助于企业提高销售业绩，打造竞争优势。

（4）促销可以带动相关产品的销售，扩大市场范围

在生活中我们会发现，许多产品必须搭配其他产品才能使用，如汽车离不开汽油、茶叶离不开茶具等。很显然，当卖出更多汽车时，汽油的销量就会提高；同样，在卖出更多茶叶的同时，也提高了茶具的销量。20 世纪 30 年代，美国石油公司为提高煤油的销量，免费向消费者赠送煤油灯，从而迅速打开了市场。

11.1.2 促销组合与促销组合策略

1. 促销组合

促销组合指企业综合考虑各种促销手段的优缺点，将人员推销、广告、公关关系和营业推广这 4 种基本的促销手段组合成一个策略系统，使企业的所有促销活动互相配合、协调一致，以最大限度地发挥整合的效果，从而顺利实现企业的促销目标。

促销组合体现了现代市场营销理论的核心思想——整体营销。促销组合是一种系统化的整体策略，人员推销、广告、公关关系和营业推广则构成了这一整体策略的 4 个子系统，如图 11-1 所示。每个子系统都包含了一些可变因素，即具体的促销方法或工具，任一因素的改变都意味着组合关系的变化，也就意味着一种新的促销策略。

2. 促销组合策略[①]

促销组合策略是根据产品特点和经营目标的要求，有计划地综合运用各种有效的促销手段所形成的

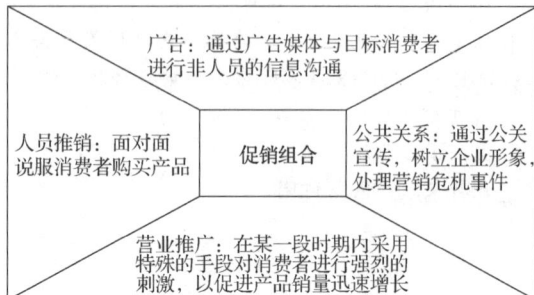

图中文字：
广告：通过广告媒体与目标消费者进行非人员的信息沟通
人员推销：面对面说服消费者购买产品
促销组合
公共关系：通过公关宣传，树立企业形象，处理营销危机事件
营业推广：在某一段时期内采用特殊的手段对消费者进行强烈的刺激，以促进产品销量迅速增长

图 11-1 促销组合的 4 个子系统

一种整体的促销措施。企业的促销组合，实际上就是对上述促销手段的具体运用。在选择采取哪一种或哪几种促销手段时，企业要确定合理的促销策略，实现促销手段的最佳结合，就必须注意把握影响促销策略的各种因素。

由促销组合形成的某种企业可实施的对策叫作促销策略，也叫促销组合策略，也就是说，促销组合策略是促销组合的某种结果或具体表现形式。

在实践中，如果由促销组合形成的促销组合策略以人员推销为主，配合公共关系等其他促销手段，这种促销组合策略叫作推式策略。推式策略主要适用于生产资料的促销，即生产者市场的促销活动。

如果由促销组合形成的促销组合策略以广告为主，配合其他的促销手段，这种促销组合策略叫作拉式策略，也就是用广告拉动和激发最终消费者的购买欲望。

实践中通常是"推拉结合、有推有拉"。也就是说，企业一方面要用广告来拉动最终消费者，刺激最终消费者产生购买欲望，另一方面要用以人员推销为主的促销组合策略向中间商推荐产品，使中间商乐于经销或代理自己的产品，形成有效的分销链。当然，在进行促销的过程中，企业还要考虑产品的性质，并参照促销预算等因素进行组合。

11.2 人员推销策略

很多消费者对推销人员都没有什么好感，甚至可以说有些厌恶，唯恐避之不及。但事实上，推销人员的存在不仅对商家很重要，对于消费者来说也至关重要。人员推销是促销的重要组成部分，对于某些产品而言，人员推销这种促销手段甚至可以说是无可替代的。

11.2.1 人员推销的含义与特点

1. 人员推销的含义

人员推销是指企业推销人员与潜在消费者直接接触，帮助和说服消费者购买某种产品或服务的过程。人员推销是一种独特的促销手段，它具备许多区别于其他促销手段的特点，可实现许多其他促销手段无法实现的目标。对于某些产品或服务来说，人员推销的效果是极其显著的。工业品、原材料、保险产品

① 张欣瑞, 等. 市场营销管理[M]. 北京: 清华大学出版社, 2005.

等的销售，就主要使用人员推销的手段。

2. 人员推销的特点

与其他促销手段相比，人员推销具有以下特点。

（1）针对性强

人员推销是一对一的直接营销，推销人员可以根据潜在消费者的特定需要，根据消费者的不同反应，及时采取有效措施并制订有针对性的营销策略，从而促进交易的达成。

（2）亲和力强

推销人员通过与消费者面对面的直接沟通，易于与消费者联络感情，并建立良好的人际关系。推销人员与消费者的直接沟通，也有利于增进双方的信任和理解，为交易的最终达成和今后的进一步合作奠定良好的基础。

（3）信息反馈及时

推销人员可直接从目标消费者那里获得反馈信息，如消费者对推销人员的态度、对产品和企业的看法和要求等。推销人员可以将获得的相关信息迅速反馈给企业，以指导企业经营，使企业的产品或服务更能满足消费者的需求。同时，人员推销易于提供售后服务，推销人员可以及时发现并解决产品在消费者使用时出现的问题。

（4）易于指导消费

人员推销可以给消费者提供直接的消费指导，这是其他促销手段所不具备的优势。在推销过程中，推销人员能够为消费者提供直接的咨询和技术服务，如向消费者展示产品特点、演示产品使用方法、随时解答消费者的疑问等，这样可以打消消费者的购买顾虑。对于那些价值较高、使用方法复杂、购买风险较高以及需要完善的售后服务的产品，使用人员推销手段是比较合适的。

（5）成本较高

与其他促销手段相比，人员推销成本较高。企业需要投入较多的人力、物力和财力资源，同时，优秀的推销人员是一种稀缺资源，不易获得。

（6）适用范围有限

对于那些价值较低、消费者习惯购买的产品，使用人员推销手段的效果不佳且由于成本有限而不适于使用人员推销手段。还有，在某些特殊条件和环境下不宜使用人员推销，如许多医院明令禁止医药代表入内推销药品。另外，许多消费者对推销人员的印象不佳，往往会本能地拒绝推销人员的销售行为，这也限制了企业推销业务的开展。

11.2.2 人员推销的目的和任务

1. 人员推销的目的

将产品销售出去是人员推销的最终目的，但不是唯一目的。企业开展人员推销活动的目的可以进一步分解为以下几个方面。

（1）了解消费者对本企业产品信息的接收情况以及市场需求情况，确定可成为产品购买者的消费者类型。了解目标市场和消费者对企业及其产品的反应及态度，准确选择和确定潜在消费者。

（2）收集、整理、分析信息，并尽可能消除潜在消费者对产品、对推销人员的疑虑，说服他们采取购买行动，成为产品真正的购买者。

（3）促使潜在消费者成为现实购买者，维持和提高消费者对企业、产品及推销人员的满意程度。因此，为了进行成功的重复推销，推销人员必须努力维持和不断提高消费者对企业、产品及推销人员本人的满意程度。

2. 人员推销的任务

人员推销的主要任务是销售产品，但若认为人员推销的任务仅仅是销售产品则未免过于片面。作为企业和消费者相互联系的桥梁，人员推销肩负着多方面的任务，主要包括以下几个。

（1）销售产品，提高市场占有率，传播公司美誉

人员推销的主要任务是销售产品和开拓市场。推销人员需要在复杂的市场中寻找新的、尚未被满足的消费需求。他们不仅要说服消费者购买产品，维持与重复购买消费者的良好关系，还要善于培养和挖掘潜在消费者，并根据消费者的不同需求，实施不同的推销策略，以便不断开拓市场，促进企业生产的发展，同时在推销过程中传播企业的美誉。

（2）获取市场信息，为企业做出经营决策提供依据

推销人员在销售过程中不仅会向目标消费者传递企业的经营状况、经营目标，产品性能、用途、特点、使用、维修、价格等方面的信息，还能获悉消费者的需求特点和变化趋势、竞争者的经营情况，消费者的购后感觉、意见和看法等，从而为企业做出相关的经营决策提供客观的依据。

（3）满足消费者需求，实现商品价值转移

推销人员在向消费者推销产品时，必须明确推销的不是产品本身，而是一种服务，即告诉消费者，通过购买产品，他能得到某些方面的满足。同时，推销人员要掌握消费者的心理，善于应用推销技巧，对不同消费者使用不同的推销技巧。

（4）提供高品质的服务

销售产品不是人员推销的终点，推销人员在推销过程中应积极向消费者提供多种服务，如业务咨询、技术咨询、信息咨询以及使用方法和维修等多种售前、售中、售后服务，帮助消费者解决问题，从而获得消费者对企业及其产品的好感和信赖。

11.2.3 人员推销的程序、方法与技巧

1. 人员推销的程序

人员推销有多种形式，如上门推销、柜台推销和会议推销等。其中，上门推销被认为是最典型的人员推销形式，其具体程序如下。

（1）寻找目标客户

这一阶段的任务是寻找那些需要本企业产品，又有支付能力和购买决策权的潜在客户。寻找客户的方法很多，如推销人员自行观察、访问、查阅资料，或通过他人介绍、广告吸引、会议招引等。推销人员可根据产品和推销环境的特点灵活选用寻找客户的方法。

（2）拜访前准备

在正式约见客户之前，推销人员必须做好推销准备工作：首先是掌握信息，尽可能充分了解拜访对象、自身产品及竞争者产品的情况，知己知彼；其次是做好计划，确定拜访的主题和程序；最后是选择恰当的推销方法和技巧，设计自身的形象并做好心理上的准备。

（3）正式拜访客户

与客户开始正式接触时，推销人员要注意自己的态度表情和言行举止，给客户留下一个好的印象，使其对自己和推销的产品产生兴趣，为顺利进行推销洽谈创造良好条件。在正式拜访客户的过程中，推销人员要运用提示和演示的方法，如利用语言艺术来传递推销信息，展示文字、图片或视频用于说明产品，也可以现场操作产品等，有的放矢地向客户介绍企业及企业的产品，使客户能较好地认识产品。

（4）处理意见

在推销过程中，客户难免会对推销人员所做的推销说明提出不同的看法。推销人员必须认真分析和恰当处理这些意见，力争扫清成交的障碍。

（5）达成交易

在推销过程中，各个阶段都可能达成交易。推销人员要善于识别和捕捉客户发出的成交信号，当机立断地采取适当的方法，促使客户立即采取购买行动。成交信号释放得越早，推销成功的可能性越大，效率也就越高。

人员推销的程序、
方法与技巧

（6）事后跟踪

产品成功销售出去并不意味着推销工作结束。推销人员还应认真履行订单中的各项条款，如交货期、安装、维修等各项承诺。推销人员需要进行持续的事后跟踪，以便了解客户是否对产品感到满意，掌握可能产生的各种问题，表现自己的诚意和关心，以确保客户满意并能够在今后重复购买。

2. 人员推销的方法与技巧

推销人员面对的是个性、心理、需求状态各异的推销对象，只有充分注意个体的特殊性，灵活选用推销方法，善于运用推销技巧，才能赢得客户，达成交易。

（1）顺应客户的需求

推销人员要推销自己的产品，应立足于满足客户的需求，想客户之所想，为客户当好"参谋"，认真说明产品功能与客户需求的一致性，促使客户购买其"最需要的东西"。

（2）重视自身的形象

面对客户，推销人员要展现自身良好的形象。在当今的卖方市场条件下，推销人员富有亲和力是客户接受产品、乐于购买某种产品的重要因素。客户信赖你，才能接受你所推销的产品。

（3）熟悉自己的产品

推销人员对自己所推销的产品必须了如指掌，熟知其特性和优点、使用者的反馈及目前的产销情况，这样才能在洽谈中有针对性地进行推销说明，有效地处理意见，促使客户采取购买行动。

（4）突出推销的重点

在推销时，推销人员要重点把产品的功能、特色、价格及折扣等介绍清楚，使客户对产品的主要情况有深入的了解，要重点介绍客户感兴趣的内容，刺激客户产生购买欲望。

（5）改善客户的体验

让客户动手操作和试用产品，使其获得比听口头介绍深刻得多的亲身体验，可以大大增强推销的说服力。推销人员在推销时应尽可能让客户动手操作或试用产品，让其摸一摸、尝一尝、用一用。

（6）把握客户的心理

推销活动中的面谈是一个"刺激—观察—再刺激—再观察"的过程，推销人员在面谈中要注意把握客户心理，运用能引起客户兴趣、刺激客户购买欲望的推销语言，进行因势利导的宣传介绍。

（7）倾听客户的意见

认真倾听客户的意见，可以使客户感受到你对他的尊重，并可以从与客户的谈话中获得有价值的行动提示。与客户谈话时要聚精会神，注意把握客户提出的意见的重点。

（8）捕捉成交的时机

在推销人员的诱导下，客户的意向一般是按照"认识—欲望—行动"这一方向发展的，但中途出现其他因素使客户转变想法的事例也屡见不鲜。善于捕捉时机、及时成交，是推销成功的关键。

11.3　广告策略

广告是企业营销活动的重要组成部分，也是一门带有浓郁商业性质的综合艺术。在现代商业社会中，广告扮演着越来越重要的角色。很难想象一家没有广告投入的企业可以拥有家喻户晓的知名品牌。正因如此，业界有"企业如果不做广告，就如同在黑夜中向爱人暗送秋波"的形象比喻。

11.3.1　广告概述

1. 广告的含义与类型

广告是指可确认的广告主为促进交换，主要以付费的方式，通过各种媒体进行的单向或双向的营销传播活动。这里需要说明的是，广告发布一般需要支付媒体费用，但在广告主自己的网站或一些社交平台上发布广告则不需要费用。广告的分类方法很多，受篇幅所限，本书只介绍最常见的、依据发布媒体划分的广告类型。

根据发布媒体的不同，广告可以分为以下几种类型。

（1）电波广告

电波广告是指通过电波手段来表现广告信息的广告形式，主要包括电视广告和广播广告。电视和广播属于传统的广告媒体。电视广告是以电视为媒介传播的广告。它具有形象、直观、传播范围大、传播迅速等特点，是深受广告主青睐的重要广告形式。广播广告是运用无线或有线广播传播的广告，它是一种大众化的广告。此外，电影和幻灯片中播放的广告亦属于电波广告。

（2）印刷广告

印刷广告是指通过印刷品传递广告信息的广告形式，包括报纸、杂志、函件、册子、产品目录、传单等广告。其中，报纸和杂志也属于传统的广告媒体。

（3）网络广告

网络广告是指以互联网为发布载体的新兴的广告形式。与传统广告相比，网络广告因具有传播迅速、形式多样、费用较低、能够与目标受众实时互动等众多优势而发展势头迅猛，对传统广告产生了强烈的冲击和影响。

（4）户外广告

户外广告是指通过存放于开放空间的媒体发布的广告。户外媒体主要有交通类媒体和建筑类媒体两种。其发布载体具体包括户外的电子显示屏，悬挂在建筑物上的大型广告牌、霓虹灯，专门设置在公路旁及重要交通路口的路牌，流动广告车以及车体、船体内外等。

（5）直接邮递广告

直接邮递广告是指直接将印刷品广告、录像带、影碟甚至实物等寄送给广告受众的广告。在国外，直接邮递广告是一种十分常见的广告形式，但在我国这种广告形式尚未被大多数商家采用。

（6）售点广告

售点广告是指在销售现场所做的广告，它是一切悬挂、设置在购物场所内外的广告的总称。从建筑物外悬挂的巨幅旗帜，到商店内外的橱窗广告、产品陈列、产品的价目表以及展销会等，它们都属于售点广告。

（7）其他广告

此外，广告还有其他多种形式，如利用飞机等飞行物悬挂标语、喷洒烟雾组成特定图案的空中广告以及利用包装物和手提袋传播广告信息的包装广告等。

2. 广告的目标

广告的目标是广告主希望通过开展广告活动所能达到的预期目的。成功的广告策略必须有明确的目标：是短时期内推销产品还是树立良好的企业形象，是扩大市场区域还是提高市场占有率，是极力保护巩固现有市场还是向竞争者发起进攻，进一步抢夺竞争者的市场份额，这些问题在制订广告策略时必须首先明确，只有这样，制订的广告策略才能有的放矢。

广告目标的确定不是随机的，而应当建立在对当前市场营销情况的透彻分析的基础上，以企业的目标市场、市场定位、市场营销组合等重要决策为依据。

广告目标与促销目标都是促进产品销售，但与促销目标相比，广告目标有以下特点。

（1）促销数额的不确定性

促销目标可以用销售额或利润额的完成情况来确定，但广告目标很难准确衡量。例如，一个企业的促销目标可以确定为一年内增长 20%的销售额，但广告目标却很难如此确定，因为影响企业销售额的因素除了广告之外，还有很多其他因素，如企业产品的价格、流通、包装、营业推广、竞争以及消费者偏好等，如图 11-2 所示。

（2）期间的不确定性

促销目标一般以一定的期间为衡量标准，而广告的目标很难以一定的期间为标准准确衡量，广告具有迟效性，其效果要在广告播出一段时间以后才能表现出来。例如，某一家化妆品企业在电视上发布了化妆品广告，但消费者并不一定看了广告就会马上购买，而会经过一系列的心理活动过程或认知过程，再做出购买决策。

（3）广告目标的多元性

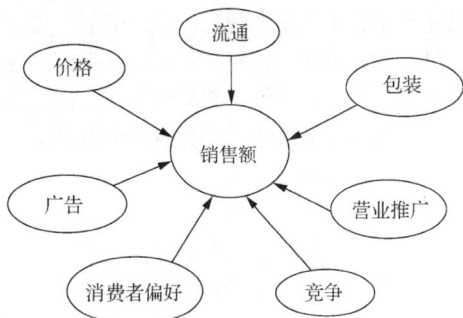

图 11-2　影响企业销售额的因素

促销目标一般是单一的，就是提高销售额，而广告目标除提高销售额之外，还有提高产品及企业的知名度、改变消费者态度等。

11.3.2　广告媒体及广告媒体策略

1. 广告媒体的含义

媒体又称媒介（Media），是指将信息传递给社会大众的工具。广告媒体是指借以实现广告主与广告对象之间的联系的物质或工具。凡是能刊载、播放广告，在广告宣传中起传播广告信息作用的物质都可称为广告媒体。例如，大众传播媒体（包括电视、广播、报纸、杂志）、网络、路牌、交通工具、霓虹灯、产品陈列、橱窗、包装物以及产品说明书、企业名录等都是广告媒体。

2. 广告媒体的选择

广告媒体的选择是指根据广告目标，以最低的成本选择合适的传播媒体，把广告信息传达给预定的目标消费者，并保证接触者的数量和接触的次数达到一定水平。其中心任务就是比较广告目标与广告媒体之间的差距，并根据广告目标的要求选择广告媒体。选择广告媒体应主要考虑以下因素。

（1）目标受众的媒体接触情况

不同的广告受众通常会接触特定的媒体。有针对性地选择目标受众易于接触的媒体，是增强广告促销效果的有效方法。例如，一则针对 IT 人士的广告，在专业 IT 杂志上发布的效果无疑要比在大众娱乐类报纸上发布的效果要好。

（2）广告产品的特性

广告媒体应当依据广告产品的特性决定，因为不同媒体在展示、解释、可信度、注意力与吸引力等方面具有不同的特点。工业品与消费品，技术含量较高的复杂产品与较普通的产品，应采用不同的媒体进行广告宣传。

（3）市场竞争状况

企业在选用广告媒体时，要结合市场竞争状况选择合适的媒体。

（4）广告内容

广告媒体的选择要受到广告内容的制约。如果广告内容是宣布即将进行的大型促销活动，一般会选择时效性强的报纸、电视、广播等媒体进行发布。而如果广告内容含有大量的技术资料，则发布在专业技术杂志上是一种更理想的选择。

（5）广告传播区域

选择广告媒体，必须使媒体所能触及的影响区域与企业所要求的信息传播范围相适应。如果企业的目标市场为全国市场，则宜在全国性报纸、电视、广播中发布广告。

（6）相关法律法规

选择广告媒体时应遵守国家或地方的相关法律、法规。例如，《中华人民共和国广告法》（2015 年修订版）第二十二条明确规定，"禁止在大众传播媒介或者公共场所、公共交通工具、户外发布烟草广告。

禁止向未成年人发送任何形式的烟草广告。""禁止利用其他商品或者服务的广告、公益广告，宣传烟草制品名称、商标、包装、装潢以及类似内容。""烟草制品生产者或者销售者发布的迁址、更名、招聘等启事中，不得含有烟草制品名称、商标、包装、装潢以及类似内容。"。因此，烟草商必须遵守上述相关规定，否则涉嫌违法，将受到相应的惩罚。

（7）媒体使用成本

媒体使用成本是选择广告媒体的重要考虑因素。依据成本选择广告媒体时，最重要的不是绝对成本上的数字差异，而是媒体成本与广告受众之间的相对关系，即每千人成本。企业在比较每千人成本的基础上，再考虑媒体的传播速度、传播范围、记忆率等因素，之后择优选择广告媒体，可以得到较好的效果。

（8）广告预算

企业发布广告必须量力而行，应在广告预算的限制下依据自身的财力合理地选择广告媒体。

3. 广告媒体策略

（1）广告媒体策略的含义

广告媒体策略是指广告策划者根据广告对象（企业或产品）的特点制定广告媒体目标，并确定实现这些目标的途径。它是广告策划者运用各种媒体进行广告宣传活动的指导方针。

根据上述定义可知，广告媒体策略的主要内容包括：确定广告媒体目标；确定实现该目标的具体途径，如确定广告媒体、确定不同媒体的发布次数、制订广告预算以及广告发布的时间表等。

广告策划者在制订广告媒体策略时，需要对媒体特性有深入的了解，必须清楚如何使用媒体才能产生理想的广告效果。

（2）广告媒体使用策略

广告媒体使用策略主要包括广告媒体地区上的分配策略、时间上的分配策略以及广告媒体组合策略。

① 地区上的分配策略。地区上的分配策略主要有 3 种类型：广告预算完全投入全国性媒体；全国性媒体与地方性媒体结合使用；只使用地方性媒体，或者在国内大部分地区使用地方性媒体。为了正确地使用地区上的分配策略，广告策划者要对品牌销售和产品类别销售的情况进行分析。

② 时间上的分配策略。时间上的分配策略可以分为长期和短期两种。时间上的长期分配策略是指广告策划者基于对市场的判断及产品的季节性特征而做出的时间周期为 1 年的广告安排。时间上的短期分配策略是指将一组广告展露分配在某一段时间内，以达到最优效果。

③ 广告媒体组合策略。广告媒体组合策略是指在对各类媒体进行分析和评估的基础上，根据市场状况、受众心理、媒体传播特点以及广告预算的情况，选择多种媒体进行有机组合，在同一时间内发布内容基本一致的广告的策略。采用广告媒体组合策略，不仅可以弥补单一媒体在传播范围上的不足，还可以充分利用不同媒体的优点，实现优势互补。

广告媒体组合的形式有很多种，如传统媒体和网络新媒体的组合，视觉媒体和非视觉媒体的组合，电波媒体和印刷媒体的组合，大众媒体和小众媒体的组合等。具体采用哪一种组合形式取决于产品的类别、产品的生命周期、市场的竞争状况、目标受众的媒体偏好以及企业自身的广告预算和广告目标等。媒体组合的形式多样、方式灵活，但也非常复杂。企业在制订广告媒体组合策略时，一定要做好广告调研工作。

11.4 公共关系策略

"公共关系"一词来源于英文 Public Relations，其本意是指组织与公众之间的关系，在现代企业营销实践中，公共关系已成为一种重要的促销工具，它是企业自身为塑造组织形象而通过某种手段与企业的利益相关者，如股东、消费者、供应商、政府、雇员、社会团体等建立良好的合作关系，从而谋求为企业经营管理营造良好的内外部环境的一种有效的途径。随着企业与外界的联系越来越密切，企业良好的形象、对社会的责任感以及强大的沟通能力，已经成为消费者选择企业产品的重要参考因素。

11.4.1　公共关系的定义和功能

1. 公共关系的定义

公共关系是促销组合的另一个重要组成部分，与其他促销手段相比，其最大的不同在于促进销售并非公共关系的直接职能。关于公共关系的定义众说纷纭，学术界尚未有统一的认识。从市场营销的角度来看，我们倾向于接受营销学家菲利普·科特勒所下的定义：公共关系是指通过赢得有利宣传与有关公众建立良好的关系，树立良好的企业形象，处理不利的谣言、传闻和事件。

由此可见，公共关系是企业为化解危机、改善组织与公众的关系而采取的一种手段，是在各种不同的公众中树立或维持积极、正面的形象的活动。

2. 公共关系的功能

随着市场竞争的不断加剧，企业公共关系活动的重要性也日益凸显。在处理与新闻界的关系、树立企业形象、建立和维持社区关系以及宣传企业产品等诸多方面，公共关系活动都扮演了重要的角色。我们可以从以下几个方面了解公共关系的功能。

（1）公共关系可以帮助企业塑造有效的企业形象，树立良好的企业信誉并帮助企业化解形象危机

在企业公共关系的各项功能中，这是最为重要的一项。在当今激烈的市场竞争环境下，企业与企业之间不仅是人、财、物的竞争，还有企业信誉和形象方面的竞争。在如今媒体极度发达的时代，消息传播极为迅速，一篇关于企业形象及信誉的负面宣传报道，会使企业遭受难以估量的损失。2005年的肯德基"苏丹红"事件使我们了解了企业公共关系活动的重要性。

（2）开展公共关系活动可以帮助企业了解环境的变化、收集信息，为企业的管理决策提供依据

企业公共关系是现代管理的重要组成部分，企业公关人员通过公共关系调查，随时掌握企业所处的宏观环境和微观环境的变化，了解社会公众对企业的态度，收集有关信息，可以及时发现企业经营管理中存在的各种问题，进而通过一定的反馈机制，及时汇报给企业相应管理人员或管理部门，为企业做出和调整管理决策提供依据。

（3）良好的公共关系活动有助于建立和维持与立法者及政府官员的良好关系，为企业营造有利的生存、发展空间

历史上不乏利用公共关系使企业起死回生的案例，最著名的当属艾柯卡领导的克莱斯勒汽车公司的公共关系活动。1978年12月，李·艾柯卡成为濒临破产的克莱斯勒汽车公司的总裁。当时，克莱斯勒虽为美国的第三大汽车公司，但在外国汽车强有力的挑战下陷入"绝境"。为了挽救克莱斯勒汽车公司，艾柯卡开始与一些著名的厂商和外国资本家协商，希望能够达成合作意向，但对方都被公司的经营状况吓跑了，没有人愿意背上一个包袱。后来，艾柯卡又去游说银行家，希望凭借自己在汽车业的声望获得贷款，仍然没有成功。最后，艾柯卡想到了美国政府。艾柯卡向美国政府求助，要求美国政府提供12亿美元的紧急贷款，帮助公司渡过难关。艾柯卡的做法在当时引起了很大的争议，因为美国政府一向标榜自由平等竞争，盈利和亏损、发展和破产都被视为正常的市场行为，政府帮助某个企业，必然有违市场经济的公平原则。但是，面对种种困难，艾柯卡没有退缩。他使出浑身解数，在政府部门和议员之间周旋。艾柯卡指出，如果克莱斯勒汽车公司破产倒闭，政府为此付出的失业救济金将远远高于政府提供的贷款；另外，如果听任克莱斯勒汽车公司破产，那无疑会帮助日本汽车扩大市场，削弱美国汽车业的实力。在艾柯卡的努力下，美国国会参众两院最终投票通过了贷款提案。圣诞节前夜，美国政府做出决定，有条件地贷款给克莱斯勒汽车公司，克莱斯勒汽车公司也因此获得了新生的机会。

新加坡航空公司（以下简称"新航"）多年来在竞争激烈的国际航空业中位居前列，多次被国际民用航空组织评为优质服务第一名。新航的服务有很多独特之处，他们把先进的管理技术和手段与殷勤待客的传统有机地融合在一起，把"乘客至上"的公关思想贯穿服务的全过程。

新航的公关属于服务型公关模式。它以提供各种实惠的服务为主，目的是以实际行动获得社会公众的好评，树立组织的良好形象。

新航注重每一个服务的细节，对所有乘客一视同仁。乘客在订票时即可得到座位号，在登机时会受到乘务人员的热情接待。乘客乘机时，乘务人员会悉心为乘客服务，让乘客有宾至如归的感觉。以上公关措施的实施，使新航在国际航空业中赢得了声誉、赢得了顾客，因而能够在激烈的国际竞争中更胜一筹。

11.4.2　公共关系专题活动

公共关系专题活动是一种常见的公关活动，它是组织以公共关系为主题，有计划、有步骤地开展的各种有特定目的和内容的社会活动。组织在建立、发展和壮大的过程中，如果条件允许，一般都会定期或不定期地举办一些专题活动来宣传自己、协调关系、塑造形象、争取公众。富有新鲜感和纪念意义的专题活动，能使参与者在融洽和谐的气氛中感受到活动组织者的各种意图，接收各种信息，增强对组织者的亲切感，从而达到提高组织知名度和美誉度的目的。

1. 专题活动概述

组织在自身的运行、发展中所开展的每次公共关系专题活动都有一个明确的目标，并会围绕这一目标策划和安排一系列特定的活动。这些活动或者能加强组织与某一部分公众的联系，或者能促进公众对组织某一部分或某一个侧面的了解，从而使专题活动的参与者在特定的气氛中更真切地感受到组织的特点，感受到组织的作用。

公共关系专题活动的种类很多，较常见的有新闻发布会、展销会、庆典活动、社会公益赞助活动等。组织在开展这些公共关系专题活动时，必须根据公共关系专题活动的基本特点和要求，采取恰当的工作方法，以确保公共关系专题活动取得良好效果。

公共关系专题活动涉及面广、工作量大，所以，组织需要认真周密地筹备和开展专题活动。

2. 专题活动的类型

（1）新闻发布会

新闻发布会又称记者招待会，是指特定的组织或个人把有关新闻单位的记者邀请到一起，宣布有关消息或介绍情况，让记者就此提问，并由专人回答问题的一种特殊会议形式。新闻发布会是传播信息、谋求新闻界关注企业并对企业有关消息进行积极报道的行之有效的手段，也是企业与新闻界建立良好关系的重要方式之一。

新闻发布会必须具有吸引媒体记者前来的新闻价值，还要选好举行新闻发布会的时机。例如，重要领导人来企业视察、新产品试制成功、新的重大发展规划的实施、新生产基地建成投产、成功开拓国际市场、企业兼并重组、企业合并转产、宣传企业先进典型人物、企业的重大庆祝日或纪念日等，都是吸引新闻记者进行报道的合适时机。举办新闻发布会的目的是迅速及时地把企业的重要信息传播给社会公众，以提高企业的知名度。

（2）展销会

展销会是企业通过实物的展示和文字、图表等的示范表演来配合宣传企业形象和推广产品的专题活动。展销会运用的文字、图表、实物、动人的解说、优美的音乐和造型艺术相结合的方式，比一般的文字和口头宣传更有效，更引人入胜，更能产生吸引力，不仅能加深公众对企业的印象，而且能提高企业和产品在公众心目中的可信度。

运用一些公关技巧，展销会可以办得生动活泼、别具一格。举行展销会开幕式，应邀请有关知名人士出席，并为消费者签名，如书店开业时请作者当场签名售书，以吸引更多的公众前往参观，这也为记者提供了良好的素材。展销厅最好的位置一般在一楼的入口附近，离入口位置越远、楼层越高，参观、购买的人就越少。展销位置不好的企业应设法以一些新奇事物来吸引参观者。例如，有一家小企业参加了一个展销会，分到的展销位置在 6 楼的一个偏僻角落，第一天门庭冷落。他们进行了研究，想出了对策。第二天一早，参观者一进入展销大楼，就发现有塑料牌落在地上，捡起来一看，上面写着："请到 6 楼右角小室去，您会有意外的收获。"好奇的参观者纷纷跑到 6 楼右角的小室，只见室前有一张红纸黑字的海报，上面写着："拾到塑料牌者，可以 8 折购买一件本企业产品。"拾到塑料牌的人都不肯错过这个机会，纷纷购买自己中意的产品；没拾到塑料牌的人，由于受到从众心理的影响，亦纷纷跑去凑热闹。

（3）庆典活动

庆典活动是企业围绕重要节日或自身重大事件进行庆祝的一种公共关系专题活动。庆典活动总的要求是气氛喜庆、场面隆重、情绪热烈、形式灵活，有较高的规范性和礼宾要求。喜庆的气氛，是由庆典活动的性质决定的，庆典活动体现着吉祥、和美、欢乐之意，要求组织者突出欢喜吉庆的基调。隆重的场面要求组织者在开展活动的环境和规格上下功夫，通过邀请重量级嘉宾和营造隆重的场面，来提高媒体及社会公众对企业活动的关注度，扩大企业的社会影响范围。

庆典活动的形式一般有开幕庆典、闭幕庆典、周年庆典、特别庆典和节庆活动 5 种。

开幕庆典即开幕（开张、开业等）仪式，就是指第一次与公众见面、展现企业新风貌的各种庆典活动。举行一个热烈、隆重、特色鲜明的开幕典礼，会迅速提高企业的知名度，给公众留下深刻而美好的印象。

闭幕庆典是企业重要活动的闭幕仪式或者活动结束时的庆祝仪式。同开幕庆典相比，闭幕庆典的重要性程度和隆重程度要低一些，主要是为了强调活动有始有终、圆满结束。

周年庆典是指组织在发展过程中的各种周年纪念活动。企业利用周年庆典举办庆祝活动，对振奋员工精神、扩大宣传效应、协调公众关系、塑造企业形象等都有重要的意义。特别是利用周年庆典举行公众联谊活动，可以沟通关系、加深感情，或通过制造新闻获取社会效应。

特别庆典是指企业为了提高其知名度，利用某些具有特殊纪念意义的事件或者为了实现某种特定目的而策划的庆典活动。企业可以根据自己的具体情况，抓住具有里程碑意义的事件进行策划。例如，某国际旅行社接待第 100 万位游客、某驾驶员安全行车 100 万千米等，都可举行特别庆典。可以说，没有哪一年是没有特殊事件可供纪念的，关键是企业公共关系人员应注意选择时机，策划组织具有独特创意的特别庆典。

节庆活动是指企业在一些重要节日时举行或参与的活动，这里的重要节日可以是传统的节日，如春节、国庆节、五一劳动节、三八妇女节、六一儿童节等。节庆活动一般可分为两种：一种是企业利用节日为社会公众举办的各种娱乐、联谊活动，在活动中免费或优惠提供服务，目的在于联络感情、协调关系；另一种是企业积极参与当地社区举办的集体庆祝或联欢活动，如准备锣鼓、花灯、彩车、龙灯、旱船、高跷等节目参加聚会或演出，目的在于塑造企业积极参与社会活动的形象。

（4）社会公益赞助活动

社会公益赞助活动特指企业以不计回报的捐赠方式，出资或出力支持某一项社会福利、社会公益和慈善事业，以此证明企业实力，表明企业的社会责任感，赢得社会普遍好感的公共关系专题活动。举办社会公益赞助活动的作用主要有以下 4 点：一是完善企业的道德人格形象；二是赢得公众的认可与好评；三是强化与目标公众的情感关系；四是提高企业的知名度与美誉度。

社会公益赞助活动包括赞助灾区重建、赞助体育运动、赞助文化生活、赞助教育事业、赞助社会福利事业、赞助社会公益事业、赞助学术理论活动、赞助公共节日庆典活动、赞助建立职业性奖励基金等，此外，还有赞助公共宣传用品的制作、社会竞赛活动的开展等。企业公共关系人员应认真研究、不断开发社会公益赞助活动，以表明企业的社会责任感。

11.4.3　公共关系危机的处理

俗话说："天有不测风云，人有旦夕祸福。"身处当今复杂、多变的环境中，任何企业都可能遇到风险与危机。在防范、应对风险与危机的整个过程中，公共关系活动发挥着极为重要的作用。

1. 公共关系危机的含义

公共关系危机一般指在组织的经营管理过程中由内外各种因素引发的危及组织利益、形象乃至生存的突发性或灾难性的事故与事件。组织应高度重视危机事件，其破坏性往往可以轻而易举地使组织多年的苦心经营毁于一旦。

2. 公共关系危机的类型

根据不同的划分标准，公共关系危机可以分为多种类型，常见的有按危机形成的诱因分类、按危机的表现形态分类等，下面分别予以介绍。

（1）公共关系危机按照危机形成的诱因可分为内部危机和外部危机

内部危机是指企业自身原因造成的危机，危机发生主要是由该企业的成员直接造成的，危机的责任主要由该企业内部的成员承担。外部危机是指由外部环境发生的不利变化带来的危机，如2004年发生的东印度洋海啸给当地旅游业造成的危机等。

（2）公共关系危机按照危机的表现形态可分为有形危机和无形危机

有形危机主要是指那些给企业带来明显的、可以观察到的损失的危机，如房屋倒塌、厂房失火、产品遭到消费者抵制等。无形危机是指给企业带来的损失不明显的危机。任何给企业的形象带来损害的危机，皆属于无形危机，如果不采取紧急有效的措施，受损的企业形象将使企业蒙受更大的损失。

此外，危机按照发生的状态可分为现有危机和未来危机；按照影响范围的不同可分为局部危机和全局危机等。这些危机的划分并没有严格的界限，如严重的地震、海啸给企业带来的危机既属于外部危机，同时又属于有形危机。

3. 公共关系危机处理的原则和方法

对企业而言，不少突发的危机事件往往是防不胜防的，处理起来非常困难。但无论境况如何凶险，企业都要保持镇定，争取主动，积极采取措施平息风波，尽可能地挽回损失。

（1）公共关系危机处理的原则

在危机处理过程中，企业应该遵循以下几个原则。

① 积极主动原则。当危机来临时，无论危机的性质如何，也无论危机的责任在何方，企业都应该积极主动地承担责任，并妥善处理危机。即使主要责任不在己方，企业也不应首先追究他人的责任，而应积极采取行动化解危机；否则，只会不断加剧危机，不利于问题的解决。三株口服液常德事件就是典型案例，三株公司在与消费者的争执中，打了一场旷日持久的官司，虽最终胜诉，却失去了市场。

② 真诚原则。在危机发生之后，公众不仅会关注事件本身的真相，而且会关注当事人处理事件的态度。事实上，绝大多数危机的恶化都是因为当事人的态度冷漠、傲慢，行为敷衍或拖延。企业发生危机，会损害公众和社会的利益，给受害者带来损失和痛苦，公共关系人员在与公众接触时一定要表现出积极解决问题的诚意。企业要站在受害者的立场上对其表示同情和安慰，主动通过各种媒体表示愿意承担责任。企业在听取公众意愿时，应让其倾吐不满、发泄情绪。积极地与公众沟通，可有效地平息公众的不满，进而找到处理问题的有效途径。

③ 真实性原则。当危机事件发生后，企业应第一时间主动与新闻媒体联系，发布事实真相，积极与公众进行有效沟通。在发布消息时，企业一定要坚持真实性原则，绝不能刻意隐瞒、颠倒是非、欺骗公

众；否则，必将弄巧成拙，从而引发更大的危机。三鹿奶粉事件充分证实了这一点。三鹿奶粉在添加三聚氰胺的事件曝光后，不是积极主动承担责任，而是动用各种关系，百般抵赖，矢口否认，最后难逃董事长锒铛入狱、企业破产关门的命运。

阅读资料 11-2　三株口服液危机事件

1996 年 6 月，湖南常德汉寿县退休老人陈伯顺在喝完三株口服液后去世，其家属随后向三株公司提出索赔，财大气粗的三株公司则拒绝给予任何赔偿，坚决声称是消费者自身问题。遭到拒绝后，陈伯顺家属一张状纸将三株公司告上法院。1998 年 3 月，法院一审宣判三株公司败诉后，20 多家媒体炮轰三株公司，引发了三株口服液的销售地震，4 月（即审判后的第二个月）的三株口服液销售额就从上年的月销售额 2 亿元下降至几百万元，15 万人的营销大军被迫削减为不足 2 万人，生产经营陷入困境，总裁吴炳新也被重重击倒。据三株公司介绍，官司给三株公司造成的直接经济损失达 40 多亿元，国家税收损失了 6 亿元。

1999 年 3 月，法院终审判决三株公司获胜，但此时三株帝国已经陷入全面瘫痪状态：三株的 200 多个子公司停业，绝大多数工作站和办事处全部关闭，全国销售基本停止。创造中国保健品奇迹的三株公司，在危机应对中的表现极其不成熟：就事论事，陷于局部谁是谁非，与消费者争论不休却忽视危机公关。最终，三株公司为其忽视公众利益、不愿主动承担责任而付出了巨大代价。

三株公司的教训可谓刻骨铭心，假如不是危机处理不当，正如日中天的三株公司绝不会就这样轻易倒下。

④ 快速反应原则

对危机公关来说，时间意味着一切。由于危机事件具有突发性，企业往往猝不及防。而此时，事件真相伴随着各种小道消息、谣言，四处传播，尤其是在互联网时代，失控的信息犹如江河决堤，一发而不可收。面对这样的不利局面，企业的第一反应应该是迅速研究、制订对策并果断采取行动。

在处理危机事件的过程中，企业一定要遵循公众利益至上的原则，因为利益是公众关心的焦点。在危机事件的处理过程中，公共关系人员应该以公众利益代言人的身份出现，要做公众利益的保护者、争取者，这样才能为有效地处理危机奠定良好的基础。

（2）公共关系危机处理的方法

① 了解危机事件的基本情况。了解危机事件的基本情况是解决危机的关键。当公共关系危机发生时，企业要保持清醒的头脑，临危不乱，迅速查明危机事件的基本情况。

② 成立危机处理机构，公布危机事件真相。在了解危机事件基本情况的基础上，企业要立即设置处理危机的专门机构，制订处理危机事件的基本方针和对策，拿出一套完整的危机处理方案。企业必须把事件发生的原因、经过和企业对策告知内部员工，使他们了解实情、同心协力、共渡难关。同时，企业要向外界公布危机事件的真相，绝不可刻意隐瞒、知情不报，否则只会引起更大的危机。

11.5　营业推广策略

营业推广又称销售促进（Sales Promotion），是企业在某一段时期内采用特殊的手段对消费者进行强烈的刺激，以促进产品销量迅速增长的一种手段。营业推广与其他促销手段的不同之处在于：它除了以强烈的呈现形式和特殊的优惠为特征，给消费者以不同寻常的刺激，从而激发他们的购买欲望之外，还对中间商和销售人员进行激励，促使他们更加努力工作。

因资源有限，营业推广不能作为企业的一种经常性的促销手段来加以使用，但在某一个特定时期内，它对于促进销量的迅速增长是十分有效的。

11.5.1 营业推广的方式和作用

1. 营业推广的方式

营业推广的方式按激励的对象不同，可以分为 3 种主要类型：面向消费者的营业推广、面向中间商的营业推广和面向企业内部销售人员的营业推广。

（1）面向消费者的营业推广方式

① 赠送促销。赠送促销是指企业向消费者赠送样品或试用品，使其试尝、试用、试穿等。赠送样品是介绍新产品的有效方法，但是成本较高。赠品可以选择在商店或闹市区散发，或随其他产品附送，也可以公开利用广告赠送或入户派送。

② 优惠券。企业向目标消费者发放优惠券，消费者在购买某种产品时，持券可以按折扣价格买到促销产品。优惠券可以通过广告、直接发放或邮寄的方式发送。

③ 现场演示。企业派销售人员在销售现场演示本企业的产品，向消费者介绍产品的特点、用途和使用方法等。

④ 合作推广。企业与零售商联合促销，将一些能显示企业优势和特征的产品在商场中集中陈列，边展示边销售。

⑤ 参与促销。消费者通过参与各种促销活动，如技能竞赛、产品知识比赛等活动，获取企业发放的奖励。

⑥ 会议促销。企业在各类展销会、博览会、业务洽谈会期间进行现场产品介绍、推广和销售等活动。

⑦ 包装促销。企业以较低的价格提供组合包装和搭配包装的产品。

⑧ 抽奖促销。消费者在购买一定的产品之后可获得抽奖券，凭券抽奖以获得奖品或奖金。

（2）面向中间商的营业推广方式

① 商业补贴。企业使用商业补贴来鼓励零售商和批发商支持其产品销售，该补贴方式也称为商业优惠。商业补贴的目的是促使中间商尽可能多地购进企业的产品。商业补贴的形式主要有商业折扣、回款补贴和市场开拓补贴 3 种。

② 销售竞赛。企业根据中间商销售本企业产品的实绩，分别给优胜者以不同的奖励，如现金奖、实物奖、免费旅游、度假奖等，以起到激励的作用。

③ 扶持零售商。企业对零售商专柜的装修予以资助，提供卖点广告，以强化零售网络，促使销售额增加；可派遣企业信息人员或代培销售人员。企业这样做的目的是增强中间商推销本企业产品的积极性和推销能力。

④ 产品订货会。企业通过开展产品订货会吸引中间商参会，并在订货会上推出一些优惠政策促使中间商做出订货决策。

⑤ 合作广告。企业为中间商提供广告经费支持，中间商发布的广告由企业承担部分广告费用，企业以此帮助中间商开展销售工作。

（3）面向企业内部销售人员的营业推广方式

企业主要针对内部销售人员推出激励措施，以鼓励他们努力销售产品或处理某些老产品，或促使他们积极开拓新市场。常用的方法有开展销售竞赛，免费提供人员培训、技术指导等。

2. 营业推广的作用

① 企业可利用各种营业推广手段来吸引潜在消费者。营业推广对消费者的刺激比较强烈，很有可能吸引一部分潜在消费者的注意，使他们因追求某些利益方面的优惠而转向购买和使用本企业的产品。

② 企业可利用各种营业推广手段来回报那些忠诚于本企业品牌产品的消费者。因为如"赠券""奖售"等手段所体现的利益让渡，受惠者大多是企业的品牌忠诚消费者，这样做就有可能提高这部分消费者的回头率，稳定企业的市场份额。

③ 企业可利用各种营业推广手段来补充和配合广告等其他促销手段，实现企业的营销目标。因为广

告等手段的促销效果是长期的，消费者从接收广告信息到采取购买行为往往需要一段时间，在这期间，广告的促销效果可能减弱也可能增强。而营业推广的促销效果则是即时的，反应较快。营业推广和广告同时使用，就有可能强化广告的促销效果，促使消费者尽早采取购买行为。

11.5.2 营业推广的策略

尽管广告和营业推广同是企业促销策略的重要组成部分，两者的目的也都是在短期内促进产品的销售，但这两种促销手段对消费者的影响和作用却大相径庭。广告主要是通过强化品牌形象和产品形象，突出产品的特点和优势，建立消费者对品牌的忠诚，进而促进消费者的选择性购买。而营业推广则是通过一系列优惠手段刺激消费者购买本企业的产品，以打破消费者对其他企业产品的品牌忠诚。

营业推广手段比较适用于品牌声誉不太好的产品，而品牌声誉好的名优产品则不太适用。这是因为这种促销手段会在一定程度上损害名优产品的品牌声誉。另外，营业推广主要是通过对消费者进行各种利益让渡，尤其是价格优惠来促进销售，对价格弹性较大的产品更为适合。

企业在采用营业推广手段促销产品时，应遵循以下程序。一是确定营业推广目标。如确定到底是为了争取潜在消费者、提高市场份额，是为了鼓励消费者购买更多产品以提高产品销量，还是为了推销处于衰退期的产品，以延长产品的生命周期等。二是根据营销目标选择有针对性的实施方案并执行。方案的内容应包括营业推广实施的规模、推广的对象、实施的途径、实施的时间、实施的时机和实施的总体预算等。在营业推广方案的实施过程中，企业应根据实际的实施情况，及时调整方案并进行全程控制。三是在营业推广活动结束后及时总结评估，以便今后进一步改进营业推广方案。

企业在选择营业推广策略时应综合考虑营销目标、产品特性、目标消费者的购买行为特点以及促销的时机等多种因素，同时要注意与其他促销手段灵活配合。

本章习题

一、单选题

1.（　　）是一种与消费者面对面进行沟通的促销手段。

　　A．人员推销　　　　　B．广告　　　　　　　C．公共关系　　　　　D．营业推广

2．以下不属于人员推销特点的是（　　）。

　　A．针对性强　　　　　B．亲和力强　　　　　C．信息反馈及时　　　D．成本低

3．广告的最终目的是（　　）。

　　A．提高知名度　　　　B．扩大影响　　　　　C．促进交换　　　　　D．提高美誉度

4．（　　）是企业围绕重要节日或自身重大事件举行庆祝活动的一种公共关系专题活动。

　　A．庆典活动　　　　　B．新闻发布会　　　　C．展销会　　　　　　D．社会公益赞助

5．（　　）总的要求是气氛喜庆、场面隆重、情绪热烈、形式灵活，有较高的规范性和礼宾要求。

　　A．展销会　　　　　　B．庆典活动　　　　　C．社会公益赞助活动　D．新闻发布会

二、多选题

1．人员推销的任务包括（　　）。

　　A．销售产品　　　　　B．获取市场信息　　　C．提供高品质的服务

　　D．实现个人价值　　　E．教育消费者

2．传统的四大广告媒体是指（　　）。

　　A．网络　　　　　　　B．电视　　　　　　　C．广播　　　　　　　D．报纸

　　E．杂志

3．广告媒体使用策略包括（　　　）。

    A．媒体调查策略　　　　　　　　　　　B．广告预算策略

    C．广告媒体组合策略　　　　　　　　　D．时间上的分配策略

    E．地区上的分配策略

4．公共关系专题活动的类型有很多种，较常见的有（　　　）。

    A．新闻发布会　　　　B．展销会　　　　　C．社会公益赞助活动 D．联谊活动

    E．参观活动

5．营业推广的3种方式包括（　　　）。

    A．面向消费者的营业推广　　　　　　　B．面向中间商的营业推广

    C．面向企业内部销售人员的营业推广　　D．面向企业经理层的营业推广

    E．面向忠诚客户的营业推广

三、名词解释

1．促销　　2．促销组合　　3．人员推销　　4．广告　　5．公共关系专题活动

四、简答及论述题

1．促销的功能有哪些？

2．在确定广告媒体时应考虑哪些因素？

3．面向消费者的营业推广方式有哪些？

4．试论述人员推销的方法与技巧。

5．试论述公共关系危机处理的原则。

案例讨论

F品牌男鞋专卖店的促销活动

    河南省M市的F品牌男鞋专卖店推出为期7天的"庆开业全场5折，进店就送礼，免费试穿"的促销活动。活动前期该店发放了2万份宣传彩页，并在两条主干道上悬挂上百条过街条幅。据悉，F品牌男鞋专卖店为此次活动专门准备了10双试穿的皮鞋和500盒市场价为15元的套装鞋油用于赠送。

    F品牌男鞋专卖店的高调促销引起了各方的关注，大家的反映各异。

    同一条街的杂牌服装店老板说："做品牌就是赚钱啊！看看人家，这手笔多大，肯定有总部支持，这阵势，最少要花2万元吧。图什么啊，不如拿来进货。"

    同一条街的A品牌鞋店老板说："不就是几万份宣传单，几百盒鞋油嘛。宣传单彩页的成本1角一份，鞋油成本顶多3元一盒，花不了多少钱。再说了，这宣传力度肯定有总部支持。行，我也搞，别让它把人全引过去了。"

    隔壁街一药店女营业员说："有这好事，咱也去看看吧。宣传彩页上写了，就是不买也能给盒鞋油，反正后天要逛街，去看看吧。"

    同药店另一女营业员说："就是就是，人家说了5折，400元的鞋现在卖200元，若真是这样，我就给我家先生买一双，让他也穿穿这高档鞋。"

    一位正在逛街的中年人说："什么5折啊，把价格抬高了再打折，糊弄我们消费者呢。"

    活动开始了，在店门口震耳欲聋的乐声中，在川流不息的客流中，F品牌男鞋专卖店创造了开业当天销售54双鞋、预订10双鞋、7天共销售262双鞋的销售纪录。该活动也从此被F品牌河南省分公司作为范例，在招商洽谈中屡屡被提及。

    热热闹闹的开业活动过去以后，F品牌男鞋专卖店经理一算账，减去4.8折的进货成本、宣传费用（总部未报销）、房租、营业人员工资等费用，不但分文未赚，反而赔了5000多元。更令人苦恼的是，试穿

的皮鞋都被穿得变了形，由于店内人太多，营业人员忙不过来，还丢了 4 双。

　　F 品牌男鞋专卖店的经理越想心里越不是滋味，终于忍不住给 F 品牌河南省分公司打电话，当他向市场部提出以上问题时，却招来市场总监劈头盖脸的训斥："做品牌就是这样的。不要看眼前的赚与赔，眼光要放长远。品牌的塑造是一个长期性、持续性的活动，我运作品牌很多年了，这种情况是很正常的，进入新市场要先提高知名度，做一点牺牲是值得的，而且我们马上就有后续活动跟上。你看，这次活动曝光率多高呀，我入行 8 年了，还从来没有见过高档皮鞋专卖店开业有那么多人的，连报社都被惊动了，连续报道了两天，我们一下子就打开市场了。做品牌不是摆地摊，要往长远看，不能太短视！这次活动的效果这么好，你的库存不多了吧，赶快进货，打铁要趁热。对了，你先打点款过来，账上没钱怎么发货啊，你的货早备好了，在仓库放着呢，款打过来就可以发了。好了，就这样，拜拜。"

　　F 品牌男鞋专卖店的经理刚放下电话，就听到一位顾客和营业人员的对话："你们的鞋不是 5 折吗？""对不起，先生。我们前几天开业促销活动确实是全场 5 折，现在活动时间已经过去了，所以恢复原价。""哦，那你们现在几折？""不好意思，先生。我们是品牌皮鞋，全国统一零售价，不打折的。""原来是这样，那，我再看看吧……"

　　资料来源：策划师网。

思考讨论题

1.　F 品牌男鞋专卖店的促销活动是否取得了成功？你会如何评价此次促销活动？
2.　开展促销活动要注意哪些问题？你如何看待促销的作用？

第12章 网络营销

本章导读

网络营销是伴随着互联网技术的高速发展、消费者价值观念的变革以及商业竞争模式的演变而兴起的一种全新的营销模式，近年来发展速度惊人，应用也越来越广泛。本章主要介绍网络营销的相关概念、网络营销策略、网络营销调研与网络消费者行为分析、网络营销的方法等内容。其中，网络营销的方法是本章的学习重点。

知识结构图

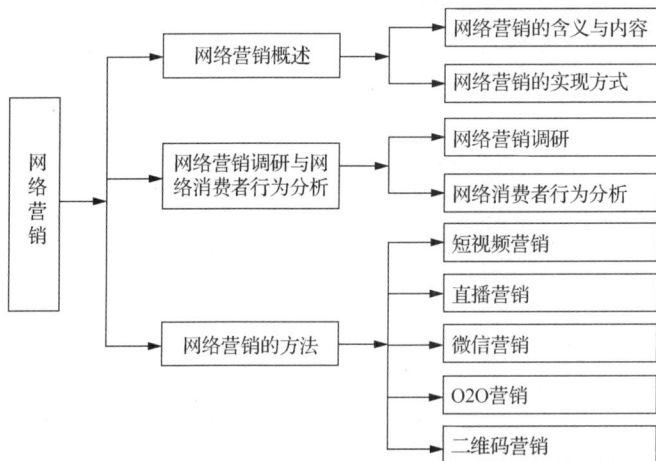

开篇引例

揭秘拼多多爆红的原因

拼多多剑走偏锋，瞄准了被主流电商平台"忽视"的三线及以下城市人群，以低价赢得了消费者。例如，在拼多多上不到9元钱能买到5.5斤纸巾。虽然不是什么大品牌纸巾，但是价格真的很低。如果做个小生意、开个小餐馆，买这种纸还真是挺划算的。

研究发现，拼多多上有3类典型人群：没有网购经验的人群；知道天猫、京东、淘宝等电商平台，也在这些平台上消费过，但未形成购买习惯的人群；上述电商平台满足不了的人群。关注这群被主流电商忽视的、对产品品质要求不高、认为"能用就行"的电商用户，拼多多做到了。

尽管遭遇了非常多的质疑，但拼多多仍然是近年来发展较快的互联网公司，也是目前微信生态中较为成功的玩家。腾讯也将拼多多看作其智慧零售的重要拼图，与京东一起成为腾讯用来攻击阿里巴巴电商业务的王牌。

拼多多的商业模式很简单——电商拼团、砍价（早期还有1元购等模式）。用户在淘宝上买东西，都是自己为自己买单，但在拼多多上不一样，拼团能够获得更优惠的价格，所以几乎没人会选择单独购买。

用户在拼多多上付款后可以一键分享到微信等社交平台。事实上，从用户下单到支付，再到最后离开拼单页面，每一个关卡都在暗示、引导用户进行分享。在完成拼团之后，"拼主"还有机会获得拼主免单券，这也算是拼多多的分享鼓励。而这个看似简单的分享、拼团砍价模式，恰恰就是拼多多崛起的关键。这种拼团砍价其实就是批发和微分销。

拼多多刚开始推广的那段时间，我们能经常看到朋友发到微信群里的拼团、砍价消息。各种砍价互助群也应运而生，由此一个完整的拼多多生态链成功构建。拼多多为了吸引商家入驻，同样用了很多有效的办法，如免佣金、免费上首页等，于是大批商家不断涌入拼多多平台。

12.1 网络营销概述

12.1.1 网络营销的含义与内容

1. 网络营销的含义

网络营销（On-line Marketing 或 E-Marketing）是指以现代营销理论为指导，以互联网为基础，利用数字化的信息和网络媒体的交互性来满足消费者需求的一种新型市场营销方式。由此可见，网络营销的实质仍然是市场营销，网络营销是传统营销方式在网络时代的变革与发展。

与传统营销相比，网络营销具有降低营销成本、突破市场的时空限制、满足消费者的个性化需求、提供更好的购物体验、实现与消费者的实时互动交流等优点，因而成为当前最受企业重视的主流营销方式之一。

2. 网络营销的内容

网络营销涉及的范围较广，所包含的内容也较为丰富。与传统营销相比，网络营销的目标消费者和营销手段均有所不同，因此，网络营销的内容也与传统营销有很大的差异。具体来说，网络营销的内容主要包括以下几个方面。

（1）网络市场调研

网络市场调研是开展网络营销活动的前提和基础，也是企业了解市场、准确把握消费者需求的重要手段。网络市场调研是指企业通过互联网，针对特定营销任务而进行的调研活动，主要包括调研设计、资料收集、资料处理与分析等步骤。网络市场调研的重点是充分利用互联网的特性，提高调研的效率和优化调研效果，以求在众多网络信息资源中快速获取有用的信息。

（2）网络消费者行为分析

网络消费者是伴随着电子商务的蓬勃发展而产生的一个特殊消费群体，这一群体的消费行为有着自身的典型特征。因此，开展网络营销活动必须深入了解网络消费者不同于传统消费者的需求特点、购买动机和购买行为模式。网络消费者行为分析的内容主要包括网络消费者的用户特征、需求特点、购买动机、购买决策等。

（3）网络营销策略制订

为实现网络营销目标，企业必须制订相应的网络营销策略。与传统营销策略类似，网络营销策略也包括产品策略、价格策略、营销渠道策略和促销策略 4 个方面，但在具体制订时应充分考虑互联网的特性、网络产品的特征和网络消费者的需求特点。例如，企业在制订网络营销的价格策略时，通常可以对体验类产品采取免费或部分免费的定价策略，而这些策略在传统营销中则很难实施。

（4）营销流程改进

与传统营销相比，网络营销的流程发生了根本性的变化。利用互联网，企业不仅可以实现在线销售、在线支付、在线服务等，还可以通过网络收集信息并分析消费者的特殊需求，以生产消费者需要的个性化产品。例如，美国李维斯公司就是利用互联网为消费者量身定做个性化产品的典范。消费者可以通过李维斯公司的网站直接输入所需服装的尺寸、款式和喜欢的颜色等信息，量身定做服装，从而满足个性化需求。

（5）网络营销管理

网络营销管理是对企业为了实现营销目标，而开展的计划、组织、领导和控制等一系列管理活动的统称。传统营销管理的许多理念和方法虽然也可用于网络营销管理，但网络营销依托全新的网络平台开展营销活动，难免会遇到新情况和新问题，如网络消费者的隐私保护问题以及信息安全问题等，这些都要求企业必须做好有别于传统营销的营销管理工作。

12.1.2　网络营销的实现方式

1. 企业网站营销

企业网站是开展网络营销活动的基础。没有网站，许多网络营销方法将无用武之地，企业网络营销的效果也会大打折扣。企业网站的网络营销功能主要有企业形象塑造、产品或服务展示、客户关系管理、网络市场调研和在线销售等。

2. 搜索引擎

搜索引擎（Search Engine）是指根据一定的策略、运用特定的计算机程序收集互联网上的信息，在对信息进行组织和处理后，将信息显示给用户的为用户提供检索服务的系统。这是人们在互联网中"探宝"的一种工具，它使人们能在浩瀚的信息海洋里方便快捷地找到需要的信息。由于搜索引擎的商业价值极高，越来越多的企业都将搜索引擎作为一种重要的网络营销手段，并取得了较好的营销效果。

3. 交换链接

交换链接也称互惠链接或友情链接，是具有一定资源互补优势的网站之间的简单合作形式，即分别在自己的网站上放置对方网站的LOGO或网站名称并设置对方网站的超级链接，以此达到互相推广的目的。

4. 网络广告

网络广告是指以数字代码为载体，以互联网为传播媒介，以文字、图片、音频、视频等形式发布的广告。网络广告具有非强迫性、实时性、互动性、易统计性、可评估性、低成本性、发布方式多样等优点，是企业投放广告的理想选择。根据中国社科院2016年6月21日发布的《新媒体蓝皮书：中国新媒体发展报告No.7（2016）》，2015年我国网络广告的营业额已超过四大传统广告媒体（广播、电视、报纸、杂志）之和。

5. 许可电子邮件营销

许可电子邮件营销是指在获得用户允许的情况下，通过电子邮件的方式向目标用户传递营销信息的一种网络营销手段。用户允许商家发送电子邮件是开展许可电子邮件营销的前提。许可电子邮件营销具有成本低、实施快速、目标精准、主动出击等优势，因此它自诞生之日起，就被众多开展网络营销的企业所重视。

6. 微信营销

微信营销是伴随着微信的普及而兴起的一种新型网络营销方式。借助微信平台，商家可以实现与用户之间的点对点的精准营销。微信营销包括个人账号营销和微信公众平台营销这两种方式，本书将在后续章节中对此进行详细的介绍。

7. 会员制营销

会员制营销是指企业以某项利益或服务为主题，将用户组成一个会员形式的团体，通过提供能满足会员需要的服务，开展宣传、销售、促销等活动，培养企业的忠诚用户，以此获得经营利益。会员制营销最主要的优点是能够增强用户黏性，从而为企业培养众多忠诚的用户。

8. 博客/微博营销

博客/微博营销是指企业或个人利用博客/微博这类及时沟通工具开展营销活动的一种新型网络营销方式。企业借助博客/微博平台可以开展包括广告宣传、品牌推广、活动策划及产品介绍等在内的网络营销活动。

9. 病毒式营销

病毒式营销是一种常用的网络营销方式，其原理是通过"让大家告诉大家"的口口相传的用户口碑传播原理，利用网络的快速复制与传递功能让企业所要传递的营销信息在互联网上像病毒一样迅速扩散与蔓延。病毒式营销常被用于网站推广、品牌推广、为新产品上市造势等营销实践中。需要注意的是，病毒式营销成功的关键是关注用户体验，即给用户带来积极的体验。

10. 网络事件营销

网络事件营销是指企业借助热点事件开展营销活动的一种新型网络营销方式。借助网络事件营销，企业往往可以快速、有效地宣传产品或服务。在网络营销实践中，网络事件营销因成本低、传播迅速、影响面广以及关注度高等优点而备受企业青睐。

11. 网络视频营销

网络视频营销近年来异军突起，成为网络营销的又一个重要风口。它具有互动性强、传播迅速、成本低廉等优势，因而为企业高度重视。尤其是抖音、快手、B 站等短视频平台的兴起，推动了直播营销等场景营销的蓬勃发展，网络视频营销呈现品牌视频化、视频网络化以及视频广告内容化的趋势，使得网络视频营销呈现新的特点，值得我们进一步深入学习。

12. O2O 营销

O2O（Online to Offline）是指从线上到线下，即充分利用互联网挖掘线下的商业机会，让互联网成为线下交易的前台，达成线上用户与线下产品或服务的交易。互联网时代，O2O 成为互联网领域最具潜力的营销方式之一。相对于实体商店传统的"等客上门"营销方式，O2O 营销代表了一种新的营销逻辑。"逛在商场，买在网上""网上下单，线下体验"是对这种营销方式的最好诠释。

13. 大数据营销

大数据营销是通过大数据技术，对通过多平台获得的海量数据进行分析，并依据分析结果改善营销策略的一种新型营销方式。大数据营销具有全样本调查、数据化决策、强调即时性和个性化营销的特点，能大大提高企业的营销效率，促进营销平台的互联互通，而且能够有效提升用户体验，因而已成为当前营销的热点。

14. 网络营销的其他实现方式

除了上述 13 种实现方式之外，网络营销的实现方式还包括 App 营销、论坛营销、社交网络媒体营销、软文营销、二维码营销等。

12.2 网络营销调研与网络消费者行为分析

12.2.1 网络营销调研

1. 网络营销调研的含义与内容

（1）网络营销调研的含义

网络营销调研是指企业通过互联网开展收集市场信息、了解竞争者的情报及调查消费者对产品或服务的意见等市场调研活动，以此为企业做出网络营销决策提供数据支持和分析依据。目前，在网站上要求消费者进行注册、填写免费服务申请表格、开展问卷调查等是企业发起网络营销调研的基本手段。

网络营销调研包含对信息的判断、收集、记录、分析、研究和传播活动，其调研对象是网络市场信息，且直接为网络市场营销服务。与传统市场调研相同，网络营销调研主要进行市场可行性研究，分析不同地区的销售机会和潜力，研究影响销售的各种因素，如对产品竞争优势、目标消费者心态、市场变化趋势的分析，以及研究广告监测、广告效果等方面的问题。

（2）网络营销调研的内容

网络营销调研的内容主要包括：消费者对产品的需求信息、企业产品或服务的信息、目标市场的信息、竞争者及其产品的信息、市场宏观环境的信息等。此外，企业还应该根据实际情况了解合作方、供应商、中间商等的相关信息。

2. 网络营销调研的优势与不足

网络营销调研是企业通过互联网开展的调查活动，既有优势，也有不足。

（1）网络营销调研的优势

概括来讲，网络营销调研主要具有以下几个方面的优势。

① 经济、高效。企业进行网络营销调研时是不受时空限制的，在网络上即可完成问卷的发布、信息的回收及信息的分析等工作。企业不需要派出专人开展实地调查，也不需要印制问卷；信息的收集和录入也可通过网上用户的终端录入直接完成，大大提高了调研的工作效率。

② 准确、及时。网络营销调研的被调研人员大多是企业网站的访问者或对产品感兴趣的人，填写企业营销调研问卷时更有可能是经过认真思考和亲身体验来回答问卷提出的问题。因此，网络营销调研的结果相对真实可靠。同时，由于信息在网络上传递十分迅速，网络营销调研可以保证企业获得及时的调研信息。

③ 易于接受。美国的唐纳·米切尔教授曾对网络调研与传统调研效果进行对比研究，结果表明，被调研人员认为网络调研更重要、更有趣、更愉快、更轻松，在网络调研中他们愿意回答更多的问题，而且反馈的信息更真实。此外，网络调研使用匿名提交的方法，可以更好地保护被调研人员的隐私，使被调研人员更乐于接受此类调研。

（2）网络营销调研的不足

除了以上优势，网络营销调研还存在一些不足。

① 覆盖范围受限。在某些时候、某些地方，网络信号不佳可能会使网络调研覆盖范围受限。

② 对象缺乏代表性。网络调研受网上受众特征的限制，其调查结果一般只能反映网民中对特定问题感兴趣的人群的意见，它的群体代表性可能是有限的。

③ 过程难控制。由于网络的虚拟性，调研人员很难控制调研过程，如无法控制被调研人员以外的人填写调研问卷等，而其他人填写问卷可能会使调研结果出现偏差。

由于网络营销调研存在以上不足，所以并非所有营销调研都可以只通过互联网来实现，营销管理人员在进行市场调研之前要先考虑调研范围是否适应网络调研。

3. 网络营销调研的程序

与传统营销调研一样，网络营销调研应遵循一定的方法和步骤，才能保证调研质量。通常，网络营销调研的程序如下。

（1）确定调研目标

明确调研问题和调研工作所要达到的目标是网络营销调研的第一步。调研目标既不可过于宽泛，也不能过于狭窄，要明确地界定调研目标并充分考虑网络调研成果的实效性。在确定网络调研目标时，企业应考虑消费者或潜在消费者是否上网、企业的网络消费者群体规模是否足够大、网络消费者群体是否具有代表性等一系列问题，以保证网络调研结果有效。

（2）制订调研计划

网络营销调研的第二步是制订可行的营销调研计划，包括确定资料来源、调研对象、调研方法、调研手段等。网络营销调研计划的制订者及相关管理者必须具有丰富的营销调研知识，以便全面周密地策划与审批调研计划，预测调研结果。

（3）收集资料

网络通信技术的迅速发展，使信息变得非常简单。在传统的调研过程中，调研人员需整理纸质问卷、手工录入数据；而网络调研时，企业只需对被调研人员反馈的信息进行下载、汇总，或直接从网上下载相关数据即可。在回答网络问卷的过程中，被调研人员经常会有意无意地漏掉一些信息，而企业在问卷页面嵌入脚本或通用网关接口程序进行实时监控后，能有效避免问题的漏答。当被调研人员漏答问题时，程序会拒绝提交问卷或验证后重发给被调研人员要求补填，完整填写后被调研人员会收到问卷已完成的提示。

（4）分析资料

这一步需要调研人员持有耐心细致的工作态度，善于归纳总结，去粗取精、去伪存真，同时还需要掌握相应的数据分析技术并借助先进的统计分析工具。常用的数据分析技术包括交叉列表分析、概括分析、综合指标分析和动态分析等，目前国际上较为通用的统计分析工具有 SPSS、SAS 等。

即时性是网络信息的一大特征，因此提升信息分析能力，有利于企业在快速变化的市场中捕捉商机，获得竞争优势。此外，调研人员还应对调研结果进行事后追踪与调查，以进一步确保网络营销调研的准确与完善。

（5）撰写调研报告

撰写调研报告是整个网络营销调研活动的最后一步。营销调研报告一般包括标题、摘要、目录、报告主体、结尾、附件等部分。

撰写调研报告不应简单地堆砌数据和资料，而应在科学分析数据后，整理得出相应的有价值的结果，为企业制订营销策略和做出营销决策提供依据。在撰写调研报告前，调研人员要先了解报告阅读者希望得到的报告形式及期望获得的信息。调研报告要清晰明了、图文并茂。撰写调研报告还要注意语言规范，不能太过口语化，以免使阅读者对调研报告的准确性产生怀疑。

4. 网络营销调研的方法

网络营销调研的方法主要有网络问卷调研法、网络讨论法和网络文献法。其中，前两种方法多用于网络一手资料的获取，而网络文献法多用来收集二手资料。

（1）网络问卷调研法

网络问卷调研法在网络营销调研中应用得最为广泛。网络问卷调研法是调研人员将其所要获取的信息，设计成调研问卷在网上发布，让被调研人员通过网络填写问卷并提交的一种调研形式。

调研问卷一般包括卷首语、问题指导语、问卷的主体及结束语 4 个组成部分。其中，卷首语用于说明由谁执行此项调研、调研目的和意义。问题指导语，即填表说明，用来向被调研人员解释怎样正确地填写问卷。问卷的主体包括问题和选项，是问卷的核心部分。问题分为封闭型问题（问题后有若干备选答案，被调研人员只需在备选答案中做出选择即可）、开放型问题（只提问题，不设相关的备选答案，被调研人员有自由发挥的空间）和半封闭型问题（在采用封闭型问题的同时附上开放型问题）3 类。结束语用来表示对被调研人员的感谢，可能会提供一些奖品、优惠券等。

网络调研问卷的发布是指将设计好的问卷通过一定的方式在网上发布出来，让被调研人员了解并参与调研。常见的发布方式有网站（页）发布、电子邮件调研、讨论组调研、专业的问卷调研平台调研等。

（2）网络讨论法

网络讨论法即互联网上的小组讨论法，调研人员通过新闻组、邮件列表讨论组、BBS 或网络实时交谈、网络会议等进行讨论，从而获得资料和信息。网络讨论法实施的程序如下：首先，确定要调研的目标市场，识别目标市场中可参与调研的讨论组；其次，准备好需要讨论的话题；再次，登录相应的讨论组发布调研项目，请组内成员参与讨论并发表各自的观点和意见；最后，通过过滤系统发现有用的信息，或发布新的话题深入挖掘信息。网络讨论的结果需要调研人员加以总结和分析，此法对信息收集和数据处理的模式设计要求很高，使用起来难度较大。

（3）网络文献法

网络文献法是利用互联网收集二手资料的调研方法。网络文献法主要借助搜索引擎、网络社区、新闻组和电子邮件等途径实现调研。

5. 网络营销调研的策略

（1）提高网络营销调研参与度

网络营销调研人员应采取一些手段激励用户参与调研。例如，通过在企业网站提供免费咨询服务等，增加注册账号、登录网站的用户数量，并激励用户填写网站上的调研问卷、参与网站互动活动，从而达到网络营销调研的目的。

此外，调研人员应关注用户在网上的浏览路线，识别其感兴趣的企业、产品及相关信息，为用户定制信息并及时发送给对方，使其充分注意企业站点，从而吸引其访问企业站点，完成调研问卷的填写和互动板块的参与。目前，许多购物网站都会依据用户的搜索记录或者购物记录，预测其未来可能需要购买的其他产品，从而有针对性地为其推荐相关产品。此类技术同样可用于网络营销调研的开展。

调研人员可以通过用户注册网站账号时填写的个人资料或其他途径获得其电子邮箱地址，并通过电子邮件与其联系，向他们发送有关产品、服务的问卷或其他调研信息，并请求他们回复。针对有沟通欲望的被调研人员，调研人员也可在网络调研中设置一些开放型问题，让被调研人员自由发表意见和建议，以了解他们对企业、产品、服务等各方面的感受、意见和建议等。调研人员可以根据被调研人员回复的信息，了解被调研人员的消费心理及消费行为的变化趋势，并据此调整企业的市场营销策略。

（2）增强网络营销调研效果

增强网络营销调研效果的方法和技巧主要有：问卷表述清晰、注意问题排序、注意提问的艺术性、避免提具有诱导性的问题、尽量避免使用专业术语、合理设置有奖问卷的奖项等。

12.2.2 网络消费者行为分析

1. 网络消费需求的特点和趋势

网络消费是一种全新的消费方式，与传统的消费方式相比，网络消费需求呈现以下特点和趋势。

（1）回归个性化消费

在手工作坊式生产阶段，产品无法标准化、大规模、批量式生产。在这一时期，消费者获得的产品是定制化的，消费方式属于个性化消费。工业革命之后，机器生产极大地取代了手工生产，现代工厂代替了手工作坊，工业化和标准化的生产方式使得个性化消费湮没于大量低成本、单一化的产品洪流之中。互联网的快速普及以及现代制造技术的高速发展，使企业满足消费者的个性化消费的需求成为可能。因此在网络时代，个性化消费再度成为消费主流。

（2）消费需求的差异化明显

消费需求的差异是始终存在的，但当前网络消费者的需求差异比以前任何一个时期都更加明显。这是因为网络营销没有地域上的界限，不同的地域、种族、民族、宗教信仰、收入水平以及生活习俗造就了网络消费者较大的需求差异。因此，从事网络营销的电商要想取得成功，就必须认真思考这种差异，并针对不同消费者的需求差异，采取有针对性的方法和措施。

（3）消费者获取的产品信息更加充分

消费主动性的增强来源于现代社会的不确定性和人类追求心理稳定和平衡的欲望。网络消费者在做出购买决策之前，可以通过互联网主动获取欲购买产品的信息并进行比较，从而做出更好的购买决策。

（4）对购买便利性的需求与对购物乐趣的追求并存

购买便利性是影响消费者购买行为的一个重要因素。一般而言，消费者的购买成本除了货币成本外，还有体力成本、精力成本等。无论消费者离购物中心有多近，都不及在家中轻点鼠标方便。网络为消费者提供了便利的交易平台，也促进了消费者对便利性产生更高要求。此外，由于现代人生活方式的改变，人与人之间的面对面沟通越来越少，为了保持与社会的联系、减轻孤独感，人们愿意花费大量的时间进行网络社交。因此在网上购物，消费者除了能够满足购物需求，还能排解寂寞。

（5）价格是影响消费心理的重要因素

互联网经济是直接经济，由于中间环节大量减少、销售终端费用下降，网上销售的绝大多数产品的价格都低于线下售价，这也是吸引消费者网上购物的重要因素。

（6）网络消费需求的超前性和可诱导性

电子商务构建了一个全球性的虚拟大市场，在这个市场中，最先进和最时髦的产品会以最快的速度与消费者见面。具有创新意识的网络消费者很快就能接受这些新产品，从而带动其周围的消费者开始新一轮的消费热潮。开展网络营销活动的企业应当充分发挥自身的优势，采用多种促销手段，激发、刺激网络消费者的新需求，唤起他们的购买兴趣，引导网络消费者将潜在的需求转变为现实的需求。

2. 网络消费者购买决策的影响因素

网络消费者购买决策的影响因素除个人因素，如个人收入、年龄、职业、学历、心理、对网络风险的认知等因素之外，还包括网购产品的价格、购物的便利性、产品的选择范围等因素。

（1）消费者的个人因素

一般来说，年轻的、高学历的、高收入的、对网络风险有着正确认知（受消费者的网络知识、学历、职业等因素影响）的消费者更倾向于在网上购物。不过随着网络的不断普及，越来越多的消费者加入了网购的群体。

（2）产品的价格

价格是影响消费者购买决策的重要因素。网络的开放性和共享性，使得消费者可以在第一时间方便地获得众多不同商家的报价信息，因而具有价格优势的产品更容易获得网络消费者的青睐。

（3）购物的便利性

购物的便利性是影响网络消费者购买决策的重要因素。网上购物满足了消费者的这种便利性需求。在网络购物模式下，消费者可以坐在家中与卖家达成交易，足不出户即可获得所需的产品或服务。

（4）产品的选择范围

产品的选择范围也是影响消费者购买决策的重要因素。在网络平台上，消费者可挑选的产品的范围大大拓展。网络为消费者提供了多种搜索途径，借助搜索功能，消费者可以方便快速地获得所需产品的信息，通过比较和分析，消费者很容易做出最终的购买决策。

（5）产品的时尚与新颖

追求产品的时尚与新颖是许多网络消费者重要的购买动机。这类消费者特别重视产品的款式、格调和流行趋势。他们是时髦的服饰、新潮的数码产品的主要追随者。因此，时尚、新颖的产品更能激发网络消费者的购买欲望。

3. 网络消费者的购买行为过程

与线下购买行为类似，网络消费者的购买行为在实际购买之前就已经开始，并且会延长到购买后的一段时间，这段时间有时会较长。具体的购买行为过程大致可分为诱发需求、搜集信息、比较选择、购买决策和购后评价。

（1）诱发需求

对于网络营销来说，需求的诱因局限于视觉和听觉，即文字的表述，图片的、声音的配置。这就要求网络营销人员了解与自己产品有关的现实需求和潜在需求，了解在不同时间段消费者产生这些需求的程度，了解这些需求是由哪些因素诱发的，进而采取相应的促销手段去吸引更多的消费者浏览产品页面，诱发他们的需求和欲望。

（2）搜集信息

消费者在网上购物的过程中，对产品信息的搜集主要是通过互联网进行的。与传统搜集购买信息的方式不同，网上购买信息的搜集具有较强的主动性。一方面，消费者可根据已了解的信息，通过互联网进行跟踪查询；另一方面，消费者又在不断地浏览，寻找新的购买机会。

（3）比较选择

比较选择是购买过程中必不可少的环节。消费者对通过各种渠道搜集的资料进行比较、分析、研究，从而了解各种产品的特点及性能，从中选择最为满意的产品。

网上购物不能直接接触实物，因此网络消费者对产品的比较主要依赖于厂商对产品的描述，包括文字、图片和视频等。厂商如果对自己的产品描述得不充分，就不能吸引消费者；反之，如果描述得过于夸张，甚至带有虚假的成分，则可能永久地失去消费者。对这种分寸的把握，是每个网络营销人员都必须认真考虑的。

（4）购买决策

网络消费者在决定购买某种产品时，一般具备 3 个条件：第一，对厂商有信任感；第二，对支付有安全感；第三，对产品有好感。所以，树立企业形象、改进货款支付方式、完善产品物流方案，以及全面提高产品质量，是每个参与网络营销的厂商必须重点做好的工作。

（5）购后评价

消费者购买产品后，往往会通过使用产品对自己的购买行为进行检验和反省，以重新考虑这一购买行为是否正确、自己对效用是否满意、服务是否周到等问题。这种购后评价往往决定了消费者今后的购买动向。

12.3　网络营销的方法

随着网络技术的不断发展和营销理念的不断创新，新的网络营销方法如雨后春笋般不断涌现。短视频营销、直播营销、微信营销、O2O 营销和二维码营销就是其中的代表。

12.3.1　短视频营销

在如今这个移动互联网兴起的时代，短视频因创作门槛低、操作简单、互动和社交属性强、易于传播分享等优点而迅速成为一种新兴的网络营销载体，短视频营销也因此呈现爆发增长的态势。

1. 短视频及短视频营销的含义

（1）短视频的含义

短视频是指在各种新媒体平台上播放的、适合在移动状态和短时间休闲状态下观看的、高频推送的、时长从几秒到几分钟不等的视频。短视频是一个相对的概念，与之对应的是长视频。长视频的时长一般不少于 30 分钟，主要由专业的公司制作完成，其特点是投入大、成本高且拍摄时间较长。长视频涉及的领域广泛，典型的表现形式是网络影视剧。长视频的传播速度相对较慢而且社交属性较弱，短视频则与之有很大的不同。第一，为了充分利用用户的碎片化时间，短视频的时长一般都较短。第二，短视频的创作门槛低，非专业人士也能制作完成，非常有利于网络用户的积极参与。第三，短视频的内容聚焦技能分享、幽默搞笑、时尚潮流、街头采访、公益教育等大家感兴趣或关心的话题，因此很容易被用户观看和分享，因而传播速度快、社交属性强。

（2）短视频营销的含义

短视频营销是企业或个人借助短视频平台，通过发布优质的短视频内容以吸引"粉丝"、推广品牌、宣传产品等，从而最终达成产品销售目的的营销活动。作为随着移动互联网发展和短视频兴起而诞生的一种新型网络营销方法，短视频营销具有成本低、目标精准、互动性强、传播迅速、冲击力强以及营销效果容易预测和评估等优势，因而在当前的网络营销实践中被越来越广泛地采用。未来，短视频营销将成为碎片化信息时代的主流营销形式。

2. 短视频营销的方式

短视频营销的方式主要有广告植入式营销、场景式营销以及情感共鸣式营销等。广告植入式营销比较好理解，即在短视频中植入广告，通过短视频将广告信息传播给用户，以实现宣传品牌和促进销售的一种营销方式。场景式营销是指进行短视频营销的企业，通过在短视频中营造特定的购物场景，给用户以身临其境的感受，并在线与对产品感兴趣的受众实时互动，从而达到营销目的的一种营销方式。情感共鸣式营销是指企业从用户的情感需求出发，借助短视频引发用户的共鸣与反思，从而实现寓情感于营销之中的目的的一种营销方式。例如，中国人有着很深的乡愁情结，因为乡愁不仅是人们对家乡的怀念之情，还蕴含着人们对过去的美好的时光、情景的怀念之情。一些企业借助乡愁题材创作短视频，将家乡产品塑造为乡愁的象征，很好地将产品与思乡之情融为一体，极大地激发了用户的购买欲望。

3. 短视频营销的实施流程与策略

（1）短视频营销的实施流程

短视频营销的实施主要包括以下流程。第一步是确定营销目标，并在对产品和市场竞争环境、市场定位、市场细分和目标市场选择分析的基础上制订短视频营销计划和营销策略。第二步是选择短视频发布的平台。在选择发布平台时应全面分析平台的定位、用户规模、用户黏性、人群特征和运营模式等，以便从中选出最适合本企业产品开展短视频营销的平台。第三步是制作短视频。这一步的具体工作包括短视频创意、短视频策划、短视频脚本撰写以及短视频的拍摄和视频的后期剪辑等。第四步是传播短视频，制作的短视频除了在短视频平台上发布外，还要充分利用其他途径广泛传播，以提高短视频的曝光率，争取吸引更多的用户观看短视频。第五步是做好粉丝的拓展与维护工作。可以采用组建粉丝交流社区、在留言区与粉丝互动、有奖转发等多种方式提高粉丝黏性。第六步是对短视频的数据进行分析，包括分析短视频的平台推荐情况，用户点击观看的次数，短视频完播率和用户点赞、评论和转发的情况等。这些数据是企业今后改进和优化短视频营销的重要依据。

短视频营销的实施
流程与策略

（2）短视频营销的策略

短视频营销是一种全新的营销方式，有着鲜明的特点。在开展短视频营销活动时，企业有以下 3 种策略可以选择。[①]

① 与关键意见领袖（Key Opinion Leader，KOL）深度合作，"种草带货"定向营销。"网红"经济是以具有消费引导力的时尚达人为形象代表，以 KOL 的品位和眼光为主导，进行选款和视觉推广，在相关社交平台上吸聚流量，依托庞大的粉丝群体进行定向营销的新型经济模式。现代年轻人热衷于"种草"和"拔草"，而 KOL 的意见就是他们主要的"种草来源"。KOL 与品牌的深度合作往往能起到相当不错的带货作用。

例如，圣罗兰在其秋冬系列口红上市期间，邀请了 10 位腾讯微视的 KOL 为新口红拍摄分享"种草"类短视频，并将 10 个 KOL 的视频做成微视合集，利用闪屏形式进行推广导流，带来了很高的商业转化率。

KOL 本身就是行走的"种草机"，其通过为品牌背书，或者在视频中进行深度植入，可以提高品牌的曝光率，推动用户关注产品，加深对品牌的信任与好感，再基于好的运营，形成"爆款"也不是难事。

② 构建话题属性，推动短视频社交。短视频发展至今，功能逐渐强大，单向的传播已经满足不了用户的需求，具有话题属性的产品才能引起他们的兴趣。品牌如果抓住了这一点，不仅能让用户充分参与品牌的创意，让品牌的影响力得以延续，还能推动短视频社交的发展，大家以"合拍视频"会友，找到

---

① 资料来源：中国公关行业门户网站。

志同道合的群体。

例如，斯凯奇代言人携手微视，发起"斯凯奇熊猫舞挑战赛"。"魔性"洗脑的熊猫舞，一上线就引发粉丝的剧烈讨论，各路"大神"更是纷纷上线与代言人合拍斗舞，一决高下。

又如，奥利奥与微视的代言人同为吴磊，奥利奥抓住这个机会入驻微视，利用吴磊的"双代言人"的特殊身份，发起超强互动合拍——"别抢我的奥利奥"挑战赛。吴磊的"姐姐粉"们，纷纷表示要给三石弟弟"投食"。在此营销过程中，奥利奥作为重要的参与方，获得了众多受众的关注。

③ 鼓励用户参与互动，品牌形象更易深入人心。随着短视频平台的崛起，用户的注意力已经渐渐从文字、图片转移到了视频上。就连微信也推出了小视频功能，这说明视频时代已经到来。认识到这一趋势后，小米手机在美拍 App 中鼓励用户"卖萌"，而且要求极其简单，只需要用户发布"卖萌"短视频并加话题 #卖萌不可耻#即可参与活动，同时要求用户关注小米手机的美拍官方账号。在短短几天内，#卖萌不可耻#的美拍相关视频的播放量就突破了 1000 万次。

通过刺激美拍用户来积极参与活动并创造内容，使品牌形象更深入人心，用户原创内容模式为小米手机的品牌营销起到了强助推作用。

而在微视平台上，小米手机同样发布了几个短视频。这些短视频都反映了一个共同点：将产品融入整体创意，这样会引发用户更多的联想，如用品牌名称来做联想创意。这些短视频创意不仅吸引了用户的注意，同时也增加了小米品牌与用户群体的互动。

因为短视频这一载体的特殊性，短视频营销的角色不再拘泥于以往的"品牌"或者"代言人"。短视频营销的主体既可以是品牌，也可以是话题的发起者、参与者，因此品牌的植入可以更加自然和隐形，这也给品牌留下了广阔的营销发挥空间。在形式和内容上，短视频较之于传统图文，更富有旺盛的生命力。在千禧一代的网络目标受众中，这种新兴的媒体形式更易抓取他们日益分散的注意力，并吸引他们参与营销活动。

在如今的移动互联网时代，短视频营销已经一跃成为时代的宠儿。短视频营销的一个巨大优势在于传播力极强，在保持自身长处的同时，充分吸收了其他媒体的特点，成为集百家之长的新兴营销载体，是整个移动互联网生态链的重要一环。

对企业或品牌来说，在实操过程中如果能打造出足够有创意的案例，短视频营销一般都能取得"单点投放、全网裂变"的传播效果。持续化、深度化地进行短视频营销，能让更多的企业、品牌从中获利。

但同时，无论是何种形式的营销，其前提都是有好的内容，"内容为王"仍然是准则，所以在短视频领域，内容精品化将是一个长期发展趋势。另外，在市场趋势下，短视频如何与其他业态融合发展，如何通过多种多样的玩法实现营销的效果最大化，也是企业需要思考的。

12.3.2　直播营销

随着网络直播的兴起和流行，直播营销逐渐成为当前广受重视的新型网络营销方法。不仅电商在积极地开展直播营销，一些传统企业也纷纷采用这种营销方法来推动产品的销售。

1. 网络直播和直播营销的含义

（1）网络直播的含义

网络直播是最近几年兴起的一种新的强互动性的视频娱乐方式和社交方式，具体形式有游戏直播、才艺直播、电视剧直播、电影直播和体育直播等。借助网络直播平台，网络主播可以为目标受众实时传输现场情景并与目标受众进行双向的互动交流。网络直播具有直观形象、互动性强等优点，已成为大众娱乐消遣、获取信息的重要途径之一。

我国网络直播的发展在起步期（2005—2013 年）和发展期（2014—2015 年）之后，于 2016 年迎来了爆发期，各种网络直播平台如雨后春笋般涌现。在这一阶段，网络直播向泛娱乐化、"直播+"转变，其巨大的营销价值开始显现。

（2）直播营销的含义

直播营销是指开展网络直播的主体（企业或个人）借助网络直播平台，对目标受众进行多方位展示，并与受众进行双向互动交流，通过刺激目标受众的购买欲望、引导目标受众下单，从而实现营销目标的一种新型网络营销方法。一般来说，直播营销包括场景、人物、产品和创意4个要素。其中场景是指直播营销的环境和氛围；人物指直播主体，即主播，可以是一个人，也可以是多人；产品即直播营销要展示和推介的对象，可以是家电、食品、服饰等实体产品，也可以是游戏、服务、课程等无形产品；创意是指企业在开展直播营销时要有创造性的想法和新颖的构思，并以此来吸引目标受众。

阅读资料 12-1 董明珠开启全国巡回直播

也许你会发现，2020年盛夏，董明珠成了第一个把直播"带货"做成"演唱会"的人。"新零售全国巡回直播"的第一站选在江西赣州。这是董明珠2020年的第六场直播，首站以销售总额50.8亿元打响，实现了巡演的"开门红"。自2020年4月开始直播"带货"以来，截至2020年7月11日，董明珠已为格力电器带来了228亿元的收入。

每一次直播后，叫好和质疑的声音就会冒出来。闯荡家电江湖三十载，66岁的董明珠从代销模式到格力专卖，再到直播常态化，"销售女王"拉上格力经销商后，风头一时无两。

因疫情，格力电器2020年第一季度营收减少了近300亿元。原本对直播新零售模式不看好的董明珠，不得不开始尝试直播。

万事开头难，2020年4月24日的直播首秀网络卡顿，销售数据也并不理想。数据显示，其在线人数峰值为21.63万人，所有格力产品的销量不到300件，销售额为23.25万元，卖得最热的产品是价值139元的充电宝。15天后，董明珠在快手开启第二场直播，打了个"翻身仗"：直播带货3小时卖出了格力网店一年的成交额。5月15日，董明珠在京东完成了自己的第三场直播，成交额超过7亿元，创下了家电行业直播"带货"史上最高成交纪录。曾经的"销售女王"成为"带货女王"。尝到甜头的董明珠"乘胜追击"，表示要将直播常态化。现在的董小姐在直播场上更是驾轻就熟。

对于直播带货的成绩，董明珠表示应靠产品品质取胜。她认为"公道在人心，老百姓心里是有一杆秤的"，用直播的形式，让更多消费者了解产品，知道厂商在真诚地展示产品。事实也证明，格力产品正在被更多新消费者群体放入购物车，而不是和多年前一样只有放在产品架上才能进行售卖。

董明珠利用带货直播占领三四线下沉市场，利用格力及自身的影响力，通过直播优惠宣传，探索新零售直播本地化营销新模式，这不仅是直播"带货"，更是宣传品牌和拓展新市场的手段。

"不会直播'卖货'的主播不是好CEO"，董明珠的直播"带货"实现了销售和品牌营销的双赢，更为名人直播做出了教科书级别的示范。时代快速变化，新零售、直播"带货"等新消费方式，都在告别传统销售渠道。也许只有迎风而上，才能不被时代的潮流拍打到岸上。

资料来源：腾讯新闻。

2. 直播营销的优势

作为一种新的网络营销方法，直播营销具有门槛低、投入少、覆盖面广、直达目标用户、及时获得直接的营销反馈、能够营造场景式营销和沉浸体验式营销的效果等诸多优势。下面就简要地做一下介绍。

直播营销的门槛低、投入少，只需借助智能手机和其他能够上网的终端设备，任何人都可以通过直播平台开展适合自己的营销活动。借助网络的传播，直播营销可以覆盖任何网络所及的地域，这大大拓展了营销的范围。在直播营销过程中，主播可以充分展示企业的实力，全面介绍产品的性能与优点，传递企业所能给予用户的优惠信息以及现场演示产品的使用方法等，从而有效打消用户的疑虑，增强其购买的决心。直播营销能够为用户带来一种身临其境的场景式体验，如用户在观看旅行产品直播时，只需用目光跟随主播的脚步，就能直观地感受到旅游目的地的自然风光、人文景观、景区设施、酒店服务等，这可以极大地激发用户的旅游欲望。另外，直播营销是一种双向互动式的营销方式，主播可以和用户在线实时交流，既能及时解答用户的疑问、增进与用户之间的友好关系，又能倾听用户的意见和建议，从而为今后更好地开展直播营销奠定良好的基础。

3. 主要的直播营销平台

直播营销平台主要包括专业垂直直播平台、短视频直播平台、电商直播平台和综合视频直播平台等。根据月活跃用户人数和影响力来分类，截至 2020 年 3 月，排名前十五的直播平台可以分为 3 个梯队。其中第一梯队为淘宝、抖音和快手；第二梯队为微博、拼多多、西瓜视频、京东、小红书和哔哩哔哩，平台类型以社交媒体、综合电商和视频平台为主；第三梯队为虎牙直播、花椒直播、斗鱼直播、YY、苏宁易购和蘑菇街，平台类型以专业垂直直播平台为主。

4. 直播营销的方式与活动的实施

（1）直播营销的方式

根据"直播吸引点"划分，直播营销的常见方式包括"颜值"营销、名人或"网红"营销、利他营销、才艺营销、对比营销和采访营销等。上述营销方式的特点各异，适用于不同的产品、营销场景和目标用户。企业在选择直播营销方式时，需要站在用户的角度，挑选或组合出最佳的直播营销方式。下面就对上述 6 种直播营销方式进行简要的介绍。

① "颜值"营销。在直播经济中，一直有所谓的"颜值就是生产力"的说法。"颜值"营销的主播个个都是俊男靓女，男主播高大帅气，女主播肤白貌美，"高颜值"吸引了大量用户前往直播间围观和打赏，巨大的流量和"爆棚"的人气是直播营销效果的保障。

② 名人或"网红"营销。名人和"网红"是其粉丝们追随、模仿的对象，他们的一举一动都会受到粉丝的关注，因此名人或"网红"出现在直播间中与粉丝互动时，经常会出现人气爆棚的盛况。例如，知名演员刘涛在 2020 年 5 月 14 日晚化身"刘一刀"走进淘宝直播间首次带货直播，如图 12-1 所示，短短 3 个小时的直播时间里，累计观看人数超过 2100 万人，最高单品浏览人次达 393 万，商品售罄率达 90%，交易总额超过 1.48 亿元。

图 12-1 刘涛直播带货现场

一般来说，这种直播营销方式投入高、出货量大，需要企业有充足的经费预算并有很强的备货能力。但是，有时高投入未必能带来高产出，如某企业花费 60 万元请某名人直播，结果仅仅卖出去 5 万元的产品，还有一部分卖出去的产品被退货，企业损失惨重。因此，企业应在预算范围内尽可能选择那些更贴合产品及用户属性的名人进行合作。

③ 利他营销。直播中常见的利他营销是进行知识和技能分享，以帮助用户提升生活技能或动手能力。利他营销主要适用于美妆护肤类及时装搭配类产品，如某淘宝主播经常使用某品牌的化妆品向用户展示化妆技巧，在帮助用户学习美妆知识的同时，提高产品曝光度。

④ 才艺营销。直播是才艺主播的展示舞台，无论主播是否有名气，只要才艺过硬，都可以带来大量的用户围观。才艺营销适用于围绕才艺所使用的工具类产品，如钢琴才艺表演需要使用钢琴，钢琴生产

企业则可以与拥有钢琴演奏才华的主播合作开展营销活动。

⑤ 对比营销。对比营销是指通过与上一代产品或主要竞品做对比分析，直观展示产品的优点，从而说服用户购买所推荐的产品。对比营销是一种非常有效的营销方式，在直播营销时被广泛采用。

⑥ 采访营销。采访营销会请主播采访名人、路人、专家等，以互动的形式，让他人阐述其对产品的看法。采访名人，有助于增强产品的影响力；采访专家，有助于提升产品的权威性；而采访路人，有助于拉近产品与用户之间的距离，使用户对产品产生信赖感。

（2）直播营销活动的实施

直播营销需要系统地策划、合理地安排各阶段活动。在直播营销之前，企业应首先确定营销目标并拟订直播营销计划，接下来是设计直播方案，然后是进行在线直播，最后是对活动效果进行评价和总结。在直播过程中，主播需要运用直播开场、直播过程和直播结尾的技巧。例如，在直播开场时主播可以通过讲述有趣的小故事或提出引人深思的小问题，引发用户的兴趣，促进与用户间的互动，为直播活动营造良好的氛围。在直播过程中，主播除了全方位展示产品之外，还应设计抽奖、赠送礼物等活动来回馈用户，以活跃气氛、提升直播间的人气。在直播结束之前，主播应再次引导用户采取行动购买产品和关注企业官方账号，并约定下一次直播的时间。需要注意的是，直播营销的实质是粉丝营销，因此主播在营销活动的全过程中都应做好吸引粉丝和维护粉丝的工作。

12.3.3 微信营销

2020年1月9日发布的《2019微信年度数据报告》显示，2019年我国微信月活跃用户超过11亿人。作为时下热门的社交信息平台，移动端的一大入口，微信已经不仅是聊天工具，它正在演变成为商业交易平台，其使营销行业发生的颠覆性变化开始显现。

1. 微信营销的含义

微信是腾讯公司于2011年推出的一个为智能终端提供即时通信服务的免费应用程序，从最初的社交通信工具，发展为现在的连接人与人、人与商业的平台。微信营销是一种创新的网络营销方法，主要利用手机、平板电脑中的移动App进行区域定位营销，并借助微官网、微信公众平台、微会员、微推送、微活动、微支付等来开展营销活动。

2. 微信营销的方法与技巧

（1）微信营销的方法

微信营销平台主要包括微信个人账号和微信公众平台两大部分，其中，微信公众平台又包含了订阅号、服务号、企业号以及小程序，同时微信还支持接入第三方平台。

① 微信个人账号营销。开展微信个人账号营销首先要注册微信账号，只要有手机号就可以免费注册。注册之后要注意对个人账号进行美化加工，以加强用户的信任与好感。开展微信个人账号营销的关键是拥有一定数量的微信好友。可以通过通讯录导入、扫描二维码、搜索添加好友、微信摇一摇等多种方式添加好友；也可以通过微博、知乎等媒介宣传自己的微信个人账号，吸引目标用户主动添加你为好友。同时，你可以建立专门的微信群，在群里面进行产品信息推送，通过群内好友相互介绍，找到目标用户。开展微信个人账号营销要充分发挥微信朋友圈的功能，可以将其作为推送产品信息的一个重要窗口。另外要注意多与微信好友沟通，建立与他们的友好关系，以便达成交易。在他们购买产品之后，一定要加强售后服务，以使用户满意，进而再次购买。

② 微信公众平台营销。微信公众平台相当于一个自媒体平台，个人和企业均可申请公众平台账号。利用公众平台，个人或企业可以群发文字、图片、语音和视频等信息来和特定用户进行沟通、互动，从而进行营销和宣传。

企业可以利用微信公众平台账号进行自媒体活动，通过后台的用户分组和地域控制，实现精准的产品信息推送。通过申请微信服务号，商家利用二次开发展示微官网、微会员、微推送、微支付、微活动、微报名、微分享、微名片等，微信公众平台营销已经成了一种主流的线上线下微信互动营销方式。目前，微信公众平台主要包括订阅号、服务号、企业号和小程序 4 种类型。虽然微信小程序是在订阅号、服务号以及企业号之后推出的，但它使用起来较为方便，一经推出就成为商家抢占市场份额的营销利器。

③ 微信接入第三方应用。微信开放平台是微信 4.0 版本推出的新功能，应用开发者可通过微信开放接口接入第三方应用，并且可以将应用的 LOGO 放入微信附件栏，让微信用户方便地在会话中调用第三方应用进行内容选择与分析。例如，用户将企业自建网络的内容分享给微信好友，由于微信用户彼此间拥有更加亲密的关系，当企业自建网络中的产品被某个用户分享给其他好友后，相当于完成了一次有效到达的口碑营销。常用的第三方应用接口有微信商城、微社区、腾讯风铃等。

（2）微信营销的技巧

① 吸引"粉丝"，拉动宣传。微信营销的核心就是用户价值。高质量的"粉丝"不仅可以转化为企业的利润，还有可能成为企业品牌的"代言人"，为企业进行宣传。企业可以充分利用老用户、二维码关注有礼物、微信会员卡、点赞等功能尽可能多地吸引潜在用户。

② 社交分享，激励转发。企业要充分利用用户分享的力量，学会激励用户在朋友圈分享、转发。同时，企业应该注意提高产品或服务的质量，只有好的产品或服务，才会不断地被微信用户分享及转发，使产品被更多用户关注。

③ 个性推荐，俘获用户。俗话说"攻心为上，攻城为下"。俘获用户的"心"，对企业来说至关重要。企业可以通过微信分组功能和地域控制，对用户进行精准的消息推送。例如，当用户去陌生城市旅游或者出差时，企业可以根据用户签到的地理位置，推荐就近商家信息。企业还可以根据海量的用户信息，利用大数据分析工具，分析用户的购物习惯，进行更加精准的营销。

④ 互动营销，如火如荼。微信平台具有基本活动会话功能，通过一对一的推送，企业可以与"粉丝"开展个性化的互动活动，为其带来更加直接的互动体验。

⑤ 遍地"撒网"，重点"捞鱼"。企业可以采用多渠道宣传推广方式。首先，企业可以利用内部推广方式，通过企业的员工向外进行微信推广，激活每个员工的社交关系网络，有效利用内部资源。其次，企业可以通过线上推广，如可以利用博客、QQ 群、微博、微商城、第三方应用等工具发布企业品牌信息，并且可以附带二维码，加强品牌的宣传推广。最后，企业还可以利用线下资源结合微信进行推广。

⑥ 促销活动，优惠不断。企业可以通过微信平台定期开展优惠活动，如发放优惠券、抽奖、"拉粉奖励"等来促进销售。

⑦ 内容为王，妙趣横生。如果营销内容有趣、实用、贴近用户生活，使用户愿意分享转发，微信营销就成功了一半。因此在开展微信营销活动时，企业写好营销内容十分关键。

3. 微信营销应注意的问题

微信营销已成为一种重要的营销方式，但不同于传统营销，不能过于注重企业品牌的推广。在发布信息时，内容要有趣实用、贴近用户生活，切不可盲目单调地推销产品，否则容易引起用户的厌恶，从而失去用户的信任。微信营销过程中，应注意以下几点。（1）装饰好自己的微信账号，使之完整、有趣。（2）注重粉丝质量。高质量的粉丝能够较快转化为企业利润。（3）推送内容长度适中，且实用、有趣。（4）适度营销。一味地群发消息会令人厌恶。群发过多的无聊内容，就是骚扰用户。因此，企业不能滥用群发功能，只需在适当的时候利用群发功能提醒用户即可。（5）拒绝道德绑架或奖励用户把推送内容分享到朋友圈。（6）不可将好友当成营销工具。如果长时间在朋友圈中发布带有广告性质的内容，或者将好友当成营销工具，往往会引起好友的反感甚至厌恶，不但不能实现营销的目的，反而会失去好友。（7）不能乱发广告。人们添加微信好友或关注公众号是因为对该账号发布的产品本身感兴趣，而不是为了看广告。因此，不可乱发广告，也不可发与产品无关的垃圾广告。（8）及时回复用户信息。及时互动是微信营销的一大优点，企业通过微信可以与用户进行有效的沟通。（9）不可一味专注于微信营销。与传统营销相比，微信营销具有互动性强、快捷、成本低等诸多优势，但这并不意味着微信营销是万能的。对于企业来讲，营销是多元的，只有打"组合拳"，才能获得较好的营销效果，如线上线下营销、微博与微信互动、微电影与微信互动等。

12.3.4　O2O营销

1. O2O营销的含义

O2O营销是指从线上到线下，即充分利用互联网挖掘线下的商业机会，让互联网成为线下交易的前台，达成线上用户与线下产品或服务的交易。参与O2O营销的要素主要包括O2O电子商务平台、线下实体商家、消费者、在线支付平台等，其核心是利用网络寻找消费者，之后将他们带到实体店进行消费。O2O营销主要适用于适合在线上进行宣传展示、具有线下和线上的结合性，并且在消费后回头率较高的产品或服务，适合的行业主要有餐饮、电影、美发、住宿、家政以及休闲娱乐等。

阅读资料12-2　沃尔玛O2O鲜食产品销售额高速增长

2020年1月6日至4月15日，沃尔玛鲜食在沃尔玛到家、沃尔玛京东到家线上平台的销售额同比增长了近3倍，增长最为显著的品类包括猪肉、鸡蛋、蔬菜、水果等，以国产橙为例，销售额同比增长超22倍。

沃尔玛数据显示，现阶段沃尔玛到家、沃尔玛京东到家等线上平台的预包装鲜食产品数的占比已超80%。其中，面包、蛋糕等烘焙品类的预包装率已达100%。

截至2020年4月，沃尔玛预包装蔬菜的O2O销售额已实现同比增长超4倍，其中沃集鲜可溯源西红柿的O2O销售额同比增长了近9倍。包装猪肉的O2O销售额同比增长超2倍。

此外，2020年3月沃尔玛还携手西贝、广州酒家、金鼎轩、上海小南国、云海肴等近30家餐饮品牌，陆续在全国各区域，包括北京、上海、广州、深圳、杭州等城市，在沃尔玛到家及沃尔玛京东到家等线上平台推出了品质招牌即食菜，2020年4月13日到4月19日，品质招牌菜营业额实现环比增长超60%。

资料来源：亿邦动力网。

2. O2O营销模式的分类

O2O营销有以下两种模式。

（1）线上到线下模式

这是O2O营销的普遍模式，将消费者从线上引流到线下实体店进行消费。具体流程如图12-2所示，实体商家与线上平台（如网站、手机App等）合作，在线上平台发布产品信息。消费者利用互联网在线上平台搜索相关产品，在线购买心仪的产品，完成在线支付，在线上平台向其手机发送密码或者二维码等数字凭证后，消费者持该数字凭证到实体店消费。大众点评、美团外卖等平台是这种模式的典型代表。

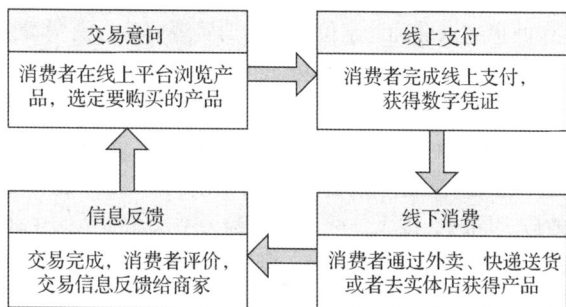

图12-2　线上到线下模式交易流程

（2）线下到线上模式

这种模式是在 O2O 发展的过程中逐步兴起的，又被称为反向 O2O。它将消费者从线下吸引到线上，即消费者在实体店体验后，选定产品，在线上平台进行交易并完成支付。

值得注意的是，线下到线上模式的价值并不仅仅在于通过线上展示和线下体验更好地链接消费者与企业，而是企业给消费者提供系统性的贯穿整个交易流程的完整服务，包括售后的产品维护等。只有拥有完整的购物体验和服务，消费者才更乐意分享，从而形成口碑的二次传播和持续性购买。

3. O2O 营销的方法

（1）O2O 线上推广的方法

要做好 O2O 营销，消费者使用什么样的网络工具，企业就必须使用相同的网络工具。在移动互联网时代，网站、手机 App 等都是 O2O 营销的工具，是产品或服务的传播渠道。下面具体介绍一下 O2O 线上推广的方法。

① 自建网上商城——与线下实体店对接。企业在互联网上建立自己的官方商城，在线上对产品或服务进行宣传、推广，消费者在该平台下单后，可以选择到实体店体验消费，也可以直接享受送货上门的服务。一般大型连锁加盟的生活服务企业采用这种自建商城的方式，能有效地将线上平台与线下实体店进行实时对接。由于是自己的网站平台，企业便于对网站进行管理，营销的针对性强，但企业自建 O2O 网站需要投入较多的资金。

② 创建自有 App——充分利用移动互联网。在智能手机高度普及的今天，使用手机上网的人越来越多。无论是学习教育还是衣食住行，各大企业均不断推出各种手机 App，希望能够在移动互联网中占有一席之地，营销"大战"从 PC 端转移到了手机移动端。

③ 借势社会化营销——聚集人气。O2O 社会化营销建立在数字化营销的基础上，更关注利用线上和线下资源，探索消费者的个性化内容，找到目标消费者群体。与其他营销方式相比，O2O 社会化营销更加注重满足不同消费者的心理需求，进行个性化营销。

④ 借助第三方消费点评网站——实施口碑营销。O2O 营销主要针对消费者的吃喝玩乐，瞄准了服务行业中生活服务这片"蓝海"。网络上流传着一种观点："如果把产品塞到箱子里送到消费者面前的网上销售额有 5 000 亿元，那么生活服务类的网上销售额会达到上万亿元。"尽管该说法有点夸张，但也足以说明生活服务类市场前景非常可观。生活服务类市场适合利用口碑营销的模式进行推广。第三方消费点评网站通过信息分类、优惠折扣、团购等手段为消费者提供企业信息，利用口碑分享来帮助企业推广，常用的有大众点评网、美团网、58 同城、百度糯米、聚划算等分类信息网站。

⑤ 开展促销活动——优惠拉动消费。俗话说"货比三家"，在互联网飞速发展的今天，已经是"货比百家"。对于企业来说，4P 策略中的价格策略仍然是见效最快、最能拉动消费的方法之一。在这方面，哈罗单车的做法很值得借鉴。哈罗单车会不定期发放一些免费骑行的优惠券，利用免费骑行吸引新用户；哈罗单车还会时不时地做一些其他促销活动，如限定某段时间骑行优惠等，以此来提升用户的使用频率并增加用户的黏性。这些看似寻常的价格促销却往往能收到很好的营销效果。

（2）O2O 线下培育的方法

对于 O2O 营销来说，企业也应该准确地定位自己的消费者群体。消费者在哪里，企业就要去哪里，是否能精准定位目标消费者群体决定了一个商业模式的成败。

① 体验营销。对于电子商务来说，企业和消费者"信息不对称"，特别是对一些价值较高的产品或服务来说，消费者在网购时会存在一种戒备心理。企业如果不能给消费者提供优质的体验服务，可能会造成不止一个消费者的流失。相反，企业对消费者进行体验营销，不仅能够增加消费者对产品或服务的认可，还能快速获得口碑效应。同时，线下体验、线上购买不仅能够节约企业的经营成本，而且可以通过二维码等方式，让消费者在体验过程中成为会员，刺激消费者形成购买冲动，实现线下到线上的营销，带动消费者的直接购买行为。

② 会员卡应用。企业通过积累、分析会员信息，可以通过电子邮件、电话、短信等方式有针对性地给相应消费者发送产品信息，深度挖掘消费者需求，维护与消费者的关系。会员卡应用是一种长期促销活动的常用销售手段。当然，会员卡不必为实体会员卡，企业可以采用电子会员卡的形式，如扫描二维码、关注公众号成为会员等。企业通过消费者的会员信息，可以更加方便地掌握消费者的个人信息、到店消费信息等，利用折扣优惠信息，吸引消费者再次消费。

③ 粉丝模式。粉丝模式是指品牌方把 O2O 工具（第三方 O2O 平台、自有 App 等）作为自己的粉丝平台，利用一系列推广手段吸引线下消费者不断加入，通过品牌传播、新品发布和内容维护等社会化手段，定期推送优惠和新品信息等实施精准营销，吸引粉丝直接通过手机 App 购买产品，粉丝模式如图 12-3 所示。

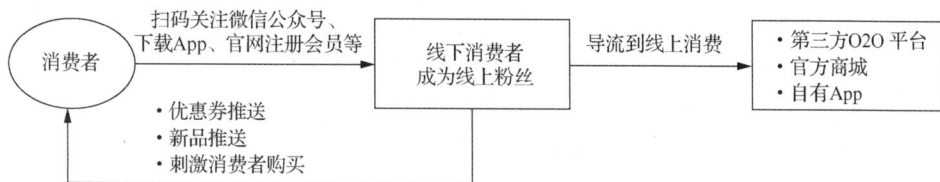

图 12-3　粉丝模式

粉丝模式利用社会化平台的粉丝聚集功能，通过门店对现场消费者进行引导，然后通过在线与粉丝互动提高黏性。这样在新品发布、优惠活动或者精准推荐的拉动下，移动端消费者的网购能力可以提高。

④ 二维码。随着移动互联网的发展，二维码在商店、地铁等地随处可见，消费者通过手机扫描二维码可以浏览产品或服务的信息，并可以获取优惠折扣，由此形成了"无处不渠道，事事皆营销"的营销新态势。二维码凭借体积小、信息含量大的优势，既方便消费者存储产品或服务信息，也方便消费者消费，成为企业将消费者从线下引流到线上的便捷工具。

（3）O2O 的线上线下"闭环"

如果没有线上的产品展示，消费者很难获得企业信息；如果没有线下实体店的产品体验，线上交易也只是空谈。在 O2O 营销的过程中，要实现线上线下互动并非易事，这要求线上平台功能健全、线下服务创新实用。O2O 营销需要线上到线下的双向借力，线上线下的"闭环"营销才是 O2O 营销的核心。例如，很多企业不仅通过官网、官方微博、博客、微信公众号等线上平台营销产品，还通过在传统的报纸、传单、公交站牌等媒介中印上微信二维码宣传产品，由此大大提高了产品的出镜率，吸引了目标消费者。

O2O 闭环是要实现两个"O"之间的对接和循环。线上的宣传营销活动将消费者引流到线下消费，从而达成交易。然而，这只是一次线上到线下模式的交易，未实现闭环，要形成闭环，需要让消费者再从线下返回线上，使消费者在消费后对产品或服务做出评价、线上交流等行为，这样才实现了 O2O 闭环，也就是从线上到线下，然后又回到线上，O2O 闭环如图 12-4 所示。

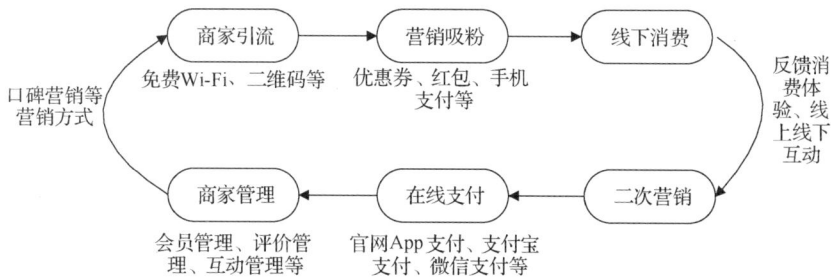

图 12-4　O2O 闭环

12.3.5　二维码营销

1. 二维码及二维码营销的含义

二维码是日本电装公司于1994年在一维条码技术的基础上发明的一种新型条码技术。二维码是用某种特定的几何图形按照一定的规律，在二维方向上分布的记录数据符号信息的图形。在代码编制上，二维码巧妙地利用构成计算机内部逻辑基础的"0""1"比特流的概念，使用若干与二进制相对应的几何图形来表示文字数值信息，通过图像输入设备或光电扫描设备自动识读以实现信息的自动处理。二维码图像指向的内容非常丰富，包括产品资讯、促销活动、在线预订等。二维码的诞生丰富了网络营销的方式，它打通了线上线下的通道，为企业提供了优质的营销途径。

二维码营销是指将企业的营销信息植入二维码，通过引导消费者扫描二维码，来推广企业的营销信息，以促使消费者产生购买行为。在当今网络营销逐渐从PC端向移动端倾斜的时代，二维码营销以其方便快捷易于调整有利于实现线上线下的整合营销等优点得以迅猛发展。

2. 二维码营销的优势

从企业的角度来看，二维码营销主要具有以下优势。

（1）方便快捷

消费者只需用智能手机扫描二维码，就可随时完成支付、查询、浏览、在线预订、添加关注等操作，有利于企业方便快捷地开展网络营销活动。

（2）易于调整

二维码营销内容非常易于修改，只需在系统后台更改，无须重新制作投放，成本很低。因此，二维码的营销内容可根据企业的营销需要而实时调整。

（3）有利于实现线上线下的整合营销

二维码为人们的数字化生活提供了便利，能够更好地融入人们的工作和生活。企业进行二维码营销时，可将链接、文字、图片、视频等植入二维码，并通过各种线下途径和网络平台进行投放，从而实现线上线下的整合营销。

（4）易于实施精准营销

开展二维码营销活动的企业，可以通过对消费者来源、途径、扫码次数等进行统计分析，从而制订针对消费者的更精准的营销策略。

（5）帮助企业更容易地进入市场

随着移动营销的快速发展和二维码在人们工作和生活中的普及，功能齐全、人性化、省时实用的二维码营销策略能够帮助企业更容易地进入市场。

3. 二维码营销的形式与渠道

（1）二维码营销的形式

从企业运营层面来看，二维码营销主要包括以下几种形式。[①]

① 植入社交软件。植入社交软件是指利用社交软件和社交应用平台推广二维码。以微信为例，微信可以让企业和消费者之间建立良好的社交关系，实现基于微信的O2O营销。企业用二维码提供各种服务，为消费者带来便捷、有价值的操作体验。

② 依托电商平台。依托电商平台是指将二维码植入电子商务平台。企业可依托电子商务平台的流量，引导消费者扫描二维码。现在很多的电子商务平台都会使用二维码进行宣传，消费者在扫描二维码时，即可下载相应App，或关注网店账号。

③ 依托企业服务。依托企业服务是指在向消费者提供服务时，引导消费者扫描二维码关注企业账号，或下载相关应用。例如，在电影院使用二维码网上取票时，通过二维码，引导消费者下载相应 App，或

---

① 许耿，李源彬. 网络营销[M]. 北京：人民邮电出版社，2019，205.

查看相关的营销信息。

④ 依托传统媒介。依托传统媒介是指将二维码与传统媒介结合起来，实现线上营销和线下营销的互补，如在宣传海报上印刷二维码，提示消费者扫描二维码进行预约和订购，或参加相应的促销活动等。

（2）二维码营销的渠道

二维码营销渠道既包括线上渠道也包括线下渠道。企业一般不会选择单一的渠道开展二维码营销活动，而是选择在线上和线下同时进行营销。

① 二维码营销的线上渠道。可供企业选择的二维码营销线上渠道有很多，但较为适合的是社交平台和即时通信工具。因为社交平台和即时通信工具均具有很强的社交属性和分享功能，可将企业植入的二维码快速、广泛地传播出去，从而达到企业的营销目的。常见的二维码营销线上渠道包括用户基数大且与企业目标消费者定位较吻合的网络论坛、论坛和贴吧，以及微信和微博等。尤其是微信，它除了具有社交属性和分享功能外，还具有二维码扫描功能，能够非常方便地帮助消费者读取二维码信息，轻松满足二维码支付、扫码订单、扫码收款、扫码骑行等多种需求。

② 二维码营销的线下渠道。与其他营销方式相比，二维码对线下渠道也有很强的适应性。随着二维码的应用场所越来越多，二维码营销的线下渠道也在不断拓展。目前主要的线下渠道包括线下虚拟商店、实体产品的包装及快递包装、宣传单、画册、报纸、杂志以及名片等。线下二维码营销的关键是吸引消费者扫描二维码，这样才能有效促进企业线上营销与线下营销的融合。

本章习题

一、单选题

1. 网络营销的产品是指（　　　　）。
   A. 有形产品
   B. 无形产品
   C. 网络产品
   D. 一切可以满足消费者需求的产品

2. 以下哪一项不属于网络消费者需求的特点和趋势？（　　　　）
   A. 消费主动性增强
   B. 对购买便利性的需求与购物乐趣的追求并存
   C. 消费需求的差异化明显
   D. 消费者需求逐渐趋同

3. 长视频的时常一般不少于（　　　　），主要由专业的公司制作完成。
   A. 5 分钟
   B. 15 分钟
   C. 30 分钟
   D. 45 分钟

4. 利用微信个人账号开展营销活动的第一步是（　　　　）。
   A. 确定营销目标
   B. 分析微信营销环境
   C. 注册微信账号
   D. 与客户事先沟通

5. 二维码是（　　　　）公司在一维条码技术的基础上发明的一种新型条码技术。
   A. 中国华为
   B. 美国 IBM
   C. 日本电装
   D. 德国西门子

二、多选题

1. 网络消费者在决定购买某种产品时，一般必须具备（　　　　）条件。
   A. 对物流有信任感
   B. 对厂商有信任感
   C. 对支付有安全感
   D. 对自己的判断力有信心
   E. 对产品有好感

2. 网络营销调研的主要内容包括（　　　　）。
   A. 消费者对产品的需求信息
   B. 企业产品或服务的信息
   C. 目标市场的信息
   D. 竞争者及其产品的信息
   E. 市场宏观环境的信息

3．直播营销的 4 个要素包括（　　　　）。
　　A．场景　　　　　　B．人物　　　　　　C．产品　　　　　　D．广告
　　E．创意

4．O2O 线上推广的方法主要有（　　　　）。
　　A．自建网上商城　　　B．微博营销　　　　C．微信营销　　　　D．设立线下体验店
　　E．借助第三方消费点评网站

三、名词解释

1．网络营销　　2．网络营销调研　　3．直播营销　　4．微信营销　　5．二维码营销

四、简答及论述题

1．网络营销调研有哪些优势和不足？
2．短视频营销有哪些方式？
3．企业添加微信好友的方法主要有哪些？
4．试论述直播营销活动的实施。
5．试论述二维码营销的渠道。

案例讨论

美团"春节宅经济"报告

2020 年 2 月 19 日，美团发布的《2020 春节宅经济大数据》报告显示，春节期间，美团外卖平台烘焙类产品的搜索量增长了 100 多倍。同时，蔬菜、肉、海鲜等食材类产品平均销量环比增幅达 200%，香菜以近百万份销量，与土豆、西红柿一并登上"国民蔬菜榜"。此外，方便面、豆干、饮料、膨化食品、绿叶菜成为春节当月产品销量的 Top5。

春节期间，人们在家钻研起了厨艺，导致美团外卖上购买非餐饮类产品的平均客单价增长了 80.7%。报告显示，美团外卖上"烘焙"类产品的搜索量增加了 100 多倍，带动酵母/酒曲产品销量增长近 40 倍，饺子皮销量增长了超过 7 倍。

数据显示，春节期间，葱、姜、蒜共售出 393 万份，酱油、醋、十三香等各式调味料的总体销量增长了超过 8 倍。在美团买菜食谱中，家常菜、烘焙、滋补靓汤、冬季养生、应季时蔬、无辣不欢的菜谱最受欢迎。

从购物人群年龄来看，使用外卖购物的人中，有 1% 出生于 1970 年之前，36% 的消费者是"80后"，"90后"以 53% 的比例牢牢占据主力军位置。

不出门也让不少人经历了现实版"手机抢菜"大战。美团买菜数据显示，宅家期间，超过 60% 的订单是在中午 12 点前支付完成的，其中上海市民"抢"菜最积极，早上 7 点至 8 点的订单占比最高，达到 30%。

从肉类食材来看，海鲜类销量涨幅最高，鱼、虾、蟹的销量是平时的 3.5 倍，大闸蟹、银鱼、白茅草、虎奶菇等都成了外卖的目标。以美团买菜为例，购买食材的平均客单价上涨了 70%。

此外，春节期间，人们通过美团外卖买了 500 多万个口罩，而出于防疫和健康需要，维生素 C 售出近 20 万份，感冒清热类的中成药也售出了 20 多万份。

资料来源：新京报网。

思考讨论题

1．网络营销调研报告撰写的要点有哪些？
2．根据本案例，分析"春节宅经济"兴起的原因。

第 13 章　国际市场营销

本章导读

开展国际市场营销是企业应对全球竞争、开拓国际市场、增加企业利润、塑造全球化品牌形象的必由之路。本章在介绍国际市场营销的特点与开展国际市场营销活动的意义的基础上，阐述了国际市场营销环境的相关内容，分析了国际市场营销组合策略中应重点关注的问题。通过本章的学习，我们能够认识和了解国际市场营销的相关概念，正确判断国际市场营销环境，制订有效的国际市场营销组合策略。

知识结构图

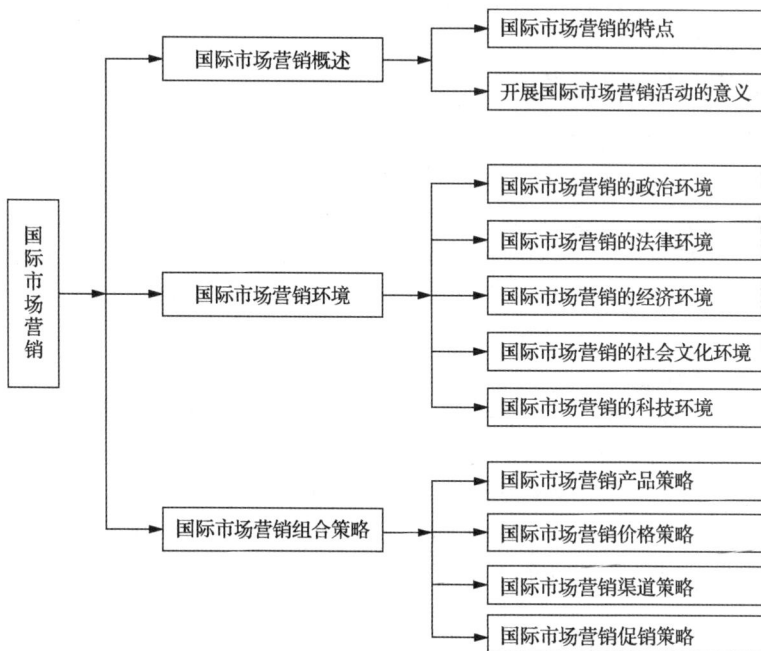

开篇引例

中国高铁的海外轨迹

2016 年被媒体称为中国高铁"走出去"的爆发元年，中国高铁已与数十个国家合作，并能与日本等老牌铁路强国进行竞争，在工程合作上中国企业也探索形成了更加本土化的模式。

在 2017 年 6 月 20 日的第四届中国—俄罗斯博览会上，中国中铁股份有限公司与俄罗斯签署了一项价值 25 亿美元的备忘录——在俄罗斯修建一条连接俄罗斯第三大城市叶卡捷琳堡和车里雅宾斯克的高速铁路。该铁路全长约 200 千米。中国铁建股份有限公司所属的中土集团于 2017 年 5 月拿下了尼日利亚阿布贾城铁一期运营服务、动车组及车辆段设备采购、城铁二期工程施工等 3 个项目，合同总金额约 17.93 亿美元，约合人民币 123.74 亿元。这标志着中国铁建股份有限公司使用中国标准建设的西非首条城铁即将正式投入运营。

目前，中国高铁已与泰国、巴西、墨西哥、俄罗斯等国家和地区实现了合作，辐射非洲、亚洲、欧洲、美洲、大洋洲等区域。这些项目的顺利推进，昭示着中国高铁出海的喜人态势。中国高铁的"走出去"，不仅使中国高铁开始作为"中国速度""中国制造"的一张名片走向世界，而且为推动"一带一路"建设和国际产能合作释放出强大的力量。

资料来源：今日中国网。

13.1　国际市场营销概述

国际市场营销是企业在国际市场上为满足消费者的需求而开展的营销活动。20 世纪 60 年代末，随着全球经济一体化进程的加快，跨国公司如雨后春笋般纷纷成立并迅速发展壮大，人们开始以全球市场为出发点研究营销问题，由此促进了国际市场营销理论的不断成熟和发展。

13.1.1　国际市场营销的特点

1. 国际市场营销环境更加复杂

企业进入海外市场，就要面临一个多重的环境结构，这大大提高了开展国际营销活动的难度。以市场调研为例，企业在开拓市场的起步阶段，通常只能通过中间商间接获取信息，难以准确把握消费者的购买动机、消费习惯及购后评价，也难以预测市场需求并制订合理的价格。此外，由于各国法律、文化等方面的差异，企业在开发分销渠道和选择传播媒介时，也很难对其经济效益和社会效益做出快速而准确的评价。

2. 国际市场竞争更加激烈

与国内市场相比，国际市场上的竞争对手往往能够借助本国政府设置的贸易保护屏障，或享受本国政府的资金或非资金的扶持，而取得不公平的竞争优势。初涉海外市场的企业可能会遭到根植于当地市场多年的成熟企业，抑或能在全球调配资源的跨国巨头的进攻。特别是在欧美地区的成熟市场上，多数行业的市场已被分割完毕，并形成寡头垄断的局面，入市的新手必然会遭到对手的联合阻击。另外，同行业的竞争对手之间除展开价格竞争外，往往更加注重在产品创新、品牌信誉、服务质量等多个方面构筑自身的竞争优势。

3. 国际市场营销管理更加困难

企业面对复杂的国际环境和激烈的市场竞争，需要针对当地市场制订灵活多样的营销方案，并在标准化与适应性之间做出选择并加以平衡。例如，"全球本土化"是国际市场营销学中的一个重要概念，它要求企业拥有"思维全球化和行动本土化"的能力。这就对国际市场营销人员的综合素质提出了更高的要求，他们不仅要具备熟练使用外语的能力，熟悉当地法律法规及风俗习惯，而且要掌握国际营销调研、预测及可行性分析的方法，灵活运用不同的营销组合策略。此外，驻外营销人员如何与本国管理部门维持长期有效的互信沟通，构成了企业面临的新课题。

国内市场营销与国际市场营销的区别如表 13-1 所示。

表 13-1　国内市场营销与国际市场营销的区别

国内市场营销	国际市场营销
研究数据用本国语言写成，通常容易获取	研究数据由外语写成，可能不易获取且不能准确翻译
进行交易时只需使用一国货币	多个国家参与交易，存在汇率风险
总部人员通常熟知本国的市场情况	总部人员对国外市场情况可能只有大概的了解
发布促销信息时只需考虑本国文化	必须考虑多种文化间的差异
只需在国内进行市场细分	可能要对不同国家的同一类消费者进行细分
沟通和控制是迅速的、直接的	沟通和控制可能会很困难
明确了解各种法律法规	可能不太了解国外的法律法规
开展业务时只需使用一种语言	需要使用多种语言进行业务沟通
通常可以预测并找出商业风险	环境可能不稳定，很难预测并找出商业风险
规划、组织、控制系统简单直接	复杂精细的规划、组织、控制系统十分有必要
营销部门内部实行专业化分工，各司其职	管理者需要具备较为全面的营销技能
分销和信用控制很直接	分销和信用控制可能十分复杂
文件模式化且通俗易懂	不同国家的文件通常各式各样且很复杂
分销渠道很容易被监控	分销通常由中间商负责，很难控制
很容易预测竞争对手的举动	很难察觉或预测竞争对手的行为
可以根据本国市场的需要进行新产品开发	在进行新产品开发时必须考虑所有市场

资料来源：刘苍劲，蔡继荣，等. 国际市场营销——理论、实务、案例、实训[M]. 北京：高等教育出版社，2010.

13.1.2　开展国际市场营销活动的意义

全球化使各国的经济、技术、文化日益交融，各国大部分企业的经营活动已纳入全球经济范围，从发展经济的角度看，开展国际市场营销活动具有重要的意义。

1. 促进本国经济发展

开展国际市场营销活动有利于加速本国经济的发展，任何一个国家的经济发展都离不开产品、技术、服务的进口，发展中国家更是如此。但进口必须与出口相匹配，因为出口可以创汇，为进口创造条件。国际市场营销活动的开展恰恰推动了本国产品的出口，从而有利于加速本国经济的发展与技术的进步。

2. 实现企业市场扩张

国际市场往往潜力巨大，蕴藏着许多市场机遇。企业若能把握机遇，可能会获得比在国内经营更大的收益。此外，对于那些正处于扩张时期的企业而言，国内市场已很难满足其成长需求，开展国际市场营销活动、开拓国际市场正是其发展战略的重要组成部分。

3. 增加企业利润

一方面，对于在国内市场已处于成熟期甚至衰退期，而在国外市场正处于投入期或成长期的产品而言，开展国际市场营销活动可延长其生命周期。另一方面，开展国际市场营销活动将促使企业扩大生产规模、降低单位成本，从而实现规模经济效益和利润的增长。

4. 提高企业管理水平

虽然国际环境更为复杂、国际竞争更加激烈，但企业也因此获得了更多的机会去学习全球先进的生产技术与管理经验。这将帮助企业拓宽国际视野、增强竞争意识，全方位提升其在产品、服务、品牌、创新和人才等方面的管理水平。

13.2 国际市场营销环境

成功的国际市场营销的关键在于适应不断变化的国际环境。企业在制订正确的国际市场营销策略之前，必须掌握对企业的国际市场营销策略有较大影响的环境要素。

13.2.1 国际市场营销的政治环境

国际市场营销的政治环境极其复杂，既包括国际政治局势，又包括国家之间的关系，还包括目标市场国的政治环境。

1. 政治环境对国际市场营销活动的影响

（1）进入风险

在全球经济联系日益紧密的今天，很多国家的某些领域仍然是不对外开放的。企业要进入该领域十分困难。例如，很多国家出于国家安全方面的考虑，禁止外资进入本国的电信行业和媒体行业。有些国家的开放是分步进行的，企业即使能够进入，也要面临目标市场国严苛的准入条件，目标市场国的政府常常要求投资者与当地企业合作、使用当地原料、进行出口销售等。

（2）经营风险

企业在开展国际市场营销活动时，可能遭遇的经营风险主要有没收、征用、进口限制、税收控制和价格控制等。

2. 政治风险的预测及防范措施

企业在进入一国市场之前必须对目标市场国可能存在的政治风险进行评估，以确定是否进入该市场、以何种方式进入、进入市场之后应如何运营以规避和降低政治风险。

（1）政治风险预测

除了内部进行的风险预测，企业也可以聘请专业的风险预测和评估机构提供风险评估服务。除此之外，联合国经济和社会事务部也会定期发布《世界经济形势与展望》报告，预测全球范围内的经济风险，企业可据此对经济形势进行预测。

（2）政治风险的防范措施

越来越多的企业意识到，企业不但可以通过预测来规避和降低政治风险，也可以通过积极的行为影响周边的政治环境。这些积极的行为包括：树立良好的、有社会责任感的企业形象；与目标市场国建立积极的互惠互利关系；与目标市场国共担风险。例如，企业通过与目标市场国合资、合作办企业等都可以降低相应的政治风险。

13.2.2 国际市场营销的法律环境

对企业来说，法律环境是社会中的一切法律法规及政府规章的结合。国际市场营销所面临的法律环境包括3个方面：一是国际法律环境，二是母国的法律环境，三是目标市场国的法律环境。

各国法律规定涵盖了国际市场营销活动的方方面面，包括产品、价格、促销、广告等。产品方面，目标市场国可能对某些产品的成分、商标、包装、服务等有特殊要求。除此之外，各国还有反垄断、知识产权保护、关税、反倾销、进出口许可证等法律规定，它们都对国际市场营销活动有直接而深刻的影响，需要国际市场营销人员学习。

13.2.3 国际市场营销的经济环境

经济环境包括本国市场、目标国市场、全球市场3个范围内的经济形势，涉及经济水平、发展速度、贫富差距、储蓄率、消费结构、基础设施、经济政策、竞争对手分析等多个因素。分析国际市场营销的经济环境要从多个因素入手，分析目标市场国或地区的经济特征。

1. 收入和购买力

衡量市场质量及其规模的一个重要指标就是消费者收入，而衡量市场潜力的两个收入指标是国民生产总值和人均收入。国民生产总值是衡量一个国家的经济实力和购买力的重要指标。通常，国民生产总值增长得越快，该国市场对工业品的需求就越大、购买力也就越强。个人收入通常是以工资、红利、租金或其他形式获得的总收入。个人收入决定了消费者个人及其家庭的购买力总量。

2. 财政金融因素

对于任何一个国家来说，财政金融因素都是非常敏感的，为了确保金融稳定，各国经常采取严格的调控措施。国际市场营销人员需要考虑的财政金融因素有很多，如金融政策、汇率、外汇流、付款程序、贷款服务等。

3. 消费模式

消费模式是指消费的表现形式。消费模式与经济发展关系紧密，在经济发展带动消费模式发生转变的同时，消费模式的转变也带动了经济的发展。全球范围内的消费模式呈现以下发展趋势：可持续发展理念引领的绿色消费，技术支撑下的电子化、科技化、便捷化消费和基于社会进步的个性化消费。

4. 基础设施

基础设施的质量和可用性是衡量国际市场运营的一个至关重要的条件。每一位国际市场营销人员都非常依赖当地市场提供的交通、通信以及能源服务，也同样依赖为当地的市场营销提供基础设施功能服务的公司或组织。这些公司或组织提供与市场营销相关的通信、配送、信息和财务等服务，如钢材消费、水泥生产和电力生产等的与市场产业化相关的指标可以广泛地被工业的生产和服务提供商有效利用。例如，人均电力消费水平可以用来评估潜在的电力市场，为现有市场中电力的平均输送提供指标依据。

5. 人口状况

人口状况主要包括人口规模、人口增长率和人口分布等几个方面，人口状况对企业开展国际市场营销活动有着重要的影响。以人口规模为例，一国人口规模越大，意味着该国对大多数产品尤其是对生活必需品的需求就越多。因此，开展生活必需品国际营销的企业在选择目标市场时，东道国人口规模是必须要考虑的重要因素。

6. 自然环境

国际市场营销的自然环境包括影响企业市场和影响企业开展市场营销活动能力的气候、天气和自然资源等因素。例如，销往寒冷地区的服装应该有良好的御寒功能，销往韩国、日本这些人均住房面积较小的国家的家用电器，应该考虑空间节省性能。

此外，许多自然资源是有限并且不能再生的，如何保护自然资源和自然环境从而实现可持续发展成为全球发展过程中的热点问题。

13.2.4　国际市场营销的社会文化环境

国际市场营销中应考虑的主要社会文化因素如下。

1. 语言文字

国际营销人员必须具备较强的交际和表达能力，尤其需要通晓当地语言，以促进沟通和消除隔阂，从而更好地实现营销目标。

除了口头语言上的沟通，书面文字上的交流也是国际营销中的一项重要内容，优秀的翻译往往会对市场营销产生良好的影响。

2．教育

社会教育水平与消费结构、购买行为有着密切的关系。一般来说，受教育程度高的消费者对于新产品的鉴别能力和接受能力较强，购买时的理性程度也较高，容易接受文字宣传的影响；受教育程度低的消费者则相反。

国际市场营销人员不仅应了解和适应目标市场国的教育特征，还应充当"教育者"的角色，即通过营销活动，特别是新产品、新技术的推广，来促进目标市场国教育水平、技术水平、审美品位和现代化意识的提高。

3．宗教

宗教对国际市场营销活动起着很重要的影响。第一，宗教节日会对市场需求产生影响，如圣诞节、复活节等。在某些信仰基督教的国家，由于人们在圣诞节有交换礼物的风俗习惯，一年中大约 1/3 的销售额是在这一节日期间实现的。第二，宗教禁忌会对市场营销活动产生制约。不同的宗教往往有自己的禁忌。第三，在一些特定的纪念活动期间，购物需求波动较大。

4．审美情趣

审美情趣是人们对"什么是美"的回答。例如，世界上不同国家的消费者对于商品包装的颜色有着不同的偏好，有些喜欢色彩明亮鲜艳的，有些喜欢朴素淡雅的。国际市场营销人员如果不能正确把握某一文化的审美情趣，就很难设计出适销对路的产品，也难以通过独特的广告创意取得预期的传播效果，甚至可能引起消费者的反感。

此外，价值观念、社会阶层和相关群体也是影响国际市场营销活动的重要社会文化因素，同样需要国际市场营销人员高度重视。

13.2.5　国际市场营销的科技环境

各个国家在科学技术的发展水平及应用程度上存在着较大的差异，科技力量对各国社会经济生活领域的影响程度也不尽相同，企业在开展国际市场营销活动时面临的科技环境日益复杂。科技对国际市场营销的影响主要体现在以下几个方面。

（1）对消费者需求的影响

技术的发展改变了人类的生存环境和生活方式，影响着消费者的消费理念和行为，使消费者的需求呈现多样性、个性化、知识化等新特点。消费者需求的变化给企业开展国际市场营销活动带来了新的挑战。

（2）对产品策略的影响

知识经济时代，知识成为经济的核心要素，产品的价值由传统意义上以物质价值为基础进行的衡量变为以知识含量为基础进行的衡量。利用科技革命对产品实行技术创新，提高进入国际市场的产品的技术含量是企业的重要竞争策略。

（3）对交易方式的影响

信息技术的发展使企业获取国际市场信息和开展国际市场营销活动变得异常迅速和快捷，交易活动也变得更加灵活、直接，而且大大降低了开展国际市场营销活动的成本和交易风险。

（4）对营销管理的影响

科技革命使全球通信更为便捷，使远程办公、远程会议和远程管理成为可能，而且随着信息成本不断下降，这种现代化的管理模式和方式越来越易于操作，并且可以大幅压缩传统的管理成本，由此可见，国际市场营销的迅猛发展与科技革命是紧密相连的。同时，知识经济的兴起促使企业从传统的侧重机构组织等硬管理，向培养国际员工的归属感和提高员工的素质等软管理转变。

（5）对竞争战略的影响

科技革命的加速发展，使企业在获取巨大利润的同时，需要投入大量的资源和承担巨大的风险，因此采用科学技术开拓国际市场的企业，一般都注重与相关企业建立战略合作联盟。例如，美国的英特尔公司为开拓存储器市场就与日本的富士通公司联手对相关项目进行开发研制，共享研究成果。

13.3　国际市场营销组合策略

国际市场营销组合策略包括国际市场营销产品策略、国际市场营销价格策略、国际市场营销渠道策略和国际市场营销促销策略 4 种，下面分别进行介绍。

13.3.1　国际市场营销产品策略

1. 国际市场产品生命周期

在国际市场营销中，同一产品的生命周期的各个阶段在不同国家的市场上出现的时间是不一致的。各国在科学技术及经济发展水平等方面的差别，使同一产品在各国的开发生产、销售和消费上形成时间差异，我们将其称为国际市场产品生命周期。

国际市场营销产品
策略

美国哈佛大学商学院教授雷蒙德·弗农（Raymond Vernon）将国际市场产品生命周期划分为 3 个阶段，分别为新产品阶段、成熟阶段、标准化阶段。

一般，发达国家率先研制开发出某种新产品，在国内市场销售，然后逐步向较为发达的国家、发展中国家出口，并转向开发其他新产品。一些发展中国家则是先引进新产品进行消费，然后引进或开发生产技术进行生产，最后又将产品出口到产品的原产国。

企业需要利用国际市场产品生命周期分析国际市场趋势，积极开发新产品，根据产品在各国市场所处的不同生命周期阶段，制订相应的营销策略，打开新市场，并根据产品生命周期各阶段的变动状况，研制开发产品的多种用途，尽可能延长产品的成熟阶段。

2. 国际市场营销的新产品策略

国际市场营销的新产品策略包括全新产品的推出和已有产品向新市场推出两个方面的决策。在国际市场中，企业选择新产品策略主要基于以下几点。

（1）满足目标市场国的差异性需求

例如，肯德基在中国市场推出了"老北京鸡肉卷"，被认为是北京烤鸭的复制品；推出"冬菇滑鸡粥+安心大油条"套餐，则被认为是为中国早餐市场定制的差异化产品。

（2）抢占国际市场的战略需要

例如，早在 2001 年，海尔已在欧洲推出了能满足欧洲市场需求的 58 个门类、159 个规格品种的新产品。现在数以亿计的差异化、高品质的海尔产品已销往海外上百个国家和地区，平均每分钟就有 125 位海外消费者成为海尔用户。

（3）与本土企业开展竞争

宝洁公司曾于 2002 年 6 月推出一款专为中国市场创立的沐浴露品牌——激爽，市场目标直指"六神冰凉超爽沐浴乳"，试图从夏季沐浴露市场中分走一块蛋糕。

（4）寻找新市场

全球化带来的市场范围扩大，为产品向国际市场转移提供了前提条件。例如，在国内市场日趋饱和之后，我国的手机企业积极开拓海外市场，并取得了巨大的成功。

3. 国际市场营销的产品标准化和差异化策略

（1）国际市场营销的产品标准化策略

国际市场营销的产品标准化策略是指企业向全世界不同国家或地区的所有市场提供相同的产品，包括品牌名称、产品的物理特性和包装的标准化。实施产品标准化策略的前提是市场全球化，消费者需求

日益趋同，企业通过标准化产品或服务能获取规模效益。

产品标准化策略的缺点是难以满足不同市场消费者的不同需求。当忽略了差异性存在的标准化产品不能被国际市场所接受时，企业就应该考虑放弃标准化，转而采用产品差异化策略。

（2）国际市场营销的产品差异化策略

国际市场营销的产品差异化策略是指向不同国家或地区的市场提供不同的或者经过调整改进的产品。与产品标准化策略的全球一体化实施前提不同，产品差异化策略的理论依据是不同国家或地区在需求和营销环境上存在差异。

产品差异化策略的最大优势在于：产品的研发、生产和修改，都是以目标市场的环境要求和消费者需求为出发点的，是为每一个特殊的目标市场定制的。因此，在市场进入过程中，产品较少受到目标市场政策、法规的限制，同时由于产品可以充分满足当地市场的特殊需要，所以很容易赢得消费者的认同和喜爱。

（3）产品标准化策略与差异化策略的选择

事实上，过分强调哪一种策略都有失偏颇。在国际市场营销中，企业究竟应该采用产品标准化策略还是产品差异化策略，取决于很多因素。一方面，产品的特征影响产品的决策。相对于工业用品而言，生活消费品更需要差异化；在生活消费品中，非耐用品较之耐用品更需要差异化；需要大量售后服务的产品，适合采用产品标准化策略，如汽车维修中大量使用的配件；生命周期短的产品，采用产品差异化策略会提高产品成本。另一方面，各个国家的政策、技术标准、社会和文化倾向、经济水平、收入水平、基础设施、自然环境、市场的竞争激烈程度也影响着产品策略的选择。

4. 国际市场营销的产品品牌策略

（1）国际市场营销的产品品牌命名

国际产品品牌的命名方式和商标的设计应遵循产品品牌和商标设计的一般性原则。例如，国际汽车品牌奔驰、饮料品牌可口可乐等都是消费者耳熟能详且朗朗上口的名字。中国企业中的联想、同仁堂也是非常成功的产品品牌。

此外，由于语言的差异、文化的不同和目标市场国法律法规的限制，国际市场营销中产品品牌的命名还应特别注重以下几点：品牌名称不可违反相应的法律法规；品牌名称应符合目标市场消费者的文化传统、风俗习惯和宗教信仰；品牌名称不会引起消费者的误解，且能够产生正面联想；企业必须充分了解和遵守目标市场国有关商标的法律法规，以保证商标可以注册登记并获得法律保护，避免发生法律纠纷并由此蒙受经济损失。

（2）国际市场营销的产品品牌策略

国际市场营销的产品品牌策略主要体现在制造商品牌策略与中间商品牌策略上，我们把侧重点放在这个层面上。

① 制造商品牌与中间商品牌。制造商品牌是指产品在市场上以制造商的品牌销售。例如，我国的海尔、联想在欧洲和美国市场上均采用制造商品牌。中间商品牌是指制造商将产品卖给中间商，中间商再以零售商或者商店的品牌出售，所以也称分销商品牌、零售商品牌。

事实上，在国际市场营销中，很多企业都采用制造商品牌和中间商品牌并举的品牌策略。格兰仕，全球知名微波炉生产企业，在中国和世界市场中既销售格兰仕（制造商品牌）品牌的微波炉，也销售通用电气（中间商品牌）品牌的产品。企业在决定使用制造商品牌之后，将面临两个决策：第一个是企业层面的，针对所有产品的品牌决策，即所有产品是否采用统一品牌的决策；第二个是单个产品层面的，每一个产品在不同的市场中是否采用相同的品牌的决策，即全球品牌和地区品牌的决策。

② 统一品牌与个性品牌。统一品牌是指企业生产经营的所有产品都使用同一个品牌。很多知名国际企业，如索尼、飞利浦，都采用统一品牌策略。采用统一品牌策略的企业可以集中资源宣传企业品牌、塑造企业形象、降低产品推广费用、节省品牌管理费用。在国际市场营销中，统一品牌策略被大型国际

性企业，尤其是品牌知名度高、市场占有率高的企业广泛采用。个性品牌是指企业对其所生产的不同产品使用不同的品牌。宝洁公司旗下的洗发水品牌就有飘柔、海飞丝、潘婷和伊卡璐等，品牌之间因目标消费者群体不同而各有所长、相互竞争。个性品牌策略适用于拥有多个品牌的企业。在市场定位、质量、价格等方面存在较大差异的情况下，企业会在高端、中端和低端市场分别推出不同品牌的产品。

个性品牌策略与统一品牌策略可形成优势互补。个性品牌策略的优势在于各品牌之间相互独立、互不影响，有利于保护企业形象。但个性品牌策略不利于企业品牌的建立，在品牌建立和品牌管理上的成本会比统一品牌策略高出很多，同时在新产品的推广上难度也较大。为了综合发挥两种策略的优势，很多企业采取"统一品牌+个性品牌"的组合策略。例如，美国通用汽车公司下的通用别克、通用凯迪拉克和通用雪佛兰等就采用了这种策略。

（3）品牌全球化与本土化

全球化品牌的名称通常在全球市场内保持统一，具有相同的产品形式和定位，并为消费者提供相同的核心利益与价值。对于消费者来说，全球化品牌本身就是一种实力的象征，他们往往更容易对这类品牌产生信任。跨国公司对全球化品牌体系的构建和管理通常受到企业运营、目标市场、区域市场等因素的影响。

本土化品牌是企业在单一国家或地区运营的品牌，特点是更加注重品牌个性与当地文化的结合。当前越来越多的企业主动选择实施本土化品牌策略，以迎合当地的消费者。这种策略的成功实施取决于企业对目标市场国情况的准确把握以及对企业资源的有效整合。

5. 国际市场营销的产品包装策略

相对而言，国际市场营销对于利用包装传达产品信息的要求更高一些。

在国际市场上，具体的产品包装策略与国内市场并无很大差异，如类似包装策略、组合包装策略、多用途包装策略等。产品的包装、设计，除了要考虑基本的美观、经济、实用的要求以及准确传递产品信息、彰显产品品质的原则外，还应考虑到营销环境因素、社会文化因素、消费者因素等的影响。

例如，相对而言，以欧洲各国为代表的很多国家对于环保的关注程度比其他国家或地区要高。对于包装的环保要求一方面来自国家法律的规定；另一方面来自消费者的认同和选择。有数据显示，欧洲消费者更倾向于购买对环保有益的产品，并且愿意为环保产品付出比普通产品高15%的价格。

13.3.2 国际市场营销价格策略

1. 影响国际市场定价的因素

在国际市场营销活动中，企业的定价受到比国内市场更多的影响和制约，主要有政府因素、经济因素、国际价格协定因素、企业因素、市场竞争因素和消费者因素。

2. 国际市场营销的定价方法

除了遵循一般的定价方法之外，对于不同国家市场上的定价问题，企业可以选择进行价格延伸、价格调整或两者结合，具体定价方法为母国中心定价法、多国中心定价法及全球中心定价法。

（1）母国中心定价法

对于采用母国中心定价法的企业而言，其产品在世界各地的价格均保持一致，并要求进口商承担运费和税费。企业无须收集各个国家的市场行情，也不必针对不同的地域和竞争状况进行价格的调整。但也正因为如此，企业很难在全球市场上实现利润最大化的目标。当企业的客户以大型跨国公司为主时，采用母国中心定价法通常是比较合适的。一方面，企业可能会遭遇买方施加的压力，而不得不向其各国分支机构提供相同的报价；另一方面，企业可以凭借一致的定价迅速将新产品导入国际市场，同时在全球范围内树立统一的形象。

（2）多国中心定价法

企业允许其子公司、附属公司或独立经销商根据所处的市场环境，制定最合适的价格，而无须在不同国家的市场之间进行协调。由于各国消费者在产品偏好、消费习惯等方面可能存在较大差异，因此这种定价方法可以获取更高的利润和消费者剩余。然而，不同地区产品的价格差异意味着存在套利的可能，只要不同国家的市场之间的价格差高于运输成本与关税费用，经销商便有动机在低定价市场上购买产品，然后将其运到高定价市场上进行销售。这种行为被称作平行进口，不仅会损害企业形象，而且会助推灰色市场的形成。

（3）全球中心定价法

全球中心定价法则是一种折中的方法。采取这种方法的企业既不制定单一的产品价格，也不授权子公司或当地经销商独立定价权，而是在承认各市场间差异的前提下，综合考虑收入水平、经营成本、竞争环境、营销策略等多个因素，从而使产品价格与市场匹配。如今，越来越多的采购商要求与供应商签署全球定价协议，其驱动因素主要包括企业采购活动日益集中化、产品或服务日趋标准化，以及信息技术对价格监控手段创新的推动。对于供应商而言，全球定价协议有助于其锁定全球客户，并与之建立持久的客户关系。

阅读资料13-1　老干妈的价格策略

1994年，贵阳修建环城公路，昔日偏僻的龙洞堡成为贵阳南环线的主干道，途经此处的货车司机日渐增多，他们成了"实惠饭店"的主要客源。老干妈的创始人陶华碧近乎本能的商业智慧第一次发挥了出来，她开始向司机免费赠送自家制作的香辣菜、豆豉辣酱等小吃和调味品，这些小吃和调味品受到了司机的喜爱。正是货车司机让老干妈如同蒲公英的种子一样，撒向全国，并在最适宜的地方扎根生长。当时，以广州为代表，大量农民工进城，老干妈正符合他们的口味和消费水平，于是老干妈首先在广州市场迎来了销量爆发，继而逐渐实现全国扩张。

以老干妈规格为210克（8元）和280克（9元）的两款产品为例，主流消费均为7～10元，基于老干妈的强势品牌力，其他品牌只能选择价格避让，由此形成了对手品牌定价难的局面，低于老干妈没利润，高过老干妈没市场。而老干妈一直坚守价格定位，价格涨幅微乎其微，不给对手可乘之机。因此，老干妈能够在市场上站稳的关键就是稳住了一个合适的价格。

全球化趋势使中国人更多地走向世界，外国人也更多地来到中国。近年来，中国的一些文化符号在国外得到了越来越多的认同。老干妈也在不少外国人那里受到青睐，老干妈的售价在国外远高于国内。老干妈借助中国文化影响力提高的趋势，开拓国际市场，出口到了30多个国家和地区。

在老干妈拓展海外市场之前，它不断完善管理体系、标准化生产程序，以及企业文化，一直保持着国内调味品领军品牌的地位，对于国际市场来说，这正是品牌国际化的前提条件。一个中国市场相当于3个欧洲市场，如果在国内做到同类产品的龙头地位，拥有自身的绝对优势和竞争力，那么就有机会与国际市场并轨发展，就能更快更稳地打开国际市场。

资料来源：搜狐网。

13.3.3　国际市场营销渠道策略

1. 国际市场营销渠道的基本结构与功能

与国内市场营销渠道相比，国际市场营销渠道的层次更多、选择更多、决策更复杂。产品要实现国际流通和转移，至少要经过出口国和进口国两个市场的销售渠道，而每个国家的分销结构及分销渠道中中间商的职能和角色，都因其经济发展水平、商业习惯、市场特点和竞争状况的差异而不同。国际市场营销渠道的基本结构如图13-1所示，产品的国际市场营销渠道可分为两个部分，一部分是产品在出口国市场的营销渠道；另一部分是产品在进口国市场上的分销渠道，产品在出口国市场的营销渠道主要有两种形式，而在进口国市场上的分销渠道主要有4种。这样，产品在国际市场上的营销渠道共有8种。

```
                    ┌─────────┐   ┌─────────┐   ┌─────────┐   ┌─────────┐
              ┌────▶│  进口商  │──▶│  批发商  │──▶│  零售商  │──▶│  消费者  │
              │     └─────────┘   └─────────┘   └─────────┘   └─────────┘
┌─────────┐   │                   ┌─────────┐   ┌─────────┐   ┌─────────┐
│  制造商  │───┤              ┌───▶│  批发商  │──▶│  零售商  │──▶│  消费者  │
└─────────┘   │              │    └─────────┘   └─────────┘   └─────────┘
              │              │                   ┌─────────┐   ┌─────────┐
┌─────────┐   ┌─────────┐    ├──────────────────▶│  零售商  │──▶│  消费者  │
│  制造商  │──▶│  出口商  │───┤                   └─────────┘   └─────────┘
└─────────┘   └─────────┘    │                                 ┌─────────┐
                             └────────────────────────────────▶│  消费者  │
                                                               └─────────┘
```

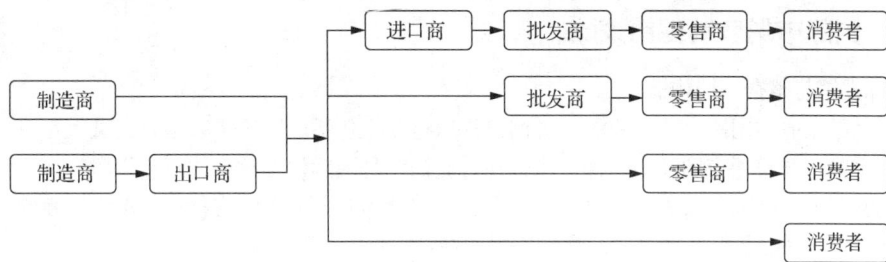

图 13-1 国际市场营销渠道的基本结构

营销渠道作为消费者与制造商之间的桥梁，其主要的功能是满足消费者的需求，选择可能与消费者接触的品类进入点，将产品或服务展示并销售给有相应需求的消费者。为了顺利地将产品或服务转移到消费者手中，营销渠道还具有信息传达、谈判、销售、订货、服务、物流、融资等一系列功能。

2. 国际市场营销的渠道决策

国际市场营销的渠道决策由两个层面的决策构成：第一，企业的渠道标准化与差异化决策，即企业在全球市场是采用统一的渠道模式，还是针对不同国家和市场设计不同的渠道模式；第二，企业在某个特定市场的渠道决策，包括新建渠道与利用原有渠道的决策、渠道长度和渠道宽度的决策。渠道标准化和差异化决策是国际市场营销中特有的决策，而新建渠道与利用原有渠道的决策以及渠道长度和渠道宽度的决策则是市场营销所共有的。

（1）国际市场营销的渠道标准化与差异化决策

渠道标准化决策是指企业在全球市场上采用相同的营销渠道模式。渠道标准化决策基于这样一个前提：国际需求不断趋同，工业品和部分消费品的营销模式在许多国家和地区已经出现了标准化和统一化的趋势。

渠道差异化决策又称多样化渠道策略或地区化渠道策略，是指企业在不同的市场中依据不同国家或地区的具体情况，有针对性地采用不同的营销渠道，肯德基在中国改变特许经营零售模式就是渠道差异化决策的一个很好的例证。

（2）国际市场营销的新建渠道与利用原有渠道的决策

新建市场营销渠道是指企业在进入国际市场后，为本企业的产品营销建立自己专门的网络或通路。这样做能够保证企业对营销渠道的有效控制，从而提高企业的服务质量；能够及时根据消费者信息反馈，迅速调整产品线，满足市场需求。从长远发展角度来看，新建渠道能为跨国企业进一步开拓国际市场积累丰富的国际市场营销经验。但新建市场营销渠道的投入大、耗费时间长、风险高，通常只适用于规模大、实力强的跨国企业，且企业应在目标市场有长期的发展计划和长远的发展目标。

利用原有市场营销渠道是指企业在目标市场上委托目标市场国原有的中间商经营产品。利用原有渠道因为具有投资少、见效快、渠道的变革和调整比较容易等优势，为更多的企业所选择。但这样做的缺点是企业对分销渠道的控制力差，不利于国际化企业的长期发展；终端零售商对产品的专注程度可能不如新建渠道，导致企业产品在分销过程中与其他产品竞争有限的市场营销资源，甚至发生冲突。

（3）国际市场营销的渠道长度和渠道宽度的决策

渠道的长度决策涉及是否使用中间商、使用哪些类型的中间商以及每种类型的中间商的数量等问题。依据市场营销渠道中间商的层级多少和每一层级中间商数量的多少，分销渠道可分为直接渠道与间接渠道；间接渠道又分为短渠道与长渠道、宽渠道与窄渠道。

渠道的宽度是指渠道每个环节所使用的同类中间商数量的多少。企业的渠道宽度决策限定了企业在营销渠道的每个层级能够使用的中间商数量。依据中间商数量的多少，企业的渠道决策可分为 3 种：密集分销策略、选择性分销策略和独家分销策略。例如，诸多国际著名品牌的汽车专营店和奢侈品专卖店就采用的是独家分销策略。

13.3.4 国际市场营销促销策略

1. 国际促销与整合营销传播

国际促销是企业与国际客户之间的一种信息沟通行为，包括国际广告、国际公共关系、人员推销和营业推广等手段。与普通市场营销一样，广告和营业推广是国际促销活动的重要手段。需要注意的是，在国际市场营销中，国际公共关系的作用格外重要，尤其当企业的国际化营销活动牵涉政治因素、经济安全、文化意识、宗教信仰、情绪情感和价值观冲突等敏感问题时，其重要性更加凸显。

整合营销传播是以整合企业内部所有资源为手段，重组再造企业的生产行为与市场行为，充分调动一切积极因素，以实现企业目标的全面的、一致的营销活动。整合营销的基本主张是，要将所有的沟通工具，如商标、广告、公关、直复营销、活动行销等综合起来，使目标消费者处在多元化且目标一致的信息之中，从而帮助消费者更好地识别和接受品牌和企业。整合营销传播不但突出了沟通在整个营销活动中的重要地位，而且强调通过促销手段与多元取向的促销工具的结合来整合和强化沟通攻势。

2. 国际市场营销的广告策略

国际广告是以国际消费者为目标受众，在国际环境下开展的广告活动。在国际市场营销中，除了宏观环境的差异、消费者的复杂多样以外，社会文化因素对广告的设计、推广及广告策略的制订和实施也有非常重要的影响。国际市场营销中的广告策略可分为标准化广告策略、差异化广告策略和模式化广告策略。

（1）标准化广告策略

标准化广告策略又称全球广告策略，是指在不同的国家或地区，对同一产品采用相同广告主题的广告策略，是典型的"一招行遍天下"的国际广告策略。标准化广告策略尤其适合致力于塑造统一形象的国际性企业，有利于企业建立全球统一的品牌形象。例如，飞利浦的"让我们做得更好"、吉列的"男人最好的选择"。全球化品牌、科技含量高的产品、工业产品多选用标准化广告策略。但标准化广告忽略了市场之间的差异，所以广告的针对性不强，往往不能满足目标市场的特殊需求。

（2）差异化广告策略

差异化广告策略又称本土化广告策略、定制广告策略，是强调国家或地区的差异，针对特定目标市场，开展的适合其消费者需求的广告策略。1997年，可口可乐开始大踏步实施差异化广告策略，引人注目的是一系列春节贺岁广告。贺岁广告选择了典型的中国情境，运用对联、木偶、剪纸等中国传统艺术，通过贴春联、放烟花等民俗活动来表现浓厚的乡土味。通常来说，消费品或具有较强的社会文化属性的产品，宜选用差异化广告策略。

（3）模式化广告策略

模式化广告策略是介于标准化广告策略和差异化广告策略之间的一种策略，是全球化统一促销概念下，针对单个目标市场进行适度调整的广告策略。模式化广告策略可以体现在同一广告主题下代言人的选择上。例如，SK-Ⅱ在保持产品全球定位的同时，在不同的国家选择不同的代言人，以适应当地消费者的喜好。

3. 国际市场营销的公共关系策略

对于跨国企业来说，良好的公共关系有助于企业获得国际市场准入资格，赢得目标市场国政府的信任，取得目标市场国政府的采购订单以及得到目标市场国政府的政策和税收支持。依据企业进入国际市场的阶段和公共关系活动的目的，国际公共关系活动可以分为以下3种类型。

（1）市场进入公关

在进入国际市场的过程中，跨国企业往往会遇到各种各样的问题和障碍。取得当地民众的理解和支持、加强与政府机构的沟通和联系、得到政府的信任与好感、赢得政府高层的认同非常重要。

（2）关系维持公关

在顺利进入国际市场之后，维持与当地政府和公众之间业已建立的良好关系同样非常重要。在中国市场上取得成功的跨国企业，有一个共同的口号——"我们是中国公司"，如摩托罗拉的"以中国为家"、飞利浦的"我们是一个地地道道的中国公司"和柯达的"做中国的世界企业公民"等。

（3）危机处理公关

危机处理公关又称冲突解决公关。良好的危机处理公关，不仅可以及时纠正企业的错误，求得消费者、公众和政府的谅解，而且可以借此建立与消费者之间的联系和信任，赢得消费者的喜爱。

4. 国际市场营销中的其他促销手段

（1）人员推销

人员推销是指企业通过派出推销人员，或委托、聘用当地人员，与一个或一个以上可能成为消费者的国外客户沟通、交流，以推销产品、促进和扩大销售。

针对不同的国际市场环境和不同特点的消费者，人员推销应采取相应的、有针对性的技巧，以引发消费者的兴趣、刺激消费者的购买欲望，在满足消费者不同需求的同时，实现企业的销售目标。尤其是当消费者对来自海外的跨国企业知之甚少时，聘用当地人员进行推销可以增强消费者对企业的了解和信任，建立消费者与企业的长久关系。人员推销受国际环境因素的影响和限制相对较少。在国际市场营销中，实现有效的人员推销的关键在于推销队伍的合理设计，以及对推销人员的正确选择、聘用、培训、评估、激励和管理。

（2）营业推广

营业推广又称销售促进，是指企业运用各种短期诱因，鼓励购买或销售企业的产品或服务的促销活动，是一种短期的、刺激消费者购买或提升中间商和零售商效率的促销活动。营业推广是企业加强与消费者沟通、提高市场份额、压制竞争对手的重要手段，是使销量在短期内达到最高水平的有力工具。根据促销目标和对象不同，营业推广可分为 3 类：针对消费者的营业推广、针对中间商的营业推广和针对销售人员的营业推广。

很多国家对营业推广的形式、规模以及审批程序有一定的限制。例如，法国规定赠送礼品的金额不得超过促销产品价值的一定百分比，且礼品必须与促销的产品有关。因此，企业在开展营业推广活动时要综合考虑目标市场国的市场特点、消费者情况、市场环境等多个因素。

本章习题

一、单选题

1. 开展国际市场营销活动的意义不包括（　　）。
   A．促进本国经济发展　　　　　　　　B．提高企业管理水平
   C．实现全球垄断　　　　　　　　　　D．实现企业市场扩张

2. 衡量市场潜力的两个收入指标是（　　）。
   A．国民生产总值和国内生产总值　　　B．国民生产总值和人均收入
   C．国内生产总值和人均收入　　　　　D．国内生产总值和消费者物价指数

3. 对于采用（　　）定价法的企业而言，其产品在世界各地的价格均保持一致。
   A．母国中心　　　B．多国中心　　　　C．全球中心　　　D．以上均不正确

4. 当企业的客户以大型跨国公司为主时，采用（　　）通常是比较合适的。
   A．母国中心定价法　　B．多国中心定价法　　C．全球中心定价法　　D．以上都不对

5. （　　）是指在不同的国家或地区，对同一产品采用相同广告主题的广告策略。
   A．差异化广告策略　　B．模式化广告策略　　C．标准化广告策略　　D．本土化广告策略

二、多选题

1. 相对于国内市场营销，国际市场营销（　　　）。
   A. 环境更加复杂　　　B. 竞争更加激烈　　　C. 管理更加困难　　　D. 利润更加丰厚
   E. 市场更加广阔
2. 国际市场营销所面临的法律环境包括（　　　）。
   A. 西方国家的法律环境　　　　　　　　B. 母国的法律环境
   C. 目标市场国的法律环境　　　　　　　D. 第三国的法律环境
   E. 国际法律环境
3. 国际市场营销组合策略包括（　　　）。
   A. 国际市场产品策略 B. 国际市场价格策略　　　C. 国际市场渠道策略
   D. 国际市场调查策略 E. 国际市场促销策略

三、名词解释

1. 国际市场营销　　2. 多国中心定价法　　3. 渠道标准化决策　　4. 整合营销传播　　5. 国际广告

四、简答及论述题

1. 国际市场营销对产品品牌的命名应特别注重哪些方面？
2. 企业在国际市场营销中如何开展对政治风险的应对及防范？
3. 试论述国际市场营销的产品标准化策略。
4. 试论述国际市场营销的广告策略。
5. 试论述国际市场营销的渠道决策。

📚 案例讨论

可口可乐的爱心电话亭创意营销

可口可乐公司的创意营销一直都是业界典范。2015年，可口可乐的爱心电话亭营销创意再一次赚足了关注者的眼球。到迪拜工作赚钱的打工者有很多来自南亚地区，他们平均一天只有6美元的收入，可打电话给家里却要花费每分钟0.91美元的费用。为了省钱，这些外来务工人员都舍不得给家里打电话。可口可乐公司以其灵敏的嗅觉，发现了该公益活动的创意营销点，从感性的角度出发，针对住着简陋的房屋、拿着微薄的工资，因为家庭的贫穷而不得不背井离乡出来打拼的南亚务工人员，推出了"你好，幸福"公益电话亭活动。参加活动的人只要投入一个可口可乐瓶盖，经机器扫描确认后，即可获得3分钟的免费国际通话时间，他们可以以此来缓解自己的孤独感，并向远方的亲人报个平安。活动开始后，前来参加活动的人络绎不绝，如图13-2所示。

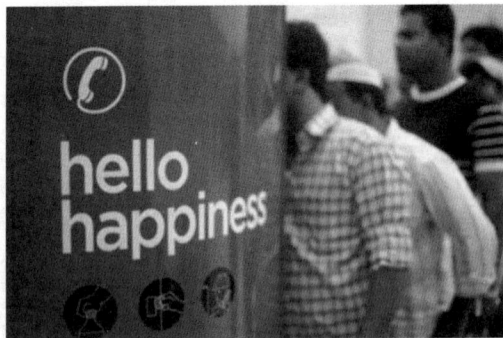

图13-2　可口可乐的爱心电话亭创意营销

这一活动在为贫穷的务工人员带来福利的同时，也再一次成功地使可口可乐的品牌名声传遍世界。

资料来源：易播网。

思考讨论题

1. 企业在开展国际市场营销活动前，要做好哪些方面的环境分析工作？
2. 根据本案例，请你对可口可乐的爱心电话亭创意营销进行评述。

第 14 章　数据营销

随着信息技术和互联网的发展，海量数据时代已经到来，数据所蕴含的巨大价值逐渐被认可。数据营销作为一种市场营销推广的方法，具有广阔的发展前景。本章分别讲述了数据库营销以及大数据营销的含义、特点与优势，重点分析了数据库及大数据营销的实施方法与策略。通过本章的学习，我们可以树立数据营销的思维并掌握基本的数据营销方法。

知识结构图

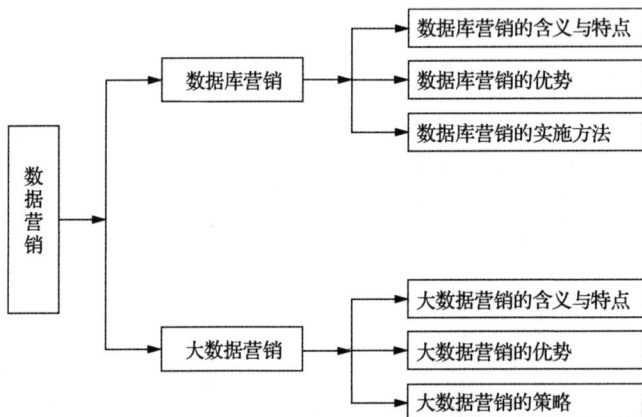

开篇引例

塔吉特百货：我知道你怀孕了

美国的塔吉特百货（以下简称"塔吉特"）是最早使用数据库的零售商之一，它们拥有专业的顾客数据分析模型，可根据购买行为精确分析出早期怀孕的人群，然后先于同行实施精准营销。

2012 年，美国一名男子闯入他家附近的一家塔吉特内抗议："你们竟然给我 17 岁的女儿发婴儿尿片和童车优惠券。"店铺经理立刻向这位男子道歉，但是该经理并不知道这一营销行为是总公司进行数据挖掘后的个性化推荐结果。一个月后，这位父亲前来道歉，因为这时他知道自己的女儿的确怀孕了。塔吉特比这位父亲知道自己女儿怀孕足足早了一个月。此事被《纽约时报》报道后，轰动了美国。

那么，塔吉特是如何做到的呢？

第一，确认需求。塔吉特的市场营销人员求助于塔吉特的顾客数据分析部的高级经理安德鲁·波尔（Andrew Pole），希望他建立一个模型，把处于第二个妊娠期的孕妇识别出来。在美国，出生记录是公开的，等孩子出生了，新生儿的母亲就会被铺天盖地的产品优惠广告包围，那时候塔吉特再行动就晚了，因此其必须在孕妇的第二个妊娠期就行动起来。如果塔吉特能够赶在所有零售商之前知道哪位顾客怀孕了，市场营销部门就可以早早地向她们发出量身定制的孕妇优惠广告，早早圈定宝贵的顾客资源。

第二，建立预测模型。可是怀孕是很私密的信息，如何能够准确地判断哪位顾客怀孕了呢？安德鲁·波尔想到了塔吉特有一个迎婴聚会的登记表。安德鲁·波尔开始对这些登记表里的顾客的消费数据进行建模分析，不久就发现了许多非常有用的数据模式。例如，模型发现，许多孕妇在第二个妊娠期开始时会买许多大包装的无香味护手霜；在怀孕的最初 20 周会大量购买补充钙、镁、锌的善存片之类的保健品。之后安德鲁·波尔选出了 25 种典型产品的消费数据，构建了"怀孕预测指数"，通过这个指数，塔吉特能够在很小的误差范围内预测顾客的怀孕情况，这样塔吉特就能早早地把相关产品的优惠广告寄送给怀孕的顾客。

第三，改变营销策略。那么，顾客收到这样的广告会不会吓坏了呢？塔吉特很聪明地避免了这种情况的发生，它把孕妇用品的优惠广告夹杂在其他一大堆与怀孕不相关的产品优惠广告当中，这样顾客就不知道塔吉特知道她怀孕了。

根据安德鲁·波尔的数据模型，塔吉特制订了全新的广告营销方案，结果塔吉特的孕期用品销售呈现了爆炸性的增长。安德鲁·波尔的数据分析技术开始从孕妇这个细分顾客群向其他各种细分顾客群推广，从安德鲁·波尔加入塔吉特的 2002 年到 2010 年间，塔吉特的销售额从 440 亿美元增长到了 670 亿美元。

14.1　数据库营销

随着社会的发展，人们的生活日益富足，人们在购买产品或服务时，已经不再满足于符合基本的生活需求，而是更加注重个性化。企业要想获得长足发展，必须有效整理和分析客户信息，准确地把握客户需求，为客户实时推荐适合的产品，维护好客户关系。数据库营销能够准确地识别潜在客户，确定客户的需求，挖掘细分市场，寻找市场机会，帮助企业维系客户关系、培养忠诚客户，并为企业实施精准营销提供科学依据。数据库营销作为市场营销的一种形式，越来越受到企业管理者的青睐，在提高营销效率、维系客户关系中扮演着越来越重要的角色。

14.1.1　数据库营销的含义与特点

1. 数据营销的含义

数据库营销是指企业通过调研客户的大量信息，根据分析处理后的信息预测客户的需求，对客户精确定位，有针对性地设计产品及制订营销计划以达到让客户购买产品的目的，从而实现企业的盈利目标。其基本出发点是发现和维护重要客户。"二八法则"告诉我们："企业 80% 的利润来源于 20% 的客户"。企业为这 20% 的重要客户提供更有针对性的服务，有利于提高客户的满意度，增强该部分客户的黏性。数据库营销可以使企业从规模营销转化为一对一的个性化营销。在这方面，美国的一家汽车保养维修公司的做法值得我们借鉴。该维修公司把所有光顾过公司的客户资料都输入计算机，建立了一个客户数据库，其中包括客户姓名、电话、电子邮箱地址，某年某月某日换了轮胎、换了机油、调整了刹车、保养了汽车等信息。该公司利用客户数据库的资料，用计算机自动推算每一位客户的汽车什么时候该再次换轮胎，什么时候该再次换刹车皮，计算机会自动给客户发送电子邮件，提醒客户到时间做相应的汽车保养，并顺带送上一张优惠券。这样一来，客户一方面对该公司提供的无微不至的贴心服务感到满意，另一方面因公司的及时提醒，知道又到了保养汽车的时间，再加上有优惠券，自然愿意一次又一次地光顾该公司。

2. 数据库营销的特点

数据库营销是信息技术发展的产物，随着计算机技术及通信技术的发展，它的应用范围越来越广，所起的作用也越来越大。数据库营销与其他营销方式相比表现出以下特点。

（1）精准

精准是数据库营销的最大特点。传统营销方式往往需要耗费大量的资源去寻找目标客户，犹如大海捞针，营销成本较高。数据库营销通过分析大量客户资料，能够对客户需求进行精准解读，快速、精确地识别目标客户，更有效地进行市场细分，使企业获得更多填补市场空隙的机会。例如，卡夫食品有限公司通过对公司发出的优惠券等一系列促销手段做出积极反应的客户信息以及销售记录等数据的收集，建立了一个拥有3000万份客户资料的数据库。卡夫食品有限公司通过对这一数据库进行分析，了解特定客户的兴趣和口味，以此为基础向客户发送特定产品的优惠券，并为客户推荐符合其口味和健康状况的卡夫产品食谱。

（2）性价比高

通过数据库营销，企业可以最大限度地将新客户转化成老客户，同时深入开发和挖掘老客户的价值，实现以较低成本识别更具市场价值的目标客户群体，维护好客户关系。例如，某航空公司存有80万人的资料，这些人平均每人每年要搭乘该公司的航班达13次之多，占公司总营业额的65%。因此该公司每次举行促销宣传活动，必以他们为主要对象，极力改进服务，满足他们的需要，使他们成为稳定的客户。

（3）个性化

通过运用数据库营销对客户的行为进行分析，企业可以针对每一位客户设计个性化的沟通形式和内容。例如，某化妆品公司向不同年龄段的客户传递不同的护肤品使用技巧等细节信息，让客户感受到"我就是企业此时唯一的服务对象"，大大改善了客户的个性化体验。

（4）反馈率高

客户反馈是企业掌握客户心理及需求的重要手段，因此在营销过程中，提高客户反馈率、搜集客户的反馈信息是一项重要工作。而运用数据库营销，客户反馈率是非常高的，企业易于掌握客户对品牌的看法、把握客户的心理和需求。

（5）营销结果可衡量

客户对于某项营销活动的反应是可衡量的，所以企业可以比较不同营销方法的有效性，并根据评估结果随时采取行动。任何客户的建议或投诉都可以通过双向的个性化信息交流进入数据库，企业根据反馈信息对产品进行改进，进而实现营销效果最优化。

14.1.2 数据库营销的优势

数据库营销的实施能够从以下几个方面为企业带来巨大的竞争优势。

1. 帮助企业识别目标消费者并精准定位

数据库营销能够通过数据库的建立和数据挖掘，帮助企业准确了解消费者的特征、寻找目标消费者群体、确定市场机会，使企业的营销工作更具有针对性，从而增强企业的竞争优势。没有数据库营销，企业就难以对市场及消费者形成全面的了解，营销工作将难以应对千变万化的市场环境。新一代高速计算机和网络技术的发展，使数据库营销成为可能，它使企业能够集中精力于有更大概率购买本企业产品的消费者身上，最终将目标集中在最小消费单位——单个企业或者消费者上，实现准确定位。目前我国已有越来越多的企业开展了数据库营销，也越来越意识到需要用数据库营销来加强自己的竞争力。例如，某些汽车制造商在与目标消费者进行初期交流时会鼓励他们自己进行描述，制造商也会询问一些问题：您买车的目的是什么？您看重车的哪些功能？您打算什么时候购买？您现在开的是什么车？现在开的车已经行驶了多少千米……然后制造商将回答的内容进行汇编，以此为基础，为自己选定一批目标消费者，有针对性地向其推荐汽车产品，使营销策略更好地迎合目标消费者的需求，从而显著提高成交率。

2. 降低企业营销成本，提高营销效率

运用数据库能够准确找出某种产品的目标消费群体，由此，企业可以避免盲目选用昂贵的大众传播媒体进行全面撒网式营销，而是根据目标消费者群体常关注的媒体选择更有针对性的营销方式，这将显著降低营销成本、提高营销效率。例如，纽约大都会歌剧院设立了一个可容纳 150 万人以上的歌剧迷资料数据库，歌剧院运用计算机分析各类消费者的特点，找出潜在消费者，然后用直接通信的方式宣传销售歌剧门票，结果在歌剧门票正式公开发售之前，70%以上的门票就已经利用数据库销售出去了。据有关资料，没有动用数据库技术进行筛选而邮寄宣传品，反馈率只有 2%～4%，而动用数据库技术筛选潜在消费者后邮寄宣传品，其反馈率高达 25%～30%。

3. 帮助企业建立稳定的消费者群体，提高消费者对企业的忠诚度

数据库包含了大量消费者的个人资料，基于数据挖掘消费者的购物习惯与消费行为，使企业可以根据消费者的需求开展有针对性的营销活动，并根据消费者的意见不断加以改进，让企业提供的产品或服务更能满足消费者的需求，进而提高消费者的满意度、忠诚度。例如，有一家信用卡公司，其消费者数据库里除了消费者的姓名、电子邮箱地址、生日以外，还有各个消费者家庭关系的资料，如谁和谁是夫妻、谁和谁是父子等。每一位消费者每年生日前一个星期，这家信用卡公司就会给这位消费者的亲人发送一封电子邮件，提醒他：你的妻子（丈夫、父亲或女儿等）很快就要过生日了，别忘了给她买礼物，并附一份彩印的礼物目录。这些事情看似简单，但对提高消费者的忠诚度有着意想不到的效果。

4. 为新产品开发和营销提供准确的信息

建立与运用数据库，企业可以及时把握消费者的需求动态，为开发新产品提供准确的信息。发现并满足消费者需求是企业经营的目的，也是企业获利的根本途径。Spiegel 是一家规模很大的百货邮购营销公司，它建立了消费者名单数据库，并可从其中找到以特定条件编列的名单作为目标市场的名录。为了建立这个数据库，Spiegel 在各种杂志上刊登广告，并承诺回函即送赠品，以收集消费者的邮寄名单。这样，利用已建立的数据库，Spiegel 可追踪消费者的购买趋势，了解该信息后，便可印制一份目录以锁定某种特定类别的潜在消费者。此措施使该公司的销售额超过之前预计目标的 50%以上。

5. 选择合适的营销媒体

企业根据消费者数据库确定目标，根据消费者所在地区、购买习惯、购买能力、所在地区商店数量等做出大致的销量估计，选择合适的营销媒体，充分传达广告内容，使消费者产生购买行为。在制订媒体计划阶段，有关消费者的所有情报是营销人员必须掌握的。数据库营销的着眼点是一个人而不是一群人，所以企业必须根据数据库提供的信息谨慎考虑以何种频率与个人沟通才能取得良好的效果。

6. 直接测定营销效果并反馈

传统营销方式的营销效果很难直接测定。而运用数据库，企业可通过消费者在微信、电话、短信等平台上的查询、订货或付款操作获取消费者的反馈信息，很容易测定每次数据库营销的效果。而上一次营销活动的测定效果可以为下一次数据库营销提供参考，从这个意义上说，数据库营销是一种科学的营销方法。运用数据库营销还可以直接分析市场活动的短期和长期效果，及时提出新的经营、营销策略和改进方法。

14.1.3　数据库营销的实施方法

在当今动态的营销环境中，市场情况和消费者需求瞬息万变，这要求企业必须对环境的变化做出快速的反应。数据库营销能够通过数据挖掘手段，对海量的数据进行搜集、处理，快速获得消费者需求信息，为企业提供做出营销决策所需的有价值的信息和建议。下面从实施步骤及应用策略两个方面具体介绍数据库营销的实施方法。

1. 数据库营销的实施步骤

在激烈的市场竞争中，没有什么比了解消费者习惯和偏好更重要。因此，随着信息技术、通信技术的发展及计算机技术的普及，越来越多的企业开始采用数据库营销这一现代化的营销方式。一般来讲，数据库营销包括制订数据库营销计划、构建数据库、运用数据挖掘技术评估消费者价值、选择最佳营销方式实施数据库营销，以及评估营销结果，完善数据等5个步骤。

（1）制订数据库营销计划

企业在开展数据库营销的过程中，第一步就是制订数据库营销计划，有了营销计划，才会有后续数据库的构建以及营销方案的实施。制订数据库营销计划实际上就是利用数据库营销的方法去分析、识别、选择和挖掘消费者价值，高效开展数据库营销，以实现营销目标的管理过程。数据库营销计划是对企业开展数据库营销的全面性指导，包括数据库营销的目的是什么、数据库构建需要收集哪些信息、如何根据数据库信息开展营销活动等内容。在企业营销活动中，合理的数据库具有举足轻重的作用，通过数据挖掘，营销人员可以开展分析市场机会、明确市场定位、评估消费者价值、实施一对一营销等活动。数据库营销计划的制订，有利于营销人员明确工作目标、提高营销效率、降低营销成本。

（2）构建数据库

"决战的不是地点，而是数据库！"这是美国营销专家瑞普和柯林斯强调的一个概念，数据库可以说是营销"武器"中最具有威力的。构建数据库的第一步就是设计数据结构。数据库是否有价值，首先要看数据结构是否合理。例如，一家化妆品公司专门设计了收集消费者资料的数据库，合理的数据结构应当包括消费者的基本信息、消费特征以及对本品牌的看法及忠诚度等，如消费者性别、年龄、收入、皮肤特质、品牌偏好、购买习惯等与消费者有关的背景资料，有效数据越多、越全面，数据挖掘的信息量就越多，其价值也就越高。

数据结构设计好后，接下来就需要对数据进行收集，构建数据库。一个好的数据库应当能够收集最新的消费者数据，并根据他们的需求和期望对市场变化做出快速反应。由于企业自身发展条件不同、营销目的不同，收集数据的方式也有所不同。一般来说，数据的收集方式一般包括自建数据库、数据租赁、数据购买，企业可以结合自身情况，选择其中一种或多种数据收集方式，实现营销产出最大化。

阅读资料 14-1　美国运通公司构建数据库的方法

美国运通公司根据持卡人数据库开展了一项新的促销活动。运通卡的持卡人在运通公司所列的25家美国国内汽车制造商处购车时可以不用现付。运通公司向每个持卡人发出了一份有关购车习惯的消费者个人信息问卷，共收回了10万份有效问卷，回馈率相当高。这项活动取得了非常好的市场效果，消费者不仅在家中就可以了解更多的购车信息，而且可以享受优惠，并一改现款交易方式，可以使用信用卡；而汽车制造商得到了一个新的消费者数据库，销量大增，运通公司也因此扩大了信用卡业务，同时收集了大量信息。

资料来源：王方华. 数据库营销[M]. 上海：上海交通大学出版社，2006.

（3）运用数据挖掘技术评估消费者价值

在数据库构建完成后，如何分析相关数据为企业决策提供支持，是数据库营销需要解决的核心问题。企业需要运用数据挖掘技术，通过消费者信息分析消费者需求，得出研发部门、营销部门等需要的详细数据，数据挖掘的一般过程如图14-1所示。目前常用的数据挖掘技术有回归技术、人工智能算法、数学目标规划等方法，从功能上来讲数据挖掘技术可分为分类分析、聚类分析、关联分析、序列模式分析等。通过数据挖掘技术，分析购买产品最多的消费者的共同特征，企业可用计算机构建某产品的消费者模型，识别产品的目标消费者，之后根据消费者特征对该部分消费者进行针对性营销。

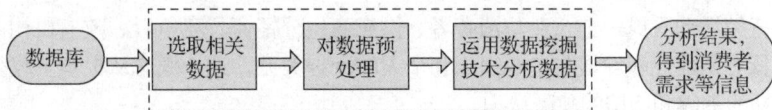

图 14-1 数据挖掘的一般过程

（4）选择最佳营销方式实施数据库营销

基于数据挖掘结果，企业要对所得信息进行分析，通过数据分析得到消费者职业、地域分布、购买时间、消费水准、购买额的动态变化等信息，还可以根据消费行为等信息将消费者划分为不同的类别，对市场进行分类研究，针对不同类别的消费者选择线下活动、微信、微博、短信、电子邮件等不同的宣传媒体，根据营销目标结合市场细分、关系营销、客户关系管理、直复营销等不同的营销方式，开展有针对性的营销活动。

（5）评估营销效果，完善数据库

随着竞争的加剧，企业越来越重视对每次营销活动效果的评估，因为评估能为下次营销活动的开展提供参考依据。数据库营销活动的开展也需要对营销效果进行评估。与传统营销方式不同，数据库营销的效果反馈更直接。营销人员通过消费者咨询、订货、退货、购买次数等行为就可以掌握营销活动的效果。消费者反馈的信息也可以不断完善数据库，使数据库不断得到更新，从而及时反映消费者的变化趋势，使数据库适应营销环境变化和企业经营需要。

2. 数据库营销的应用策略

利用数据库挖掘消费者需求和营销规律，并为商业决策提供数据依据，已经成为企业经营管理的重要方式。数据库营销的特点决定了其主要用于企业的精确营销，因此，它常和一些精确营销方式整合使用。

（1）数据库营销+市场细分

市场细分是选择目标市场的基础工作，通过细分市场，企业可以更好地了解自己的消费者，并据此有效地制定市场目标。

数据库营销作为一种新的商业信息处理技术，主要用于对企业日常运营中所积累的大量消费者数据进行挖掘，试图发现其中的隐藏信息，从中找出辅助企业管理者做出商业决策的关键信息。数据挖掘是以市场细分原理为基础的，其基本假定是通过消费者过去的消费行为来预测其今后的消费倾向。企业将数据库营销与市场细分相结合，通过收集、存储和处理大量消费者的信息，可确定特定消费者的消费习惯和消费需求，进而推断出相应消费者下一步的消费行为，并以此为基础对所识别的不同类别的消费者群体进行有针对性的个性化营销。如表 14-1 所示，与传统的市场细分相比，数据库营销能够更加准确地识别目标消费者、明确目标市场、节省营销成本、增强营销效果，从而为企业带来更多的利润。

表 14-1 传统市场细分与数据库营销+市场细分的区别

传统市场细分	数据库营销+市场细分
◇ 营销人员可能需要通过已知的不同类别的消费者的购买习惯来推测当前消费者的消费行为	◇ 根据营销目的，大量收集消费者信息，构建数据库
◇ 营销人员将根据推测的消费者特性，试图人为将他们分成不同的类别	◇ 利用数据挖掘技术对数据进行处理，基于消费者数据对消费者进行分类，得到每一类消费者的共同特征
◇ 营销人员对上述每个类别的消费者的共同特征进行分析，并不断调整，直到获得令他们满意的最终消费者细分结果	◇ 营销人员利用上述细分结果，根据不同类别消费者的消费特征设计有针对性的营销活动
◇ 营销人员根据上述细分结果，设计具有针对性的市场营销策略	

（2）数据库营销+关系营销

关系营销最早是由美国得克萨斯州 A＆M 大学的伦纳德·L. 贝瑞（Leonard L. Berry）教授于 1983

年提出的，他将营销活动看成一个企业与消费者、供应商、分销商、竞争者、政府机构及其他公众发生互动的过程，其核心是建立和发展与这些组织和个人的良好关系。这一概念从根本上改变了传统营销将交易视为营销活动的关键和终结的狭隘认识。

关系营销是数据库营销的基础，可以让营销人员分析消费者流失的根本原因，指导数据库营销进行改进。同时，数据库营销本身也强调为各方服务，强调发展与消费者的关系的理念，将信息技术和网络技术结合对消费者信息进行管理，为消费者提供全方位的服务，加强消费者的信任，建立良好的客户关系，是实施关系营销的重要工具。当企业把管理消费者与管理产品同样置于中心地位时，企业才会认识到，在进行强有力的关系营销改革时，企业不可能在所有情况下都取得成效，最终企业必须通过确定那些细分市场和特定的消费者才能实现利润增长。此时，企业就会主动地采用数据库营销模式，完成关系营销。关系营销与数据库营销相结合，要求企业建立一个先进的数据库，维持与市场因素的良好关系，以便更好地了解各方需求，为其提供所需的产品或服务，建立与重要消费者的良好关系。

（3）数据库营销+直复营销

数据库营销是在直复营销的基础上产生和发展起来的，是直复营销的进一步提升，前者应用更广泛、效率更高。与传统直复营销相比，数据库营销更重视数据的作用、持续性的营销改进、保持与消费者的对话、具有更个人化的信息和目标。数据库营销是企业开展直复营销的关键，在整个直复营销活动中占据着极其重要的地位。

由于数据库记录了全面的消费者数据资料，并能根据时间或消费者资料的变动不断增加和完善数据，企业能够通过对数据进行分析，准确地把握每一位消费者的消费行为，将消费者细分为不同的类别。根据各细分类别的特征，企业便可在恰当的时机，通过恰当的媒体传递消费者需要的产品或服务信息，并在消费者做出及时反应的情况下，迅速为消费者提供服务。而每一轮的信息传递、消费者的反馈等有关信息，又将被纳入数据库。例如，直复营销企业拥有大量不同的产品，最有效的方式就是把不同的产品信息发送给不同的、最有可能购买的消费者。如果没有数据库的信息支持，企业的销售就会很盲目，往往会花费大量的人力、物力推销产品，但成交率较低，造成资源浪费。一旦有了数据库营销，企业便可以根据数据库的消费者资料分析"最近谁购买了什么产品""购买频率如何""购买额有多少"等信息，并依此对每一位消费者的价值进行评估，总结出购买不同产品的消费者的特征，有针对性地为其提供产品或服务，以提高营销效率、降低营销成本。

（4）数据库营销+一对一营销

一对一营销思想是在20世纪90年代提出的，受到了商界的热烈推崇。一对一营销的基础就是数据库，数据库营销本身就是一对一营销。一对一营销就是基于信息技术的发展，将消费者细分到个体，根据其消费习惯和需求特点提供个性化服务的营销方式。它是建立在现代数据库基础之上的，应用数据库的海量信息处理、数据挖掘等先进技术，使企业以低成本实现一对一精准营销。这就要求企业精确了解消费者对每种产品的兴趣和需求，不要将宝贵的时间浪费在消费者不会感兴趣的事情上，将企业与消费者接触的价值发挥到极致。例如，一些服装店的目标消费者就是有一定身份和地位的职业女性，她们或者工作很忙无暇购买服装，或者厌倦挑选服装的烦琐过程，但都需要不断改变自身形象。服装店根据目标消费者的需求，利用数据库专门为这类消费者建立了一对一的档案，从身高、体重、体形到气质、职业、性格都有详细的记录和分析，根据每个人的特征提供有针对性的服装信息，显著提高了成交率，增强了消费者黏性。

一对一营销的本质是一次只专注于一位消费者，而不是对市场上的某类消费者进行抽样调查来预测该类消费者的产品需求。一对一营销依赖于企业的数据库、沟通交流平台以及大规模定制能力。数据库记录了消费者的基本信息、购买记录、服务记录、沟通信息等数据，在与消费者交往的每一个过程中，计算机系统都会自动收集消费者信息、整理消费者的消费记录、分析消费者偏好、找出消费者的消费特征，企业可以根据每一位消费者的特点提供个性化服务以及定制化产品，全面提高消费者的满意度。虽然数据库是一对一营销实施的基础，但这不代表企业有消费者数据库就够了，企业还应关注数据的挖掘，找出消费者的需求。同时，企业应基于消费者需求提升与消费者沟通的能力以及提供个性化服务或产品的能力。总结下来，"数据库营销+一对一营销"的实施包括收集消费者资料、分析消费者特征、沟通互动、提供定制化产品或服务 4 个步骤。

（5）数据库营销+客户关系管理

随着经济的蓬勃发展和企业管理运营思想的日益成熟，企业经营的重点逐步移向价值链终端，企业开始正视其直接的利润来源——客户，客户关系管理日益受到重视，成为企业经营管理的核心。客户关系管理的概念是美国高德纳咨询公司于 1999 年提出的，是指企业为提升核心竞争力，利用相应的信息技术以及互联网技术协调企业与客户间在销售、营销和服务上的交互，从而改善其管理方式，向客户提供创新式的、个性化的客户交互和服务的过程。其最终目标是吸引新客户、保留老客户以及将已有客户转化为忠实客户，提高市场份额。

客户是企业所有利润的来源，谁拥有了客户信息，谁就掌握了市场的主动权。数据库营销就是以客户导向为营销理念，将数据库作为营销工具，去识别、分析客户需求，高效开展营销活动，从而实现企业目标的营销方式。成功运用数据库营销，不仅可以维持、巩固现有市场，而且可以发现新市场，创造新市场。此外，企业还可以与客户进行双向沟通，建立长期稳定的客户关系，提升企业的销售额。数据库营销系统是客户关系管理系统的基础，没有数据库营销系统企业就不能得到准确的客户资料和需求，客户关系管理也就无据可依。客户关系管理又是数据库营销的延展，企业可以通过数据分析满足客户更深层次的个性化需求。在信息技术和管理现代化发展的现阶段，将二者结合势在必行，建立基于数据库营销的客户关系管理能够持续科学地改善企业客户结构、提高客户满意度、降低企业经营管理成本。

基于数据库营销的客户关系管理系统实质上是以全员营销为指导思想的客户管理系统，它把企业的销售工作、财务管理、客户服务等各个部门融合起来，将所有的客户信息集中在一个数据库中。企业各部门共享该数据库，客户的基本资料、咨询信息、购买情况、售后服务等都记录在案，每一个为该客户提供服务的工作人员都可以查到这些数据，全面掌握该客户的信息，从而给予客户更加个性化的服务支持和营销设计。该系统还是一个"信息双向交流"的体系，工作人员可以通过该系统为客户提供服务，客户也可以及时向企业做出反馈，并且客户的反馈是可衡量的。基于数据库营销的客户关系管理系统如图 14-2 所示。

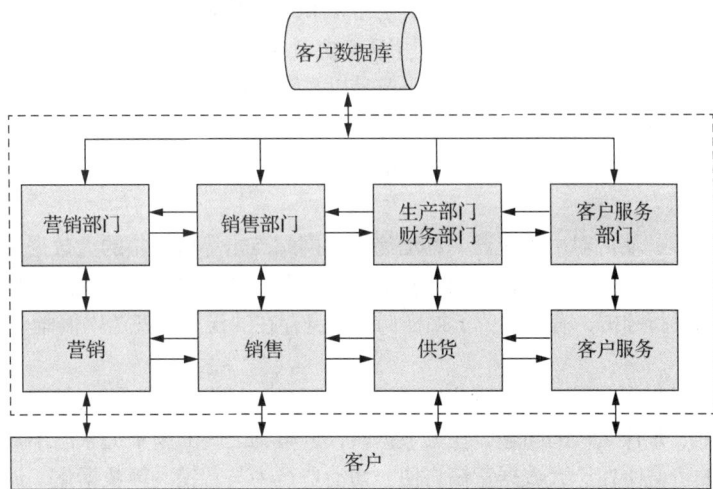

图 14-2　基于数据库营销的客户关系管理系统

数据库营销作为客户关系管理的一种辅助工具，已被很多企业采用。上海汽车通用有限公司的客户关系管理系统就是一个成功实例。该公司开展了基于数据库营销的客户关系管理系统，将企业的客户服务部门、经销商和特约维修站连成一体。当一位客户反映所购的汽车有问题，投诉到公司的客户服务部门时，工作人员马上就能根据客户的相关信息从数据库中调出相关资料，包括汽车型号、购买时间、所售的零售商、维修记录、当时由谁负责等，判断出客户反映问题的相关负责人，从而马上通过系统通知距离该客户最近的维修站，同时跟踪记录何时解决问题、客户的满意度等。这样的管理大大缩短了对客户投诉的响应时间，同时节省了大量的人力资源，把人力资源从日常数据采集中解放出来，从事能够增值的客户服务工作。

14.2 大数据营销

大数据时代，数据无孔不入，谁掌握了数据，谁就有可能成功。在云计算、物联网、社交网络等新兴服务的影响下，人与人之间、人与机器之间以及机器与机器之间产生的数据信息正在以前所未有的态势增加，人类社会步入大数据时代。数据从简单的处理对象转变为一种基础性资源。通过对大数据的挖掘与分析，企业能够发掘消费者的消费偏好，以便进行精准营销，并充分发掘潜在消费者，扩大营销范围，增强营销效果。运用大数据营销，企业还可以有效地进行市场预测，及时发现市场机会、加快业务决策。

大数据营销

14.2.1 大数据营销的含义与特点

1. 大数据营销的含义

大数据营销是指通过大数据技术，对由多平台所获得的海量数据进行分析，帮助企业找到目标消费者，并以此为基础对广告投放的内容、时间及形式进行预测与调配，从而实现广告精准投放的营销过程。按照大数据处理的一般流程，大数据技术可以分为大数据采集技术、大数据存储和管理技术、大数据分析技术和大数据应用技术 4 种类型。

社交网络的扩张使得数据急速增加，将消费者在社交网络中的行为轨迹串联并进行分析，企业可以了解消费者行为习惯，理解消费者需求。例如，谷歌利用引擎搜索记录发掘数据二次利用价值，成功预测了 2009 年甲型 H1N1 流感的传播；亚马逊利用从消费者身上捕获的大量数据研发了个性化推荐系统，根据消费者的购物喜好，为其推荐具体的书籍、产品以及感兴趣的内容。

2. 大数据营销的特点

大数据带来的营销变革日益凸显，与传统营销相比，大数据营销具有以下特点。

（1）全样本调查

大数据技术的发展，使得对由感应器、移动终端、网站点击等所搜集的大数据进行分析，从中获取有价值的信息成为现实。在大数据时代，商务数据分析不再以抽样调查的方式降低数据处理难度，而是对所采集的全部数据进行分析，有效避免了抽样调查自身存在的误差，甚至以偏概全等缺陷。

（2）数据化决策

英国学者舍恩伯格和库克耶在其经典著作《大数据时代》一书中强调，大数据时代探索的不是"为什么"的问题，而是"是什么"的问题。在大数据时代，事物之间的因果关系已不是数据分析的重点，识别需求才是信息的价值所在。大数据营销将使一切消费行为与营销决策数据化，最终形成一个营销的闭环体系，即"消费—数据分析—营销活动—效果评估—消费"。预测分析成为大数据营销的核心。全面、及时的大数据分析，能够为企业做出营销决策提供更好的支撑，从而提升企业的营销竞争力。

（3）强调时效性

在网络时代，网络消费者的消费行为和购买方式极易在短时间内发生变化。在网络消费者需求点最高时及时进行营销非常重要。全球领先的大数据营销企业泰一传媒对此提出了时间营销策略，该策略可通过技术手段充分了解网络消费者的需求，并及时响应每一位网络消费者当前的需求，让网络消费者在决定购买的"黄金时间"内及时接收到产品广告。

（4）个性化营销

所谓个性化营销，最简单的理解就是量体裁衣，就是企业面向消费者，直接服务于消费者，并按照消费者的特殊要求制作个性化产品的新型营销方式。互联网提供了大量消费者信息数据，企业可以利用网络资源对消费者的各渠道行为数据、消费者生命周期各阶段的行为数据进行记录，制订高度精准、绩效可高度量化的营销策略。对于既有消费者，企业可以通过分析搜集到的消费者信息，推断其购物偏好或倾向，进而进行定制化推送。同时，企业可以根据消费者不同的特性对其进行细分，然后用不同的侧重方式和定制化活动对这些群体进行定向的精准营销。而对于潜在消费者，企业可以利用大数据分析获得消费者对产品特性的倾向，进而对产品进行精确定位、改善产品，进行有针对性的营销，使潜在消费者成为企业的现实消费者。

14.2.2　大数据营销的优势

企业实施大数据营销，不仅能够提高企业的营销效率、提升消费者的体验，还能够促进营销平台互通互联。

1. 提高企业营销效率

大数据营销既能帮助企业实现渠道优化，也能促进企业营销信息的精准推送。企业可以通过分析消费者留存于社会化网络平台的信息记录，获取消费者购买产品或服务的渠道信息，进而依据消费者的相关信息对营销渠道进行优化。同时，企业可以通过大数据技术对消费者进行分类，然后有针对性地向消费者推送相关营销信息。

2. 提升消费者体验

大数据处理技术能够帮助企业进行精准分析，企业根据分析结果，可以准确划分消费者群体，从而为潜在消费者发送其需要的产品信息。对消费者而言，所获产品信息的价值越高，就越有利于他们做出正确的购买决策。此外，进行大数据营销的企业应关注消费者使用产品后的体验、感受，以便对产品进行改进。在大数据营销时代，企业只有对消费者的反馈信息进行合理分析和利用，才能真正发挥大数据营销的魅力，才能让消费者的每一种体验都真切地体现到产品的改进中。

3. 促进营销平台互通互联

消费者以生活化的形式存在于互联网中，要想精准掌握消费者的需求，企业就要尽可能多地了解其生活的每一个关键时刻。人们已经充分将日常生活与互联网平台互联，如在社交平台与亲朋好友互动，在电商平台进行产品消费，在论坛发表个性化观点，甚至在某些平台进行知识科普。大数据营销需要的是将消费者网络中碎片化的消费者信息重聚，得到消费者的整体画像，从而进行个性化营销。因此，大数据营销应用的发展促进了各大营销平台的相互融合。在营销平台相互联通的同时，大数据营销也促进了线上线下营销平台的互联。媒体通过跨界融合的方式将报纸、电视、互联网有效结合，通过资源共享，获得大量消费者信息；通过集中处理，衍生出形式多样的营销信息；再通过不同平台进行传播，增强营销效果。

阅读资料14-2　大数据对营销的三大影响

大数据在营销3.0时代起到了越来越重要的作用，通过大数据来细分、挖掘和满足消费者需求，结合相应的效果反馈机制、综合评估分析，利用大数据进行精准化、智能化的营销，企业主要可以实现以下3个方面的改进。

一是受众更"全"。充分拓宽受众的广度，大数据收集的是受众所有的信息数据，消费者数据较以往更加全面和完整。企业通过分析这些数据，可以更真实地掌握消费者的信息，更准确地发现消费者的需求，根据数据制订出能满足消费者需求的营销模式和营销组合。

二是投放更"准"。大数据可以分析消费者特征、消费行为、需求特点，对平台、载体、人群的选择能让营销更精准，从而促进各行业营销模式精确度的升级，改变行业内原本的营销战略和手段，提高企业的营销效率。

三是转化更"高"。大数据不只关注数据的因果性，还关注数据间的关联性。通过分析海量的相关数据，企业可以发现并总结消费者的消费习惯，根据消费者的习惯来进行预测，设置特定的场景来激发消费者的购买行为，从而提升有效受众的转化率。

资料来源：搜狐网。

14.2.3 大数据营销的策略

大数据开启了一次重大的时代转型，正在改变我们的生活方式。处于当今移动互联网、大数据化运营的大环境中，企业的营销策略也发生了一系列重大的改变。

1. 大数据+营销新思维

大数据营销是一场新的革命，大数据时代的到来，将彻底颠覆此前的市场营销模式与理念，加快企业传统营销模式的转变步伐。那么，企业该如何利用庞大的网络信息数据开展有效营销？下面将对大数据背景下的营销新思维的应用方法进行具体介绍。

（1）关联营销

关联营销是指通过大数据技术，从数据库的海量数据中发现数据或特征之间的关联性，实现深层次的多面引导。著名的沃尔玛"啤酒与尿布"关联营销就是利用大数据关联分析开展营销活动的典范。

"啤酒与尿布"的故事发生于20世纪90年代的美国沃尔玛超市。沃尔玛的超市管理人员分析销售数据时发现了一个令人难以理解的现象：在某些特定的情况下，"啤酒"与"尿布"这两件看上去毫无关系的产品经常会出现在同一个购物篮中，这种独特的销售现象引起了管理人员的注意，经过后续调查发现，这种现象多出现在年轻的父亲身上。

在美国育有婴儿的家庭中，一般是母亲在家中照看婴儿，年轻的父亲前去超市购买尿布。父亲在购买尿布的同时，往往会顺便为自己购买啤酒，这样就会出现啤酒与尿布这两件看上去不相干的产品经常出现在同一个购物篮中的现象。如果这个年轻的父亲在超市只能买到两件产品之一，则他很有可能会转向另一家超市，直到可以一次性同时买到啤酒与尿布。沃尔玛发现了这一独特的现象，开始尝试将啤酒与尿布摆放在超市的相同区域，让年轻的父亲可以同时找到这两件产品，很快地完成购物。沃尔玛超市也因此获得了很好的产品销售收入。沃尔玛的这个营销案例，被普遍认为是利用大数据分析开展营销的开端，即通过对大数据进行分析，找到产品之间的关联性，确定消费者的购买行为，以便更好地开展营销活动。

关联性对企业的商业决策具有重要意义，在市场营销、事物分析等领域有着广泛的应用。企业通过对记录在案的每一个购物数据进行整理分析，发现不同产品之间存在的关联，进而分析消费者的购买习惯。例如，企业通过大数据研究消费者在购买牙膏时伴随购买的产品：消费者购买牙膏的同时是否也喜欢购买牙刷以及购买哪个品牌的牙刷。如果由大数据分析得出牙膏与牙刷的关联，企业就可以进行有针对性的促销，将牙刷和牙膏放在一起销售。

（2）定制营销

互联网思维下的定制营销思维正在发生改变，定制服务领域在扩展、内涵在加深，用户满意度也得到空前提高。所以，定制营销思维已经不再局限于量身定制衣服那么简单，它已经逐步渗透人们的日常生活，如打车App和"定制公交"对交通这一传统行业的改造；旅行线路和产品销售为满足个性化和碎片化的需求，通过网络征集、梳理大数据后，实现小众市场的深度发掘等。

在互联网背景下的定制营销思维与传统定制营销思维有了明显的不同，前者追求快速、专注、口碑和极致的用户体验，推崇让用户来定义产品或服务、快速响应用户需求、以互联网为工具传递用户价值等开放理念。在市场竞争日益激烈的情况下，定制营销思维的运用可以帮助企业获得市场的有利地位，在互联网时代，没有定制营销思维的企业必将被市场淘汰。

在当今这个产品越来越趋于同质化的时代，人们对于能满足自身个性化需求的定制产品有着明显的偏好。企业应当抓住这个机遇，逐步实现产品的定制化，为用户提供更加优质的用户体验，从而增加企业盈利。

（3）精准营销

精准营销指在精准定位的基础上，依托现代信息技术手段建立个性化的消费者沟通服务体系，实现企业的可度量的低成本扩张之路，简单来说就是在合适的时间、合适的地点，将合适的产品以合适的方式提供给合适的人。京东商城通过电子邮件进行大数据精准营销的方式值得我们学习借鉴，下面我们来看一下京东商城的具体做法。

王先生是京东商城的一名新会员，最近想购买某品牌的空气净化器，于是就去京东商城购买，结果他发现自己选中的空气净化器没有货，在失望之余他看到京东商城有"到货提醒"功能，于是他使用了该功能，并填上了自己常用的电子邮箱地址。几天后，王先生收到一封电子邮件，邮件的大致意思是"您上次想买的空气净化器有货了"。此刻，该空气净化器为京东商城参与满减活动的产品，可以优惠300元。王先生觉得价格可以接受，就果断购买了该空气净化器。

互联网和信息技术的发展，使记录和存储包含消费者地址、购买记录和消费偏好等特性的大数据成为现实。数据的信息维度越多、涵盖的信息越丰富，通过大数据技术分析后，企业获得的消费者信息就越准确，进而实施营销的精准度就越高、营销效果就越好。企业实施大数据精准营销一般需要具备 3 个条件，即精准的市场定位、巧妙的推广策略和更好的消费者体验。

① 精准的市场定位。俗话说，知己知彼，百战不殆。企业首先要弄清自己的产品是什么，消费者是哪些人，同时也必须准确了解消费者的需求是什么，哪些消费者需要自己的产品。也就是说，企业在准备将产品推向市场时，必须先找到准确的市场定位，然后集中自身的优势资源，才有可能获得市场战略和营销活动的成功。企业要获得成功，必须能够在恰当的时间，提供恰当的产品，用恰当的方式，送达到恰当的消费者手中。"恰当"到一定程度，就可称为"精确"。

② 巧妙的推广策略。企业的市场推广，一般都采用广告、人员推销和营业推广等营销手段。尽管企业领导知道投入的巨额广告费用中的相当一部分会浪费，但他们不知具体浪费在何处。在互联网和信息技术高速发展的时代，通过大数据分析，企业能够较为准确地定位目标消费者，实施有效的推广策略，实现精准营销、销售，减少营销费用的浪费。

③ 更好的消费者体验。在以市场为导向、消费者为中心的营销新时代，要想获得收益，企业必须关注消费者价值。只有实现消费者价值，企业才能获得丰厚的利润和回报。在精准营销中，企业必须通过多渠道，真正实现更好的消费者体验。

2. 大数据+网络社交媒体

俗话说，金杯银杯不如口碑。随着社交媒体的盛行，消费者在产品中起到的营销作用在日益加强。如今，消费者通过网络社交平台，对产品信息的反馈比以往任何时候都更加及时、全面。一则微博发出的及时性信息，短时间内就可通过转发评论引发社会关注，其时效性远远高出传统媒体。近些年逐渐盛行的社交媒体，如微博、微信逐渐显示出其在营销上的力量，口碑传播可以在几天之内颠覆公众对一个品牌的认知。企业应抓住时机，利用大数据技术在社交平台上提炼大众意见、捕捉消费者群体的产品需求，并以此为依据，结合网络社交媒体开展营销活动。下面以常用的微信、微博、电子邮件为例进行介绍。

（1）微信营销

大数据的迅猛发展对当下的网络营销产生了巨大的影响，也显现了微信的数据营销价值。由于微信拥有海量用户，微信平台上会产生海量的数据。因此，微信除了有众多的使用技巧可以帮助企业进行营销外，其本身的大数据特性也对企业的营销产生着巨大的影响。在这方面，小米手机的"9：100 万"的粉丝管理模式值得学习。

"9：100 万"的粉丝管理模式是指小米手机的微信账号后台客服人员有 9 名，这 9 名员工最大的工作是每天回复 100 万名粉丝的留言。

每天早上，当 9 名小米手机的微信账号后台客服人员在计算机上打开小米手机的微信账号后台，看到后台用户的留言时，他们一天的工作也就开始了。其实小米手机的微信账号后台可以自动抓取关键词回复，但小米手机的微信账号后台客服人员还是会进行一对一的回复，小米手机就是通过这样的方式大大地提高了用户的品牌忠诚度。

当然，除了提高用户的忠诚度外，"9：100 万"的粉丝管理模式也给小米手机带来了实实在在的利益，它使小米的营销策略方案、客户关系管理成本降低。过去小米手机做活动通常会群发短信，100 万条短信发出去，就是 4 万元的成本。

（2）微博营销

微博营销是利用微博平台实现企业信息交互的一种营销方式，是企业借助微博这一平台开展的包括企业宣传、品牌推广、活动策划及产品介绍等在内的一系列市场营销活动，具有成本低廉、针对性强、传播速度快、灵活性和互动性强等特点。在微博中，每一位微博用户都是企业潜在的营销对象。企业可以通过发布微博向用户传播企业文化、产品信息，树立良好的企业形象和产品形象。在这一方面，伊利营养舒化奶的世界杯微博营销值得我们学习借鉴。

俄罗斯世界杯期间，伊利营养舒化奶与新浪微博深度合作。在"我的世界杯"模块中，用户可以在新浪微博上为自己支持的球队呐喊助威。在新浪微博的世界杯专区，超过 200 万人参与了此活动，相关的博文也突破了 3000 多万条。同时，微博通过对微博账号粉丝的比较，选出粉丝数量最多的网友，成为"球迷领袖"。

伊利营养舒化奶的"活力宝贝"作为新浪俄罗斯世界杯微博报道的形象代言人，将体育营销上升到了一个新的高度，为观众带来精神上的振奋，使得观看广告成为一种享受。企业、品牌如果不能和观众产生情感共鸣，即使在比赛场地的草地上铺满了企业的 LOGO，也不能取得任何宣传效果。

伊利营养舒化奶的世界杯新浪微博营销策略应用其实是基于大数据技术进行的。特别是在目标受众方面，伊利营养舒化奶通过大数据分析，发现其目标受众为活力型人群，他们一般有着共同的产品诉求。这次与微博合作开展的营销活动让活力与伊利营养舒化奶有机联系在一起，让关注世界杯的人都注意到了伊利营养舒化奶，将伊利营养舒化奶为中国球迷注入健康活力的信息传递了出去。

微博平台拥有庞大的用户群体，为企业开展微博营销提供了坚实的基础。

（3）电子邮件营销

电子邮件营销是在用户事先许可的情况下，通过发送电子邮件的方式向目标用户传递有价值的信息的一种营销手段，具有操作简单、应用范围广、成本低、针对性强等特点。企业常通过电子邮件发送电子广告、产品信息、销售信息、市场调查、市场推广活动等信息。然而，企业发送的电子邮件常被认为是垃圾邮件，会降低人们对企业的信任度。随着大数据技术的发展，企业通过大数据分析能够获知用户的行为倾向、消费偏好，使通过电子邮件进行精准营销成为可能。

如今，已有越来越多的企业采用发送电子邮件的方式开展产品的网络推广和用户的维护服务，精准的电子邮件营销是互联网时代的制胜利器。

3. 大数据+移动端营销

随着移动互联网技术的发展，网络上流传着一句话："在未来，营销格局将进入'无移动，不营销'的状态。"移动端营销正在颠覆传统营销，成为商业变革的新动力。中国互联网络信息中心发布的数据显示，截至 2020 年 3 月，我国手机网民规模达 8.97 亿人，比 2018 年年底增加 7992 万人，网民使用手机上网的比例比 2018 年年底提升 0.7 个百分点，达 99.3%，其中手机网络支付用户规模达 7.65 亿人，手机网络购物用户规模达 7.07 亿人，占手机网民使用率的 78.9%。与传统互联网相比，移动互联网最主要的特点是更即时、更快速、更便利、无任何地域限制。这要求企业及时地满足消费者的需求。在大数据背景下，移动互联网将成为各大企业开展营销的重要阵地。

所谓移动端营销，是指基于对大数据的分析处理，深入研究目标消费者，获取市场信息，进而制定营销战略，并通过移动终端（手机或平板电脑等）向目标消费者定向和精确地传递个性化即时信息，通过与消费者的信息互动实现市场营销目标的行为。移动端营销具有便携性、精准性、互动性等特点。这些特点使消费者能够通过手机或者各种智能化的移动设备，随时随地参与消费活动，完成品牌搜索、产品信息互动、相关价格查询对比、下单购买、反馈评价等一系列购买行为。

根据亿邦动力网发布的数据，2018 年"双 11"当天，移动购物 App 行业日活跃用户规模为 6.58 亿人，同比增长 31.3%。超 6000 万用户在"双 11"当天 0 点抢购，用户数量在"双 11"当天中午 12 点、晚上 8 点达到高峰。此外，"双 11"当天，手机淘宝、拼多多、京东的日活跃用户规模分别达到 4.6 亿人、2.2 亿人和 9687 万人。

目前，大数据结合移动端营销的方式主要有微店、微商、App、代购等形式，天猫、亚马逊、京东等各大电商纷纷推出自己的移动 App。根据艾媒网发布的数据，2019 年我国移动电商交易额达 6.76 万亿元，我国移动电子商务用户消费习惯逐渐形成。传统电商巨头纷纷布局移动电商，众多新型移动电商购物平台不断涌现。

现在很多企业都在营销中加入了明显的移动端色彩，有的企业推出"PC 端+移动端+线下门店"等多渠道购物模式，进行线下线上联动营销，包括推出支付宝支付、微信支付等移动支付形式，不仅在一定程度上解决了消费者长时间排队等候付款的问题，还使企业的营销服务更加新颖。

移动端营销手段不仅使企业大大降低了广告宣传成本，而且降低了运营成本，企业或者品牌要想方便地对消费者进行"一对一"的推广，只需开发一款 App 或者注册微信公众平台就可以精确定位每一个消费者群体，在精准定位的基础上提供个性化需求服务，让消费者获得满意的购物体验。同时，企业还开展团购活动，让消费者发动周围的朋友、家人来参与。在这个过程中，越来越多的消费者会关注企业的公众号、下载企业的 App，企业由此就能获得更多的消费者信息，以后就可以以短信等形式向消费者推送产品信息，确保与消费者建立起了长期联系。

当前通过手机购物的消费者越来越多，企业应该努力把营销活动做到移动端上，从而实现真正的精准营销。同时，在大数据时代，手机成了产生大数据的重要终端，企业在手机端的营销布局正变得越来越重要。

本章习题

一、单选题

1. 数据库营销的基本出发点是（ ）。

A. 制订营销计划 　B. 收集数据 　　C. 预测分析 　　　D. 发现和维护重要客户

2. 数据库营销的最大特点是（ ）。

A. 个性化 　　　　B. 精准 　　　　C. 反馈率高 　　　D. 性价比高

3. "在网络时代，网络消费者的消费行为和购买方式极易在短时间内发生变化，在网络消费者需求点最高时及时进行营销非常重要"体现的大数据营销特点是（ ）。

A. 全样本调查 　　B. 数据化决策 　C. 强调时效性 　　D. 个性化营销

4. 沃尔玛将尿布和啤酒摆放在一起销售的方式采用的营销策略是（ ）。

A. 精准营销 　　　B. 关联营销 　　C. 定制营销 　　　D. 免费营销

5. 大数据营销的核心是（ ）。

A. 精准营销 　　　B. 预测分析 　　C. 个性化营销 　　D. 移动互联网

二、多选题

1. 下列属于运用数据挖掘技术评估消费者价值的内容的有（ ）。

A. 选取相关数据 　　　　　　　　　B. 对数据预处理

C. 运用数据挖掘技术分析数据 　　　D. 针对性设计定制化产品

E. 实施货物配送

2．下列属于数据库营销特点的有（　　　）。

  A．精准   B．性价比低   C．个性化   D．反馈率高

  E．营销效果不可测定

3．从功能上来讲，数据处理方法可以分为（　　　）。

  A．分类分析   B．聚类分析   C．关联分析   D．人工智能

  E．数学目标规划

4．大数据营销的策略主要有（　　　）。

  A．关联营销   B．微博营销   C．微信营销   D．移动端营销

  E．定制营销

5．下列属于大数据营销的特点的有（　　　）。

  A．全样本调查 B．数据化决策 C．强调时效性 D．市场导向

  E．个性化营销

三、名词解释

1．数据库营销 2．客户关系管理 3．大数据营销 4．个性化营销 5．移动端营销

四、简答及论述题

1．与传统营销相比，数据库营销的优势有哪些？

2．数据库营销的应用策略主要有哪些？

3．大数据营销的策略主要有哪些？

4．试述传统市场细分与数据库营销+市场细分的区别。

5．试述大数据营销的优势。

案例讨论

小红书推广"爆款心法"：大数据+三大策略

随着信息技术的发展、消费者购买行为的多元化以及市场沟通渠道的变更，品牌营销手段迎来了质的改变。同时，社交电商平台正成为快消品行业的重要营销渠道，品牌在消费者洞察与情感连接方面面临着巨大的挑战。在传统的营销模式下，品牌如果无法第一时间听到消费者的真实心声，也就无法快速响应市场变化、抓住市场机遇。品牌未来的营销战略是以用户需求为主导、以大数据营销技术赋能来提高用户全生命周期黏性的，媒体投放全渠道、跨界融合体验、多元创新和管理赋能将成为电商品牌营销的关键。

1．小红书推广成电商营销主流，城外圈大数据应用技术赋能

投入了资金、人力、精力做营销，效果如何衡量始终是品牌主最关心的。在传统广告投放中，营销效果主要通过页面访问量（PageView，PV）、独立访问（Unique Visitor，UV）、点击率、转化率等衡量，而社交电商平台的衡量维度更加丰富多元。

小红书推广不是简单的电商营销模式，小红书特有的热点聚集强传播特点、基于兴趣强关注的差异化能力，将帮助品牌提升用户聚合能力以及影响整个市场从而提高品牌的美誉度、关注积累转化的能力，这将促进品牌在品牌建设、产品设计、市场推广与销售等各环节围绕社会化媒体实现全面战略升级。

2．小红书推广三大玩法策略创意升级

任何成功的营销案例背后都有一份可复制的模式，我们深耕小红书产品推广、拥有极强营销能力的城外圈，借助成功为无数用户打造小红书推广方案的经验，梳理了关于小红书爆款打造的三大玩法策略，让我们一起来了解一下。

（1）定向消费人群，打造"内容+电商"的新模式和口碑社区

小红书的内容来源主要有 3 种，用户生产内容（User-generated Content，UGC）、专业生产内容（Professionally-generated Content, PGC）和以名人为基础的专业用户生产内容（Professional User Generated Content，PUGC），普通 UGC 占比最大，是主要的内容来源。相较于传统电商平台的社区氛围，枯燥单调的产品描述总是比不过直戳内心的真实体验来得用心，而小红书这种基于用户真实感受的原创内容，更像是朋友推荐购物，一字一句接地气又巧妙，毫不做作的使用心得笔记、敞开心扉的分享生动表达了使用产品后的真实感受。

正是抓住用户在电商购物平台上选购产品前会关注评论的心理，小红书紧紧贴合用户的这一核心诉求，将各路"达人"的原创内容作为关键突破口，打造了一个真实的用户口碑分享社区。

（2）专业用户生产内容深度"种草"，实现品牌口碑销量双赢

小红书的忠实用户主要是"90后"及"95后"的年轻人、女性、高消费人群和都市白领，关注的内容包括时尚、美妆、美食、旅行等话题。他们不喜欢看经过专业编辑的长篇内容，更倾向于浏览碎片化的"开瓶笔记"或者试用视频，亲自"种草"。

城外圈在为某店铺策划推广日淘饮品时，通过精选小红书美食、时尚、旅游类"带货红人"，撰写对应的品牌文章并以"多角度切入+产品软性露出"的"种草"方式智能推荐到精准的用户群体面前，让用户更加了解品牌的宣传卖点，进而将流量引导到淘宝，为淘宝店铺"带货"。

这种营销策略背后的逻辑是通过甄选海量中腰部达人、多节点专业用户生产内容、多品类真实体验推荐数据，以图文视频的形式打造持续性多频曝光，达到用户对产品"看见—了解—喜爱—搜索"的动作转化，从而推动品牌整体关注度攀升、打造品牌口碑、推动销量转化。据统计，城外圈策划的此次小红书推广活动，为该店带来了 10.8%的营业额提升。

（3）名人+KOL 点燃，专业用户生产内容集中响应实现高频曝光

从 2015 年的"小鲜肉"送快递，为周年庆创下 5000 万元的日销售额，到 2016 年的"胡歌和小红书的三天三夜"，小红书让名人成功落地疯狂吸粉，还有后来的张雨绮、林允、欧阳娜娜等一线名人入驻小红书开启名人带货风潮，分享的威力在名人效应之下被无限放大。"张雨绮、林允"们在小红书上一反明星"高冷"形象，如邻家女孩一样介绍她们在日常生活中用到的护肤品，很快就有很多的小红书用户争着要"剁手"。

在某牙膏品牌推广过程中，城外圈通过小红书名人及 KOL 的影响力，为品牌背书，获取用户的信任；再从小红书 KOL 属性、节点出发构思多个传播话题，利用大量小红书护肤彩妆时尚类 KOL 制造热度，形成"刷屏"效应，让某牙膏品牌在小红书发酵成为"网红"产品，小红书上的推广界面如图 14-3 所示。

该牙膏品牌成功无数用户"种草"，在各个社交媒体上掀起一股"网红"牙膏热潮，实现了品牌产品的高频曝光，引发千万次热搜互动。

小红书的"爆款打造心法"，归根结底还是在内容的营销和 KOL 的匹配上，城外圈深谙小红书推广的关键，为了满足广告主在小红书上打造"爆款"、提高产品销量的需求，通过精准的 KOL 选择、高质量的笔记内容、整合海量小红书"达人"资源等方式为广告主提供投放策略，以自有的智能营销平台，依托智能算法优化成本，实现智能投放。

图14-3　利用小红书打造"网红"牙膏品牌

资料来源：小红书品牌课堂。

思考讨论题

结合本案例，请谈谈社交电商平台应如何开展数据营销活动。

参考文献

[1] 科特勒，阿姆斯特朗. 市场营销：原理与实践. 16 版. 楼尊，译. 北京：中国人民大学出版社，2015.

[2] 李东进，秦勇，陈爽. 现代企业管理：理论、案例与实践（微课版）. 北京：人民邮电出版社，2020.

[3] 秦勇，李东进. 现代营销学教程. 北京：清华大学出版社，北京交通大学出版社，2013.

[4] 晁钢令. 市场营销学. 3 版. 上海：上海财经大学出版社，2010.

[5] 周颖. 市场营销学. 2 版. 北京：北京师范大学出版社，2011.

[6] 宁德煌. 市场营销学. 北京：机械工业出版社，2020.

[7] 庄贵军. 市场调查与预测. 2 版. 北京：机械工业出版社，2014.

[8] 麦克丹尼尔，盖茨. 当代市场调研（原书第 8 版）. 李佳华，等译. 北京：机械工业出版社，2012.

[9] 李东进. 消费者行为学. 北京：机械工业出版社，2007.

[10] 卢泰宏，周懿谨. 消费者行为学：中国消费者透视. 2 版. 北京：中国人民大学出版社，2015.

[11] 庄贵军，周筱莲，王桂林. 营销渠道管理. 北京：北京大学出版社，2004.

[12] 王永贵. 组织市场营销. 北京：北京大学出版社，2005.

[13] 陈钦兰，苏朝晖，胡劲. 市场营销学. 北京：清华大学出版社，2012.

[14] 李东进，秦勇. 广告学：理论、方法与实践（微课版）. 北京：人民邮电出版社，2019.

[15] 秦勇. 公共关系学：理论、方法与实践. 北京：中国发展出版社，2014.

[16] 陈守则. 市场营销学. 2 版. 北京：机械工业出版社，2011.

[17] 张晓光. 数据挖掘在银行数据库营销中的应用. 企业改革与管理，2013（10）：73-74.

[18] 吴东明，范媛媛. 数据库营销在顾客关系管理系统中的应用. 电脑知识与技术，2015，11（27）：12-13.

[19] 张杰. 新媒体时代企业实施数据库营销的策略研究. 营销界，2020（12）：65-67.

[20] 周逸松. 数据的魔力：基于数据分析的呼叫中心流程改善. 成都：成都时代出版社，2013.

[21] 许志玲，赵莉. 数据库营销：分众营销时代的营销利器. 北京：企业管理出版社，2008.

[22] 欧阳钟辉，王欢. 客户关系管理与数据库营销体系. 统计与决策，2008（18）：163-165.

[23] 李东进，秦勇，陈爽. 网络营销：理论、工具与方法. 2 版. 北京：人民邮电出版社，2021.

[24] 李威，王大超. 国际市场营销. 4 版. 北京：机械工业出版社，2020.

[25] 拉斯库. 国际市场营销学（原书第 3 版）. 北京：机械工业出版社，2010.

[26] 成爱武，朱雪芹. 国际市场营销学. 北京：机械工业出版社，2017.